SIN MARCAS VISIBLES

RACHEL LOUISE SNYDER

Sin marcas visibles

Claves de la violencia de género
que pueden salvarte la vida

URANO
Argentina – Chile – Colombia – España
Estados Unidos – México – Perú – Uruguay

Título original: *No Visible Bruises – What We Don't Know About Domestic Violence Can Kill Us*
Editor original: Bloomsbury Publishing Inc, New York, USA
Traducción: Victoria Horrillo Ledezma

1.ª edición Mayo 2021

Copyright © Rachel Louise Snyder 2019
Published in agreement with Don Congdon Associates and Casanovas & Lynch Literary Agency
All Rights Reserved
Copyright © de la traducción: Victoria Horrillo Ledezma
© 2021 *by* Ediciones Urano, S.A.U.
  Plaza de los Reyes Magos, 8, piso 1.º C y D – 28007 Madrid
  www.edicionesurano.com

ISBN: 978-84-17694-12-8
E-ISBN: 978-84-18259-08-1
Depósito legal: B-7.250-2021

Fotocomposición: Ediciones Urano, S.A.U.
Impreso por Rotativas de Estella – Polígono Industrial San Miguel Parcelas E7-E8
31132 Villatuerta (Navarra)

Impreso en España – *Printed in Spain*

Para Barbara J. Snyder

ÍNDICE

TERCERA PARTE
EL MEDIO

PREFACIO

Me dirijo en un coche de alquiler desde el centro de Billings (Montana) a una casa de cuatro plantas de las afueras, encaramada en lo alto de una loma, desde la que su ocupante alcanza a divisar todo lo que se le acerque. Visión telescópica del mundo exterior: montañas, llanuras, vías de escape hacia cualquier otro punto de Montana o más allá de sus lindes. El hombre al que vengo a ver lleva mucho tiempo evitándome. Pasivamente, al menos. He venido desde Washington D.C, donde vivo; he hablado con sus hijas, con su exmujer y con las trabajadoras sociales que se ocupan de su caso. He vuelto otra vez. Ya me conozco la ciudad. Conozco a varios agentes de policía, a fiscales y abogados, a empleados de hotel y hasta a un impresor cuya esposa regenta un museo de historia de las mujeres situado en el sótano de un edificio. Y ahora, por fin, en esta mi tercera visita, ese hombre ha accedido a verme.

Hablo con mucha gente que no quiere hablar conmigo. Personas que han matado a sus familias; personas que han estado a punto de morir asesinadas, o que han convivido con individuos que estuvieron a punto de matarlas. Los hombres como Paul Monson siempre son reacios a hablar. Se resisten a expresar la magnitud de lo que han perdido, porque lo que han perdido roza el límite mismo de lo imaginable.

Al llegar, oigo un arrastrar de pies dentro de la casa y pienso por un instante que Paul no va a abrirme la puerta, que ha cambiado de idea y no quiere que le entreviste. Llevo ya varios días en Billings; Paul sabía que iba a venir. Su exmujer, Sally Sjaastad, ha pasado muchas horas conmigo, pero no consiguió convencerle de que me recibiera la primera vez que se lo pidió. Ni la segunda ni la tercera. Me sorprende, a decir verdad, que haya aceptado por fin. La puerta de la casa es gris y está llena de golpes y abolladuras.

Por fin se entreabre la puerta. Paul apenas me mira. Tiene el cuerpo un poco torcido y el cabello canoso, con entradas, y la cara macilenta. Aparenta la edad que tiene: algo más de sesenta años. Abre la puerta un poco más y con un gesto, sin mirarme a los ojos, me indica que pase. Viste camisa azul con el cuello abotonado y pantalones vaqueros. Me parece que rechina los dientes.

La casa, que construyó él mismo, es algo desangelada, como si acabara de instalarse en ella. Hay poca decoración y cajas abiertas aquí y allá, en los rincones. Un telescopio apunta hacia la alfombra, como si hubiera renunciado a su tarea. Las montañas dominan el paisaje. Paul es reservado, taciturno, meticuloso. Nos sentamos a la mesa del comedor y pasa los dedos por su borde liso, observándose las manos. La mesa está repleta de papeles agrupados en montones. Hago un comentario intrascendente sobre mi coche de alquiler y así empezamos a hablar, pisando terreno firme.

Mi padre me enseñó algo de mecánica: a cambiar el aceite y las ruedas, a medir los niveles y sustituir el filtro del aire. El mecanismo de un pistón. Cosas básicas, pero con eso basta. Paul es técnico en diseño eléctrico y está familiarizado con las máquinas. Se siente a gusto hablando de coches. Una ecuación infalible: las bujías generan la chispa que enciende un motor. Es algo predecible. Algo que se puede arreglar. Si algo se avería, es un misterio que puede resolverse. Yo le dejo hablar. Me cuenta que les compró a sus tres hijas los primeros coches que tuvieron. A Alyssa, un Honda Civic. A Michelle, un Subaru blanco. A Melanie le ha comprado varios, porque, dice, los destroza. Él sabe que aún no nos hemos metido en harina, que no hemos tocado el tema del que he venido a hablar, y noto la tensión en el aire, palpable como la humedad.

Rocky también entendía de coches. Paul se acuerda del primer coche que tuvo, uno pequeño, de color verde. Un Opel, cree que era. Rocky era su yerno, el marido de Michelle, su segunda hija.

—El primer recuerdo que tengo de él es ver su coche aparcado delante de mi casa —dice Paul—, cuando venía a ver a Michelle.

Primero el coche, luego el hombre. Más adelante, le dio la impresión de que Rocky se pasaba media vida reparando un Mustang.

—Tenía uno que estaba reparando, y otro de desguace, para aprovechar las piezas —dice—. Era lo que más le interesaba y a mí me parecía que pasaba muchísimo tiempo solo en el garaje.

Paul asegura que Rocky y él nunca acabaron de entablar el vínculo que cabría esperar entre suegro y yerno. Aunque Michelle y él estuvieron juntos casi diez años, Paul solo recuerda haber mantenido una conversación con Rocky; sobre aquel Mustang, precisamente. Rocky le pidió consejo sobre el color de la pintura.

—Lo mejor es optar por el blanco, si no te das mucha maña con la pintura —me explica Paul.

Es el color más sufrido. Con el blanco puedes hacer una chapuza y aun así no quedará mal del todo.

—El blanco es un color perfecto —asegura.

En noviembre de 2001, Rocky Mosure compró un arma que vio anunciada en el *Thrifty Nickel*, el periódico de anuncios clasificados en el que se puede comprar de todo, desde un hurón a un tractor, pasando por un piano. Luego se fue a casa, donde Michelle acababa de dar de cenar a los niños. Una vecina le vio mirando por las ventanas. Un rato después, los mató a tiros, uno a uno. A Michelle, a Kristy y a Kyle. Acto seguido, se suicidó.

El caso conmocionó a todo el estado. Michelle tenía apenas veintitrés años, y sus hijos tenían seis y siete, respectivamente. Estaban en primero y segundo de primaria, aprendiendo a leer y a dibujar monigotes y árboles en forma de piruleta. Paul encontró a Kyle tirado en la escalera; a Rocky en el piso de abajo, con la cara destrozada y los brazos cubiertos de garabatos que parecían hechos con rotulador. El coche de Michelle estaba allí y, durante unos minutos, Paul tuvo la esperanza de que quizá estuviera viva. Corrió al jardín trasero y luego al garaje. Vio los dos Mustang de Rocky. Y una bolsa llena de vídeos caseros. Entonces llegó la policía y encontró a Michelle.

Di con Paul Monson como dan la mayoría de los periodistas con sus reportajes más decisivos: a través de una enrevesada madeja de personas, paisajes y años de investigación. En el verano de 2010, estaba con mi amigo Andre Dubus a la entrada de su casa en Nueva Inglaterra cuando llegó su hermana Suzanne, que estaba a punto de irse de vacaciones junto con el resto de la familia. Las horas posteriores marcaron el rumbo de la siguiente década de mi vida.

Yo había vuelto a Estados Unidos menos de un año antes, después de muchos viajes y de vivir una larga temporada en el extranjero, sobre todo en Camboya, donde pasé seis años. Me estaba costando aclimatarme a mi nueva vida. Asistía a las reuniones del claustro de la universidad donde trabajaba desde hacía poco como profesora asociada y fingía conocer cuestiones burocráticas y pedagógicas que en realidad me sonaban a chino. Durante mi larga estancia en Camboya había escrito sobre violaciones en grupo y sobre la sociedad posterior al régimen genocida de los Jemeres Rojos, sobre pobreza y derechos laborales: temas que giraban de forma palpable en torno a la supervivencia de un modo que nada tenía que ver con mi nueva vida en Estados Unidos. Las conversaciones que manteníamos los expatriados en Nom Pen cuando nos juntábamos para cenar versaban sobre el tribunal de crímenes de guerra,[1] la esclavitud sexual, la violencia siempre presente o la corrupción política. En cierta ocasión, mientras paseaba a mi perro por un parque, el conductor de un mototaxi que me conocía porque vivíamos en el mismo barrio pasó a mi lado, me agarró y me hizo subir a la moto con mi perro en brazos. Luego, se alejó a toda velocidad del parque de Hun Sen. Segundos antes habían matado a tiros a un hombre a cinco metros escasos de donde me encontraba, y Sophal, el taxista, se preocupó de ponerme a salvo. En otra ocasión, en compañía también de mi perro, un hombre se prendió fuego en el mismo parque y yo me quedé paralizada de horror, viéndole arder. Mi amiga Mia, que también vivía en Nom Pen, solía decir que a veces tenía la impresión de que habitábamos en la línea de batalla de la humanidad.

No es que en Estados Unidos no hubiera problemas. También en mi país había pobreza, enfermedad y catástrofes naturales. Pero yo había olvidado que allí, si lo deseabas y si tenías los medios para ello, podías vivir en lugares donde era fácil aislarse de esos problemas. Y mi nueva vida me aislaba, de un modo que yo no había previsto, de los problemas sociales de los que me había ocupado como periodista durante décadas. No es que fuera infeliz, pero estaba inquieta. Aunque había estudiado literatura en la universidad, poco después de graduarme me incliné por el periodismo por-

---

1. Conocido oficialmente como Cámara Extraordinaria de las Cortes de Camboya, este tribunal no debe confundirse con el Tribunal Internacional de La Haya (Países Bajos). En conversaciones informales, solíamos referirnos a este organismo simplemente como «tribunal de crímenes de guerra».

que comprendí casi de inmediato que era un motor de cambio más directo. Me atraían los rincones escondidos del mundo, la gente desheredada, porque había sentido en carne propia, aunque fuera mínimamente, lo que era sentirse invisible y ninguneada, y lo que era sufrir hasta un punto que parece físicamente insoportable.

Aquel día de 2010 estuve largo rato charlando con Suzanne frente a la casa de su hermano. Estaban haciendo los preparativos para irse de cámping al interior de Maine, como hacían todos los años, y Andre, el hermano de Suzanne, la recibió dándole una larga lista de cosas que había que comprar. Suzanne me contó que trabajaba en un organismo municipal contra la violencia de género y que desde hacía poco estaban desarrollando un plan nuevo al que ella daba el nombre provisional de «Equipo de Violencia de Género de Alto Riesgo». Su objetivo primordial era muy sencillo, me dijo:

—Intentamos predecir las muertes por violencia de género antes de que ocurran, para poder impedirlas.

A mí aquello me pareció, de entrada, imposible. Tanto, que pensé que había entendido mal.

—¿Predecirlas? —recuerdo que pregunté—. ¿Has dicho «predecir» las muertes por violencia de género?

Yo me había topado muchas veces con casos de violencia de género a lo largo de los años, no solo en Camboya, sino también en países como Afganistán, Níger y Honduras. Nunca, sin embargo, me había ocupado activamente de ese tema. Era siempre un asunto concomitante con el tema sobre el que estuviera escribiendo, hasta el punto de que casi parecía intrascendente. Las jóvenes encarceladas en Kabul por crímenes pasionales; las novias niñas de la India que solo concedían entrevistas en presencia de los hombres que las tenían bajo su dominio; las mujeres tibetanas esterilizadas a la fuerza por las autoridades chinas; las adolescentes casadas del Níger, expulsadas de sus aldeas cuando las fístulas provocadas por los embarazos las convertían en indeseables; las mujeres rumanas obligadas a parir una y otra vez bajo el régimen de Ceaucescu y que ahora, con apenas treinta años, eran abuelas condenadas a vivir en la miseria; las prostitutas camboyanas a las que los adolescentes jemeres adinerados violaban en grupo y daban palizas como pasatiempo de fin de semana… Todas esas mujeres, en todos esos países, vivían sometidas cotidianamente al control brutal de los hombres. Ellos marcaban las reglas, principalmente mediante la violencia física.

Esa violencia acechaba siempre, casi en cada historia que yo había cubierto en diversos lugares del mundo, como un oscuro telón de fondo tan evidente que la mayoría de las veces ni siquiera me hacía falta preguntar si existía. Era algo tan común como la lluvia. Hasta aquel momento, mientras hablaba con Suzanne Dubus delante de la casa de su hermano, si alguna vez pensaba en el fenómeno de la violencia contra las mujeres en Estados Unidos, lo veía como el destino fatal de unas pocas infelices, fruto de una serie de decisiones desafortunadas y de un entorno cruel. Una mujer destinada por sus circunstancias sociales y culturales a ser una víctima de la violencia machista. Un hombre destinado por esas mismas circunstancias a convertirse en verdugo. Nunca, sin embargo, lo había considerado una lacra social, una epidemia contra la que podía hacerse algo. Y ahora allí estaba Suzanne Dubus hablándome de medidas concretas para impedir un tipo de violencia que yo, por primera vez, veía como un fenómeno global. La joven de la India a la que casan siendo una niña; la tibetana esterilizada; la afgana encarcelada; el ama de casa de Massachusetts maltratada por su marido, todas ellas compartían una misma carencia, la misma que afectaba a las víctimas de violencia de género de todo el mundo: control sobre sus propias vidas. Las fuerzas que llevaban a una prostituta camboyana al borde de la muerte eran las mismas que asesinaban a miles de mujeres, niños y hombres (pero sobre todo mujeres y niños) en Estados Unidos y en todo el planeta, año tras año. De hecho, cada día mueren en el mundo, de media, 137 mujeres como consecuencia de la violencia en el ámbito de la pareja o de la familia.[2] Esta cifra no incluye a hombres ni a niños.

Aquel día, de pronto, me sentí revivir físicamente. Vi las caras de todas las mujeres con las que me había topado a lo largo de más de dos décadas de trabajo en todo el mundo y me di cuenta de que rara vez había mirado hacia dentro, hacia mi propio país, a nuestra propia lacra y a lo que significaba esa lacra y cómo se relacionaba con todas esas otras historias y esas otras caras que había visto a lo largo de los años. La universalidad de la violencia contra las mujeres y cómo cruza barreras geográficas, culturales y lingüísticas. Quizá todas esas historias me habían servido de preparación

---

2. https://www.unodc.org/unodc/en/press/releases/2018/November/home-the-most-dangerous-place-for-women-with-majority-of-female-homicide-victims-worldwide-killed-by-partners-or-family-unodc-study-says.html

para el día en que conocería por fin a Paul Monson y vería las montañas desde las ventanas de su cuarto de estar. Acabé acompañando a Suzanne al mercadillo de fruta y verdura, y luego al supermercado y a la licorería, a comprar las cosas que necesitaba para sus vacaciones. La ayudé a cargar con el hielo, los melocotones y la carne picada. Le hice una pregunta tras otra mientras ella conducía y su madre, Pat, que iba sentada a su lado, intervenía de vez en cuando. *¿Cómo funcionáis? ¿A cuántos agresores habéis parado los pies? ¿Qué más podéis predecir?* Mis preguntas eran extensas e inacabables. Como mucha gente que solo conoce un problema de oídas, tenía multitud de ideas preconcebidas: que, si las cosas se ponían muy negras, la víctima podía marcharse sin más; que las órdenes de alejamiento resolvían el problema (y que si una víctima no se presentaba a renovar una orden, significaba que el problema estaba resuelto); que instalarse en una casa de acogida era una solución adecuada para las víctimas y sus hijos; que la violencia dentro del hogar era un asunto privado, desvinculado de otras formas de violencia, como, por ejemplo, los tiroteos indiscriminados; que la ausencia de lesiones visibles indicaba que la cosa no era para tanto... Y quizá, por encima de todo, que a no ser que recibas un puñetazo, esa violencia no tiene nada que ver contigo.

Durante los años siguientes, Suzanne Dubus y su compañera de trabajo, Kelly Dunne, me mostraron con infinita paciencia el alcance y los antecedentes de un problema social que hoy sigue, con excesiva frecuencia, oculto a la vista. Aprendí por qué fracasaron intentos anteriores de ponerle freno y qué podíamos hacer en la actualidad para resolverlo con eficacia. Entre 2000 y 2006, murieron 3.200 soldados estadounidenses; en ese mismo plazo, la violencia de género se cobró 10.600 vidas solo en Estados Unidos. (Y esta cifra no refleja, muy probablemente, la realidad de la situación, dado que está extraída de la SHR, la base de datos sobre homicidios del FBI, que recoge la información que proporcionan de forma voluntaria los distintos cuerpos de policía locales). Cada minuto, veinte mujeres son agredidas por su pareja en Estados Unidos. Kofi Annan, el ex secretario general de Naciones Unidas, calificó la violencia contra las mujeres y las niñas como «la más vergonzosa violación de los derechos humanos»[3], y la Organización Mundial de la Salud la describió como «un problema global de salud de proporciones epidémi-

---

3. https://www.un.org/press/en/1999/19990308.sgsm6919.html

cas». Según un estudio publicado por la UNODC —la Oficina de Naciones Unidas contra la Droga y el Delito—, 50.000 mujeres fueron asesinadas por sus parejas (varones) o por miembros de su familia solo en 2017.[4] *50.000 mujeres.* Dicho estudio afirmaba que el hogar era «el lugar más peligroso para las mujeres».[5] Y a pesar de que existe una conciencia cada vez mayor de que los hombres también pueden ser víctimas de violencia de género, la inmensa mayoría de las víctimas —en torno al 85 %— son, en la actualidad, mujeres y niñas.[6] Por cada mujer que muere en Estados Unidos a causa de la violencia de género, hay otras nueve heridas de gravedad.[7] La historia de cómo Suzanne Dubus y Kelly Dunne crearon un plan para prevenir las muertes por violencia de género se convirtió en el primer reportaje que escribí sobre este tema, publicado en la revista *New Yorker* en 2013.

Fue, además, el germen de este libro cuando comprendí cuántas cosas quedaban aún por contar. Cuando llevaba varios años investigando sobre el tema, la violencia de género comenzó a parecerme un problema social que podíamos afrontar y solucionar si empezábamos a prestarle atención. Durante los ocho años siguientes, fui aprendiendo más y más; entre otras cosas, aprendí que la violencia de género suele estar vinculada a muchos otros problemas sociales todavía por resolver: problemas educativos, económicos, de salud física y mental, de delincuencia, de igualdad racial y sexual y muchos otros. Aprendí que hay un movimiento que aboga por la reforma penitenciaria en casos relacionados con la violencia de género porque los culpables van a la cárcel un tiempo, reciben poco o ningún tratamiento y luego se reinsertan en la sociedad y repiten el ciclo. Y que la violencia en el ámbito familiar o privado tiene profundas y vastas consecuencias para el conjunto de la sociedad. Conocí a personas en Florida, California, Maryland, Ohio, Nueva York, Massachusetts, Oregón y en muchos otros lugares que libraban una guerra privada a la que trataban de sobrevivir. Y vi, a través de ellas, el coste que tiene esa guerra en el plano individual y en el colectivo;

---

4. https://www.bbc.com/news/world-46292919. Véase también: https://www.unodc.org/unodc/en/press/releases/2018/November/home-the-most-dangerous-place-for-women-with-majority-of-female-homicide-victims-worldwide-killed-by-partners-or-family-unodc-study-says.html

5. *Ibid*, UNODC.

6. https://www.bjs.gov/content/pub/pdf/ipv01.pdf

7. Dato extraído de la correspondencia que la autora ha mantenido por correo electrónico con Jacquelyn Campbell.

vi las fracturas que produce en las comunidades, en las familias y los individuos; vi su balance en vidas segadas y oportunidades perdidas; y vi la
enorme carga económica que representa para las víctimas, para los contribuyentes y para el sistema judicial en su conjunto. La violencia de género
genera costes sanitarios que superan los ocho mil millones de dólares anua-
les y hace perder a sus víctimas más de ocho millones[8] de jornadas laborales
al año. Es una de las causas directas de la situación de indigencia de la
mitad de las mujeres sin techo de Estados Unidos y la tercera causa de indigencia en términos generales dentro del país. La inmensa mayoría de los
varones encarcelados en la actualidad en Estados Unidos fue testigo o sufrió este tipo de violencia durante su infancia en el ámbito familiar. Y está
demostrado que los niños que crecen en hogares violentos corren un peligro mucho mayor de desarrollar trastornos psicológicos.[9]

En cuanto a esos tiroteos indiscriminados que de año en año se vuelven
una lacra mayor para nuestra sociedad, también están relacionados en su
mayoría con la violencia de género.

En abril de 2017, la asociación Everytown for Gun Safety publicó un
informe según el cual el 54% de las matanzas indiscriminadas que se dan
actualmente en Estados Unidos tiene la violencia de género o familiar
como trasfondo.[10] Los medios de comunicación se hicieron eco de este
dato. El vínculo entre las matanzas indiscriminadas con armas de fuego y
la violencia contra las mujeres generó numerosos titulares y fue objeto de
un sinfín de artículos de opinión a lo largo y ancho del país, que introdu-
cían, eso sí, un pequeño matiz: en lugar de hablar del trasfondo, los medios
de comunicación afirmaron que la violencia de género podía «predecir» ese
tipo de conductas homicidas. *La violencia de género predice los tiroteos indiscriminados en más del 50% de los casos*, decía, por ejemplo, un titular. Cuando
un periodista de la página web *PolitiFact* cuestionó el dato publicado por la
asociación Everytown y citó un porcentaje mucho menor procedente de un
estudio llevado a cabo por el profesor de la Universidad del Noreste James

---

8. https://ncadv.org/statistics

9. Sun, Jing *et al.*, «Mothers' Adverse Childhood Experiences and Their Young Children's Development»,
American Journal of Preventive Medicine 53, n.º 6 (diciembre de 2017): 882–891.

10. https://everytown.org/press/women-and-children-in-the-crosshairs-new-analysis-of-mass-shootings-
in-america-reveals-54-percent-involved-domestic-violence-and-25-percent-of-fatalities-were-children

Alan Fox,[11] el punto principal, el más relevante de todos, quedó enterrado a mitad del artículo en una cita literal de Fox, que declaraba: *Podría afirmarse, desde luego, que en torno a la mitad de los tiroteos indiscriminados son casos extremos de violencia de género.*

Dicho de otra manera: no es que la violencia de género sea un *indicador* de futuras matanzas indiscriminadas. Se trata de que las matanzas indiscriminadas, más de la mitad de las veces, *son* violencia de género.

Pensemos, por ejemplo, en Adam Lanza, que dio comienzo a su masacre en casa, asesinando a su madre antes de dirigirse al colegio Sandy Hook de Newton (Connecticut). O en Devin Patrick Kelley, que ató a su mujer a la cama con unas esposas y una cuerda antes de montarse en el coche para perpetrar una matanza en la Primera Iglesia Baptista de Sutherland Springs (Texas).[12] O podemos remontarnos aún más atrás, a la que suele considerarse la primera matanza indiscriminada de la historia de Estados Unidos, ocurrida en agosto de 1966, cuando Charles Whitman abrió fuego contra los estudiantes del campus de la Universidad de Texas en Austin, asesinando a dieciséis personas. Lo que mucha gente ha olvidado es que la masacre perpetrada por Whitman comenzó la noche anterior con el asesinato de su esposa y su madre.

La violencia machista acecha también en el 46% restante de las masacres indiscriminadas. Está ahí, en algún lugar del pasado de muchos de los asesinos. Omar Mateen, que mató a cuarenta y nueve personas en la discoteca Pulse de Orlando en junio de 2016, intentó estrangular a su primera esposa, un acto que se considera delito en el estado de Florida, donde vivía, y por el que podría haber sido condenado a diez años de prisión conforme a la legislación federal. No fue imputado, sin embargo. O pensemos en esas tres semanas aterradoras de octubre de 2002 durante las cuales un francotirador llamado John Allen Muhammad mantuvo en vilo a los estados de Virginia, Maryland y de Washington D.C. al disparar a ciudadanos aleatoriamente. Durante esas semanas, en los colegios el recreo se hacía de puertas para dentro y las gasolineras colgaban lonas delante de los surtidores para ocultar a sus clientes. Muhammad había maltratado durante años a su espo-

---

11. https://www.politifact.com/texas/statements/2017/dec/02/eddie-rodriguez/domestic-violence-not-confirmed-precursor-mass-sho

12. https://www.cbsnews.com/news/sutherland-springs-texas-church-gunman-devin-kelley-wife-speaks-out

sa, Mildred, de la que estaba ya separado. Sus ataques aleatorios eran, en realidad, una tapadera. Muhammad declaró ante la policía que, según sus cálculos, asesinando a desconocidos al azar conseguiría ocultar su auténtico propósito, que no era otro que matar a Mildred. ¿Y qué habría ocurrido si hubiésemos proporcionado la atención médica y el tratamiento que necesitaba a un joven llamado Dylann Roof, que fue testigo durante años de los gravísimos malos tratos a los que su padre sometía a su madrastra?[13] ¿Podríamos haber salvado la vida de las nueve personas a las que asesinó Roof en la Iglesia Metodista Episcopaliana Emanuel de Charleston (Carolina del Sur) en junio de 2015?

Estos son, por desgracia, solo los sucesos que dejan una huella más honda en el recuerdo de la opinión pública. Pero hay muchos, muchísimos otros. En Estados Unidos se considera, en términos generales, que una matanza indiscriminada es aquella en la que mueren cuatro o más personas, lo que significa que la inmensa mayoría de los tiroteos solo tienen repercusión en la prensa local o, como mucho, en la regional. Y los millares de mujeres, hombres y niños que mueren así cada año desaparecen de las noticias pasados uno o dos días. Casos como estos y tantos otros dejan claro que la violencia de género, lejos de ser un problema privado, es un problema de salud pública de la mayor gravedad.

Todo esto me condujo, andando el tiempo, a la puerta abollada de la casa de Paul Monson en la primavera de 2015. Para entonces hacía ya varios años que conocía a casi toda su familia. Había oído contar la historia de Michelle y Rocky a la madre y a las hermanas de Michelle. A Paul, en cambio, le resultaba casi imposible hablar de los asesinatos. Su dolor me pareció abrumador. A veces, la culpa le asfixiaba. Resulta muy difícil hablar de la violencia de género que se ha padecido. Y es también —como he descubierto en el curso de esta investigación— uno de los asuntos más difíciles de tratar para un periodista. Es un tema de proporciones gigantescas e inmanejables, y que sin embargo permanece oculto. Como periodista,

---

13. https://www.thestate.com/news/local/article25681333.html. Véase también: https://www.dailymail.co.uk/news/article-3131858/Charleston-killer-Dylann-Roof-grew-fractured-home-violent-father-beat-stepmother-hired-private-detective-follow-split-claims-court-papers.html

puedes hallarte en medio de una zona de guerra y describir lo que ves. Puedes ir a una región donde se sufren los estragos de una hambruna o una epidemia e informar en tiempo real. Puedes visitar un sanatorio de enfermos de sida, un hospital oncológico, un campo de refugiados, un orfanato, y escribir sobre el sufrimiento que se palpa en todos esos lugares. Puedes escribir sobre el aspecto que presentan esos problemas sociales, medioambientales, geopolíticos o de salud pública y describirlos desde dentro porque tienen lugar ante ti. Incluso si estás escribiendo sobre un problema de posguerra, como a menudo hice en Camboya, puedes dar por sentado que las personas a las que entrevistas se hallan hasta cierto punto a salvo por el simple hecho de que el conflicto armado, la catástrofe natural o cualquier otra desgracia que te haya llevado hasta ellos ha tocado a su fin.

Uno de los aspectos más duros de escribir sobre la violencia de género es que estás tratando una situación de una volatilidad tan aguda que te arriesgas a poner en peligro la vida de personas que se encuentran ya inmersas en una situación explosiva. Pese a todo, la ética periodística dicta que todo el mundo tenga la oportunidad de contar su versión de los hechos: víctimas y maltratadores por igual. Esto supone que, en varios casos, después de pasar meses o incluso años entrevistando a una víctima, haya tenido que descartar esas entrevistas porque habría puesto en peligro la vida de esa persona por el solo hecho de pedir hablar con su agresor. Así, por ejemplo, una mujer con la que me entrevisté en numerosas ocasiones a lo largo de más de un año tuvo que poner fin a nuestras conversaciones por cuestiones de seguridad. Había convivido durante años con su agresor, que acostumbraba a sujetarla y empujarla, desnuda, contra las tuberías de la calefacción de su piso o le tapaba la cabeza con una manta que luego le sujetaba con cinta americana alrededor del cuello. Su historia de maltrato y posterior liberación es una de las más escalofriantes que he oído. Incluso ahora, al escribir sobre ella, solo puedo incluir esos detalles —los tubos de la calefacción y la manta en la cabeza— porque no la identifican, dado que son comunes a muchas otras historias de maltrato.

Las víctimas de la violencia machista a menudo no pueden dar por concluida definitivamente su experiencia de maltrato. Muchas mujeres que consiguen liberarse de sus maltratadores siguen teniendo que relacionarse con ellos si comparten la custodia de sus hijos. Y aunque no haya hijos de por medio, numerosas víctimas siguen viviendo con el alma en vilo mucho después de escapar de una situación de maltrato, sobre todo si esta concluyó con el encarcelamiento del agresor. Si encuentran nueva pareja, ambos pueden correr peligro. Una mujer a la que entrevisté decía que había que «andar siempre girando la cabeza»; por lo menos, hasta que tus hijos se hacían mayores. Las visitas y las recogidas y entregas de los hijos son momentos especialmente peligrosos, incluso para aquellas víctimas que han logrado librarse del maltrato. A una mujer a la que conozco personalmente, su expareja le golpeó la cara contra un muro mientras sus hijos observaban la escena desde el asiento trasero del coche en el momento del intercambio. Llevaban ya varios años divorciados. En el momento en que escribo estas líneas, me entero de que ayer mismo, el 12 de septiembre de 2018, seis personas murieron a tiros en Bakersfield (California); entre ellas, la exmujer del homicida y su nueva pareja. (Si se buscan en Google las palabras «exmarido mata expareja», se obtienen millones de resultados). Escapar de una relación de maltrato no te asegura que haya pasado el peligro; en absoluto. De ahí que, siempre que ha sido posible, haya buscado un equilibrio entre la ética periodística y la seguridad de las personas que han tenido la valentía de hablar conmigo. Cuando he podido, he entrevistado a numerosas personas vinculadas con una relación de pareja o un suceso concretos, pero en ocasiones era demasiado peligroso que la víctima me permitiera tratar de localizar a su agresor y hablar con él. En varios casos, los implicados o los testigos habían fallecido. He cambiado el nombre de algunos de los entrevistados por motivos de seguridad y a fin de preservar su intimidad. Mi metodología ha consistido en redactar la información sin alterarla, a excepción de los nombres y apellidos de los entrevistados. Cuando estos aparecen cambiados, lo hago constar a pie de página.

La violencia doméstica no se parece a ningún otro delito violento. No se produce en el vacío, ni porque cierta persona tenga la mala suerte de hallarse en determinado lugar en un momento concreto. El hogar y la familia deberían ser, presuntamente, el territorio sagrado de cada persona, nuestro «refugio en un mundo cruel», como solía decir mi profesora de sociología de la facultad, en cuyas clases oí por vez primera esa expresión. Eso es, en parte, lo que la hace tan indefendible. Es una violencia que ejerce sobre ti alguien a quien conoces y que asegura quererte. Se halla casi siempre oculta incluso a ojos de tus allegados más íntimos, y en muchas ocasiones las lesiones físicas que produce son mucho menos dañinas que la violencia verbal y emocional de la que van acompañadas. He perdido la cuenta de la cantidad de maltratadores a los que he oído lamentarse porque son incapaces de dejar de querer a las mujeres a las que agredieron tan brutalmente que acabaron por ello en prisión. Es posible que la idea de sentir un amor tan intenso que domine por completo tu voluntad sea para algunas personas un poderoso afrodisíaco, pero para que un hombre llegue a la conclusión de que su amor y su violencia surgen del mismo lugar tiene que haberse dado con anterioridad una racionalización absolutamente engañosa, claro está. He descubierto que los agresores se caracterizan por un narcisismo exacerbado, y que su experiencia suele estar determinada por otros factores que pueden hacer del engaño y la duplicidad cuestión de simple supervivencia. Las adicciones, la pobreza y otras situaciones de precariedad extrema o desesperación pueden ser especialmente mortíferas cuando se combinan con cierta masculinidad tóxica.

Vivimos en una cultura en la que se nos inculca que nuestros hijos e hijas han de tener un padre; que tener una relación de pareja es un objetivo prioritario en nuestras vidas; que la familia es el fundamento de la sociedad; y que es mejor aguantar y tratar de resolver los «problemas» en privado que marcharse y criar a tus hijos como madre soltera. Michelle Monson Mosure repetía este argumento una y otra vez cuando le decía a su madre, insistentemente, que no quería que sus hijos se criaran en un «hogar roto». Como si un hogar en el que un adulto maltrata al otro no estuviera ya roto; o como si hubiera distintos grados de rotura. Estos mensajes son insidiosos y constantes. Están presentes cuando los políticos estadounidenses debaten si actualizan o no la Ley de Violencia contra las Mujeres (VAWA, en sus siglas en inglés) y cuando le asignan un presupuesto tan mísero para su implementación que apenas hace mella en el presupuesto federal. La partida presupuestaria total para la implementación de dicha ley no llega a los 489 millones de dólares en la actualidad.[14] Para que el lector se haga una idea, el presupuesto anual total del Departamento de Justicia, del que depende la Oficina de Violencia contra las Mujeres, es actualmente de 28.000 millones de dólares.[15] Otra forma de verlo sería esta: la persona más rica del

---

14. Esta cifra no incluye el presupuesto de indemnización a las víctimas. https://www.justice.gov/jmd/page/file/968291/download

15. https://www.whitehouse.gov/wp-content/uploads/2018/02/budget-fy2019.pdf

mundo, Jeff Bezos, cuya fortuna se calcula en unos 150.000 millones de dólares, podría financiar la puesta en práctica de la Ley de Violencia contra las Mujeres durante trescientos años y aun así le quedarían unos cuantos millones para subsistir modestamente.[16]

El mensaje de que la víctima debe quedarse con su maltratador se transmite también por otros medios. Por ejemplo, cuando nuestro sistema judicial la obliga a defenderse y a carearse con una persona que quizá haya intentado matarla, o que podría perfectamente acabar con su vida la próxima vez que lo intente. Lo vemos en las sentencias judiciales que se limitan a dar un tirón de orejas al agresor o a condenarle, como mucho, a pagar una multa o a pasar unos días en prisión después de una agresión brutal. Es el mensaje que recibimos cuando los cuerpos de policía tratan la violencia machista como un simple altercado o como una «riña doméstica» y no como lo que es: un delito grave. Tengo el convencimiento de que si cambiaran las tornas, si fueran las mujeres las que propinaran palizas y mataran a los hombres en tan alto número —en Estados Unidos mueren cada mes cincuenta mujeres a manos de sus parejas, y eso solo contando a las que mueren por arma de fuego—, la cuestión acapararía los titulares de todos los periódicos del país y surgirían de pronto enormes cantidades de dinero para investigar qué mosca les ha picado a las mujeres de hoy en día.

Y, después de todo esto, aún tenemos la audacia de preguntar por qué las víctimas no abandonan a su agresor.

La realidad es que muchas víctimas, como Michelle Monson Mosure y sus hijos, tratan de escapar activamente y a hurtadillas, paso a paso y valiéndose de las herramientas que pone a su disposición el sistema actual, siempre alertas y haciendo todo lo que está en su mano por sustraerse a la situación en la que se encuentran. En muchísimos casos, incluido el de Michelle, nos dejamos engañar por las apariencias y creemos que es la víctima quien decide voluntariamente seguir conviviendo con su agresor, cuando de hecho somos nosotros los que no acertamos a identificar a una víctima que intenta, lenta y precavidamente, alejarse de esa situación.

---

16. https://money.cnn.com/2018/07/16/technology/amazon-stock-prime-day-jeff-bezos-net-worth/index.html. Mis increíbles destrezas matemáticas hicieron necesario que llamara a la maestra de mi hija, que está en quinto de primaria, para verificar este dato. ¡Gracias, señorita Allinson!

Nada de esto puede sorprendernos, puesto que durante la mayor parte de la historia de la humanidad no hemos considerado la violencia contra las mujeres como un acto reprobable. Las religiones judía, islámica, cristiana y católica han propugnado tradicionalmente que era prerrogativa del marido el disponer de su esposa a voluntad, más o menos de la misma forma que disponía del resto de sus bienes, como los sirvientes, los esclavos y los animales. Naturalmente, los textos sagrados —el Corán, la Biblia y el Talmud— en los que tiene su origen esa creencia eran simples interpretaciones hechas por hombres (cómo no) de esas épocas históricas.[17] Algunas de estas interpretaciones incluso explicaban cómo debía golpearse a la mujer, evitando los golpes directos a la cara o asegurándose de no causarle lesiones permanentes. En el siglo IX, el líder espiritual de la comunidad judía de Sura afirmaba que la agresión perpetrada por un marido era menos traumática que la de un extraño, puesto que la mujer estaba sujeta por ley a la autoridad del esposo.[18] Los puritanos de Estados Unidos tenían leyes que condenaban la violencia física contra las esposas, pero esas leyes eran en gran medida simbólicas y rara vez —o ninguna— se pusieron en práctica. Se creía, en cambio, que las mujeres maltratadas eran las responsables de las agresiones de sus maridos, puesto que las provocaban ellas mismas con su actitud, creencia esta que ha pervivido durante siglos en la literatura que sirve de sustento a la violencia de género; en casi todo lo que se escribió sobre el maltrato conyugal, de hecho, hasta las décadas de 1960 y 1970. En las contadas ocasiones en que un caso de violencia conyugal llegaba a los tribunales, las sentencias tendían a favorecer al varón, siempre y cuando las lesiones de la mujer no fueran de carácter permanente.[19]

Solo en el último siglo se han aprobado leyes en contra del maltrato a las mujeres en Estados Unidos, y los estados que primero las adoptaron, a finales del siglo XIX —Alabama, Maryland, Oregón, Delaware y Massachusetts— pocas veces llegaron a aplicarlas.[20] La creación de la Sociedad

---

17. https://jwa.org/encyclopedia/article/wifebeating-in-jewish-tradition

18. *Ibid.*

19. Elizabeth Pleck, *Domestic Tyranny: The Making of American Social Policy against Family Violence from Colonial Times to the Present* (University of Illinois Press, Champaign, Illinois, 2004).

20. *History of Domestic Violence: A Timeline of the Battered Women's Movement.* Minnesota Center Against Violence and Abuse; *Safety Network: California's Domestic Violence Resource.* Septiembre de 1998 (copyright 1999). Véase asimismo: Mantel, Barbara, «Domestic Violence: Are Federal Programs Helping to Curb Abuse?», *CQ Researcher* 23, n.º 41 (15 de noviembre de, 2013): 981–1004. http://library.cqpress.com/cqresearcher/cqresrre2013111503. Y: Pleck, *Domestic Tyranny*, 17, 21–22.

Americana contra el Maltrato Animal precedió en varias décadas a la aprobación de leyes en contra del maltrato hacia la propia esposa, lo que significa —deduzco— que teníamos a nuestros perros en mayor estima que a nuestras mujeres. (En la década de 1990 el número de refugios para animales superaba en una proporción de casi tres a uno a las casas de acogida para mujeres maltratadas).[21] En otoño de 2018, mientras escribo esto, sigue habiendo más de una docena de países en el mundo en los que la violencia contra la esposa o contra miembros de la propia familia es completamente legal; es decir, donde no existe legislación específica contra la violencia de género. Algunos de estos países son Egipto, Haití, Letonia, Uzbekistán y el Congo.[22] Y luego está el caso de Rusia, que en 2017 despenalizó cualquier acto de violencia de género que no produzca una lesión física.[23] Y el de Estados Unidos, cómo no, donde el primer fiscal general del Estado nombrado por la administración Trump afirmó en cierta ocasión que la violencia de género no constituía fundamento para conceder el estatuto de refugiado a una persona extranjera y que dicha persona sufría únicamente el sino de la «desgracia».[24] Es decir, que actualmente, si tienes la suerte de que te vapuleen las autoridades estatales de tu país fuera del hogar, puedes solicitar el estatuto de refugiado en Estados Unidos, pero si ese terror se desarrolla a puerta cerrada, en tu propia casa, no tienes ese derecho. Si ese es tu caso, mala suerte: apáñatelas como puedas.

Gran parte de la legislación contra la violencia de género vigente en la actualidad en Estados Unidos data de hace muy poco tiempo. No fue sino hasta 1984 que el Congreso aprobó una ley de asistencia a mujeres y menores víctimas de malos tratos. Se la denominó Ley de Asistencia y Prevención de la Violencia Familiar e hizo posible la financiación de casas de acogida y de otros recursos para las víctimas.[25] El acoso no se tipificó como delito hasta principios de la década de 1990 y todavía hoy ni las fuerzas de seguridad, ni los maltratadores ni las víctimas lo consideran a menudo un

21. Davis, Jackie. «Domestic Abuse», Criminal Justice Institute. Libro blanco. https://www.cji.edu/site/assets/files/1921/domestic_abuse_report.pdf

22. https://www.theclever.com/15-countries-where-domestic-violence-is-legal

23. https://themoscowtimes.com/articles/nine-months-on-russian-women-grapple-with-new-domestic-violence-laws-59686

24. https://www.justice.gov/eoir/page/file/1070866/download

25. https://www.womenshealth.gov/relationships-and-safety/get-help/laws-violence-against-women

peligro real, pese a que tres cuartas partes de las mujeres asesinadas en Estados Unidos habían sufrido acoso previo por parte de las parejas o exparejas que las mataron.[26] Casi un 90 % de las víctimas mortales de la violencia machista sufrieron acoso y malos tratos durante los años inmediatamente anteriores a su fallecimiento.[27] En Estados Unidos no se creó un número de atención telefónica a las víctimas de violencia de género hasta 1996.[28]

Según me explicó Suzanne Dubus, ha habido, básicamente, tres medidas que han revolucionado la manera en que afrontamos actualmente la violencia contra las mujeres en Estados Unidos. Una es el programa en el que trabajaba ella, que dio comienzo en 2003, cuando se crearon los primeros Equipos de Alto Riesgo que tratan de evaluar la peligrosidad de cualquier situación de violencia de género y de dotar a las víctimas de medidas de protección. Otra fue la apertura en 2002 del primer centro de justicia familiar del país, creado en San Diego por Casey Gwinn, un exfiscal de distrito, y que situaba en una misma sede todos los servicios de atención a las víctimas: policías, abogados, subsidios, psicólogos, servicios educativos y muchos otros. (El centro de San Diego incluía treinta y cinco organismos distintos. En otros lugares el número varía). Y la tercera y última, el Protocolo de Valoración de Letalidad que puso en marcha en Maryland en 2005 un exagente de policía llamado Dave Sargent y que tenía como objetivo prioritario enseñar a los agentes de policía a gestionar las situaciones de violencia de género en las que intervenían.[29]

No fue simple coincidencia que estos tres planes de actuación se iniciaran más o menos en las mismas fechas. El movimiento feminista de los años setenta y ochenta del siglo xx había puesto de relieve el problema del maltrato a las mujeres, dentro de una sociedad que a duras penas empezaba a asimilar la idea de la igualdad. La prioridad durante aquellos años fueron las casas de acogida: construirlas, dotarlas de fondos y alejar a las mujeres

---

26. http://victimsofcrime.org/our-programs/stalking-resource-center/stalking-information

27. http://victimsofcrime.org/docs/src/analyzing-stalking-statute.pdf?sfvrsn=2. En el Reino Unido, el acoso se consideraba tradicionalmente como simple «acecho puntual» pese a que 120.000 mujeres denunciaban anualmente ser víctimas de esta situación, cifra esta que según los expertos solo refleja en torno a un 25 % del número real de mujeres que sufren acoso. Pero, a diferencia de lo que ocurre en Estados Unidos, en 2012 el gobierno británico aprobó una ley que tipificaba el acoso como delito penal, y en 2015 las imputaciones por este delito aumentaron en un 50 %.

28. https://www.thehotline.org/about-the-hotline/history-domestic-violence-advocates

29. https://lethalityassessmentprogramdotorg.files.wordpress.com/2016/09/development-of-the-lap1.pdf

maltratadas de sus agresores. En los años noventa, sin embargo, las cosas empezaron a cambiar. Abogados, fiscales, agentes de policía y jueces de todo el país coinciden en que ello se debió a dos acontecimientos fundamentales. El primero fue el proceso contra O. J. Simpson.

Para muchos, Nicole Brown Simpson se convirtió en la cara visible de un nuevo tipo de víctima. Era una mujer guapa, rica y famosa. Si podía pasarle a ella, podía pasarle a cualquiera. La policía sabía que su marido la había maltratado anteriormente. O. J. Simpson había sido detenido con anterioridad por malos tratos, puesto en libertad bajo fianza y condenado posteriormente por un juez californiano a recibir «terapia telefónica» (después de lo cual, el caso fue sobreseído). Las grabaciones de las llamadas a emergencias que hizo Nicole permitieron a los oyentes asistir a una escena que raras veces puede presenciarse: la de una mujer hostigada y amenazada por un hombre que aseguraba quererla. Las amenazas, la coacción, el terror: vamos, el cuadro completo. Su asesinato abrió el debate sobre una cuestión que quienes estaban relacionados profesionalmente con temas de violencia de género tenían presente desde hacía años: que aquello podía pasarle a cualquier mujer, en cualquier parte. En aquella época, uno de sus mayores problemas era cómo llegar a las víctimas que no solicitaban ayuda. Pero cuando la prensa local comenzó a publicar noticias sobre la muerte de Nicole Brown Simpson e incluyó por primera vez en sus páginas direcciones y teléfonos a los que podían acudir las víctimas de malos tratos, estas comenzaron de pronto a acceder a esos recursos públicos en un número sin precedentes hasta ese momento. Las llamadas a la policía y a las líneas de atención contra la violencia de género y las consultas en casas de acogida se dispararon como consecuencia del juicio contra O. J. Simpson.[30] La violencia contra las mujeres se convirtió por fin en un tema de debate nacional.

El caso Simpson se convirtió también en un revulsivo para las víctimas de otras razas que se preguntaban, con toda razón, por qué hacía falta que muriera una mujer blanca, guapa y adinerada para que por fin se prestara atención al problema de las muertes por violencia de género.

---

30. http://library.cqpress.com/cqresearcher/document.php?id=cqresrre2013111503#NOTE[21]. Dado que el juicio contra O. J. Simpson es anterior a la creación de la Línea Nacional de Atención a Víctimas de Violencia de Género (y anterior a la popularización de Internet, por supuesto), no se hizo el seguimiento de las cifras en todo el ámbito nacional, pero a nivel regional, en todo el país, las casas de acogida y las líneas de atención registraron un número récord de llamadas.

A fin de cuentas, las mujeres negras o de otras razas sufrían la violencia de género en la misma medida (o incluso en mayor medida) que las blancas, y además tenían que cargar con el peso añadido de la desigualdad racial. Esa vertiente del debate nacional posterior al proceso de O. J. Simpson se está abordando poco a poco y en mayor medida que nunca antes en las comunidades de nativos americanos, inmigrantes y personas desfavorecidas; gracias, en parte, al otro acontecimiento que ha contribuido decisivamente a cambiar nuestra perspectiva sobre la violencia de género: la aprobación de la Ley de Violencia contra las Mujeres (VAWA).

Dicha ley sometió la violencia en el ámbito de la pareja a la consideración de los legisladores, que hasta entonces la habían visto como un asunto privado, como un problema de las mujeres y no del sistema penal. La llevó por primera vez al Congreso el entonces senador Joseph Biden en 1990, pero no se aprobó hasta el otoño de 1994, apenas unas semanas después de que concluyera el proceso contra O. J. Simpson. Por primera vez en la historia, municipios de todo el país podían obtener financiación del gobierno central para resolver el problema de la violencia de género dentro de sus jurisdicciones. Estas partidas presupuestarias permitieron que se diera formación específica a los miembros de los servicios de emergencias; que se crearan puestos especializados en atención a las víctimas, casas de acogida y hogares de transición; que se dieran cursos de intervención en situaciones de violencia de género y que se proporcionara formación legal sobre estas situaciones. La puesta en práctica de la ley hizo que las víctimas ya no tuvieran que costearse sus propios kits para casos de violación; que, si una mujer maltratada era desahuciada por motivos relacionados con su situación de maltrato, pudiera recibir subsidios y asistencia institucional; y que las víctimas con discapacidad pudieran disponer de recursos, igual que las que necesitaban asesoramiento jurídico. Estos y otros muchos servicios de los que disponemos actualmente para enfrentarnos a la violencia de género son resultado directo de la aprobación de la Ley de Violencia contra las Mujeres. En aquel momento, el senador Biden declaró en una entrevista con Associated Press: «La violencia de género es un delito de odio. Mi objetivo es poner a disposición de la mujer todas las oportunidades que permita la ley para que busque ayuda y reparación, no solo en lo penal sino también en lo civil. Quiero que nuestro país tome conciencia de que los derechos civiles de las mujeres, su derecho a vivir en paz, están en peligro».[31]

La VAWA tiene que revisarse y refrendarse cada cinco años. La revisión de 2013 se dejó en suspenso porque los republicanos no querían que la ley incluyera a parejas del mismo sexo, a nativas americanas que vivieran en reservas y a inmigrantes indocumentadas víctimas de malos tratos que solicitaran visados temporales. Tras varios acalorados debates en el Senado y en la Cámara de Representantes, por fin se aprobó la revisión. La próxima revisión se está preparando mientras escribo estas líneas. Expertos y funcionarios de los servicios de atención a las víctimas de todo el país con los que he hablado son conscientes de que los recursos presupuestarios sobre los que se sustenta su labor penden de un hilo en el clima político actual. Recordemos que el expresidente Donald Trump hace gala de hostilidad hacia las mujeres y de machismo; que más de una docena de mujeres han denunciado que las sometió a tocamientos y acoso, y que su primera esposa lo acusó de agresión sexual (aunque posteriormente afirmó que no lo había dicho en un sentido jurídico, sino en el sentido de que se había sentido violentada).[32] Trump mantuvo en su puesto a Rob Porter, secretario de personal de la Casa Blanca y conocido maltratador, hasta que los medios de comunicación y la presión exterior —no un imperativo moral— forzaron su dimisión. En efecto, vivimos en un clima en el que el derecho a poseer armas parece más importante que el derecho a la vida de las mujeres.

—Las palabras y los actos [de Trump] tienen consecuencias de enorme calado para las mujeres —me dijo la activista Kit Gruelle, superviviente de la violencia de género—. Estamos retrocediendo a velocidad de vértigo.

Hace no mucho tiempo, quedé para comer con Lynn Rosenthal, que fue la primera coordinadora de la Casa Blanca con la Oficina de Violencia contra las Mujeres, un puesto creado por el gobierno de Barack Obama y que permanece desocupado dos años después de que Donald Trump ganara las

31. http://articles.latimes.com/1992-10-03/news/mn-266_1_domestic-violence

32. https://www.cnn.com/2018/02/09/politics/rob-porter-trump-response/index.html y https://www.nytimes.com/2018/02/08/opinion/trump-porter-abuse-women.html

elecciones. Le pregunté qué haría, cómo resolvería el problema de la violencia contra las mujeres si no tuviera que preocuparse por el dinero, si dispusiera de todos los medios para hacer lo que quisiera. Me contestó que elegiría una comunidad, que estudiaría en ella qué medidas funcionaban y que luego invertiría *en todas partes*.

—No se puede coger un trocito del sistema y decir «Ah, esa es la solución». Eso es lo que le gustaría a la gente. Si pudiéramos invertir en una sola cosa, ¿cuál sería? Pero la respuesta es que no hay una sola solución.

Y ese es precisamente el meollo de la cuestión: que la violencia en el núcleo familiar o en la pareja afecta a casi todos los aspectos de la vida actual, y que nuestro fracaso colectivo a la hora de tratarla públicamente demuestra una asombrosa ceguera que nos impide ver que está en todas partes.

Mi objetivo al escribir *Sin marcas visibles* ha sido, por tanto, alumbrar los rincones más oscuros, mostrar la violencia de género desde dentro. He dividido el libro en tres partes, cada una de las cuales trata de abordar una cuestión esencial. La primera parte intenta dar respuesta a esa pregunta recurrente: por qué se quedan las víctimas. (Kit Gruelle me dijo en cierta ocasión: «Después de un atraco a una sucursal bancaria, no se le dice al director: "Tiene que trasladar la sucursal a otro lugar"»). La vida y la muerte de Michelle Monson Mosure ponen de manifiesto que no sabemos lo que estamos viendo. Y que la cuestión de quedarse o marcharse, planteada así, no tiene en cuenta el sinfín de fuerzas que entran en juego en una relación de maltrato.

La segunda parte, quizá la más difícil de abordar, se centra en el núcleo mismo de la violencia; es decir, en los maltratadores. Con excesiva frecuencia pasamos por alto su visión de las cosas al hablar solo con las víctimas, los expertos y la policía. En la atmósfera de masculinidad tóxica imperante en la actualidad, me interesaba saber cómo eran esos hombres y cómo se veían a sí mismos dentro de la sociedad y de sus propias familias. Durante los años que estuve documentándome para escribir este libro, pregunté en numerosas ocasiones si un hombre violento podía aprender a no serlo. La respuesta dependía del interlocutor: los agentes de policía y los expertos en atención a las víctimas respondían que no; las víctimas, que eso esperaban; y los maltratadores que sí. Esta última respuesta me parecía siempre una manifestación de su disposición a cambiar, más que una hipótesis. El aforismo que más a menudo se oye en el ámbito de la violencia de género es este: «Hace daño aquel a quien han hecho daño». Así pues, ¿qué haría falta para que una persona herida se enfrente a su dolor y trate de asumirlo, en vez de volverlo contra los que le rodean?

En la tercera parte del libro me convierto en la sombra de los activistas y los funcionarios públicos, de las personas que luchan en primera línea contra la violencia de género e intentan evitar las muertes que causa, como Suzanne Dubus, Kelly Dunne y otras. Analizo qué puede hacerse y quién lo hace e indago en las iniciativas sociales, judiciales y policiales en torno a la violencia de género, tratando de verlas desde la perspectiva del ciudadano común y corriente.

A lo largo del libro, suelo referirme a las víctimas en femenino y a los agresores en masculino, no porque crea que los hombres no pueden ser víctimas y las mujeres agresoras o porque no sea consciente de los preocupantes datos de violencia que se dan en las relaciones de pareja dentro de los colectivos LGBTQ, y de la relativa falta de recursos para combatirla. Ello se debe, fundamentalmente, a que la inmensa mayoría de los agresores siguen siendo hombres, y la inmensa mayoría de las víctimas, mujeres. De ahí que, por una cuestión de coherencia, emplee los pronombres *ella* y *él*, *ellas* y *ellos*. Quiero hacer constar, no obstante, que cuando me refiero a las víctimas en femenino y a los maltratadores en masculino tengo presente que cualquier persona puede encontrarse en cualquiera de esos dos papeles, con independencia de su sexo.

Igualmente, aunque hoy en día haya una parte del activismo que llama «supervivientes» —o «damnificadas», en algunos contextos— a las mujeres víctimas de la violencia de género, he procurado evitar ese término y el otro a menos que se trate inequívocamente de supervivientes, es decir, de mujeres que han logrado escapar de una situación de maltrato y forjarse una nueva vida para sí mismas y para sus familias. Me refiero, además, a la mayoría de mis fuentes por su nombre completo o su apellido, y por su nombre de pila a las que han compartido su historia conmigo por extenso; o sea, a las que se han convertido en «personajes» de este libro, en un sentido no ficcional.

Por último, quiero añadir que los términos «violencia de género», «violencia intrafamiliar» y «violencia doméstica» son desde hace tiempo objeto de controversia entre supervivientes, activistas y otras instancias sociales.

«Domesticar» la violencia implica en cierto modo atenuarla, dar por sentado que la violencia que ejerce un miembro de la familia reviste menos gravedad que la que ejerce alguien ajeno a ella. Actualmente existe la tendencia a emplear la expresión «violencia en el ámbito de la pareja», o «terrorismo en el ámbito de la pareja», lo que presenta también problemas evidentes, entre otras razones porque excluye la violencia ejercida fuera de la pareja. La expresión «violencia conyugal» tiene limitaciones parecidas. En la última década ha cobrado asimismo impulso el término «violencia de pareja». Todos estos términos son, no obstante, eufemísticos en el sentido de que no reflejan la compleja constelación de fuerzas —materiales, emocionales y psicológicas— que entran en juego en tales relaciones. Llevo años tratando de acuñar un término más preciso, sin conseguirlo, aunque creo que la palabra «terrorismo» es la que mejor refleja la vivencia personal de las víctimas. En el libro he optado por los términos de uso más generalizado —«violencia de género» y «violencia machista»—, a menos que esté citando otras fuentes o trate de evitar redundancias, en cuyo caso empleo los otros términos que menciono más arriba.

Y ahora vuelvo a aquel atardecer en casa de Paul Monson. Al cabo de un rato, dejamos de hablar de coches y pasamos por fin al tema que Paul ha estado evitando, y del que brota su dolor más íntimo y esencial: la hija y los nietos que tenía y perdió.

PRIMERA PARTE

EL FINAL

LOCUELOS

La planta baja de la casa de Paul Monson es diáfana: el cuarto de estar comunica con el comedor y el comedor con la cocina. Me cuenta que sus nietos, Kristy y Kyle, solían corretear por allí en cuanto llegaban de visita. Cruzaban corriendo la casa como locuelos. Eran los hijos de Rocky y Michelle.

Paul es oriundo de Minot, Dakota del Norte. Vino a Montana a trabajar. Su padre falleció hace mucho tiempo. Su padrastro, Gil, era el dueño de una atracción de feria itinerante llamada Lunder's Kiddyland, y antes de eso fue agricultor. Paul dice que trabajaba de cualquier cosa con tal de ganar un dinerillo. Michelle quería mucho a sus abuelos.

—Mucha gente piensa que las chicas jóvenes se enamoran de chicos que se parecen a sus padres —comenta Paul—. Pero la verdad es que yo no veo que me parezca en nada a Rocky.

Es posible que lo que la atrajo de él fuera su energía, agrega Paul. O quizá sea que ella era una adolescente cuando se conocieron y Rocky, aunque parecía más joven, había cumplido veinticuatro años y tenía acceso a un mundo adulto que era nuevo para ella: casa propia, alcohol y ninguna autoridad que le exigiera obediencia. Si ella no se hubiera quedado embarazada a los catorce, si no hubiera tenido a Kristy a los quince, si él no hubiera sido *mucho* mayor que ella, es posible que su idilio hubiera terminado como terminan la mayoría de los amores de adolescencia. Mucho dramatismo, un deseo profundo y luego nada. A otra cosa, mariposa.

—Yo creo que él tenía una edad como para querer sentar la cabeza —comenta Paul—. Fundar una familia y esas cosas.

Paul cuenta que comía con Michelle casi todos los días. Trabajaba cerca de la casa de su hija y se iba a comer allí, aunque duda de que Rocky llegara a saberlo.

—Yo me llevaba mi tartera y ella ponía el programa de Jerry Springer y nos sentábamos a ver la tele —cuenta—. Me sentía más unido a ella que a mis otras hijas, no sé por qué. Y a ella le pasaba lo mismo conmigo.

Paul se acerca entonces un montón de DVD caseros, sujetos con una goma. Dice que son para que me los lleve: copias que ha hecho con antelación, expresamente para mí. Vídeos domésticos. Rocky tenía costumbre de grabarlo todo, año tras año; especialmente, las acampadas que hacían en familia casi todos los fines de semana. En lugar de celebraciones especiales, vacaciones, cumpleaños y esas cosas, los DVD muestran principalmente la vida cotidiana de Michelle, Kristy y Kyle. Paul dice que los ha visto todos, más de una vez. Buscaba pistas, cualquier cosa que pudiera ser un indicio de lo que sucedería después, y que no encontró nada. Parecían una familia corriente. Kristy, con tres años, sentada en el sofá viendo los dibujos. Kyle, con una cañita de pescar en la mano, en la orilla de un río a la espera de que un pez picara. Numerosos vídeos de Michelle dormida en la cama; su marido la llama y la cámara capta el momento en que despierta. No había pistas, afirma Paul. Pasarán varios años antes de que yo reúna el valor necesario para verlos.

Sally Sjaastad, la exmujer de Paul, no llegó a conocer a Rocky mejor que él, a pesar de los años que estuvo vinculado a la familia. Las dos hijas mayores de la pareja, Alyssa y Michelle, se fueron a vivir con Paul cuando tenían quince y catorce años, respectivamente. Sally y Paul se habían divorciado años antes, cuando Michelle tenía ocho, y las niñas habían vivido casi siempre con ella. Al llegar a la adolescencia, sin embargo, descubrieron en casa de su padre una libertad que su madre no les daba.

A veces, Sally llamaba a Paul y él no tenía ni idea de dónde estaban las chicas, o le decía que estaban en casa de fulanita, y ella pasaba por allí y no estaban. Una vez, Paul le dio una dirección que resultó ser una casa de transición para chavales que salían del centro de menores de Pine Hills, en la que vivían una temporada, hasta que se reinsertaban en sociedad. Chicos con problemas de conducta o adicciones. Chavales que por su edad no podían ingresar en prisión, pero que tampoco podían permanecer en sus casas porque eran demasiado peligrosos para sí mismos y para los demás. Pine Hills era una residencia para chavales conflictivos, un sitio que Sally conocía bien porque hacía labores de voluntariado y rehabilitación para el estado de Montana; ayudaba a personas con discapacidad e intentaba encontrarles trabajo.

Sally aparcó aquella noche delante de la casa de transición, furiosa, buscando a Michelle, que por entonces tenía solo trece o catorce años. El hombre que le abrió la puerta le dijo que, en efecto, su hija había estado allí, pero que se había marchado con un chico, un tal Cody. Sally estaba que echaba chispas.

—Mi hija —le dijo al hombre— tiene prohibido volver aquí. Para siempre.

Michelle apareció tres horas después.

En otra ocasión, Sally paró el coche delante de la casa de Paul y vio una ranchera verde aparcada delante. No conocía aquel coche. Llamó a la puerta y no contestó nadie, pero, como oía movimiento dentro de la casa, volvió a llamar, más fuerte. No le abrieron. Se marchó y volvió un rato después. Ocurrió lo mismo. Gritó por la rendija de la puerta que si no le abrían llamaría a la policía. La amenaza dio resultado. Michelle abrió la puerta. Estaba con un chico joven, un chaval con el pelo alborotado, cortado a capas, vestido con vaqueros y camiseta. Tenía una mandíbula muy recia, como si se hubiera pasado la vida rechinando los dientes, labios carnosos y cicatrices de acné en las mejillas. Fue la primera vez que Michelle vio a Rocky. Parecía muy tímido, no se atrevía a mirarla a los ojos. Ella le dijo que tenía que marcharse; que no podía estar allí si el padre de Michelle no estaba en casa. Él masculló que justo estaba a punto de irse.

Más tarde, Sally le dijo a Paul que aquel chico era demasiado mayor para Michelle. No sabía cuántos años tenía, pero si ya conducía era, por fuerza, demasiado mayor para su hija, que solo tenía catorce años. Pensó que entre Paul y ella habían resuelto el problema. Que Rocky ya no formaba parte de la vida de su hija. No imaginó que Michelle la desobedecería. Sally seguía pensando en ella como en su niña pequeña, la que siempre ayudaba en casa y nunca hacía novillos. Michelle nunca había tenido un temperamento rebelde. Cuando le llegó el momento de madurar —lo que sucedió mucho antes de lo que ellos hubieran querido—, lo hizo: de la noche a la mañana se convirtió en una adulta, perdiéndose casi todos sus años de adolescencia.

Rocky era un tipo fibroso, de metro sesenta y cinco de estatura, nervioso e inquieto. Muy activo. (Su familia lo describe de forma algo distinta:

callado y tirando a tímido, un poco retorcido a veces). Antes de pegarse un tiro, cogió los vídeos, los metió en una bolsa y los puso en el garaje. Quería asegurarse de que se salvaran. Un tributo a una familia americana feliz. Si todo hubiera salido según sus planes, esa habría sido la historia que sobreviviera a su muerte. Una gran tragedia americana. Rocky se había escrito un mensaje en los brazos. Se suponía que nadie iba a verlo, y nadie recuerda qué decía exactamente. *Merezco ir al infierno* o algo por el estilo.

Las marcas de golpes que tiene la puerta de su casa, dice Paul, son de una vez que Rocky intentó echarla abajo pues quería ver a Michelle. En aquel momento, sin embargo, la actitud de su yerno no le pareció violenta en el sentido de que pudiera ser peligrosa. Se trata de un tipo de violencia que resulta muy difícil de evaluar en el momento en que se produce, pero que, al echar la vista atrás, se ve clara como el agua. Y ese es, justamente, el aspecto que presenta la violencia de género. Paul fue incapaz de calibrar la magnitud de esa violencia, pero no es el único. Imaginemos, no obstante, que el que aporreó su puerta, el que le daba patadas y gritaba increpando a una mujer que estaba dentro de la casa, no fuera Rocky, sino un desconocido. ¿Quién no llamaría a la policía? ¿Quién no trataría de intervenir para poner fin a ese despropósito? Y sin embargo, cuando se trata de personas que conocemos, de gente a la que vemos en otros contextos —padres, hermanos, hijos, primos, madres, etcétera—, nos cuesta entender esas conductas como violentas. Ahora, Paul afirma que intervendría, que haría algo. Que se tomaría la justicia por su mano de la manera que fuese. Es una actitud típica de Montana, de su cultura individualista y ultraliberal. No se fía del sistema. No cree que la policía o el fiscal pudieran haber hecho gran cosa por salvar a su hija.

—Voy a contarle una cosa, para que vea cómo son las cosas aquí, en Montana —me dice.

Cuando pidió los informes de las autopsias de la familia, el forense le dijo que solo podía darle los de sus parientes consanguíneos; es decir, los de Michelle, Kristy y Kyle. El de Rocky, no. Pero cuando Gordon Mosure, el padre de Rocky, los pidió a su vez, se los dieron todos. Los cuatro informes.

—Lo que quiero decir es que se tiene la idea de que el hombre es el dueño de todo —agrega Paul. El patriarcado marca las reglas. Paul menea la cabeza—. Cuanto más lo piensas, más te cabreas.

Saca una carpeta clasificadora marrón y me enseña los informes de las tres autopsias que le dieron. El de Kyle comienza diciendo: «El cadáver del niño llega al depósito (…) con la ropa empapada de sangre». El forense anotó que el fallecido había comido gominolas poco antes de su muerte. El informe de la autopsia de Kristy afirmaba que la herida de bala seguía un «patrón de metralla». Su corazón pesaba 180 gramos.

Señalo una placa que hay en el cuarto de estar de Paul. Está un poco torcida, colgada en medio de una gran pared blanca, sin nada alrededor. Es la placa de la graduación de Michelle en el instituto, grabada con su nombre. Instituto de Educación Secundaria de Billings, curso de 1997. En aquel entonces, Michelle ya vivía con Rocky y tenía dos hijos menores de tres años, y aun así consiguió graduarse a tiempo. Tuvo a Kyle un año después que a Kristy. Se había trasladado a un instituto para «niños que tenían niños», como lo describe Paul, a unas seis manzanas de su antiguo centro. Sentaba a sus dos hijos en el carrito y lo empujaba cuesta arriba, en medio del crudo invierno de Montana.

—La recuerdo así, empujando el carrito, y me parece que tiene mucho mérito.

Este es el momento que Paul ha estado temiendo. Agacha la cabeza, con la placa entre las manos. Se ha levantado, la ha descolgado de la pared y la sujeta con cariño. Pasa la mano por el borde para quitarle el polvo. Luego acaricia la placa y se le saltan las lágrimas. Respira hondo tratando de reponerse. Por esto los padres como él no quieren hablar conmigo; los hombres, sobre todo. Harían cualquier cosa con tal de evitar este momento.

Sally Sjaastad es distinta. He pasado muchas horas con ella en el curso de varios años. Conserva vivo el recuerdo de su hija hablando de ella, contando y rememorando todo lo que puede. Guarda todo tipo de cosas de Michelle y los niños: las cartas y los dibujos que le hacían los niños en vacaciones, las notas de cuando Michelle era más joven, los artículos sobre los asesinatos que publicó la prensa local. Me lleva a ver el colegio al que iban Kristy y Kyle, donde hay una roca y un banco con sus nombres inscritos, en memoria suya. Sally dice que envejeció de golpe después de los asesinatos, que engordó casi ocho kilos en cuatro meses, que parecía arrugada y exhausta. Cuando me enseña una foto suya de cuando Michelle estaba viva, no la reconozco hasta que me señala quién es. He descubierto que, frente a una tragedia intolerable, las mujeres suelen hablar y hablar, y los hombres callan. Sally lleva sus recuerdos alrededor, arremolinados como un nido. Paul los guarda dentro de sí como piedras.

A Sally, siempre le pareció que Michelle tenía un sentido de la responsabilidad excesivo para su edad. Cortaba el césped, fregaba los platos, pasaba la aspiradora a la moqueta sin que se lo pidieran. Un año que sus hermanas y ella trabajaron en el puesto de algodón de azúcar y en algunas de las atracciones de la feria de sus abuelos, Michelle cogió los veinte dólares que había ganado y los metió en un sobre con una tarjeta que decía que eran para ayudar a su madre a pagar la comida y otros gastos. Sally se echó a llorar al abrir el sobre.

—Habría sido muy fácil que [Michelle] dejara los estudios —comenta Paul con voz entrecortada y baja, secándose los ojos con el dorso de la mano—. No me sentí orgulloso de ella porque se quedara embarazada, pero de eso sí que estaba orgulloso. De que no se rindiera.

Las mujeres como Michelle Monson Mosure tienen en común ese tesón. La determinación y el empeño de mantener vivos a sus hijos y a sí mismas por cualquier medio posible. No se dan por vencidas. Conviven con sus maltratadores porque comprenden algo que la mayoría de nosotros no acaba de entender, algo que tiene que ver con su vivencia íntima y que parece desafiar a la lógica: por peligrosos que sean sus hogares, es mucho más peligroso abandonarlos. Procuran proteger a sus hijos de todo mal. Se mantienen en la línea del frente, intentando conservar el equilibrio y la cordura. Pacientes y siempre alerta, buscan sin cesar el momento oportuno para que todos ellos escapen indemnes. Y siguen así todo el tiempo que pueden.

HERMANAS INSEPARABLES

Michelle y Rocky se conocieron un día de diario después de clase, en una casa en la que se había reunido un grupo de adolescentes. En aquel momento, la mejor amiga de Alyssa era una chica llamada Jessica, que había salido con Rocky un par de semanas; un mes, a lo sumo. Alyssa no se fijó especialmente en aquel desconocido de pelo alborotado. Solo más adelante, cuando Michelle le confesó que estaba enamorada de él, se acordó del tal Rocky. Era un chico musculoso, con la cara un poco picada por el acné. Tenía el pelo largo, a la altura de los hombros, cortado a capas. Era guapo, decían las chicas. Y divertido.

Según cuenta Alyssa, lo de Michelle fue un flechazo. Rocky parecía un chico serio y accesible. Era diez años mayor que ella y había pasado un año en prisión, en Texas, por tráfico de drogas, pero a ella no le importó. Tenía trabajo y casa propia. Y había algo de fascinante en que un chico mayor se interesara por ella, en no estar bajo el ala de sus padres y tener libertad.

Ese deseo de libertad era, indudablemente, lo que las había llevado a vivir con su padre. Paul era un hombre callado, que se guardaba para sí lo que pensaba y lo que sentía. Su cerebro, sin embargo, estaba siempre haciendo cálculos, intentando encajar las cosas para que tuvieran sentido. Quizá bebiera un poco más de la cuenta, pero eso era lo normal en un hombre, sobre todo en Montana, donde la expresión «buen chico» (*good ole boy*) es tan corriente como las tormentas de nieve en mayo y puede aplicarse a todo tipo de individuos, desde un vaquero a un abogado, con tal de que sean capaces de echarse al coleto un par de birras sin pestañear y sepan manejar un arma y atar bien una mosca a la caña de pescar. Rocky era un buen chico. La mayoría de los chavales con los que se relacionaban Alyssa, Michelle y Melanie en aquella época eran «buenos chicos».

El día que se conocieron Rocky y Michelle, estaba toda la pandilla de amigos en casa de una pareja para la que Jessica trabajaba de canguro. En Billings, las relaciones sociales y las amistades se solapan como estratos geológicos. Todos se conocen, o han oído hablar de los demás. La casa tenía una mesa de billar y un garaje donde los adolescentes se reunían a veces. Cuando llegó Rocky en su coche, a Michelle debió de darle un vuelco el corazón, porque se hicieron novios casi de inmediato. Bastaron dos o tres días, según Alyssa. Al acabar la semana, ya estaban locamente enamorados.

Cuando Michelle le confesó que estaba embarazada, Sally quiso denunciar a Rocky por estupro. No podía creerse que un hombre de su edad hubiera puesto sus miras en una adolescente como Michelle. ¿Qué le pasaba? Pero Michelle le aseguró que, si iba a comisaría, se escaparía con Rocky y con el bebé. Sally estaba destrozada. ¿De verdad se escaparía Michelle? ¿Se iría para siempre? ¿Cómo iba a protegerla si ni siquiera sabía dónde encontrarla, si estaba por ahí con un bebé recién nacido, sin tener edad siquiera para conducir?

Finalmente, Sally consultó con un psicólogo, que le recomendó que esperara, que aceptara la situación lo mejor que pudiera y que tratara de seguir apoyando a su hija. Rocky se cansaría de Michelle. Sally recuerda que el psicólogo le dijo que no iba a gustarle «tener una novia que no podía salir ni hacer nada». En el momento de su muerte, Michelle solo había pisado un bar una vez en su vida. Nunca fue de vacaciones con amigos ni invitó a una amiga a su casa. No formaba parte de ningún club de lectura o de madres jóvenes, ni de un círculo de yoga. No formaba parte de nada, en realidad. Rocky era todo su mundo.

Alyssa se pregunta si el hecho de que ella estuviera saliendo con un chico mayor cuando Michelle conoció a Rocky pudo influir en que su hermana estuviera tan empeñada en seguir con él. Las dos hermanas eran grandes amigas desde siempre, incluso de pequeñas. En los vídeos familiares, siempre aparecen juntas. Siempre pegadas como lapas, riendo y retozando delante del sofá a rayas del cuarto de estar. El día que Alyssa aprendió a montar en bici sin ruedines, Michelle estaba allí mismo, sentada en la hierba, viendo cómo su hermana avanzaba haciendo eses por la acera con su bici rosa con una cesta blanca delante. Alyssa desaparece del encuadre y luego vuelve a aparecer, un poco más segura, con una sonrisa de orgullo en la cara. Se para, no planta los pies a tiempo en el suelo y se cae, y se da un golpe en el culete con el pedal. Sally la coge en brazos cuando se pone a berrear.

En la siguiente escena, le toca el turno a Michelle, con su bici plateada con sillín rojo. Se lanza a toda velocidad por la misma acera, sin ruedines, y luego vuelve saludando con la mano. Sujetando el manillar con una sola mano, con una sonrisa tan grande y luminosa como una media luna, saluda a su padre, detrás de la cámara.

Las tres hermanas estaban muy unidas. Melanie, la pequeña, tenía trastorno por déficit de atención e hiperactividad (TDAH) y lo pasó muy mal tras el divorcio. Gritaba, tenía pataletas, montaba en cólera. Sally estaba tan centrada en ella que dejó a Michelle y Alyssa a su aire. Se cardaban el flequillo, se pintaban los labios y los ojos y escuchaban a Aerosmith y a AC/DC. A Michelle le chiflaba Steven Tyler. Salían por Pioneer Park y North Park y a veces subían al Rims, una formación de arenisca de ochenta millones de años de antigüedad que circunda la localidad de Billings, frecuentada por excursionistas, mochileros, paseadores de perros y adolescentes inquietos. Al salir y ponerse el sol, resplandece con una belleza agreste que recuerda a la de los rojos farallones de Sedona. Desde lo alto del Rims, se divisa todo el valle de Billings y más allá. Un paisaje de millones de años por el que van pasando las olas desapasionadas del tiempo.

Pero el Rims está asociado también a otras cosas. Todos los años aparece allí algún cadáver: el de un suicida o el de alguna persona que, huyendo de la policía, acaba muerta o malherida al caer por Sacrifice Cliff, un afloramiento de arenisca que se eleva sobre el río Yellowstone y alcanza una cota de 152 metros en su punto más alto. Según la tradición, el barranco debe su nombre a que dos guerreros de los indios crow, al regresar de una correría y descubrir que toda su tribu había perecido víctima de la viruela, se arrojaron al vacío.[33]

El Rims es el paraje más conocido de Billings, hogar de marmotas, ciervos mulos, halcones, murciélagos, gavilanes y varias especies de serpientes, entre ellas el crótalo diamante occidental, una serpiente de cascabel muy venenosa. Andando el tiempo, Rocky adquiriría un ejemplar de dicha serpiente y lo llevaría a casa, a la misma casa que compartía con Michelle y sus dos hijos.

---

33. Los historiadores ponen en duda la verdad de este relato argumentando que, en caso de haberse suicidado los guerreros crow, habría sido al otro lado del río. http://billingsgazette.com/news/local/sacrifice-cliff-the-legend-and-the-rock/article_fc527e19-8e68-52fe-8ffc-d0ff1ecb3fea.html

LO QUE GUARDA DENTRO

Rocky era muy callado, como lo era también Michelle en muchos sentidos: cuando estaba rodeado de una multitud o de personas a las que no conocía. Era un joven conflictivo y rebelde, pero le encantaba la naturaleza. Ir a pescar o salir de acampada. Eso era algo que tenía en común con su padre. De hecho, eran muchas las cosas que tenía en común con él: el gusto por la naturaleza, el carácter introvertido y hasta el nombre de pila, Gordon. Fue su padre quien le apodó *Rocky* cuando era un bebé, en homenaje al boxeador Rocky Marciano.

Gordon y su primera mujer, Linda, tuvieron tres hijos, de los que Rocky era el mayor. Vivían entonces en Columbus (Ohio). Rocky tenía un hermano llamado Mike y una hermana, Kelly. Los niños estaban bastante unidos, aunque no siempre se llevaran bien. Se peleaban, pasaban el rato juntos, se ignoraban mutuamente y se defendían entre sí. Mike y Kelly admiraban a Rocky, su hermano mayor.

Gordon asegura que, de haber sido aquella otra época, probablemente no se habría casado con Linda. Había pasado cuatro años en la Fuerza Aérea y, al regresar a Estados Unidos, se encontró con la Revolución Sexual en pleno apogeo.

—Pensé que me había muerto y que estaba en el cielo —me comentó con expresión impasible, desprovista tanto de nostalgia como de placer.

Conoció a una chica, ella se quedó embarazada y él se olvidó de la revolución sexual. Recuperó su sentido del honor y del deber y llegó a la conclusión de que lo único que podía hacer era casarse con ella.

—Sus padres decían que el bebé necesitaba un padre. Que ahora uno diría: «Y lo tiene, hombre, faltaría más». Pero pasé por el aro y me casé con ella.

No es que no quisiera a los niños. Los quería muchísimo a los tres, y siguió queriendo a Rocky incluso cuando empezó a darles problemas.

Cuando Gordon se divorció de Linda, ella le cedió la custodia de sus tres hijos. Él conoció a otra mujer en el trabajo muy poco después de la separación. Sarah, se llamaba. (Aunque Linda no quiso que grabara las conversaciones que mantuve con ella, me aseguró que Gordon y Sarah empezaron a salir cuando ellos todavía no se habían separado). Sus tres hijos se convirtieron en hijos de Sarah. Ella los crio. Los quería, y también los castigaba. Una vez —recuerda—, cuando todavía estaban en Columbus, Rocky y Mike se pelearon a puñetazos en el cuarto de estar. Al parecer, Rocky se metía constantemente con Mike, le pinchaba hasta conseguir que estallara.

—Cuando Mike hacía alguna travesura, yo le decía a Gordon: «No es Mike, es Rocky» —asegura Sarah. Mike gritaba y era muy revoltoso, pero quien le provocaba era Rocky—. Siempre estaba enredando a los demás para que se metieran en líos.

Gordon y Sarah se casaron en Ohio y dos días más tarde se trasladaron con los niños a Montana, donde Gordon había encontrado trabajo. No avisaron previamente a los niños de que se mudaban, ni tampoco a Linda. Ahora creen que deberían haber hablado con sus hijos sobre el traslado, haber allanado el camino. Haberles dado algún tiempo para que se hicieran a la idea, y quizás incluso haber vuelto de visita alguna vez.

—Seguramente no fue muy sensato por nuestra parte —dice Sarah.

Linda me aseguró que tuvo que contratar a un detective privado para encontrarlos. Gordon, por su parte, afirma que su exmujer no tuvo que esforzarse demasiado para localizarlos, porque su nuevo jefe tenía amistad con sus antiguos compañeros de trabajo. Aun así, Linda solo les enviaba alguna carta o alguna tarjeta muy de vez en cuando, y transcurrieron cinco años antes de que los niños volvieran a verla.

—Todas esas cosas que piensas, todo lo que se te viene a la cabeza… Será en parte por eso de que *Los hombres son de Marte y las mujeres de Venus*, pero siempre he sentido que podría haber hecho algo por arreglarlo y haber salvado a mis nietos —dice Gordon—. Y siempre vuelvo al asunto del divorcio. ¿Cómo no va a afectar a los niños un divorcio? Pero ¿cuántas parejas con hijos se divorcian al año? Millones.

Aunque los niños siempre habían tenido problemas en el colegio, después del traslado a Montana Gordon y Sarah descubrieron que iban más atrasados de lo que creían y, aunque buscaron a profesores particulares, la situación no mejoró. Ninguno de ellos llegó a graduarse en el instituto. Gordon asegura que Linda los plantaba delante de la tele o los llevaba consigo de acá para allá en horario escolar, cuando iba de compras o a lo que fuese.

—No les enseñó el abecedario ni nada de eso, no aprendieron nada —afirma Gordon.

Esa no es, por supuesto, la versión que me contó Linda. Gordon reconoce que él era de esos padres que preferían evitar el conflicto, en lugar de enfrentarse a él. Hasta Sarah reconoce que su marido nunca muestra sus emociones.

—A no ser que se hable de política en la tele, que entonces sí que se pone hecho una furia. Cuando se trata de cosas que no afectan directamente a nuestra familia, reacciona. Pero si no, si se trata de nuestra familia, de nuestros hijos, de lo que sea, nada —añade—. En parte es por la época en que se crio.

—Tengo un máster en escaqueo —comenta Gordon.

Rocky empezó a tener problemas casi inmediatamente después del traslado. A los doce años ya bebía en exceso y cometía pequeños hurtos. Robaba cintas de casete de los grupos que le gustaban, como Aerosmith o Black Sabbath, y una vez robó una bici. Sarah encontraba botellas de Mad Dog 20/20 —una mezcla de vino barato y refresco azucarado, con alto contenido en alcohol— tiradas detrás de la valla de su jardín, entre los hierbajos, y sabía que era Rocky quien las tiraba. Mike era agresivo. Rocky, en cambio, tenía un carácter pasivo. Cuando estaba en séptimo curso, Sarah y Gordon comprendieron que su hijo mayor necesitaba ayuda.

Lo mandaron a Pine Hills, la residencia para chavales conflictivos.

Lo llevaron a terapia.

Y todo el mundo —incluidos los orientadores y los profesores del colegio— se centraba en el divorcio, afirma Gordon, como si eso fuera la respuesta a todo: lo que explicaba por qué se habían torcido las cosas y el motivo de que Rocky se hubiera descarriado y hubiera empezado a beber hasta el punto de que, según cuenta Sarah, se quedaba con los ojos en blanco y la lengua colgando. «¿Cómo va a ser eso?», pensaba Gordon. «En cuanto nos divorciamos, se acabaron las peleas. ¿Es que eso no cuenta?». Una vez, en una sesión de terapia familiar, el psicólogo le preguntó a Rocky si estaba triste por el abandono de su madre, a lo que él respondió que no, que había sido mejor así. Sarah lo miró y le preguntó si lo decía de verdad y él contestó:

—Sí, las cosas mejoraron cuando se marchó porque así estábamos más con papá y no se peleaban a lo bestia.

Aunque la conducta de Rocky fuera consecuencia del divorcio y del traslado repentino a Montana, aunque pudiera señalarse ese momento como el punto de inflexión en que empezaron a torcerse las cosas, ¿acaso lo que se había roto dentro de Rocky no podía arreglarse? La terapia psicológica, el tratamiento en la residencia… ¿No era esa la misión de Pine Hills? ¿«Arreglar» a su hijo? ¿Qué más daba cuál fuera el origen de su dolor y de su ira? ¿Qué era lo que empujaba a Rocky a beber a los trece o los catorce años hasta perder la conciencia? ¿Lo que le llevaba a robar todo aquello a lo que podía echar mano? ¿Lo que le impulsaba a aceptar las normas que imponían sus padres sobre el alcohol y la hora de vuelta a casa, y luego a saltárselas una y otra vez, como si no tuviera que responder ante nadie? Sarah pensaba a veces que Rocky había nacido sin conciencia. Por momentos, podía ser simpático o manipulador, traicionero o adorable, divertido o taciturno. Gordon recuerda que uno de los psicólogos que trató a su hijo para intentar curarle de su alcoholismo le comentó una vez hablando de Rocky: «No sé qué es lo que guarda dentro, pero no lo suelta».

Sarah cuenta que Rocky desconfiaba de las mujeres. En realidad, no les tenía mucho aprecio.

—Creo que cuando Linda se fue, no llegaron a hablar de ello. Ni Gordon con los niños, ni ella con los niños. Creo que eso tuvo que afectar a Rocky, porque era el mayor y el preferido —explica, y a continuación menciona su repentina marcha de Ohio y su traslado a Montana—. Cuando nos marchamos, ¿por qué no hablamos de ello?

Ahora le parece ridículo. ¿De qué tenían miedo? Aunque *ridículo* no es la palabra más adecuada. Es algo que no puede explicarse. ¿Por qué no hablaron en familia del tema, de todo lo que había ocurrido? Visto ahora, con la cegadora claridad que da el tiempo e inmersos en el horror con el que conviven cada día, cuesta imaginar que en aquel momento creyeran que algo tan corriente en nuestra sociedad como un divorcio, un segundo matrimonio o un traslado fuera algo tan espantoso que no podía hablarse de ello en voz alta. Si hubieran hablado de su situación familiar, ¿habría logrado Rocky entender algo para lo que necesitaba una explicación? ¿Se habría aliviado de algún modo su enquistamiento?

Sarah y Gordon están de acuerdo en que Rocky nunca llegó a madurar. Cuando conoció a Michelle, ella era muy joven, pero enseguida le superó en madurez al convertirse en madre.

—Eso él nunca lo entendió —afirma Gordon—. Que ella madurase tan rápidamente y él no. Y, claro, cuanto más aprendes… —dice, y se interrumpe.

Sospecha, de hecho, que el consumo de drogas y alcohol pudo afectar al desarrollo emocional de su hijo.

Así es como viven hoy en día Sarah y Gordon: atormentados por la búsqueda continua de lo que podrían haber hecho y no hicieron. Es el legado que deja una muerte por violencia machista, un trauma que cala muy profundamente en el sustrato de una familia. ¿Qué es lo que no supimos ver? Ni siquiera pueden llorar a Michelle, a Kristy y Kyle como es debido, porque piensan de inmediato que aún deberían estar vivos: Kristy, acabando la universidad y Kyle, quizá, eligiendo su especialidad de estudio, o pescando con su abuelo, ya anciano; y Michelle, vestida con uniforme de enfermera, inclinándose sobre un minúsculo recién nacido. No pueden olvidar lo que hizo Rocky. Ese acto final eclipsa por completo todo lo que fue su hijo y todo lo bueno que pudiera haber en él.

Sarah me dijo una vez que, en un viaje de acampada, un año antes del fin, experimentó un momento de profundo alivio y gratitud porque hubieran logrado salir adelante como familia. Todos esos caóticos años de adolescencia, con Rocky en Pine Hills y más tarde en la cárcel, en Texas, y Mike en constante rebeldía, siempre metiéndose en peleas… Por fin, ¡por fin!, se dijo, eran una familia normal. Ahora, sin embargo, ese recuerdo no se sostiene. No puede pensar en esa época sin sentir el peso de la culpa, que tira de ella como un imán; sin preguntarse una y otra vez qué pasaron por alto, por qué no pudieron ver lo que estaba ocurriendo delante de sus narices.

Saben, desde un punto de vista racional, que no son los responsables de lo ocurrido, pero emocionalmente no consiguen encajarlo.

—Se te quitan las ganas de seguir adelante —me dice Gordon—. Pero no te queda más remedio.

Viven en un estado de aflicción suspendida, en una especie de purgatorio emocional. Saben que no están solos en su tristeza ni en su rabia, pero creen que sí lo están en su sentimiento de culpa. La familia de Michelle, sin embargo, también lleva sobre sí esa carga: la rabia, la tristeza y, especialmente, aunque cueste creerlo, el peso aplastante de la culpa. *¿Por qué no supimos verlo?*

Pero lo que no se busca, a menudo no se ve.

Sarah recuerda que la primera vez que Rocky trajo a Michelle a casa, estuvieron los dos igual de callados.

—Luego ella resultó ser muy distinta —añade. Distinta de Rocky, siempre tan hermético—. Solía decir que sabía que los demás pensaban que la gente que hablaba poco era tonta. Sabía lo que pensaba la gente de ella, pero, si no estaba convencida de que merecía la pena intervenir en una conversación, se quedaba callada, atenta a todo.

Aunque al principio Michelle no iba mucho por casa de Sarah y Gordon porque Rocky tenía una caravana en Lockwood, ellos se dieron cuenta enseguida de que lo suyo iba en serio. Se quedaron horrorizados cuando se quedó embarazada y descubrieron la edad que tenía. Sarah recuerda que le dijo a Rocky que, si los padres de Michelle le denunciaban, «no le entregaríamos a la policía, pero tampoco haríamos nada por sacarle del apuro».

Michelle se enteró de que estaba embarazada el día que cumplió quince años, en septiembre de 1993. La niña, Kristy, nacería en abril. Sally estaba indignada. Quería culpar a Paul por no haber vigilado mejor a Michelle, y a Rocky por estar con una chica de catorce años. Quería responsabilizar a los padres de Rocky y a sí misma. Pero nada de eso habría resuelto el problema. Michelle afirmaba que Rocky era estupendo. Un chico maravilloso. Que solo tenían que darle una oportunidad y llegar a conocerlo tan bien como lo conocía ella.

En diciembre de 1993, Sally llevó a sus tres hijas de vacaciones a Minot (Dakota del Norte). A Michelle empezó a dolerle la espalda al llegar y todas pensaron que se debía al trayecto de ocho horas en coche, pero luego Michelle perdió el apetito y tuvo fiebre y náuseas. Sally se asustó. Su hija estaba solo de seis meses.

Cuando volvieron de Minot, la llevó al hospital y les dijo a las enfermeras que Michelle se había puesto de parto.

—Yo tenía tres hijas. Sabía lo que significaba que Michelle se pusiera de parto tan pronto —me cuenta.

Pese a su insistencia, pasaron varias horas sin que la atendieran. Según Sally, los médicos no se la tomaron en serio porque para ellos no era más que otra madre adolescente más, un desecho de la sociedad. Aquello la sacaba de quicio. Michelle pasó las dos semanas siguientes entrando y saliendo de urgencias.

Cuando el personal hospitalario por fin se dio cuenta de que Michelle, en efecto, estaba de parto, era ya demasiado tarde para retrasar el alumbramiento. La niña iba a nacer, nadie sabía si viva o muerta. Sally estaba aterrorizada, por su hija y por su nieta. Cuando por fin nació Kristy, tenía los pulmones tan poco desarrollados que la ingresaron de inmediato en la unidad de cuidados intensivos neonatales. Era imposible saber si sobreviviría una noche, una semana, un mes, o si saldría adelante. La llamaron Kristy Lynn, y le pusieron el apellido de Rocky, Mosure. Era el vivo retrato de su joven madre: el mismo labio superior bien definido, los mismos ojos claros y curiosos.

Kristy era prácticamente del tamaño de una taza. Michelle no la perdía de vista: hora tras hora, día tras día, observaba cómo atendían las enfermeras a su pequeña, cómo bombeaban aire a sus pulmones, cómo la monitorizaban y, sobre todo, cómo hablaban con ella. Para Michelle, no fueron las máquinas ni los médicos, ni siquiera ella, quienes mantuvieron viva a su hija. Fueron las enfermeras, que obraban milagros. Kristy pasó varios meses en el hospital. No le dieron el alta hasta que se cumplió la fecha en que Michelle tendría que haber salido de cuentas. Michelle pudo entonces llevársela a casa, todavía con oxígeno y un monitor que controlaba sus constantes vitales. Sally y ella se encargaron de cuidarla. Michelle se instaló con el bebé en su antiguo cuarto, en casa de su madre. Rocky iba todos los días a verlas. Sally no podía impedírselo. El chico se pasaba por allí y llamaba a la puerta. Aunque Sally no permitió que se instalara en la casa, le dejaba ir a diario, y se pasaba allí el día entero, siempre solícito y preocupado, tratando de ayudar en lo que podía. A Sally seguía sin gustarle, pero valoraba su dedicación. Y Michelle y Rocky parecían enamorados, tanto el uno del otro como de su niña recién nacida.

PAPÁ SIEMPRE SE SALVA

Un día de julio de 1994, cuando Kristy tenía seis meses, al volver del trabajo Sally se encontró una nota de Michelle en la que su hija le decía que Rocky, Kristy y ella tenían que intentar ser *una familia de verdad*. Por el bien de la niña —afirmaba—, tenía que darle una oportunidad a su nueva familia, a pesar de lo jóvenes que eran. Por eso —le decía a su madre— se había mudado a la minúscula caravana de Rocky: para quedarse a vivir allí. Hecha polvo, Sally informó a Paul. No podían obligar a Michelle a volver a casa, claro. Lo único que podían hacer era intentar apoyarla en todo lo posible y dejarle claro que podía seguir contando con ellos.

Paul no podía soportar que vivieran apiñados en aquella caravana tan pequeña.

—Estirando los brazos —dice—, tocaba las dos paredes.

Así que compró un solar a las afueras de Billings y empezó a construirse una casa: la casa en la que años después yo le vería por primera vez. La casa de la puerta abollada. En cuanto se trasladara a ella, les alquilaría su antigua vivienda a Rocky y Michelle y así podrían salir de aquella caravana deprimente.

Michelle cumplió su compromiso: empezó a llevar a Kristy a la guardería de una asociación que ofrecía cobertura a madres adolescentes, y volvió al instituto. Para sorpresa de su familia, se quedó embarazada de nuevo cuando Kristy tenía poco más de un año. Antes de cumplir los dieciocho, ya tenía dos hijos menores de dos años, y a pesar de todo logró apañárselas. Eran los tiempos en que Paul la veía a veces empujando el carrito de Kristy, con Kyle en el portabebés, para recorrer los más de tres kilómetros de distancia que había hasta la guardería, en medio de los ásperos inviernos de Billings. Nunca pidió ayuda. Finalmente, Paul le compró un coche viejo para que pudiera ir a clase. Michelle consiguió graduarse a tiempo.

El dinero escaseaba. Cuando se conocieron, Rocky trabajaba en una empresa que se dedicaba a la recogida de datos sísmicos en todos los estados de la franja oeste del país. A veces tenía que trabajar veinticuatro horas seguidas, los siete días de la semana, en lugares muy alejados de Billings. Por eso dejó el trabajo, porque no quería pasar tanto tiempo lejos de casa. Desde entonces tuvo trabajos esporádicos: trabajaba una temporada y luego, por un motivo u otro, le despedían. Trabajó, por ejemplo, de albañil y de techador. Casi siempre en empleos mal pagados y físicamente muy duros. Michelle le dijo que ella también quería contribuir. Pensaba ponerse a trabajar de camarera de piso en un motel del vecindario de su casa, a menos de un kilómetro de distancia. Así podría volver sin demora si los niños la necesitaban y no tendría que coger el coche para ir a trabajar. Rocky montó en cólera y le dijo que no iba a permitir que la madre de sus hijos durmiera en un motel lleno de desconocidos. Se enfadó tanto que Michelle llamó a su hermana Alyssa y le pidió que viniera a su casa a apoyarla. Alyssa afirma que Rocky estaba como loco. Se paseaba de un lado a otro, indignado porque a Michelle se le hubiera ocurrido siquiera aquella idea. Fue la última vez, que recuerden, que Michelle propuso trabajar fuera de casa.

El control que ejercía Rocky sobre ella era de los que evolucionan lentamente y empiezan por cosas pequeñas, muchas de las cuales no son delito, a pesar de que el acoso físico —al que Rocky también sometería a Michelle con el paso del tiempo— a menudo es un elemento característico de este tipo de conductas controladoras. El acoso contumaz es delito en todo el territorio de Estados Unidos, pero en algo más de dos tercios de sus estados solo se procede a su enjuiciamiento si no es la primera infracción cometida por el acusado.[34] Según Alyssa y Sally, en el transcurso de los dos o tres primeros años, se hizo evidente que Rocky no solo prohibía a Miche-

---

34. En el estado de Maryland, el acoso es siempre un delito leve. En Montana, una primera denuncia por acoso suele considerarse un delito leve, aunque en 2003 se aprobó en ese estado una ley que permite que el acoso se enjuicie desde el primer momento como delito grave. https://leg.mt.gov/bills/mca/45/5/45-5-220.htm. Véase también: https://leg.mt.gov/bills/mca/45/2/45-2-101.htm. Aunque el acoso es delito en los cincuenta estados que forman Estados Unidos, solamente una docena de ellos, aproximadamente, permite que se enjuicie como delito grave si se trata de una primera infracción. https://www.speakcdn.com/assets/2497/domestic_violence_and_stalking_ncadv.pdf. Véase también: https://ncadv.org/statistics. Si bien en más de cuarenta estados puede enjuiciarse el acoso como delito grave, solo en trece pueden las víctimas demandar a su acosador. http://victimsofcrime.org/our-programs/stalking-resource-center/stalking-laws/federal-stalking-laws#61a

lle tener un empleo remunerado. Tampoco la dejaba maquillarse o invitar a amigas a casa. Se empeñaba en que fueran de acampada casi todos los fines de semana cuando el tiempo lo permitía. Michelle nunca salía sin él. Evan Stark, autor del libro *Coercive Control: How Men Entrap Women in Personal Life* acuñó el término «control coercitivo» para referirse a los mecanismos por los que un maltratador consigue controlar todos los aspectos de la vida de su víctima sin ponerle siquiera la mano encima. El estudio de Stark demuestra que hasta en un 20 % de las relaciones de pareja en las que se da violencia machista puede no haber maltrato físico. La periodista Abby Ellin lo expresaba así en un artículo publicado en el *New York Times* en 2016: *Una víctima del control coercitivo puede malinterpretar una amenaza como un rasgo de cariño, sobre todo en las primeras fases de la relación o si se siente especialmente vulnerable.*[35] Tan vulnerable como una adolescente a la que seduce un hombre adulto, o como una madre joven económicamente dependiente.

En 2012, Stark escribió un artículo en el que abogaba por la aprobación de leyes que protejan a las víctimas de tales abusos: *La mayoría de las tácticas empleadas en el control coercitivo no se consideran infracciones de la ley, rara vez se identifican como maltrato y casi nunca son objeto de intervención por parte de las autoridades públicas.* Citaba, concretamente, tácticas como la vigilancia y el control de actividades de la vida cotidiana, y en especial las asociadas tradicionalmente con las mujeres, como el cuidado de los hijos, las labores domésticas y el sexo. Este control es *de muy amplio espectro*, escribe Stark, *y abarca desde el acceso de las mujeres al dinero, la comida y el transporte, a cómo visten, limpian, cocinan y mantienen relaciones sexuales.*[36] La legislación actual en Estados Unidos desampara por completo a las personas que se hallan en esa situación, y cuya falta de libertad conduce con el tiempo, inexorablemente, a una pérdida de identidad. La activista Kit Gruelle, de Carolina del Norte, denomina a esas víctimas *rehenes pasivas*, secuestradas en sus propias casas. Stark hace hincapié en la necesidad de que miremos más allá de las lesiones físicas, que son un

---

35. https://well.blogs.nytimes.com/2016/07/11/with-coercive-control-the-abuse-is-psychological

36. Stark, Evan, «Representing Battered Women: Coercive Control and the Defense of Liberty», artículo integrado en *Violence Against Women: Complex Realities and New Issues in a Changing World* (Les Presses de l'Université du Québec: 2012), http://www.stopvaw.org/uploads/evan_stark_article_final_100812.pdf

signo de violencia de género extrema; en su opinión, las mujeres como Michelle son prisioneras. Es frecuente que las personas que han pasado por esa situación comenten que sus parejas controlaban su aspecto físico, su alimentación, su ropa y sus relaciones sociales. El maltratador va cortando con el paso de los años, poco a poco, cualquier vía de escape —familia, amigos, vecinos o colectivos— que pueda tener la víctima. Porque el objetivo del control coercitivo es despojar por completo de libertad a la víctima.

Stark contribuyó decisivamente a dar forma a la ley contra el control coercitivo que se promulgó en el Reino Unido en 2015 y que contempla penas de hasta cinco años de prisión como castigo a tales actos.[37] En Francia existe asimismo una ley específica que castiga el denominado «maltrato psicológico». En Estados Unidos, en cambio, carecemos de una ley semejante.

Alyssa se acuerda de una tarde que iba en coche con Michelle, después del cumpleaños de Kirsty y antes de que su hermana se quedara embarazada de Kyle. Calcula que Michelle tenía dieciséis años. De pronto, Rocky apareció detrás de ellas, en su coche, y dando un volantazo invadió el carril contrario y se situó del lado izquierdo del coche. Empezó a gritarle a Michelle por la ventanilla abierta.

—¿Por qué no se mató? —se pregunta ahora Alyssa—. Hizo muchísimas locuras de ese tipo, auténticas barbaridades, y nunca le pasaba nada, ni siquiera se hacía daño.

Se tiraba a un lago desde lo alto de un precipicio, trepaba por árboles esqueléticos de más de cinco metros de altura, consumía metanfetamina, y nunca se rompió un hueso ni tuvo una infección. Era como si una fuerza exterior lo protegiera del peligro. Como si fuese más fuerte que todo lo que osaba amenazarlo. Le demostraba a Michelle continuamente y de todas las formas posibles que prefería arriesgar su propia vida a perder el control sobre ella.

Otro elemento crucial del control coercitivo es el aislamiento de la víctima respecto de su familia. A menudo este aislamiento no viene defini-

---

37. https://www.gov.uk/government/news/coercive-or-controlling-behaviour-now-a-crime

do por la geografía. En los DVD que grabó Rocky con la cámara de vídeo que le regaló su padre tras el primer cumpleaños de Kristy, casi nunca aparecen miembros de la familia de Michelle. Grababa a los niños jugando en el patio trasero, o en Navidad, abriendo los regalos de Sarah y Gordon. O a ellos cuatro, de acampada. De vez en cuando, en los vídeos aparece la hija de Mike, la prima mayor de Kristy y Kyle. Pero ¿la familia de Michelle? Si fuera por los vídeos, podría pensarse que Michelle nació por generación espontánea. Sally casi nunca veía a su hija en vacaciones, a pesar de que vivían a escasos minutos una de la otra. Rocky se enfadaba cuando iba de visita, me contó Sally, y rara vez permitía que Kristy y Kyle se quedaran a dormir en casa de la yaya, como la llamaban ellos. Una vez que Sally se pasó por su casa, Michelle le dijo:

—Mamá, a ver si te buscas algo que hacer y dejas de pasarte por aquí cada dos por tres.

Después de aquello, Sally empezó a sentirse incómoda. En aquel momento, el comentario de su hija la dejó tan desconcertada que no supo a qué atribuirlo. Comprendía perfectamente que Michelle tenía que pensar en su nueva vida y en su familia, pero ellas siempre habían estado muy unidas. Incluso durante aquel año tumultuoso del primer embarazo, fue a ella a quien recurrió Michelle. No se le ocurrió pensar en ningún momento que en realidad no era Michelle quien le estaba diciendo que dejara de ir tan a menudo a su casa. Las palabras salieron de su boca, sí, pero la idea no era suya.

—No era Michelle quien hablaba —asegura Sally.

Al menos, no era la Michelle que ella había criado.

Sally sabe ahora lo que significaba aquello. Sabe que las víctimas suelen ponerse públicamente del lado de sus maltratadores frente a su familia, frente a la policía y el ministerio fiscal. Porque, después de que se marche la policía, después de que se presente la denuncia o incluso se dicte sentencia, han de seguir viéndoselas con sus maltratadores, y han de pensar en su propia supervivencia y en la de sus hijos. Las víctimas que excusan a sus agresores cuando llega la policía no lo hacen porque estén trastornadas, como suponen muchos agentes de policía, sino porque piensan, con cálculo premeditado, en su seguridad futura. Sally asistió a este fenómeno muy de cerca con su hija, aunque en aquel momento no supiera interpretar qué era lo que estaba viendo.

Hoy en día, cuando la gente habla de Michelle, suele referirse a su serenidad, a la calma con que afrontaba el estrés, y a su entrega absoluta a sus hijos. Pero, para su familia, era también muy terca y orgullosa. No quería tener que volver con sus padres y reconocer que estaban en lo cierto. Quería, por el contrario, formar parte de esa otra estadística, mucho menos común: la de las que salen adelante. Estaba empeñada en que sus hijos no crecieran en lo que ella llamaba un «hogar roto». Se trata de una de las disyuntivas más difíciles que afrontan, en una u otra medida, todas las personas que se hallan en esa situación: ¿qué es peor para los niños: tener un padre o una madre imperfectos —en el caso de Rocky, un padre agresivo y adicto a la metanfetamina— o crecer sin él o ella? Entre las innumerables maneras en que podemos trastocar la vida de nuestros hijos, ¿cuáles serán las menos perjudiciales para ellos?

Michelle, además, quería a Rocky, por lo menos al principio. La hacía reír. Estaba lleno de vida. Enseñó a los niños a montar una tienda, a pescar, a colgar una hamaca. Les enseñó a tirar al blanco con una pistola de aire comprimido. De bebés, les hacía carantoñas y les cambiaba los pañales. Los balanceaba en el columpio del jardín de la casa y los abrigaba bien para ir a montar en trineo en invierno. Era controlador, agresivo y adicto a la metanfetamina, pero también tímido, inseguro y cariñoso. Durante mucho tiempo, Michelle se creyó capaz de convivir con ese equilibrio.

Sally ignora por qué no confió Michelle en ella durante esos años. Sospecha que fue por orgullo, por no querer reconocer que se había equivocado, y quizá también por no angustiarla y no hacer que se sintiera culpable por haberse divorciado de su padre. En vez de sincerarse con Sally, Michelle hablaba de vez en cuando con Sarah. Le comentaba, quizá, que Rocky seguía consumiendo drogas o lo distanciadas que parecían sus vidas: él encerrado en el garaje toda la noche trabajando en su coche y fumándose lo que pillaba, convertido en un yonqui, y ella en casa con los niños. Ni siquiera las personas que pasaban tiempo con Michelle, como Paul, que solía comer con ella viendo la tele, sabían cómo era su vida en realidad, porque nunca se hallaban presentes cuando Rocky estaba en casa. Melanie no mantenía conversaciones largas y profundas con su hermana; solía meterse en el garaje con Rocky, a drogarse. Con Sarah sí podía hablar, pero hasta con ella era reservada.

—Los últimos años, hablaba a veces de su familia y de por qué creía que era como era —explica Sarah—. Tenía clases de psicología evolutiva en el instituto, y sabía mucho sobre cómo funciona la mente de las personas y por qué hacen lo que hacen, los patrones de comportamiento y todo eso. Acabé sintiendo mucho respeto por lo lista y lo buena que era.

No hay duda de que Michelle era inteligente. Lo bastante como para saber que no podría dejar a Rocky de la noche a la mañana. Tendría que planificarlo todo cuidadosamente y hacer numerosos preparativos. Marcharse nunca es un hecho aislado en el tiempo. Es un proceso.

Después de todo lo que ocurrió, después del asesinato de Michelle, Sally descubrió horrorizada que su hija no solo llevaba mucho tiempo luchando con Rocky por sobrevivir, sino que no le había dicho a ella, su madre, una palabra de lo que sucedía. Solo habló con ella unas semanas antes de su muerte, e incluso entonces se calló muchísimas cosas. De las que Sally se enteró después.

Sarah intentó varias veces sacar a Michelle y a los niños de la casa durante los meses previos a los asesinatos, en ocasiones de manera sutil y otras sin andarse por las ramas. Una vez le dejó a Michelle un folleto sobre los servicios públicos de atención a las víctimas de violencia de género, entre los que se incluía Gateway House, la casa de acogida de Billings para mujeres maltratadas. Intentó hablarle de la residencia, pero su nuera no quiso saber nada del asunto. Le sugirió que llevara a los niños una temporada a casa de su hermana en Arizona, pero Michelle se negó. Sarah le hizo todas esas sugerencias porque estaba preocupada, y sin embargo temía estar pasándose de la raya, entrometiéndose en su vida sin que nadie se lo pidiera. Era algo que le pasaba a menudo con Michelle, incluso en los detalles más nimios. En un vídeo doméstico, se la ve sentada con Kristy en el jardín trasero de la casa. Kyle se balancea en el columpio mientras Rocky los graba. El pequeño todavía no ha cumplido dos años y tiene el pelo agreste y enmarañado. Sarah pregunta si se lo han cortado alguna vez y Rocky contesta que cree que no.

—Yo puedo cortárselo un poquito por detrás —dice ella, emocionada. Es un día de verano; los niños tienen la cara pegajosa de comer chucherías—. Si quiere Michelle. Que no quiero entrometerme.

Lo repite dos, tres veces. Podría cortarle el pelo un poquito a su nieto, pero no quiere meterse donde no la llaman y que Michelle se moleste. Es un momento muy revelador. ¿Debería, en su calidad de suegra, hacerse cargo de algo tan inofensivo y sin embargo tan íntimo?

—Le vuelve a crecer —contesta Rocky—. Solo es pelo.

Es un soleado día de primavera de 2017 y me encuentro sentada en el porche trasero de la casa de Gordon y Sarah Mosure, ante una mesa a la que da sombra un toldo, en un barrio residencial de las afueras de Billings. Sarah ha sacado té con hielo y galletas saladas con queso, de aperitivo. Es el Día de la Madre. No tienen planes. Al igual que Paul, Gordon nunca ha hablado con nadie de los asesinatos.

Sus dos perros dan vueltas a nuestro alrededor, olfateando en busca de migas de queso. El jardín trasero de la casa es enorme —al menos desde el punto de vista de una urbanita como yo— y su césped, de un verde brillante, parece cuidado con gran mimo. Al fondo hay un parterre rectangular con matas de lavanda y, en medio, una roca con una placa de bronce incrustada.

Gordon es, como su hijo Rocky, un hombre de baja estatura e igual de callado. Cuando habla, a menudo tengo que inclinarme para escucharlo. Lleva una gorra de visera de una tienda de material de pesca de Billings, una camisa marca Eddie Bauer y un cinturón de tela adornado con un pez. Se nota que cuando más a gusto se siente es cuando está en el río, con sus botas altas y su caña de pescar en la mano.

—Fui tan tonto que le creí —me dice, refiriéndose a la vez que se llevó el arma de Rocky, heredada del abuelo de Michelle, y pensó que con eso estaba todo arreglado.

Hace falta muchísima imaginación para persuadirse, antes de que ocurra el hecho, de que una persona a la que has criado desde que era un bebé, es capaz de cometer un asesinato. Y, después de que suceda, se pregunta Gordon, ¿cómo lo superas?

—Cuando empiezas a pensar en ello, cada vez, ya no hay forma de parar, porque no dejas de preguntarte por qué, por qué, por qué… Y, claro, nunca sabes por qué.

Me habla de una noche en que Michelle les llamó aterrorizada. Rocky había amenazado con matarlos, dijo, y llevaba el rifle de caza de su abuelo.

Gordon fue corriendo a recogerla a ella y a los niños. Rocky ya se había marchado. Pasado un tiempo, Michelle convenció a su suegro de que sabía cómo manejar a Rocky y volvieron los cuatro a la casa.

—Me llevé a Rocky a la otra habitación —cuenta Gordon— y le dije: «Hijo, ¿qué estás haciendo? No puedes hacer esto».

Rocky contestó que lo sabía. Claro que lo sabía. Gordon descargó el rifle, recogió toda la munición que encontró en el garaje y por allí cerca y se lo llevó todo a su casa. Crisis resuelta.

Fue un disparate, me confiesa Gordon.

—Me encaré con él y le dije que no podía hacer eso. Me contestó que nunca le haría daño a su familia. Y yo fui tan tonto que le creí.

Fui tan tonto que le creí.

Se echa a llorar en silencio. Sarah le tiende la mano. Le recuerda que no fue culpa suya. Percibo dentro de él un sentimiento demoledor de culpabilidad y mala conciencia.

—Es que —dice, y se le quiebra la voz— no paras de pensar que deberías haber podido arreglarlo, o haber protegido a los niños, porque es lo que hacen los hombres, ¿no? Y me digo continuamente: «¿Cómo pude ser tan idiota que no vi lo que estaba pasando? ¿Que no me di cuenta de nada?».

Asegura que Rocky era muy hermético, pero que también podía ser muy cariñoso.

—¿Quién iba a pensar que haría una cosa así? —se pregunta Gordon con un susurro entrecortado.

Pienso en Paul Monson, en cuánto se esfuerzan estos dos hombres por impedir que se desborde la pena inmensa que llevan dentro. Y en lo injusto que es que vivamos en un mundo en el que se les hace creer que llorar es un acto vergonzoso.

Cuenta Sarah que, con el paso de los años, Michelle fue madurando y superó en madurez a Rocky. En los vídeos de sus acampadas, tiene siempre un gesto de resignación. Tensa los labios pero rara vez sonríe. Levanta los ojos al cielo con fastidio. Desvía la mirada de la cámara, sentada en una roca. No actúa para la cámara como hace Rocky; no finge. No hace como que es feliz si no lo es. No disimula lo poco que le gusta que la graben o le hagan fotos. A lo largo de horas y horas de grabación, se la ve sentada en una piedra mirando cómo pescan los niños en la orilla o metiendo los pies en el agua gélida del río, con los ruidos del bosque como banda sonora; el canto de los pájaros, el borboteo del agua entre las piedras, el crujido de una rama: una orquesta infinita. Esa música de la naturaleza, el triste tableteo de un picapinos, se revela de pronto como el sonido de la soledad misma.

Rocky es quien maneja la cámara. Hace una panorámica de las rocas y los abedules y luego enfoca a su esposa, que, con su larga melena castaña y lisa, baja por las rocas llevando en brazos a su hija Kristy. La niña viste pantalones de chándal rosa, una sudadera de camuflaje que le queda grande y un gorro de lana de los San Francisco Fortyniners. Parece contenta. Muy callada y pensativa para una niña de su edad, como si estuviera intentando solucionar un problema complicado. Cómo pasar por encima de las rocas, quizá. Kyle no aparece en pantalla. Está por ahí, en algún sitio. Es el tontorrón de la familia, el que siempre se está riendo.

—Sonríe —le dice Rocky a su mujer.

Ella mira a la cámara y esboza una sonrisa tensa.

En otro vídeo, se la ve encaramada a un enorme peñasco, con los niños sentados a su lado. Kristy se apoya en su madre. Son idénticas; llevan inscritos en los genes esos miembros esbeltos y esa boca grande, de sonrisa amplia. La cámara se mueve de acá para allá, salta de un pino a las flores lilas de los cardos que hay debajo. Luego, de pronto, nos hallamos en el interior de una autocaravana. Michelle y Kristy están sentadas a la mesa de formica, una a cada lado. En el poyete de la ventana, detrás de Kristy, hay varios rollos de papel higiénico. La niña está recostada sobre la mesa, con el brazo estirado, y tose.

—Estás malita —comenta Rocky—. No tienes buena cara.

Nadie le contesta. *Bandit*, el pitbull de la familia, está fuera, en la tienda de campaña, echado sobre los sacos de dormir. Kyle aparece sentado en un tocón con una camiseta de Mickey Mouse. Se oye a lo lejos el murmullo de una cascada y el trino de los pájaros. El silencio del campo resulta chocante después de ver las escenas grabadas en su casa, donde siempre suena de fondo, machaconamente, música *heavy metal*. Ubicua y constante como un dolor de muelas, la música está siempre ahí, mientras los niños ven la tele, cuando juegan en el jardín o están sentados a la mesa o en el sofá.

La siguiente grabación está hecha desde detrás de una roca. El agua de una cascada se precipita entre un montón de piedras, en torno a Rocky. Llama a *Bandit*, pero el perro no se mueve. Lo llama otra vez. Nada. Entonces estira el brazo, agarra al perro por las patas delanteras e intenta tirar de él. El animal se estremece, tenso de miedo y de reticencia. Rocky lo intenta otra vez, y luego lo deja. *Bandit* retrocede asustado, desconocedor de su propia fuerza.

—Muy bien, *Bandit* —dice Michelle—. Es demasiado peligroso.

El vídeo se corta.

La cama superior de una litera de la pequeña autocaravana, con alguien tumbado encima.

—Aquí está mamá grande en su cama —dice Kristy.

—Mamá grande —farfulla Michelle.

La cámara la maneja Kristy. Rocky está buscando unos calcetines limpios en el armario de la autocaravana. Kyle pregunta si él también puede *camarar* (los dos niños lo dicen igual, como si fuera un verbo). La imagen oscila cuando Kristy le pasa la cámara a su hermano sin rechistar. Kyle enfoca a su padre, de abajo arriba: pantalones vaqueros, camiseta burdeos, gorra blanca con reborde negro.

—Papá grande —dice el niño.

—¿Cómo me llamo? —pregunta papá grande.

—Rocky Mosure.

—¿Rocky qué?

Los niños no están seguros.

—Rocky Edward Mosure.

Es Gordon Edward Mosure.

Visto desde la altura de Kyle, Rocky parece un gigante, tan alto que su cabeza podría estar entre las nubes.

—¿Y por qué yo nunca soy Michelle? —le pregunta ella a Rocky—. Siempre soy «mamá».

¿Por qué yo nunca soy Michelle?

En un vídeo de la primavera de 2001, es Michelle quien maneja la cámara. Cosa rara. Kristy lleva puesto un jersey sin mangas azul y amarillo y Kyle un chaleco de pesca. Rocky está algo más lejos, metido en el agua casi hasta la cintura; el sedal de su caña dibuja filigranas en el aire cuando lo lanza adelante y atrás. *Bandit* olfatea la arena, allí cerca. Michelle mueve la cámara para enfocar el paisaje. Pinos, enebros y abetos. Están pescando en el río. En Morris Creek, tal vez. O en Antelope Creek. Ya nadie se acuerda. Formaciones de rocas ígneas se yerguen detrás de Rocky. Michelle pregunta a los niños si saben en qué mes están.

—No —contesta Kyle.

—¿No?

Se quedan callados un rato. Luego Kristy dice:

—En abril.

—En abril. En mayo —dice Michelle—. ¿Qué día?

Pero ellos no contestan. Están sentados en la arena. Kyle, pescando. Kristy, observando el agua. *Bandit* cruza corriendo la imagen. Tiene el pelo marrón claro, con una mancha blanca grande en el cuello. La cámara se mueve rápidamente tomando una panorámica del paisaje y la familia y luego baja y baja hasta enfocar la mano de Michelle. La mano izquierda, la de la alianza de casada. La cámara se detiene en ella un momento, lo justo para que sea evidente que se trata de un gesto deliberado. Michelle tiene los dedos largos y finos, y su alianza es una sortija de brillantes con un pequeño diamante central de talla cuadrada. La cámara se detiene en esa imagen como si quisiera subrayarla y luego se aleja. Vuelve a subir y se apaga.

En la toma siguiente vemos a Rocky andando de puntillas por un árbol caído que sirve de puente entre peñas y cascadas. Sonríe ufano a la cámara, se ríe, levanta los brazos y la rodilla como el protagonista de *Karate Kid*. Los niños se parten de risa. *¡Papá está loco!* Rocky acaba de cruzar el árbol, salta a una roca, mira a su alrededor y vuelve por el mismo camino, estirando los brazos para mantener el equilibrio. Cuando llega al otro lado y se encuentra ya a salvo entre la maleza, Kyle exclama:

—¡Papá siempre se salva!

Michelle apunta con un rifle de caza a una diana clavada en un árbol. Falla el tiro. Luego le toca a Rocky. Después a Kristy, con su bañador verde. Y por último a Kyle, a pesar de que el rifle es más alto que él. Alyssa y su pareja, Ivan Arne, les acompañan en esa ocasión. Ivan tiene el pelo muy largo, recogido en una coleta rubia y rala que le llega hasta la cintura. Rocky dice de sí mismo que es el fotógrafo oficial de la familia.

—Alyssa, te cedo mi trabajo —dice Michelle refiriéndose a que su hermana puede ocuparse de manejar la cámara las pocas veces que le toca hacerlo a ella.

Ivan corta algo de leña para el fuego con un hacha. Rocky ata una mosca a la caña de pescar y luego Ivan y él se acercan a la orilla para lanzar el sedal. El río se mueve deprisa; la espuma blanca del agua salta sobre las piedras.

—Nena —dice Rocky—, tú no trabajas.

QUE VIENE EL OSO

Me reúno con Ivan una noche en su casa, que comparte con varios perros de gran tamaño que husmean constantemente en busca de la carne que Ivan acaba de ahumar y que me sirve en un plato de papel. Es la carne más rica que he probado nunca. En Montana, es tan normal tener un ahumador de carne en el patio de casa como en el resto de Estados Unidos tener una barbacoa. Para mí, son una rareza. Ignoraba que los hubiera de uso doméstico hasta que llegué a Montana y vi que todo el mundo tenía uno. Alyssa también está en casa de Ivan, con su hija. Aunque hace mucho tiempo que rompieron, siguen siendo buenos amigos. Hay trasiego en la casa, gente que sale y entra: tipos duros con pinta de moteros que me estrechan la mano, picotean un poco de carne y salen a fumar y a beber cerveza. Ivan tiene ahora el pelo más corto y la cara más redonda que en los vídeos, pero sigue pareciendo un descendiente de los antiguos vikingos.

Era el mejor amigo de Rocky cuando eran pequeños. Jugaban a videojuegos, a Pong y a Atari, y montaban en bici por el barrio. Ivan cuenta que Rocky andaba siempre metiéndose en líos, robando y bebiendo, pero que nunca hablaba de sus problemas en casa. Asegura que un día desapareció sin más, y que luego se enteró de que había pasado casi todo el año internado en Pine Hills. Al salir, Rocky se marchó a Florida, a vivir una temporada con su madre, que se había mudado allí, e Ivan no volvió a tener noticias suyas.

Retomaron el contacto mucho más tarde, cuando Michelle y Rocky ya estaban juntos y habían nacido los niños. Luego Ivan empezó a salir con Alyssa y se fueron a vivir juntos, y Rocky se pasaba a veces por su casa para charlar un rato con él, pero Michelle casi nunca le acompañaba.

—Nunca hablábamos de la edad que tenía Michelle —me cuenta Ivan—. Yo sabía que él era muy controlador, pero no me di cuenta de que la maltrataba.

Al principio, Rocky e Ivan salían juntos de fiesta, esnifaban cocaína y se emborrachaban hasta caer redondos, pero, pasado un tiempo, Ivan dijo que estaba harto. Aflojó el ritmo, dejó de salir de juerga, volvió a estudiar y empezó a trabajar como diseñador en una consultoría de sistemas de tendido eléctrico.

—Él no quería dejar esa vida —comenta—. No tenía intención de dejarla. Yo le decía: «Tío, te vas a matar. ¿Qué haces? Ya está bien». Y él contestaba que no pasaba nada.

Empezaron a pasar semanas o incluso meses sin hablar. Rocky no estaba dispuesto a discutir nada que tuviera que ver con lo que él consideraba su vida privada, es decir, con Michelle y los niños. Ivan había empezado a salir con Alyssa cuando tenía algo más de veinte años y, cuando con el paso del tiempo ella le fue contando lo que pasaba en casa de su hermana, intentó hablar con Rocky para hacerle entrar en razón.

—Me decía: «Tío, no es asunto tuyo». Decía que lo tenía todo controlado; que era su familia y no me preocupara.

Ivan sabía que las cosas iban mal, pero no sospechaba hasta qué punto, y tampoco sabía qué hacer. Varias veces Michelle fue a verlos a Alyssa y él, cuando conseguía escabullirse unas horas, y les dijo, como pensando en voz alta, que no sabía de lo que era capaz Rocky. Hablaba vagamente de que la amenazaba a ella y a los niños. Ivan dice que no se dio cuenta de lo que le estaba pidiendo Michelle en realidad; de que él era el único amigo de toda la vida que tenía Rocky, y ella quería —o necesitaba— saber si su marido era capaz de cumplir sus amenazas y matarla a ella o a los niños. No entendió que hablaba una especie de lenguaje cifrado, empleando las mismas palabras que suelen usar las víctimas de violencia machista, abrumadas por el peso de la vergüenza, el miedo y las estrecheces económicas. Ivan le decía que no veía a Rocky haciéndole daño a ella, y menos aún a los niños. A los niños, jamás.

Lo que Ivan no sabía y Michelle no contaba era que Rocky le quitaba a veces a los niños si se enfadaba con ella. Desaparecía con ellos durante horas, se los llevaba al cine, de acampada o donde fuese, y Michelle se quedaba encerrada en casa, angustiada porque no volvieran. Convertía así a los niños en peones a los que manejaba a su antojo, para dominar a Michelle y someterla a su voluntad, y asegurarse de que no se marchara. Cuando regresaba a casa, ella daba gracias al cielo porque estuvieran bien. Rocky no necesitaba maltratarla físicamente. Tenía pleno control sobre ella.

Durante aquellos años, Alyssa y Melanie fueron las personas que más tiempo pasaron en casa de Michelle. Melanie, entre tanto, había desarrollado una drogodependencia en toda regla. La primera vez que probó la metanfetamina fue en el instituto, cuando Rocky le ofreció una dosis y sintió por primera vez en su vida que era capaz de concentrarse. Para ella era una especie de automedicación que la mantenía despejada durante días, de modo que podía hacer los deberes, salir con sus amigos y tener tiempo, además, para otras cosas. No le caía bien Rocky ni le gustaba estar con él, pero toleraba sus manías porque su cuñado le proporcionaba drogas. Se quedaban en el garaje, apartados de la casa, donde Rocky tenía siempre uno de sus dos Mustangs con el capó levantado y las ruedas quitadas, y él hablaba sin parar, como si fuera otra persona, un sujeto completamente distinto a ese joven callado y cabizbajo que en los días de fiesta se sentaba a la mesa familiar. Melanie asegura que trapicheaba para ganar algún dinero extra. Era albañil y en invierno pasaba largas temporadas en paro y, como se negaba rotundamente a que Michelle trabajara fuera de casa, andaban siempre justos de dinero.

Melanie cuenta que una vez la llevó a comprar droga a Dakota del Norte. Cruzar la frontera entre estados podía acarrearle una condena mucho mayor si le pillaban, le explicó. Por eso la llevaba, para que, si les detenía la policía, dijera que la droga era suya. Le aseguró que, dado que ella era menor de edad, no le pasaría gran cosa. Melanie, que era joven e ignorante y quería drogas, accedió. Hicieron unos cuantos viajes de ese tipo; salían cuando Michelle se iba a la cama y regresaban antes de que se levantase. Rocky le daba una pequeña cantidad de marihuana por acompañarle. Ahora, a Melanie le horroriza pensarlo; sobre todo, desde que tiene hijos. Hace años que se desenganchó, pero la atracción que ejercen las drogas está siempre ahí, presente, y la conciencia pavorosa de lo que pudo haberle sucedido es como un nudo en el estómago que no se deshace nunca.

Con el paso de los años, asegura, Rocky fue volviéndose cada vez más paranoico. Estaba tan trastornado por las drogas que perdió la lógica y la razón. Una vez le dijo que el FBI le tenía vigilado, y no solo a él: también a ella. Debían extremar las precauciones, afirmó. Estaba convencido de que los federales habían instalado cámaras de vigilancia en el callejón de detrás de su casa. Ella sabía que todo era efecto de las drogas, pero se callaba y trataba de no hacer caso de sus desvaríos. Cuenta que dejó de pasarse por su casa cuando él empezó a pincharse. En aquel momento ella tenía casi veinte años, y una noche Rocky le dijo que los federales estaban escondidos en los cubos de basura del callejón. Melanie no pudo soportarlo más y dejó de ir a verle. Era agotador. Durante el año que precedió a los asesinatos, Rocky se desenganchó, de hecho, pero Melanie afirma que era demasiado tarde; las secuelas mentales de su drogadicción eran ya irreversibles.

Alyssa cuenta que, al principio, Rocky también intentó engatusarla ofreciéndole drogas, pero que ella rechazó sus ofrecimientos. No volvió a fiarse de él desde el día en que invadió el carril contrario para gritarle a Michelle desde su coche. Fue un atisbo de su locura, de su disposición a poner en peligro su propia vida y la de los demás para vengar lo que él veía como una afrenta hacia su persona. Había veces en que se enfadaba con Michelle y le gritaba porque, según él, Alyssa iba a verla demasiado a menudo, o porque pasaban demasiado tiempo juntas. Alyssa fue, sin embargo, la única persona de la que no consiguió apartar a Michelle.

Con todo, Michelle no le confesó a su hermana lo mal que se lo hacía pasar Rocky. Y su matrimonio sufría, además, las mismas presiones que aquejan a la mayoría de las familias: dificultades económicas, hijos pequeños, expectativas y responsabilidades dentro y fuera del hogar.

Sally afirma que Michelle siempre quiso ir a la universidad, pero que creía que debía esperar a que los niños fueran al colegio. Se matriculó en la Universidad Estatal de Montana, en Billings, en cuanto Kyle entró en la escuela infantil, y solicitó una ayuda de estudios. Cuando le pidieron que presentara la declaración de la renta de sus padres para demostrar que cumplía los requisitos, se quedó de piedra. Hacía mucho tiempo que se había independizado; sus padres no la mantenían desde que tenía quince años. Contestó que tenía que haber otra forma de solicitar la ayuda. Pensaba que, siendo adulta y careciendo de ahorros e ingresos, aparte de los que tenía su pareja, le concederían automáticamente el subsidio.

Cásate, le dijeron, y todo arreglado.

Esa misma tarde, llamó a su madre y le dijo que Rocky y ella se casaban el miércoles siguiente por la tarde ante un juez de paz, y que si quería podía asistir a la boda. Fue muy repentino y decepcionante. Rocky y ella llevaban casi ocho años juntos. Para Michelle, aquella boda supuso una inmensa paradoja: el propio sistema burocrático la obligaba a contraer matrimonio con un hombre al que intentaba abandonar.

En sus fotos de boda, lleva un vestido de color pastel y está delgadísima. Kristy y Kyle gatean por la hierba, debajo de la mesa en la que Rocky y ella cortan la tarta. Les acompañan sus respectivas familias y un par de invitados, y la comida se celebra bajo un toldo de acampada, en el parque. Hace un día soleado y todo resplandece lleno de verdor. Michelle no sonríe.

Ese otoño empezó las clases de las asignaturas comunes a todos los programas de estudios en la Universidad de Montana. Quería ser enfermera. Seguía acordándose de lo bien que habían cuidado a Kristy las enfermeras del hospital cuando su hija estaba en la incubadora, y estaba convencida de que gracias a ellas su niña había sobrevivido. La facultad no estaba muy lejos de su casa, de modo que podía ir andando. Dejaba a los niños en el cole y luego se iba a clase, con Rocky detrás. Siempre que podía, la seguía para cerciorarse de que iba donde decía que iba y hacía lo que decía que iba a hacer. No intentaba ocultarse; quería que Michelle supiera que la seguía, dejarle claro que estaba sometida a su control y que era él quien le permitía el lujo de ir a la universidad y que, al menor tropiezo, le retiraría ese privilegio.

A ella le resultaba difícil encontrar un rato para estudiar por la tarde o por la noche, cuando los niños siempre reclamaban algo —comida, entretenimiento, o sus rutinas para irse a la cama—, y Rocky la interrumpía constantemente. Le dijo que necesitaba ir a estudiar a la biblioteca o no aprobaría las asignaturas, y él se lo prohibió. Michelle argumentó que algunos compañeros de clase y ella habían formado un grupo de estudio y habían quedado en reunirse en la biblioteca. Rocky siguió negándose a consentirlo. Podía estudiar en casa, le dijo, o bien olvidarse de la universidad. Así que Michelle le mintió. Con la excusa de que se había matriculado en otra asignatura, empezó a ir a escondidas a la biblioteca para estudiar con tranquilidad. Debía tener mucho cuidado y no despistarse con los horarios, porque, si se equivocaba, Rocky se daría cuenta enseguida. Consiguió ocultarle esa mentira hasta el día de su muerte.

En otoño de 2001, Michelle comenzó a sospechar que Rocky tenía una aventura. Aunque aseguró que tenía pruebas de ello, él lo negó. Alyssa recuerda que habló con su hermana al respecto y que Michelle le dijo que bastantes cosas había soportado ya de Rocky; que no estaba dispuesta a soportar aquello también. Sally lo ve de manera ligeramente distinta:

—Michelle necesitaba una excusa para dejarle. Tenía demasiado orgullo para marcharse sin más y, además, sabía que él iría a buscarla.

El asunto de la aventura extramatrimonial de Rocky le brindaba una especie de tapadera, una justificación para poner fin a su matrimonio que todo el mundo entendería. Como Michelle le dijo que tenía miedo de contagiarse de alguna enfermedad de transmisión sexual, Sally la llevó a ver un médico de la Clínica Riverstone. Decía que estaba tan asustada y furiosa que no podía estudiar. Siempre había sido un poquito hipocondríaca, cuenta Sally. Y tenía que continuar con sus estudios. Así que el médico le recetó un antidepresivo. Más adelante, Michelle le confesó a su madre que Rocky había encontrado las pastillas, que le dijo que no pensaba permitir que su esposa fuera una «psicópata» que se drogaba y que tiró las pastillas.

Una tarde de finales de septiembre, Michelle se presentó en casa de Sally con los niños y le pidió que los cuidara. Dijo que iba a hablar con Rocky sobre el asunto de su aventura. Sally recuerda que Michelle le dijo que por nada del mundo permitiera que Rocky se llevara a los niños. Luego se marchó.

Una hora y media después, Rocky se presentó en casa de Sally. Ella vio llegar su Subaru blanco y corrió a cerrar con llave la puerta de la casa, siguiendo las instrucciones de su hija. Rocky tenía una mirada que la asustó, contó más tarde. Para ella, su yerno había sido siempre un convidado de piedra sentado a la mesa de la cena, o una sombra dentro de un coche. Verlo así, con el semblante contraído por la rabia, la impresionó profundamente. Rocky cruzó a toda prisa el jardín y llegó a la puerta trasera justo en el momento en que ella echaba el cerrojo. Se arrojó contra la puerta y Sally oyó un crujido. Les dijo a sus nietos que se fueran al cuarto de estar. Melanie también estaba allí, embarazada de seis meses. Sally oyó otro crujido. Pese a ser tan esmirriado, Rocky seguía intentando abrir la puerta por la fuerza. Sally le gritó a Melanie que llamara a la policía. Kristy y Kyle estaban en el sofá y, cuando los miró, vio algo que todavía hoy le pone los pelos de punta. No parecían aterrorizados ni histéricos. No gritaban ni lloraban. Se habían quedado muy quietos y sus ojos reflejaban una especie de catatonia. «Dios mío», pensó Sally, «no es la primera vez que ven esto. Ya han visto a su padre así».

Oyó el crujido del cristal cuando Rocky consiguió romper la ventana de la puerta trasera y luego sus pasos cruzando la cocina. Sally se arrojó encima de Kristy y Kyle en el sofá y trató de protegerlos con su cuerpo. Rocky la agarró del cuello y del brazo y la apartó de un tirón. Cogió a

Kristy y la levantó por la cintura. La niña no hizo ningún ruido. Se limitó a decirle a su abuela:

—No pasa nada, yaya. Me voy.

Melania ya había llamado a la policía. Sally seguía echada en parte sobre Kyle. La sangre que chorreaba del brazo de Rocky lo salpicaba todo. Él pasó junto a Melanie, que intentó impedirle que saliera por la puerta principal. Rocky la apartó violentamente, se acercó a su coche, tiró dentro a Kristy como si fuera un peluche enorme que hubiera ganado en una tómbola y se marchó a toda velocidad.

Todo sucedió en cuestión de minutos.

Sally cuenta que la policía, cuando llegó, mostró muy poco interés por lo sucedido. Le preguntaron de qué quería acusar a Rocky en su denuncia. «¿Eso no es tarea vuestra?», recuerda que pensó. Un año después de los asesinatos, el jefe de policía de aquel entonces, Ron Tussing, reconocería en declaraciones a un medio local que la actuación de sus agentes podría haber sido un poco más *empática*, pero añadió que *estos casos, evidentemente, son mucho más rutinarios para nosotros que para la víctima*.

Finalmente, a Rocky se le imputó un delito leve de allanamiento. En opinión de Sally, el atestado policial del incidente rebajaba el grado de violencia con que actuó su yerno: el cristal roto, los gritos, su furia enloquecida. Se limitaba a consignar que Rocky había *roto la ventana trasera de la vivienda de su suegra al intentar acceder a ella para llevarse a su hija de nueve años*. (Kristy tenía siete, en realidad). Sally, sin embargo, tiene fotografías de esa noche que muestran los cristales rotos, la pared salpicada de sangre y las heridas de Melanie, que tenía el brazo magullado desde el codo a la muñeca y arañazos y costras allí donde Rocky le había hecho sangre. Sally guarda además el recuerdo de la mirada de sus nietos —esa mirada vacua, perpleja— y de la de Rocky, tan fría que resultaba aterradora. Una mirada que más adelante describiría como de pura maldad.

Michelle durmió en casa de su madre esa noche, con Kyle. Era finales de septiembre de 2001, y por primera vez desde que estaba con Rocky, Michelle se sinceró con su madre y empezó a contarle lo que había padecido durante esos años. Le contó que Rocky controlaba sus movimientos y sus relaciones sociales; que trataba de impedirle que viera a Alyssa; que se llevaba a los niños para amenazarla, y las amenazas que vertía contra ellos tres. Le contó que la había agredido físicamente delante de los niños.

Hubo mucha gente que me dijo que no creía que Rocky fuera un maltratador, en el sentido de que pegara a Michelle. Gordon y Sarah, Paul, Melanie... Ninguno de ellos vio nunca signos ostensibles de que lo fuera. Sarah afirma que, si Michelle hubiera tenido alguna marca visible de violencia, ella se habría dado cuenta y no fue así. Sally y Alyssa afirman, por el contrario, que el maltrato también era físico, y que la propia Michelle lo describió en una declaración jurada de la que luego se retractó. Sally me cuenta esto mientras estamos sentadas en el sofá de su sala de estar, presidida por una fotografía grande, enmarcada, de Michelle y los niños. La casa se halla situada a menos de dos kilómetros del lugar donde vivió y murió Michelle junto a sus hijos, en un rincón apacible de Billings, cerca del aeropuerto y de la Universidad Estatal de Montana en la que estaba matriculada Michelle. Justo detrás de la casa de Michelle —literalmente a unos pasos de donde falleció—, se encuentra el aparcamiento de la zona de urgencias del hospital Saint Vincent.

Esa noche, Sally se enteró de que Rocky había sacado de algún sitio una serpiente de cascabel que guardaba en un terrario, en el cuarto de estar. Michelle estaba aterrorizada. Rocky decía que iba a meterle la serpiente en la cama mientras estuviera durmiendo, o en la ducha cuando se estuviera duchando. Un asesinato que parecería un luctuoso accidente. Sally comprendió enseguida que la situación de su hija superaba con creces el conocimiento somero que tenía ella de la violencia de género. Escuchó atentamente a Michelle, pero no sabía qué hacer. Llamó a Paul y le pidió que fuera a deshacerse de la serpiente. Le suplicó a Michelle que pidiera una orden de alejamiento contra Rocky. Ella prometió que lo haría.

—La animé a que lo pusiera todo por escrito —añade Sally.

Y eso hizo Michelle. En su declaración, escribió: *Me ha pegado delante de los niños. Una de las veces fue un martes por la noche, en el porche trasero, delante de mi hijo Kyle. Me ha amenazado de muerte delante de mis hijos y mis hermanas y delante de sus padres. Decía que, si le dejaba, me mataría, mataría a mis hijos y se suicidaría.*[38]

---

38. Parte de la información sobre lo que escribió Michelle esa noche procede de un artículo titulado *That Black Night*, escrito por Ed Kemmick y publicado por un medio local, la *Billings Gazette*, el 23 de noviembre de 2002. Sally también me permitió consultar el documento manuscrito de Michelle.

Rocky y Kristy, mientras tanto, durmieron en el coche. Más tarde, Kristy contó que habían ido *de acampada*. Rocky fue detenido por la mañana, cuando se pasó por su casa para recoger las cosas que necesitaba para abastecer la autocaravana familiar. Es de suponer que planeaba llevarse a Kristy de acampada al bosque ese fin de semana. Acabó en comisaría, sin embargo.

Michelle pidió una orden de alejamiento. Rocky fue acusado de un delito leve de agresión dentro del ámbito conyugal y familiar, y la fiscalía archivó la denuncia en el mismo expediente que la denuncia anterior de Sally, vinculando ambas infracciones, en un error administrativo que tendría consecuencias nefastas. En Montana son necesarias tres denuncias por agresión dentro del ámbito conyugal y familiar para que una denuncia por violencia machista pueda instruirse como delito leve.[39]

Ese sábado por la noche, mientras Rocky estaba encerrado en una celda de la cárcel municipal, Alyssa llevó a Michelle a un bar para celebrar su cumpleaños. Era la primera vez que Michelle iba de copas; la primera vez que salían juntas, solas, sin miedo a lo que pudiera hacer Rocky. Alyssa cuenta que Michelle no consiguió relajarse. Le preocupaban sus hijos y si estaba haciendo lo correcto respecto a Rocky. No quería apartar a los niños de su padre. Solo quería que Rocky cambiase.

—Se tomó una sola copa —cuenta Alyssa, y luego quiso irse a casa con los niños. Tenía solo veintitrés años.

—Rocky intentó convencerla de que el mundo exterior estaba lleno de peligros —afirma Melanie—. Tenía una influencia enorme sobre ella. No quería que se diera cuenta de que [el peligro] era él. De que no era de fiar.

El lunes, Sarah y Gordon pagaron una fianza de quinientos dólares para que Rocky saliera de la cárcel. Sarah asegura que fue la única vez que lo hicieron; que ella se oponía, pero que decidió no llevarle la contraria a Gordon, y que llamó a Michelle para avisarla. Dice que Rocky la había llamado ese fin de semana, llorando, muy disgustado; que le aseguró que no iba a hacer nada malo, que solo era un padre que quería estar con su hija. Luego, Gordon llamó a una agencia especializada en préstamos para fianzas que resultó estar regentada por una mujer, quien al parecer le dijo que muchas

---

39. http://leg.mt.gov/bills/mca/45/5/45-5-206.htm

de *esas mujeres* se inventaban las denuncias por maltrato. A continuación, Gordon y Sarah llamaron a Michelle para decirle que iban a pagar la fianza de Rocky, convencidos todavía de que la orden de alejamiento serviría de algo.

A Michelle, según cuenta Sally, «le entró el pánico». Se puso a gritar por teléfono, y ellos le aseguraron que iban a llevar a Rocky a casa de su hermano y que se quedaría allí hasta que se arreglasen las cosas de la forma que fuese. Sarah creía que, si estaba en casa de Mike, les sería más fácil tenerle controlado. Y su marido y ella creían de verdad que todavía podía cambiar. Llevaba ya casi seis meses desenganchado. Y, además, Michelle tenía una orden de alejamiento que la protegía. Sarah cuenta que su nuera estaba «alteradísima; no parecía ella». Estaba fuera de sí, y tan pronto se mostraba furiosa como asustada. Dijo que no pensaba irse a un hogar de acogida; que por qué tenía que irse a ninguna parte. La casa era suya, era de su padre. Y de todos modos Rocky los encontraría. Dijo que trabajaría de estríper para mantener a los niños. Y luego que no iba a pasarles nada, porque su padre le había dado un bote de espray antiagresión y que así estaría protegida. Estaría a salvo.

—No hubo forma de razonar con ella —comenta Sarah.

Michelle reaccionó como la mayoría de las víctimas de la violencia de género.

Pensó en sus hijos.

No pensó en el sistema de justicia penal ni en los recursos contra la violencia de género a los que podía acogerse. No determinó qué zonas de Billings tendría vedadas Rocky en virtud de la orden de alejamiento. Su respuesta fue instintiva: luchar o huir. ¿Qué haces cuando te ataca un oso? ¿Erguirte y rugir para parecer más grande o hacerte el muerto? Desde luego, si el oso te da unos segundos para pensar, no te quedas de brazos cruzados sopesando qué servicios públicos pueden serte de utilidad en ese momento.

Y luego está el hecho de que el oso no viene solamente a por ti. También viene a por tus hijos. ¿Qué haces, entonces?

¿Haría acto de presencia en su casa el fiscal del distrito, dispuesto a protegerla cuando pusieran en libertad a Rocky? ¿Habría un agente de policía armado en la puerta de su domicilio para convencer a Rocky de que ni ella ni los niños habían intentado fastidiarle a propósito? ¿Estaría allí su familia? ¿Habría alguien, quien fuese, que pudiera impedir lo que intentara hacer Rocky? ¿Que evitara que le metiera la serpiente de cascabel en la cama a la tres de la madrugada o que parara las balas del rifle de caza del abuelo?

Melanie afirma que la actitud de Michelle cambió radicalmente desde el momento en que recibió aquella llamada de Gordon y Sarah.

—La confianza que tenía en la orden de alejamiento… Todo eso cambió.

Michelle retiró la denuncia.

Se trata de una de las decisiones que más le cuesta entender a la gente en general, dentro del contexto de la violencia machista.

Michelle no se retractó porque fuera una cobarde, ni porque creyera que había exagerado, ni porque pensara que Rocky ya no suponía ningún peligro. No se retractó porque estuviera loca, ni porque se hubiera comportado como una histérica, ni porque aquello no fuera cuestión de vida o muerte. No se retractó porque hubiera mentido. Se retractó para sobrevivir. Y para que sus hijos sobrevivieran.

Las víctimas se quedan con sus maltratadores porque con el paso de los años han desarrollado herramientas que a veces funcionan para calmar a sus parejas cuando montan en cólera: súplicas, ruegos, promesas, zalamerías y muestras públicas de solidaridad, incluso en contra de las mismas personas —policías, trabajadores sociales, jueces, abogados, familiares— que podrían salvarles la vida.

Se quedan porque ven venir al oso. Y quieren sobrevivir.

La pregunta que debemos formularnos no es por qué se quedan las víctimas, sino cómo podemos protegerlas. Sin pedirles que cumplan determinados requisitos, ni pensar por qué se han quedado o qué hacen o dejan de hacer. La cuestión ha de ser una sola: ¿cómo protegemos a las víctimas?

A los pocos minutos de llegar Rocky a casa de su hermano, Michelle ya estaba hablando con él por teléfono, haciendo planes y promesas y negociando su supervivencia (aunque probablemente ella no lo habría expresado así en ese momento).

—Necesitaba más tiempo para pensar qué iba a hacer —comenta Melanie—. Y ahora sé que era todo por miedo, que por eso cambió de actitud tan de repente, en cuanto se enteró de que Rocky estaba libre.

Según me contaría después la exfiscal del distrito Stacy Farmer (Tenney, en la actualidad), Michelle se presentó histérica en la oficina de la fiscalía y se retractó de todo. Aseguró que Rocky nunca la había amenazado; que no había ninguna serpiente; que la culpa era toda suya, y que Rocky era un marido maravilloso y un padre estupendo. Eran ellos dos, Rocky y ella, contra el mundo. La culpa era del sistema, que quería hundir a su familia. Stacy Tenney dice que sabía que Michelle estaba mintiendo. Claro que mentía. Pero ¿qué puede hacer una fiscal en esa situación? No había pruebas materiales ni testigos.

Años después, yo me acordaría de Michelle cuando una experta en intervención contra la violencia de género me dijo:

—Ahora sabemos que las que corren más peligro son las que no se presentan en el juzgado ni renuevan las órdenes de alejamiento.[40]

Stacy Tenney afirma que lo de la serpiente los impresionó a todos. Era un detalle tan concreto, un dato tan llamativo dentro del relato de Michelle… Pero la policía no encontró ninguna serpiente en la casa cuando, presuntamente, fue a comprobarlo. Si la hubiera encontrado, podrían haberla presentado como prueba material. Pero no la encontraron. (Tampoco está claro que la buscasen. ¿Miraron en el garaje? Los atestados policiales no son de consulta pública en el estado de Montana). Era la palabra de Michelle contra la de él, y ella se había retractado y se había puesto de su parte. ¿Qué podían hacer? El atestado policial que acompañaba a la denuncia de Sally solo contenía dos frases relativas a lo sucedido en su casa: *El acusado rompió la ventana de la puerta trasera del domicilio de su suegra [sic] al acceder por la fuerza a la vivienda para llevarse a su hija de nueve años [sic]. Estaba molesto porque su mujer había dejado allí a la niña mientras se hallaban enzarzados en una disputa conyugal.* No decía que hubiera agredido a Sally ni a Melanie, ni mencionaba las salpicaduras de sangre que había en la pared, ni de lo que contaba Sally sobre la mirada vidriosa de los niños o la agresividad aterradora que había desplegado Rocky en ese momento.

—El sistema penal —me dijo Tenney— no está preparado para actuar cuando los testigos no quieren cooperar.

---

40. Kelly Dunne, en una entrevista personal que mantuvimos en julio de 2011 en Newburyport, Massachusetts.

Tenney, además, desconocía gran parte de lo que sucedía entre Michelle y Rocky, como todos los que rodeaban a la pareja en aquel momento; su conocimiento del caso tenía enormes lagunas. Eso es algo que he oído comentar a numerosos fiscales de todo el país a lo largo de los años.

Pero también les he oído decir otra cosa: que todos los días se celebran en Estados Unidos juicios por agresión en los que la Fiscalía actúa de oficio.

Tras salir bajo fianza, Rocky incumplió de inmediato la orden de alejamiento al contestar a la llamada de Michelle. Ella alegó después que tenía derecho a hablar con sus hijos. Se vieron al día siguiente, por la tarde, en el mismo parque al que Alyssa y ella iban a pasar el rato y a fumar después de clase (a Michelle debía de parecerle que hacía siglos de aquello). Nadie sabe qué le dijo Rocky exactamente, pero no hay duda de que la convenció de que le dejara volver a casa. Es posible que le recordara que era él quien pagaba con su sueldo los gastos de la casa, la comida y la ropa de los niños. Rocky la mantenía, pero también le impedía buscar un trabajo asalariado. ¿Y dónde iba a esconderse Michelle en una ciudad tan pequeña como Billings, donde todo el mundo se conoce? ¿Iba a sacar a los niños del colegio y a irse a vivir con ellos a lo alto de un glaciar?

Además, ella acababa de invitar a la burocracia a entrar en la intimidad de su hogar y su vida en común.

—Que ella le denunciara marcó un antes y un después entre ellos —cuenta Alyssa—. Michelle estaba mostrando por fin a Rocky ante los demás tal y como era, cosa que no había hecho hasta entonces. Eso suponía quitarle a él parte del control que tenía, y no le quedó más remedio que devolvérselo si no quería que la matase.

Unos meses antes, Michelle había recibido una pequeña herencia de su abuelo de Dakota del Norte. Con el dinero compró una autocaravana para sus salidas de fin de semana, y lo que le sobró se lo dio en secreto a su padre como primer pago por la compra de la casa en la que vivían de alquiler. Aquello formaba parte de su estrategia a largo plazo. Su padre actuaría como caja de ahorros, dado que ella no tenía crédito ni historial laboral, y en las escrituras solo figuraría su nombre. De ese modo, algún día podría echar legalmente a Rocky, que, claro está, no sabía nada de esto.

Pero, aunque todo eso diera resultado, ¿cómo iban a sobrevivir a corto plazo? Ella no tenía ingresos ni experiencia laboral. Tampoco arreglaría nada yéndose a vivir con su padre o su madre, como se había visto el día en que Rocky irrumpió en casa de Sally. Quizá debería haber huido del estado y haberse arriesgado a ir a la cárcel por secuestro, o haber dejado a sus hijos con un padre que tan pronto los enseñaba a nadar como los amenazaba con una pistola. Alyssa le sugirió todas las ideas que se le ocurrieron, incluso las más peregrinas. Quizá pudiera marcharse a California. ¿O qué tal si se ponía una peluca, se tatuaba todo el cuerpo, se cambiaba de nombre y huía? ¿A Canadá, tal vez? Sarah le ofreció pagarle el viaje para que se fuera a casa de su hermana, en Arizona, y una antigua amiga de Michelle puso a su disposición una cabaña que tenía en el monte, fuera del estado. Pero Michelle le preguntó a Alyssa: «¿Dónde voy a ir?».

—Ese hombre habría invertido todas sus energías y todo el dinero que tenía en dar con ella.

Alyssa dice que durante aquellos días barajó todo tipo de posibilidades: que Michelle cambiara de identidad, que escapara o que se librara de Rocky de alguna manera.

—Tu mente llega a ese punto —dice—. Yo no paraba de pensar: «Alguien tiene que matarle, porque la va a matar a ella».

Michelle retiró la denuncia por las mismas razones que tantas víctimas en todas partes: porque no vio otra salida. Rocky volvió a casa ese mismo día.

Cuando Sarah se enteró, llamó enseguida a Sally. Aún no sabían que Michelle había pedido la retirada de la orden de alejamiento. Llamaron ambas a la policía. Sarah les dijo que Rocky era peligroso, pero cuando llamó Sally para decir que ella ya le había denunciado por agresión y allanamiento, se enteró de que se había retirado su denuncia por culpa del error administrativo que mencionaba más arriba. Su denuncia había sido archivada en el mismo expediente que la de Michelle y, cuando Michelle retiró la suya, se sobreseyó todo el caso. Sally está convencida de que ese error burocrático pudo sellar el destino de su hija, porque impidió que su denuncia siguiera adelante.

Al poco rato, Michelle las llamó a ambas, furiosa, para decirles que los niños estaban muy angustiados porque la policía había intentado detener a Rocky delante de ellos. Fue entonces cuando descubrieron que había retirado la denuncia. Michelle les dijo que no tenían que preocuparse por ella. Tenía un bote de espray Mace de autodefensa, a fin de cuentas.

A partir de ese momento, Michelle y Rocky rompieron toda relación con sus familias. El mes de octubre se hizo eterno. Sarah y Gordon, que estaban acostumbrados a ver a sus nietos un par de veces por semana, notaban un vacío palpable. Un día, Rocky paró delante de su casa para devolverles el dinero de la fianza y Gordon salió a ver a Michelle y a los niños, que también iban en el coche. Sarah estaba todavía tan enfadada con Rocky que no quiso salir, pero vio por la ventana a los niños sonriendo a su abuelo. Después, Gordon le contó que Michelle no había dejado que los niños salieran a darle un abrazo.

—Yo no me lo podía creer —dice Sarah—. Fue la última vez que vimos a los niños. —Hace una pausa momentánea, mira hacia arriba y añade—: Que los vimos a todos.

Me cuenta esto mientras estamos los tres sentados en su patio trasero, y Gordon llora en silencio, tapándose la cara con las manos.

El martes anterior al día de Acción de Gracias, al salir del trabajo, Alyssa pasó con el coche delante de la casa de Michelle. Había llamado varias veces a su hermana la noche anterior y ese día, intermitentemente, pero Michelle no había contestado ni le había devuelto la llamada. Al ver que la casa estaba a oscuras y en silencio, intuyó de inmediato que pasaba algo raro, pero no sospechó —ni entonces ni después— lo que podía ser. Quería pararse a echar un vistazo, pero fue físicamente incapaz de detener el coche. Su cuerpo la impulsó a seguir adelante, y pasó de largo.

Llamó a Sarah para preguntarle si había hablado con Michelle. Sarah le contó que no sabían nada de ellos desde octubre. Al colgar, Sarah le dijo a Gordon:

—Alyssa no encuentra a Michelle.

Alyssa hizo una última llamada, a su padre.

—Papá —le dijo—, creo que pasa algo.

ESA PERSONA A LA QUE QUIERES
TE QUITARÁ LA VIDA

Es una mañana gélida de febrero a las afueras de Detroit y Jacquelyn Campbell se encuentra de pie en la tarima de un salón de actos enorme, empequeñecida por las tres grandes pantallas que tiene detrás. Ha venido en avión desde Baltimore, donde vive, para dar una conferencia de una sola mañana ante unas trescientas personas, acerca de algo denominado *valoración de riesgo de violencia de género*, el protocolo que creó hace treinta años. Ideado en principio para ayudar a los trabajadores de las urgencias hospitalarias a identificar a posibles víctimas de violencia machista, dicho protocolo es posiblemente la herramienta más utilizada hoy en día en Estados Unidos para la intervención, el tratamiento y la concienciación en casos de violencia de género. Las respuestas de una víctima a las preguntas de cualquier formulario de valoración de riesgo determinan las actuaciones que se emprenden a continuación: es decir, si se detiene y procesa al agresor; y si una víctima denuncia a su maltratador, ingresa en un centro de acogida o recibe asesoramiento jurídico. A menudo, estos protocolos son también decisivos en un sentido mucho más trascendental: pueden determinar si la víctima sobrevive o no a la situación de maltrato.

El protocolo de valoración de riesgo ha cambiado nuestra forma de entender y tratar la violencia dentro del ámbito de la pareja tanto en Estados Unidos como en otros países. Ha traspasado barreras culturales y políticas y se ha adaptado para uso de policías, fiscales, jueces y trabajadores sociales y sanitarios, entre otros agentes sociales. Ha influido en la investigación y en la aprobación de políticas sociales y ha salvado innumerables vidas.

Campbell es una mujer alta y elegante. Tiene el cabello de color caoba, rizado y abundante, y viste chaqueta de *tweed*, blusa negra y un collar de voluminosas cuentas. Su voz encierra una sonrisa eterna, como la de una locutora de radio que, al dar una noticia terrible a los oyentes, empleara un tono sereno y tranquilizador. Es la voz que una querría escuchar si le dijeran que su madre padece una enfermedad grave o que su perro ha muerto. Está hablando de violencia machista, de algunas de las peores cosas que las personas pueden hacerse entre sí, y sin embargo su voz llena de aplomo, como la de una terapeuta, hace pensar a quien la escucha que está en buenas manos. Solo en Michigan —afirma— fueron asesinadas ochenta y seis mujeres y cinco niños en el mes de enero de 2017. Muchas de esas víctimas eran personas conocidas del público presente en la sala.

Los asistentes se han congregado en este auditorio de Detroit para hablar sobre violencia de género. Son agentes de policía de uniforme y de paisano, fiscales de distrito y abogados, especialistas en violencia de género, psicólogos, trabajadores sanitarios y voluntarios de centros de acogida. Las diapositivas con las que Campbell ilustra su charla muestran, una tras otra, datos espeluznantes: la violencia de género es en Estados Unidos la segunda causa de muerte entre mujeres afroamericanas; la tercera entre mujeres nativas americanas; y la séptima entre mujeres caucásicas.

Según Campbell, cada año mueren asesinadas por este motivo mil doscientas mujeres en suelo estadounidense.[41]

Esa cifra no incluye a los niños ni a los maltratadores que se quitan la vida tras asesinar a sus parejas (y estos casos de asesinato y suicidio son muy frecuentes; basta con echar un vistazo al periódico para comprobarlo). Tampoco tiene en cuenta a las parejas del mismo sexo en las que uno u otro miembro de la pareja puede no haber «salido del armario»; ni a otros miembros de la familia, como hermanas, tías o abuelas, que a menudo son asesinadas junto con la víctima objeto del ataque. No incluye, asimismo, a testigos circunstanciales y transeúntes inocentes, como las veintiséis personas asesinadas por un hombre que abrió fuego en una iglesia de Texas con intención de matar a su suegra, o a las dos empleadas de un spa de Wisconsin que murieron asesinadas junto a una clienta, a manos de la expareja de esta. La lista es interminable. Tampoco incluye las jurisdicciones cuyos cuerpos policiales no informan al SHRD —la base de datos del FBI— del número de homicidios que se cometen en su territorio, puesto que la aportación de ese dato es voluntaria.

---

41. Esta cifra incluye no solo a las mujeres asesinadas por arma de fuego, sino también por otros medios. Según un informe de Violence Policy Center de septiembre de 2008, cada mes mueren asesinadas cincuenta mujeres en Estados Unidos solo por arma de fuego.

De modo que ¿cuántas personas mueren de verdad cada año como consecuencia directa de la violencia machista? Transeúntes y testigos inocentes; familiares; maltratadores suicidas; víctimas que no aguantan más y acaban por suicidarse; accidentes que resultan no serlo; víctimas arrojadas de coches o acantilados o fallecidas al estrellar su maltratador el vehículo en el que viajaban contra un árbol... Tragedias que escapan a la categorización estadística.

Campbell, al igual que muchos de los asistentes a su conferencia, conoce de primera mano cómo funciona la violencia de género y en qué bases se sustenta. Muchos de los presentes están íntimamente familiarizados con las estadísticas, en el sentido de que no ven en ellas simples datos, sino caras concretas: las caras de las mujeres, hombres y niños atrapados en ese ciclo de violencia aparentemente inextricable. Campbell cuenta la historia de una mujer de veintiséis años de Maryland a la que su pareja, un joven de diecisiete, asesinó recientemente. Actualmente, en el estado de Maryland, el homicidio es la causa principal de mortalidad materna. Y lo mismo puede decirse de dos grandes urbes como Nueva York y Chicago, apunta Campbell. Así pues, no hace falta que nos maten ejércitos extranjeros, ni terroristas internacionales, ni conductores ebrios; para eso nos bastamos solos.

Esa pareja de Maryland, la de la mujer de veintiséis años y el joven de diecisiete, tenía además un bebé de dos meses. La víctima tenía, además, otros tres hijos de padres distintos. Su hijo de cinco años presenció, chillando, cómo moría su madre a tiros. Los otros dos pequeños acudieron corriendo y también vieron a su madre muerta. Tres niños de corta edad traumatizados de por vida y un recién nacido. Uno de los pequeños había sufrido malos tratos de su padre biológico, igual que la madre cuando era niña. El maltrato y los abusos que había padecido el joven de diecisiete años durante su infancia eran tan graves que las autoridades lo habían mantenido apartado de su familia durante cinco años. Capas y capas, años y años, generaciones enteras de abusos y malos tratos.

Cuando Campbell y otras personas se interesaron por lo que había sido de esos cuatro niños, descubrieron que al recién nacido lo estaban criando los padres de la fallecida, incluido el padre, que era un maltratador. Y lo mismo puede decirse de sus tres hermanos. Cuando el homicida salga de la cárcel tras cumplir su condena de doce años por asesinato, es probable que se haga cargo de la tutela del más pequeño, que para entonces estará entrando en la adolescencia. Vemos así, ejemplificado en una sola familia desestructurada, cómo se perpetúa el ciclo de la violencia.

Según cuenta Campbell, advirtieron a los funcionarios de Maryland de que dentro de veinte años habrá uno o más casos de violencia de género en los que estarán implicados esos niños. Los representantes de la administración se lavaron las manos alegando que no les interesaba lo que pudiera suceder en un futuro; es decir, que los menores afectados perpetúen ese ciclo de violencia al hacerse adultos. Solo les interesaba la respuesta inmediata, lo que podían hacer ahora mismo. A Campbell, en cambio, es el futuro lo que le interesa.

—Se trata de pensar en la prevención a largo plazo —asegura.

Es decir, enseñar a la gente a que críe a sus hijos sin maltratarlos y crear un sistema de asistencia que ampare a niños y padres y proporcione asesoramiento intensivo de alto nivel. Incluso después del asesinato de uno de sus progenitores, estos menores tienen suerte si les atiende *una sola vez* un psicólogo especializado.

También hay buenas noticias, afirma Campbell, y varias personas entre el público se ríen, porque todo lo anterior era desalentador. Campbell explica que los estados en los que «hay buenas leyes y recursos contra la violencia de género» son estados en los que es menos probable que tanto hombres como mujeres, pero sobre todo hombres, maten a sus parejas. Sí, hombres, porque es precisamente ahí, en la diferencia de género, donde radica la relación causal. Los estados con menos muertes violentas de varones, añade Campbell, son estados en los que existen buenos mecanismos de reacción policial, buenas leyes de protección y recursos sólidos para atender a las víctimas. En otras palabras, concluye Campbell, en estos estados «las mujeres maltratadas tienen menos la sensación de que la única salida para su situación es matar a su pareja». De hecho, desde 1976 la tasa de hombres asesinados por mujeres ha caído en casi tres cuartas partes.[42]

Lo que quiere decir Campbell es que hay estados en los que las mujeres maltratadas no tienen que recurrir a asesinar a sus agresores para recuperar la libertad. No hay estadísticas de ámbito nacional, pero algunos estados sí recopilan este dato. En el estado de Nueva York, por ejemplo, dos tercios de

---

42. Klein, Andrew. «Practical Implications of Current Domestic Violence Research. Part 1: Law Enforcement». *NCJRS*. Inédito. Abril de 2008, 9. https://www.ncjrs.gov/pdffiles1/nij/grants/222319.pdf

las mujeres encarceladas en 2005 habían sido objeto de malos tratos por parte de la persona a la que mataron.[43] En la actualidad, en muchos estados del país aún se impide a las víctimas servirse de su largo historial de maltrato a manos de sus parejas como circunstancia atenuante. Latina Ray, una de mis entrevistadas, presa en Carolina del Norte por asesinato en primer grado, afirma que soportó el maltrato de su pareja durante más de diez años. Las palizas que le propinaba eran tan brutales que perdió por completo la vista del ojo derecho, y sin embargo no pudo servirse de ese historial de violencia como eximente.[44] Antes de coger la pistola de su pareja y disparar, Latina no tenía más antecedentes que alguna que otra infracción de tráfico. En la fotografía de su ficha policial, aparece como una mujer morena y guapa, con un ojo destrozado a golpes.

Mientras escucho a Campbell, vuelvo a pensar en esa pregunta que con tanta frecuencia se hacen los familiares de las víctimas. ¿Qué podríamos haber hecho? ¿Qué podríamos haber visto y no vimos?

Sin embargo, esta pregunta no afecta solo a las familias. Naturalmente, se puede hacer un esfuerzo mayor por concienciar a los allegados de las víctimas, y Campbell afirma que en ocasiones estas se sinceran sobre su situación con amigos y familiares. Pero hay que pensar también en otro colectivo. Más de la mitad de las víctimas mortales de la violencia machista pasaron en algún momento por la consulta de un profesional de la sanidad. Dicho de otra manera, las personas como Campbell desempeñan un papel crucial, y no solo en las urgencias de los hospitales, sino también en los centros de atención primaria, las consultas de obstetricia y ginecología y muchas otras especialidades médicas. Esas personas son a menudo las primeras e incluso las únicas que interactúan con una posible víctima de violencia de género. Pienso en la clínica a la que Sally llevó a Michelle cuando esta sospechaba que Rocky podía haberle contagiado una enfermedad de transmisión sexual. A pesar de que la Ley de Transferencia y Responsabilidad de Seguro Médico estadounidense impide a los centros médicos divulgar cualquier información sobre sus pacientes, las personas que

---

43. http://www.opdv.ny.gov/public_awareness/bulletins/winter2014/victimsprison.html. State of New York Department of Correctional Services, «Female homicide commitments: 1986 vs. 2005» (julio, 2007).

44. Latina Ray aceptó una condena a once años de prisión antes de que su caso fuese a juicio. Su historia se cuenta en el documental *Private Violence*.

la atendieron vieron lo suficiente como para recetarle un antidepresivo. ¿Qué más vieron? ¿Qué pasaron por alto? ¿Se habló en algún momento de violencia conyugal? Una joven de veintitrés años, casada y madre de dos hijos, que va a hacerse un chequeo sospechando que puede tener una ETS y a la que se considera necesario recetar un antidepresivo... Son suficientes señales de alarma como para que un profesional médico tenga la precaución de indagar un poco más en la situación de la paciente.

Campbell recuerda haber leído el sumario del caso de una mujer que tenía un brazo escayolado cuando murió de resultas de un disparo en la sien. Ni en el atestado policial ni en el informe del hospital donde la atendieron de urgencias se mencionaba la posibilidad de que se tratara de un caso de violencia de género. ¡Un brazo escayolado! ¿Cómo se lo había roto? Según se desprendía del sumario, nadie se molestó en preguntarlo. Otra mujer con la que Campbell tuvo contacto quedó paralítica debido a los disparos que recibió de su maltratador. Pese a todo, al salir del hospital volvió con él. Campbell le preguntó si la habían remitido a algún servicio de atención a víctimas de la violencia machista y ella contestó que no, pero que le habría gustado que lo hicieran. Según dijo, había vuelto con su maltratador porque no tenía nadie más a quien recurrir. Campbell estaba tan indignada que se presentó en la unidad de traumatología donde atendieron a la mujer, para pedir cuentas de lo ocurrido. En el hospital alegaron que no tenían tiempo de hacer valoraciones de detección de violencia de género. Campbell les presentó la hoja de ingreso que ellos mismos habían rellenado, indicándoles el lugar donde decía expresamente *herida de bala por su marido*.

El público de la conferencia aprovecha un breve receso para echar un vistazo a sus móviles o ir a por un café. Le pregunto a un agente de policía cómo es que está allí y me cuenta que el alcalde del municipio donde trabaja, Auburn Hills, instó recientemente a la policía municipal a abordar la violencia de género con mayor eficacia, de ahí que estén haciendo cursos de capacitación como este sobre valoración de riesgo y protocolos de actuación. La semana anterior habían recibido una charla sobre cómo reconocer un estrangulamiento. Posteriormente, Campbell hará una pausa en la conferencia y, mirando a los dos agentes de policía uniformados presentes en la sala, dirá:

—Gracias por el papel que desempeñan en la protección de las mujeres.

Cuando acaba la conferencia, se forma una larga cola en el pasillo central. Muchos de los asistentes quieren dar las gracias a Campbell, o contarle sus experiencias directas, o decirle que su trabajo ha salvado no solo vidas en general, sino la de esta o aquella persona en concreto. Quieren hacerle saber, en definitiva, cómo con su labor ha ayudado a una mujer a la que nunca conocerá o a un niño o una niña que no tendrá que crecer sin su madre. Si en el mundo de la lucha contra la violencia machista existe algo parecido a la fama, Campbell es toda una estrella.

Campbell comenzó su carrera profesional como enfermera de un colegio situado en una barriada de Dayton (Ohio). Conocía a la mayoría de los alumnos del centro, tanto a los chicos como a las chicas, aunque es de las chicas de las que guarda un recuerdo más vívido. Las chicas que se quedaban embarazadas y que iban a su despacho y le hablaban de su vida. De la falta de alternativas y capacidad de maniobra. De su convicción de no tener ningún control sobre el curso que seguía su existencia. Gracias a su puesto de enfermera, Campbell pudo familiarizarse con los servicios sociales municipales, y en ocasiones llamaba a algún orientador y le hablaba de los problemas que tenían las chicas. Annie, una adolescente, fue a verla y le contó que estaba embarazada y que sus padres le hacían la vida imposible. Campbell se sentía especialmente unida a Annie —de lo que la chica parecía darse cuenta—, pero no sabía cómo ayudarla. Al padre del niño, un adolescente llamado Tyrone, también lo conocía, aunque hasta que Annie se quedó embarazada no supo que eran pareja.

—Era un chico encantador, simpatiquísimo —comenta Campbell de Tyrone—. Un sol.

Tyrone no estaba preparado para comprometerse de por vida, como es lógico, y Annie lo pasaba muy mal en casa. Con la ayuda de los servicios sociales, pudo irse a vivir sola a un apartamento. Dejó los estudios, pero siguió en contacto con Campbell y de vez en cuando le contaba cómo le iban las cosas. Campbell, además, hablaba a veces con otra orientadora que conocía a Annie a través de un programa de madres jóvenes en riesgo de exclusión social. Rezaba por que Annie consiguiera salir adelante y llevar una vida satisfactoria.

Luego, un día de 1979, la orientadora de Annie la llamó para decirle que tenía malas noticias. Tyrone había asestado más de doce puñaladas a

Annie. Campbell quedó horrorizada. Llena de angustia, hizo lo que hace todo el mundo inmediatamente después de una cosa así: trató de descubrir qué había pasado por alto, cómo habría podido intervenir para impedirlo, cómo se habían torcido las cosas hasta llegar a ese punto. En el entierro de Annie, intentó mantener la entereza. Más tarde, al reflexionar sobre ello, recordó haber visto varias veces a Annie con un ojo morado y que la chica solía aludir al tema tangencialmente, recurriendo a generalidades como «No nos llevamos muy bien» o «Tenemos problemas». Era incapaz de expresar verbalmente lo que le estaba pasando, y Campbell no conocía aún el lenguaje de la violencia. Annie había hablado, pero Campbell no la había entendido. Aquello fue como un mazazo. Hasta entonces había pensado que escucharla y estar ahí eran las cosas que podía ofrecerle a Annie.

—Si hubiera sido capaz de preguntar... —dice ahora.

Ser capaz de formular las preguntas necesarias, de insistir e indagar un poco más, de no tener miedo a que la considerara una cotilla.

Desde entonces, toda su vida profesional ha consistido en aprender qué es lo que hay que preguntar.

Siempre le habían interesado los temas de salud pública, pero no tenía mayores ambiciones laborales, más allá de una vaga inquietud. La sensación de que el ejercicio de la enfermería estaba bien, pero que podía hacer más. Que quería hacer más. Había acompañado a su entonces marido en sus traslados de trabajo a Dayton, a Detroit y a Rochester. Su interés por la salud pública la llevó a matricularse en un curso de posgrado en la Universidad Estatal Wayne, en Detroit. El tribunal que debía calificar su tesina le dio solo una directriz de trabajo, bastante difusa: «que eligiera una comunidad y que llevara a cabo una investigación». Ella se imaginó una especie de campaña, como la de concienciar a la gente para que usara el cinturón de seguridad.

Esa directriz cambió el rumbo de su vida.

Cuando Campbell comenzó a trabajar en su tesina, había muy poca literatura sobre homicidios vinculados a la violencia de género. Pensó en sus tiempos de enfermera, en esas chicas que hablaban con tanta resignación de su futuro, y decidió investigar sobre las principales causas de muerte entre las jóvenes afroamericanas.

—Me veía a mí misma enseñándoles a hacerse una autoexploración mamaria —cuenta.

Se quedó anonadada al descubrir que la principal causa de muerte entre las jóvenes afroamericanas era la muerte violenta. ¿El asesinato? ¿Cómo era posible que tantas jóvenes negras murieran asesinadas?[45]

Campbell, que seguía en contacto con varias antiguas alumnas de aquel colegio de una barriada de Dayton, eligió como «comunidad» a ese grupo de mujeres afroamericanas, que ahora tenían veintitantos años. En cuestiones de salud pública —me contó en su despacho de la Escuela de Enfermería Johns Hopkins—, siempre se empieza por las tablas de mortalidad.

Frente a su despacho, los estudiantes del grado de enfermería hacían cola para hablar con ella entre armarios archivadores que Campbell llamaba «Cajones de Violencia». Campbell recuerda que les explicó a los miembros de su comité de tesis que estos homicidios arrojaban muy pocos datos clínicos, y que ellos le contestaron que los recabara ella misma. Para su trabajo de posgrado y posteriormente para su doctorado en la Universidad de Rochester, Campbell leyó minuciosamente infinidad de expedientes policiales de casos de homicidio acaecidos en Dayton, Detroit y Rochester, y al mismo tiempo se entrevistó con mujeres maltratadas de numerosos municipios. Empezó a ver que había pautas recurrentes, patrones que hoy en día pueden parecer evidentes, pero que nadie había valorado hasta entonces.

De pronto, Campbell pudo cuantificar lo que hasta ese momento solo había sido, en gran medida, una teoría: que el principal indicador de riesgo de homicidio doméstico, por ejemplo, era la incidencia previa de avisos por violencia de género. (Su primer trabajo de investigación, basado en los archivos policiales de Dayton, demostró que en un 50 % de los casos de homicidio doméstico la policía ya había visitado previamente el domicilio de la víctima al menos en una ocasión por un aviso de malos tratos). El grado de peligrosidad seguía, además, una progresión temporal específica: la peligrosidad se disparaba cuando una víctima de malos tratos intentaba dejar a su maltratador, seguía siendo muy alta durante los tres meses siguientes y descendía solo un poco durante los nueve meses posteriores. Pasado un año, bajaba bruscamente. De modo que quizá no habría sido necesario tener controlado a Rocky Mosure eternamente; quizá habría bastado con

---

45. En el momento de escribir esto, en 2013, el homicidio es la segunda causa de muerte, ligeramente por detrás del sida/VIH.

tenerlo controlado el tiempo justo. Igual que Michelle necesitaba tiempo para ordenar su vida y encontrar un trabajo que le permitiera sacar adelante a sus hijos, Rocky necesitaba tiempo para asimilar que podía seguir viviendo sin ella. Campbell llegó a la conclusión de que algo que en principio parecía aleatorio, como si sucediera inopinadamente, de la noche a la mañana, podía, de hecho, cuantificarse y catalogarse. Como mínimo la mitad de las mujeres a las que entrevistó no eran conscientes de la gravedad de su situación: un dato que, según afirma, sigue siendo válido hoy en día.

Y hasta a las que lo saben o lo intuyen, como Michelle Monson Mosure, les resulta muy difícil imaginar que esa persona a la que quieres —o quisiste—, esa persona con la que tuviste un hijo, con la que te comprometiste y que se comprometió contigo, con la que compartes tu existencia cotidiana en lo grande y en lo pequeño, sea de verdad capaz de quitarte la vida. El amor es lo que distingue la violencia de género de cualquier otro delito: el hecho de que las personas involucradas se hayan dicho en algún momento, en privado y ante los demás, «eres la persona más importante de mi vida». ¿Y que luego, en un instante esa relación se vuelva mortífera? Asimilar eso supone un desgarro mental, intelectual y emocional que nos lleve a imaginar lo inimaginable.

—El trauma de saber que alguien a quien quieres está dispuesto a llevarte a la tumba. ¿Cómo se vive con eso? —se pregunta Gael Strack, una de las principales activistas contra la violencia de género en San Diego.

Durante los años siguientes, Campbell llegó a identificar veintidós factores de alto riesgo que, al sumarse en una serie casi infinita de combinaciones, presagiaban un homicidio potencial. Algunos de esos factores eran muy generales: drogodependencia, posesión de armas o celos extremos. Otros eran más específicos, como las amenazas de muerte, la estrangulación y el sexo forzado. El aislamiento respecto a familiares y amigos, la convivencia con un hijo o hija de padre biológico distinto, las amenazas del maltratador de suicidarse o de agredir a su pareja durante el embarazo, así como los casos de acoso agravaban la letalidad de la situación. El acceso a un arma, el abuso del alcohol o de las drogas y el control sobre las actividades cotidianas también se encuentran entre los factores de riesgo, al igual que las amenazas a los niños, la destrucción de la propiedad y el hecho de que la víctima haya intentado abandonar a su maltratador durante el año anterior. El único factor económico que identificó Campbell fue el desempleo crónico. Muchos de estos últimos indicadores —se apresura a señalar Campbell— no se traducen en violencia, pero pueden propiciar el que una situación ya inestable se vuelva letal. Lo que importa no es la presencia de un solo factor, sino la combinación concreta de una serie de ellos, cada uno con su peso específico. Campbell pedía a las mujeres que rellenaran una cronología de incidentes —una especie de catálogo de malos tratos— para que pudieran ver por sí mismas si había una escalada en el nivel de agresión. (Según afirma Campbell, hay mucha gente que efectúa la valoración de riesgo sin incluir esta tabla temporal, lo que hace que se pierda información crucial sobre el aumento de la peligrosidad de una situación e impide que las víctimas se beneficien del empoderamiento que supone poder percibir su situación personal como un todo unificado. En efecto, he consultado numerosas valoraciones de riesgo realizadas en todo el país, tanto por agentes de policía como por agentes de intervención social, y rara vez he visto que hicieran esta cronología).

El estrangulamiento es una de esas señales de peligro que identificó Campbell durante sus primeras investigaciones, pero resulta que es, además, un indicador mucho más significativo que, por ejemplo, una patada o un puñetazo. El 60 % de las víctimas de violencia de género sufre estrangulación[46] en algún momento, en el curso de una relación abusiva —en muchos casos, repetidamente a lo largo de los años— y la inmensa mayoría de los perpetradores son hombres (un 99 %).[47] Las mujeres que son estranguladas por su pareja hasta el punto de perder el conocimiento corren mayor riesgo de morir durante las veinticuatro o cuarenta y ocho horas siguientes a la agresión como consecuencia de un ictus, una trombosis o asfixiadas por aspiración de su propio vómito. Estas agresiones pueden producir daños cerebrales —tanto leves como graves—, no solo porque interrumpen el

---

46. Entrevista con la doctora Sylvia Vella. Véase también Glass, Nancy *et al.*, «Non-Fatal Strangulation Is an Important Risk Factor for Homicide of Women», *Journal of Emergency Medicine* 35, n.º 3 (octubre de 2007): 330.

47. Strack, Gael B. y Casey Gwinn. «On the Edge of Homicide», 2 («delito sexualizado»).

flujo de oxígeno al cerebro, sino porque a menudo van acompañadas de fuertes traumatismos craneales. Aun así, las víctimas de violencia machista no suelen ser tratadas por estrangulamiento o lesiones cerebrales en las urgencias hospitalarias. Y las propias víctimas, que suelen guardar un recuerdo borroso de lo sucedido, a menudo ni siquiera son conscientes de haber perdido el conocimiento. Esto implica que el diagnóstico pocas veces se formaliza, se resta importancia a las agresiones y a las lesiones derivadas de ellas y se procesa a los maltratadores por imputaciones de menor importancia.[48]

Gael Strack, presidenta del Training Institute on Strangulation Prevention (Instituto de Formación para la Prevención del Estrangulamiento), es hoy en día una de las voces más importantes dentro del movimiento contra la violencia de género en lo relativo al estrangulamiento y sus problemas asociados. En 1995, Strack era ayudante del fiscal de distrito del municipio de San Diego cuando dos chicas adolescentes fueron asesinadas «mientras ella estaba de guardia», en sus propias palabras. Una de las chicas murió apuñalada delante de sus amigas. Unas semanas antes de su muerte había sufrido estrangulación, pero, cuando la policía acudió al aviso, la chica se retractó y no se presentaron cargos contra su agresor. A la otra chica la estrangularon y le prendieron fuego. Ambas habían recurrido a los servicios sociales contra la violencia machista y habían hecho planes de seguridad para protegerse. Strack tenía el convencimiento de que San Diego ocupaba uno de los primeros puestos del país en cuanto a programas de intervención contra la violencia machista. Incluso tenían un consejo municipal y un juzgado especializados en violencia machista.

—Teníamos todo tipo de expertos —afirma.

Strack y Casey Gwinn —cofundador del Instituto y jefe suyo en aquella época— se sentían en cierto modo responsables de las muertes de aquellas chicas. Como muchas otras personas que trabajan en ese campo, se preguntaron qué señales habían ignorado sin darse cuenta. A menudo, es un homicidio con gran repercusión mediática en una comunidad —como la muerte de Michelle Monson Mosure o de aquellas dos adolescentes— el que desencadena por fin un cambio. De repente se encuentran partidas

---

48. Strack, Gael B. y George E. McClane. «Violence: Recognition, Management and Prevention».
Entrevistas con Gael Strack, Geri Greenspan, Jackie Campbell, Sylvia Vella y Casey Gwinn.

presupuestarias que antes no existían. Surgen nuevos planes de formación e implementación. Y se recurre a personas como Dunne, Strack o Campbell para que aporten ideas.

Strack echó la vista atrás y estudió las denuncias de trescientos casos de estrangulamiento vinculados con la violencia machista que no tuvieron consecuencias fatales.[49] Llegó a la conclusión de que el estrangulamiento aumentaba drásticamente las probabilidades de que se produjera un homicidio machista. Sin embargo, solo el 15 % de las víctimas del estudio presentaba lesiones lo bastante visibles como para que se incluyeran fotografías de las mismas en el atestado policial. Como consecuencia de ello, los agentes restaban a menudo importancia a los hechos y solo consignaban en sus informes lesiones tales como «enrojecimiento, cortes, arañazos o abrasiones en el cuello»[50], y en las urgencias de los hospitales solía darse de alta a las víctimas sin hacerles un TAC o una resonancia magnética. Actualmente, tanto Strack como el resto de los expertos en violencia de género consideran que la mayoría de las lesiones causadas por este tipo de agresiones son internas y que con frecuencia el estrangulamiento resulta ser la penúltima agresión de un maltratador antes de cometer un homicidio.[51]

—Ahora sabemos que, estadísticamente, tras el intento de estrangulamiento, el siguiente paso es el homicidio —afirma Sylvia Vella, psicóloga clínica e inspectora del Departamento de Policía de San Diego, perteneciente a la unidad de violencia de género del Centro de Justicia Familiar de San Diego—. No dan marcha atrás.[52]

Hay estudiosos que no están de acuerdo con esta afirmación.[53] Al margen de lo que digan los datos y las investigaciones, el comportamiento humano es impredecible —incluso inexplicable en ocasiones— y las cifras no son una respuesta infalible. Hay agresores que matan sin ningún historial previo de estrangulamiento, igual que los hay que estrangulan y nunca llegan al asesinato.

---

49. Véase también: Strack y Gwinn, «On the Edge of Homicide».

50. Strack, Gael B., George McClane y Dean Hawley, «A Review of 300 Attempted Strangulation Cases Part 1: Criminal Legal Issues».

51. El «continuum de la violencia», denomina Strack a este fenómeno.

52. Entrevista con Sylvia Vella.

53. Correspondencia por correo electrónico con Neil Websdale, director del Instituto de Estudios sobre Violencia Familiar de la Universidad del Norte de Arizona.

Strack comprobó que en muchos de los trescientos casos de estrangulamiento que revisó, la víctima se había orinado o defecado encima, lo que atribuyó al miedo. George McClane, un médico de urgencias al que consultó, le hizo ver las cosas de otro modo. La micción y la defecación son funciones físicas que, como el sudor y la digestión, están controladas por el sistema nervioso autónomo. Los nervios sacros del bulbo raquídeo —el lugar donde termina el cerebro— controlan los esfínteres. De modo que la micción y la defecación no eran síntoma de miedo, le explicó McClane, sino una prueba de que las agredidas habían estado al borde de la muerte. Y todos esos casos se instruyeron como faltas o delitos menores.[54]

Strack se embarcó en una campaña para enseñar a reconocer las señales de estrangulamiento a quienes trabajan en el campo de la violencia de género, como policías, operadores de emergencias, trabajadores de casas de acogida o abogados. Desde mediados de la década de 1990, Gwinn y ella han viajado por todo Estados Unidos dando talleres de formación que abarcan cuestiones de anatomía, investigación policial, presentación de denuncias y protección de las víctimas en casos de estrangulamiento. Gwinn calcula que han formado a más de cincuenta mil personas. En 2011 colaboraron en la fundación del Instituto de Formación para la Prevención del Estrangulamiento gracias a una subvención de la Oficina para la Violencia Contra las Mujeres.[55] El Instituto imparte cursos de cuatro sesiones tanto en su sede de San Diego como en el resto del país para «formar a formadores» con la colaboración de un grupo de asesores que incluye a médicos, enfermeras, jueces, supervivientes, agentes de policía y fiscales. Por lo que he podido comprobar, en los cuerpos de policía de todo el país la formación en estas cuestiones es casi anecdótica —un par de horas, a lo sumo— y a menudo inexistente.

En 2013, Gwinn, Strack y otras figuras relevantes de la lucha contra la violencia de género elevaron diversos informes a la comisión de condenas del Tribunal Supremo de Estados Unidos poniendo de manifiesto el peligro específico que suponían el estrangulamiento y la asfixia. Posteriormente, el Tribunal Supremo incluyó en el informe de la comisión de condenas

---

54. Entrevista con Gael Strack. La información sobre el sistema nervioso autónomo me la proporcionó extraoficialmente Dean Hawley. Véase: Stract *et al.*, «A Review of 300 Attempted Strangulation Cases».

55. http://www.strangulationtraininginstitute.com/about-us

términos legales que recogían expresamente el estrangulamiento y la asfixia[56] recomendando que se aumentaran las penas de prisión para los imputados a los que se hallara culpables de tales actos. Actualmente, el estrangulamiento está tipificado como delito en cuarenta y cinco estados[57]. Y, según Gwinn, «en todas las jurisdicciones en las que se enjuicia el estrangulamiento como delito mediante la intervención de un equipo multidisciplinar se ha producido un descenso del número de homicidios». Entre 2012 y 2014, por ejemplo, en el condado de Maricopa, en Arizona, la tasa de homicidios por violencia de género cayó en un 30 %.[58] Gwinn y su colega Daniel Rincon, subinspector de policía de Scottsdale y profesor del Instituto de Prevención contra el Estrangulamiento, afirman que ello se debe, en primer lugar, a la formación específica que reciben todos los agentes del condado de Maricopa —desde operadores telefónicos a agentes de emergencias, pasando por investigadores de la policía y técnicos de criminalística— y, en segundo lugar, al hecho de que sean enfermeros forenses los que se encargan de examinar a las víctimas de estrangulación. Además, el condado ha adquirido cámaras digitales de alta definición que permiten detectar pruebas físicas tales como vasos sanguíneos rotos, huellas dactilares y otros indicadores. Antes de que se impartiera esta formación y se realizaran exámenes forenses específicos, solo un 14 % de los casos de estrangulamiento llegaban a enjuiciarse. Actualmente, el porcentaje se aproxima al 62 %.[59] Aunque el programa es todavía demasiado novedoso para concluir

56. La información relativa a las directrices del Tribunal Supremo procede de Matt Osterrieder. Véase asimismo: Página 53 de este enlace sobre las recomendaciones respecto a las condenas en caso de estrangulamiento: http://www.ussc.gov/sites/default/files/pdf/guidelines-manual/2014/CHAPTER_2_A-C.pdf

Tabla de condenas del Tribunal Supremo de Estados Unidos (las relativas a la violencia de género comienzan en el nivel 14): http://www.ussc.gov/sites/default/files/pdf/guidelines-manual/2014/2014sentencing_table.pdf. «Aceptación de responsabilidad»: cuando se declaran culpables, los imputados obtienen dos puntos de rebaja de condena, véase página 371 del siguiente documento: http://www.ussc.gov/sites/default/files/pdf/guidelines-manual/2014/GLMFull.pd

57. http://myemail.constantcontact.com/E-news-from-the-Training-Institute-on-Strangulation-Prevention.html?soid=1100449105154&aid=2vdIhXbn5lM

58. Véase: http://www.azcentral.com/story/news/local/phoenix/2015/03/02/county-attorney-strangulation-protocol/24001897

59. Aunque según los datos oficiales la tasa ha pasado del 14 % al 60 %, Daniel Rincon afirma que esa cifra alcanza en la actualidad el 75 %. Este porcentaje contradice la documentación oficial que habla del 60 % (como en la página 2 del siguiente documento: http://www.ndvfri.org/newsletters/FALL-2012-NDVFRI-Newsletter.pdf). Rincon, no obstante, se atiene al 75 %, basándose en los datos que le proporciona la Oficina del Fiscal del Condado de Maricopa.

que exista una relación causal directa, el fiscal del condado de Maricopa Bill Montgomery afirma:

—Teniendo en cuenta los datos objetivos, puede decirse que allí donde nos hemos centrado en casos de violencia de género con estrangulamiento y hemos mejorado nuestra capacidad de investigar, imputar y enjuiciar, hemos constatado un descenso significativo de los homicidios por violencia machista.

En el momento de escribir esto, en 2016, el estrangulamiento sin resultado de muerte no estaba tipificado como delito en los estados de Kentucky, Nueva Jersey, Carolina del Sur y Dakota el Norte. Tampoco en Ohio ni en Washington capital.[60]

Aun así, para que haya imputación es necesario que el estrangulamiento y los daños cerebrales se identifiquen y diagnostiquen. Sylvia Vella, que dedicó su tesis doctoral a la cuestión del estrangulamiento, recuerda el caso de una mujer de veintitantos años a la que, en vista de los graves hematomas que presentaba en el cuello y la oreja, envió inmediatamente al hospital, donde descubrieron que tenía muy dañada la arteria carótida. La mujer la llamó por teléfono desde el hospital para decirle que le habían asignado una habitación segura, bajo un nombre falso.

—Nadie se explica que no sufriera un derrame cerebral —me contó Vella—. Los médicos decían: «Es increíble que haya sobrevivido».

Aunque el estrangulamiento está ampliamente documentado en la literatura médica, hace muy poco tiempo que las instancias públicas dedicadas a dar respuesta a la violencia de género han abordado el tema de los daños cerebrales traumáticos que produce. La inmensa mayoría de las víctimas de violencia machista que muestran indicios de daños cerebrales traumáticos nunca reciben un diagnóstico formal, en parte debido a que rara vez presentan lesiones visibles y, por tanto, no se les realizan pruebas de detección de este tipo de lesiones cuando acuden a las urgencias hospitalarias.[61]

---

60. Institute for Strangulation Prevention, boletín de septiembre de 2017: http://myemail. constantcontact.com/E-news-from-the-Training-Institute-on-Strangulation-Prevention.html?soid=110 0449105154&aid=2vdIhXbn5lM

61. Véase también: David, Alice, «Violence-Related Mild Traumatic Brain Injury in Women: Identifying a Triad of Postinjury Disorders», *Journal of Trauma Nurses* 21, n.º 6 (noviembre de 2014): 306-307.

—Actualmente, [en las urgencias hospitalarias] somos muy eficientes a la hora de detectar el síndrome posconmocional si se presenta un chaval con una lesión deportiva o alguien que ha sufrido un accidente de tráfico —comenta Campbell, la autora principal de un estudio que examina los efectos en el sistema nervioso central de las lesiones cerebrales en víctimas de violencia de género.

Los síntomas de dichas lesiones son, entre otros, problemas de vista y oído, convulsiones, pitido de oídos, pérdidas de memoria, dolores de cabeza y desmayos.

—En cambio —añade Campbell—, por la razón que sea, no somos tan eficientes cuando se trata de víctimas [de violencia machista]. No les decimos: «Veamos, ¿perdió usted el conocimiento por culpa de esos hematomas? ¿Ha sufrido otras veces lesiones craneales o lesiones asociadas con el estrangulamiento?». De modo que tenemos que mejorar mucho en la aplicación de ese protocolo a mujeres maltratadas.

A pesar de que existe una herramienta de triaje de urgencias llamada HELPS que tiene por objeto identificar a las víctimas de violencia de género que sufren posibles daños cerebrales traumáticos, su uso no está ni muy extendido ni estandarizado. Audrey Bergin, directora del programa DOVE —un grupo de trabajo del hospital Northwest de Maryland dedicado a la violencia de género—, afirma que aunque el protocolo HELPS no se emplea en las urgencias de su centro hospitalario, una enfermera adscrita al programa se encarga de revisar los informes médicos de casos de violencia machista en busca de posibles síntomas de daños cerebrales traumáticos. Hasta hace no mucho tiempo, incluso su personal habría categorizado a esas pacientes como «conflictivas», me comentaba Bergin por escrito.[62] *Es posible que la policía las tache de borrachas, o que el fiscal piense que sufren una enfermedad mental. Hasta los profesionales sanitarios pueden considerar que están exagerando. Hemos podido actuar en su nombre para ayudar a que otras instancias públicas comprendan que son los daños cerebrales traumáticos los que provocan esos síntomas y comportamientos.*

En ocasiones, las barreras que impiden el diagnóstico y el tratamiento de estas lesiones son aún más elementales. No todos los hospitales cuentan con un escáner de imágenes por resonancia magnética, y los que lo tienen

---

62. Correspondencia por correo electrónico con la autora.

quizá no dispongan de técnicos las veinticuatro horas del día, siete días a la semana. Las víctimas de zonas rurales o depauperadas tendrían que ser trasladadas casi con toda seguridad a centros especializados en traumatología, lo que en Estados Unidos tiene un coste prohibitivo. Si a ello se suma la falta de formación y concienciación del personal de emergencias, el resultado es que numerosas víctimas se pasan la vida luchando con las consecuencias de una lesión invisible que no ha sido ni reconocida, ni diagnosticada, ni atendida, lo que hace casi inevitable que el discurso se torne hostil hacia la víctima, a la que se culpabiliza o se tilda de loca.[63] Las personas que trabajan con víctimas de violencia de género hablan de mujeres que han perdido su trabajo y la custodia de sus hijos y que reciben muy poco o ningún apoyo psicológico, médico y económico. Vella recuerda a una mujer de su estudio cuya vida quedó «completamente arruinada» como consecuencia de los daños cerebrales producidos por el estrangulamiento. Perdió su empleo, volvió a casa de sus padres y necesitaba que alguien la acompañara a todas partes.

—Sale por la puerta y ya no se acuerda de adónde va —cuenta Vella.

Recuerda también a otra mujer que perdió la capacidad de leer y escribir y a la que los servicios de protección de menores le quitaron la custodia de sus hijos porque consideraron que no podía ocuparse de ellos. (Según Vella, la mujer volvió a aprender a leer y recuperó posteriormente la custodia de sus hijos).

No es infrecuente que las víctimas de violencia machista tengan un recuerdo muy borroso de los hechos que se les imputan a sus parejas. Estaban en una parte de la casa y de repente se hallaban en otra, y no recuerdan la secuencia de los acontecimientos. Su explicación de lo ocurrido es confusa, y la policía y los tribunales cargan sobre sus hombros el peso de las pruebas. A quienes no tienen formación ni experiencia en estos temas, lo que cuentan les suena a mentira. A menudo parecen, además, histéricas, lo que puede formar parte de la sintomatología de estas lesiones. Lo que los investigadores han descubierto estudiando los casos de soldados heridos en combate, jugadores de fútbol americano y víctimas de accidentes de

---

63. La información acerca de los impedimentos para el diagnóstico y el tratamiento de estas lesiones proceden en su mayoría de mis conversaciones con Dean Hawley. Gael Strack constató esta información, y la abogada Geri Greenspan me explicó las barreras legales relativas a esta cuestión.

tráfico está empezando a aplicarse en la actualidad, todavía muy tímidamente, al campo de la lucha contra la violencia de género; es decir, que los recuerdos confusos, las incoherencias, los detalles cambiantes y otros indicadores, como la ansiedad, la hipervigilancia y las cefaleas, pueden todos ellos ser síntomas de daño cerebral traumático.

Campbell incluyó todos estos factores en lo que denominó el «protocolo de valoración de riesgo», una herramienta que creó para que las enfermeras —como ella misma años atrás— la emplearan en las urgencias hospitalarias, pero que llegó, de hecho, a muchos otros lugares, como centros de gestión de emergencias, casas de acogida y albergues, cuerpos de policía, despachos de abogados y tribunales. Empezó a utilizarse en todo Estados Unidos, de costa a costa, y posteriormente en muchos otros países del mundo. Cambió, en definitiva, nuestra forma de ver y tratar a las víctimas de la violencia de género.

Cuando Campbell afirma, basándose en sus investigaciones, que a menudo las mujeres desconocen el grado de peligro en el que se encuentran, se refiere a que la víctima de malos tratos no suele saber situar el riesgo que corre en un contexto más amplio. Es posible que no se dé cuenta de que ese riesgo va en aumento; o que desconozca los indicadores específicos que auguran un comportamiento homicida por parte de su pareja sentimental; o que dé por sentado que los niños no corren peligro y que incluso crea que le sirven como una especie de tenue escudo de protección, como si se dijera: «No me hará daño mientras estén los niños».

La familia de Michelle sabe ahora que el que Rocky la mantuviera apartada de ellos era una manifestación del control coercitivo que ejercía sobre ella. Entonces no lo sabían. Otra cosa que ignoraban es que el hecho de que un maltratador tenga acceso a un arma de fuego es uno de los tres principales indicadores de riesgo del homicidio por violencia de género. A Paul Monson nunca se le ocurrió preguntarse si Rocky tenía acceso a armas de fuego. En Montana todo el mundo las tiene, o puede conseguirlas con suma facilidad. Un agente de policía de Billings me dijo una vez que en Montana, cuando llegas a la mayoría de edad, prácticamente te las regalan. Sally sabe ahora que Rocky espiaba y acosaba a Michelle, que tenía problemas con las drogas y que le costaba conservar un empleo. Paul y ella se enteraron de todo esto cuando ya era demasiado tarde. Ahora, se hallan inmersos en una bruma emocional hecha de culpa, de remordimientos y de angustia por no poder ignorar lo que saben, y por el anhelo de haberlo sabido antes.

Michelle, en cambio, sabía que Rocky era peligroso, aunque no supiera hasta qué punto. Veía indicios. Por eso se negaba instintivamente a denunciarle. El domingo previo a su muerte estuvo en casa de Alyssa e Ivan y les habló de ello, de lo brutal que se había vuelto Rocky. Del miedo que tenía y de lo decidida que estaba a salir de aquella situación. Fue ese contexto concreto, la conjunción de esos elementos, lo que precipitó el peligro.

—Estaba harta, no podía más. Se le notaba —me comentó Ivan.

Alyssa y Melanie están de acuerdo. Por el modo en que habló del asunto ese último fin de semana, saltaba a la vista que no podía más. Y si Alyssa, Ivan y Melanie lo notaron, es lógico pensar que Rocky también se dio cuenta y que eso prendió algo dentro de él, algo que hizo que le entrara el pánico. Esta vez, Michelle iba en serio. Y sabía que corría peligro porque mandó a sus hijos a casa de Sally para protegerlos y solicitó una orden de alejamiento, sondeó al sistema para ver si podía ayudarla a salir del atolladero.

No supo, sin embargo, cómo juntar todos estos indicios e interpretarlos a lo largo de los años y durante los meses y las semanas anteriores a su asesinato. Unos indicios que la habrían ayudado a hacerse una idea cabal de la gravedad del peligro en que se hallaba. No vio la escalada de violencia, aunque supiera instintivamente que debía fingir que hacía frente común con Rocky.

Veía, en cambio, lo que habían visto muchas otras mujeres antes que ella: que un maltratador parece tener más poder, más fuerza que el sistema.

¿Y cómo, exactamente, llegó Michelle a esa conclusión? Por el simple hecho de que Rocky irrumpió en casa de Sally, golpeó a Melanie, agarró a Sally del cuello para apartarla cuando ella trató de proteger a Kristy y Kyle con su cuerpo y acto seguido secuestró a Kristy. El análisis de esta serie de acontecimientos es de crucial importancia. Rocky forzó la entrada a la casa, agredió a dos mujeres y se llevó a su hija a la fuerza. Uno tras otro, aquellos actos hicieron comprender a Michelle que las medidas de precaución que estaba intentando tomar —dejar a los niños con su madre, enfrentarse sola a él, explicitar por fin su decisión dejarle para siempre— nada podían contra la voluntad de Rocky. La policía actuó como si las víctimas —Sally y Melanie— hubieran exagerado los hechos. Un tipo que se lleva a su hija. Bueno, es su hija, a fin de cuentas. Los mensajes de género son cruciales: los hombres son fuertes; las mujeres, débiles. Los hombres tienen el poder; las mujeres son impotentes. Ellos actúan con racionalidad; ellas son unas histéricas.

Los hombres situados a ambos lados de aquella ecuación —por un lado, el maltratador; por otro, los agentes de la ley— estaban haciendo llegar un mensaje a las mujeres.

Y el hecho de que Rocky saliera en libertad bajo fianza fue un mensaje aún más contundente que Michelle captó alto y claro. Un mensaje que decía: *No solo soy más fuerte que tú, sino que además el sistema antepone mi libertad a tu seguridad.* Rocky manipuló a todo el que pudo —en este caso, a Gordon y Sarah— para asegurarse su puesta en libertad y conservar así el control que tenía sobre Michelle. Solo que ahora ya no se trataba solo de control, sino de control y rabia.

Y a lo largo de aquella sucesión de acontecimientos, a cada instante, Rocky le estaba demostrando algo aún más preocupante: que si intentaba frenarle, si trataba de servirse del sistema para derrotarle, ganaría él. Y, por si acaso no le había quedado ya lo bastante claro, procuró hacerle ver que estaba dispuesto a ir un paso más allá y a quitarle lo que más valoraba en el mundo: a sus hijos.

De modo que Michelle hizo lo que han hecho tantas víctimas a lo largo de los años: lo que, aun no sabiéndolo ellas, es un último esfuerzo por mantener a salvo a sus hijos y a sí mismas frente a un hombre que siempre ha sido peligroso, pero que, llegado a ese punto, además de ser peligroso, está asustado y fuera de sí. Un hombre convertido en un oso. Michelle se puso de su parte. Se presentó ante las autoridades y trató de demostrarle a Rocky su lealtad desistiendo de la orden de alejamiento y desdiciéndose de su declaración anterior. Intentó congraciarse con él para ganar un poco de tiempo, hasta que encontrara una forma segura de abandonarle. Otra manera de analizarlo es que Michelle Monson Mosure *no* pensaba de ninguna manera quedarse. Solo era una víctima que trataba de encontrar el modo de convertirse en una superviviente, aunque no pensara en sí misma en esos términos.

Con mucha frecuencia, cuando una situación se vuelve tan crítica es ya demasiado tarde para hacer nada, a no ser que quienes forman parte del sistema —policías, trabajadores sociales, fiscales y jueces— sean conscientes del contexto en el que se dan estos actos y dispongan de estrategias y recursos adecuados para impedirlos. Por ejemplo, que la fiscalía actúe de oficio basándose en las pruebas materiales y no en la declaración de testigos, de forma que la víctima no tenga que comparecer en el juzgado (una cuestión que abordo en el siguiente capítulo); o que los agentes de policía hayan recibido formación para comprender las dinámicas emocionales y psicológicas que entran en juego; o que los jueces puedan valorar la peligrosidad de un individuo y proponer estrategias de contención que los agresores no puedan burlar fácilmente. Una vez, rellené una valoración de riesgo como si fuera Michelle. Obtuve un resultado de entre dieciséis y dieciocho puntos. (Hay dos preguntas cuya respuesta, en su caso, es imposible saber). Ese resultado la situaba en la categoría de mayor riesgo de morir asesinada por su pareja.

El fracaso a la hora de analizar esos momentos críticos en su contexto es lo que hace que la cuestión de «¿Por qué no se marchó?» resulte tan exasperante.

Fijémonos en Michelle Monson Mosure. Fijémonos en cualquier mujer asesinada por su pareja cualquier día del año y veremos siempre lo mismo: que trató de escapar por todos los medios posibles. Lo intentó y lo intentó, pero la cuestión no es irse o quedarse; esa no es la incógnita de esta ecuación. Es un asunto de vida o muerte.

Se quedan porque eligen vivir.

Y aun así acaban muertas.

Michelle Mosure se quedó por sus hijos y por sí misma. Se quedó por orgullo y por amor, por miedo y porque la empujaban fuerzas culturales y sociales que escapaban a su control. Y a cualquiera que tenga la formación suficiente para ver el contexto en el que vivía, le parecerá no que se quedó, sino que trató de escabullirse hacia la libertad yéndose de puntillas.

Y LUEGO REZARÁN

El lunes anterior a Acción de Gracias, Michelle fue a buscar a Kristy y Kyle al colegio. Una amiga de Kristy pasó un rato en casa y luego se marchó. Michelle dio de cenar a los niños. Puede que jugara un rato con ellos. Puede que vieran la tele. Su abuela iba a venir desde Dakota del Norte para celebrar con ellos Acción de Gracias, y Michelle había quedado en ir a ayudar a su padre a limpiar la casa, pero no se presentó. Un vecino vio a Rocky mirando por la ventana a eso de las cinco de la tarde.

Alyssa llamó a Michelle una y otra vez. El lunes por la noche y el martes, mañana, tarde y noche.

Al igual que Sarah y Gordon, Sally había quedado fuera de juego desde el incidente de septiembre, cuando Michelle se retractó. Solo había visto a los niños una vez desde entonces, en Halloween, cuando Michelle se los llevó para que le enseñaran sus disfraces. Sarah, por su parte, vio a Rocky solo una vez, el día que salió en libertad bajo fianza, cuando se encaró con él por haber irrumpido por la fuerza en casa de Sally. La versión que le contó él fue tan distinta de la que le había contado Melanie que, según dice, supo entonces, quizá por primera vez, que «era un mentiroso patológico. Le dije que estaba enfermo». Fue una de las últimas cosas que tuvo oportunidad de decirle.

Entretanto, la nieve y el frío se adueñaron de Billings. Michelle le contó a Alyssa que tenía más pruebas de que Rocky la estaba engañando, aunque no dijo cuáles. El viernes anterior a Acción de Gracias, se presentó en casa de Paul con los niños y una maleta. Dijo que por fin iba a dejar a Rocky y preguntó si podían dormir allí.

Por la mañana, Michelle pidió a Paul que le prometiera que no dejaría que Rocky se llevara a los niños, pasara lo que pasara. Rocky debía de estar vigilando la casa porque, en cuanto se marchó Michelle, se presentó en la puerta y suplicó a Paul que le dejara llevarse a los niños un par de horas. Prometió que no iba a hacerles nada. Solo quería llevarlos a ver *Harry*

Potter. Los traería de vuelta enseguida, después de la película, dijo. Y Paul le creyó.

Rocky pasó esa noche en un hotel con los niños mientras Michelle se moría de preocupación. Habló con Melanie y Alyssa y fue a casa de Alyssa e Ivan. Pasó horas allí, cosa que rara vez había podido hacer anteriormente. Se metieron los tres en el jacuzzi y estuvieron hablando de que esta vez Michelle estaba harta de verdad. Ya no le cabía ninguna duda de que Rocky no cambiaría nunca y estaba decidida a dejarle.

El domingo, Rocky se presentó otra vez en casa de Paul y se puso a aporrear y a patear la puerta, llamando a gritos a Michelle. Se arrojó contra la puerta como había hecho en casa de Sally un mes y medio antes (de ahí las abolladuras que vi años después). Esta vez, como no consiguió entrar, cambió de táctica y le dijo a Michelle que Kristy estaba en casa vomitando sangre. Ella sin duda se dio cuenta de que mentía, pero aun así volvió a casa con él, porque ¿qué madre no lo haría? Kristy, por supuesto, estaba bien. Esa noche, finalmente, Michelle volvió a casa de su padre y dejó a Rocky con los niños.

El lunes, Kristy y Kyle fueron al colegio. Tuvieron que hacer una redacción sobre la fiesta de Acción de Gracias y Kristy contó en la suya que ese fin de semana se lo había pasado muy bien bañándose en la piscina del hotel, que en Acción de Gracias podía ver a sus tías (escribió *ants*, «hormigas», en vez de *aunts*, «tías») y que cuando venía la abuela de Dakota del Norte se sentaban todos juntos alrededor de una mesa grande y rezaban *por las cosas buenas que dios hace por nosotros*. Kyle contó que estaba aprendiendo a montar en bici.

Mientras los niños asistían a clase por última vez, su padre compró el último número del *Thrifty Nickel*, el periódico de anuncios clasificados, y encontró a un tipo que vendía una pistola Llama del calibre 45. Posteriormente, el vendedor le diría a la policía que Rocky le comentó que la pistola era para su mujer. Dio por sentado que se trataba de un regalo. (En Montana, la normativa no obliga a comprobar los antecedentes del comprador, ni a un periodo de espera de tres días entre la compra y la entrega efectiva del arma, como ocurre en otros estados).

Cuando Michelle fue a recoger a los niños al colegio, se fueron los tres a casa, a la casa puesta a su nombre. Rocky, mientras tanto, había accedido a quedarse en casa de Sarah y Gordon. Michelle dio de cenar a los niños y comenzó la rutina de la hora de acostarse. Pusieron pasta en los cepillos de dientes pero no llegaron a usarlos. En algún momento, antes de que los niños se fueran a la cama, apareció Rocky.

Puede que Michelle pensara: *Tengo que huir.*

Puede que pensara: *¿Qué hago para sacarlo de aquí?*

O: *Ya no puedo más. Esta vez, me planto.*

Es imposible saberlo.

Rocky tenía la pistola que había comprado a través del *Thrifty Nickel*, una lata de gasolina y un plan: quemar la casa para que pareciera que habían muerto por accidente. ¡Qué terrible tragedia, un incendio! Introdujo la goma masticada de un chicle en el encendido del motor del coche de Michelle por si intentaba escapar.

Cuando Rocky irrumpió en la casa, a Michelle tuvo que entrarle el pánico y se llevó a los niños al sótano. Su bolso tenía rozaduras y su contenido estaba tirado por el suelo. Es posible que buscara frenéticamente el espray antiagresión que le había dado su padre. Fue a ella a quien Rocky disparó primero. Cuatro veces. Dos tiros en el pecho, uno en la cabeza, otro en el hombro. Michelle cayó muerta en el cuarto del fondo del sótano. Los niños tuvieron que verlo todo. Echaron a correr, ambos. Kristy fue la siguiente: un tiro en la cabeza. Cayó al pie de la escalera. Luego le llegó el turno a Kyle, que casi consiguió llegar arriba antes de que su padre le disparara. El niño cayó hacia atrás, retrocediendo hasta la mitad de la escalera, y allí se detuvo, dejando un rastro de sangre en los escalones.

Rocky cogió los vídeos familiares, los metió en una bolsa y la dejó en el garaje. Luego garabateó una nota, llena de faltas de ortografía, y la dejó allí: *No le soy infiel. Quiero a Michelle con toda mi alma. Hasta que la muerte nos separe.*

Acto seguido, vertió gasolina por toda la casa, encendió una cerilla, bajó al sótano y se pegó un tiro. El fuego prendió lentamente.

Rocky no murió como consecuencia del disparo. Murió por inhalación de humo. Puede que, allí tumbado, rodeado por su familia asesinada, pensara en lo que había hecho. Es posible que fuera entonces cuando se escribió en el brazo *Soy el diablo*. ¿O era *Merezco ir al infierno*?

Murieron los cuatro el lunes por la noche.

La casa se chamuscó, pero no llegó a incendiarse. Era invierno, las ventanas estaban bien cerradas y la falta de oxígeno ahogó las llamas. El humo circuló y se arremolinó hasta que el fuego se apagó por completo. Todo quedó renegrido y estropeado. Las paredes parecían haberse derretido. Cuando entró la policía, la tele todavía estaba encendida, con la pantalla azul. Alyssa se acuerda de eso también: de la pantalla azul y de los lados de plástico del televisor, que se habían fundido. Era imposible de creer. Todo estaba manchado de carbonilla: las paredes, el suelo, las ventanas… La mayoría de los muebles estaban carbonizados.

El martes por la tarde, como Michelle seguía sin contestar al teléfono, Alyssa llamó a su padre. Y luego llamaron a Sally. Fueron los tres a la casa. Y en cuanto salieron del coche delante de la casa ennegrecida, notaron el olor. El hedor acre del humo y la gasolina. Paul tenía llave de la casa. Al avanzar hacia la puerta, le asaltó un pensamiento aterrador. Quizá Rocky hubiera colocado una bomba trampa. Les dijo a Sally y Alyssa que no tocaran nada. Con el corazón martilleándole en el pecho, dio un paso adelante, precavidamente. Llamó a Michelle. Había un silencio atroz, espeluznante. Oyeron chisporroteos aquí y allá, y notaron entonces aquel olor que casi los tumbó. Les dieron náuseas.

—Yo lo supe —contaría después Alyssa—. Lo supe enseguida, en ese instante.

Sally vio a los niños en la escalera del sótano y, abajo, en el suelo, a Rocky. Tenía la cara torcida en una mueca. El recuerdo de esa cara con los ojos abiertos y la mirada fija la atormenta todavía hoy. Era pura maldad, dice. La cara del diablo. Tuvo que mirarle un buen rato para asegurarse de que de verdad era él. Nunca lo olvidará. Esa cara retorcida de dolor y rabia. La cara de una persona a la que alguien había querido en algún momento de su vida. Más adelante, Sally pensaría que el semblante de Rocky reflejaba lo que ella llamaba «el torbellino» que llevaba dentro.

—Sufría mucho —afirma—. En cierto modo, era un muerto en vida.

Aunque a ella le llevó muchos años darse cuenta.

Sally no llegó a ver a Michelle, pero comprendió que estaba muerta. Lo supo instintivamente. Se orinó encima allí, de pie en la escalera, y salió corriendo de la casa. Fue a casa de los vecinos, desde donde llamó a la policía y pidió que le dejaran unas bragas limpias.

Alyssa salió corriendo al jardín delantero, cayó de rodillas y vomitó.

Paul corrió a la puerta de atrás buscando a Michelle, pensando que quizá seguía vivía y estaba allí fuera, en alguna parte. Corrió al garaje, donde Rocky guardaba sus dos Mustangs y allí encontró las cintas de vídeo y la nota.

Llegó la policía.

Y ellos encontraron a Michelle.

NO PUEDO SEGUIR VIVIENDO AQUÍ

La noche de Acción de Gracias, dos días después de que los encontraran muertos en la casa medio quemada, Sarah fue al supermercado. Normalmente se perdía por los pasillos, porque solía ser Gordon quien iba a hacer la compra. Esa noche, además, estaba aturdida: la vida tal y como la conocían se había terminado y sin embargo habían venido familiares por las fiestas, y tenían que seguir dedicándose a los quehaceres más elementales de la vida humana: comer, dormir, lavarse, vestirse. El día de Acción de Gracias cenaron en Perkins, casi en silencio. Sarah pensaba que, como era la noche de Acción de Gracias, no habría nadie en la tienda y fue corriendo a hacer la compra. En la cola de la caja registradora se encontró a una excompañera de trabajo con su hija. La mujer la saludó y le deseó un feliz día de Acción de Gracias. Sarah le devolvió el saludo, no recuerda en qué términos. La mujer le presentó a su hija y comentó lo agradable que era tener a los nietos y a toda la familia en casa. Incluso le enseñó unas fotografías de sus nietos. Qué adorables. ¿Y ella? ¿Tenía nietos?

¿Y bien? ¿Los tenía?

Solo un par de días antes, tenía cuatro. Ahora solo tenía dos. ¿Significaba eso que tenía cuatro o dos? ¿Qué resultado aritmético arrojaba un asesinato, más otro, más otro? No supo qué contestar.

Sí, tengo... Tenía... Cuatro. Dos, ahora. Se me han muerto dos.

Hablaba atropelladamente, sin saber lo que decía.

¿Dos?, recuerda Sarah que preguntó su excompañera de trabajo. *¿Se te han muerto dos?*

Y entonces ella dijo aquello en voz alta por primera vez: *los mató su padre.*

La noticia ya se había difundido por todo el país, desde Billings a Spokane, pasando por Salt Lake City.

La cinta transportadora de la caja se detuvo, la cajera salió de detrás del mostrador y abrazó a Sarah, y se quedaron allí las cuatro, apiñadas bajo la luz de los fluorescentes de la tienda, suspendidas en una especie de agonía sin palabras.

Después de una desgracia de esa magnitud, tu vida adopta una forma distinta. La familia de Michelle hizo lo mismo que Campbell cuando se enteró de la muerte de Annie: empezaron a preguntarse qué habían pasado por alto, cómo podrían haber intervenido. Se culpaban a sí mismos. Volvieron su dolor hacia dentro. Sally, Paul, Alyssa, Melanie, Gordon, Sarah, Ivan… Todos ellos cargan con el espectro de esas preguntas como si fueran ruedas de molino. Sally engordó y envejeció de la noche a la mañana. Alyssa se sumió en un estado de confusión permanente, se peleó con Ivan y durante años trató de pintar un retrato de Michelle que retocaba compulsivamente, dibujando y borrando una y otra vez las mismas líneas, como si estuviera aprisionada en aquel papel. Sarah y Gordon habitaban el estrecho espacio entre la pena y la culpa, ese purgatorio íntimo y eterno.

—Los perdimos a todos, igual que ellos —dice Sara refiriéndose a la familia de Michelle—. Pero éramos nosotros sobre quienes recaía toda la vergüenza.

Sally tenía sueños. Sueños constantes que duraron años. Soñaba con Michelle y los niños, y decía que en su casa ocurrían cosas que no alcanzaba a explicar, como que un juguete que solía usar Kyle se pusiera de pronto en marcha cuando hacía meses que no funcionaba. Notaba, además, su presencia. Algo le rozaba la mano y ella tenía la certeza de que Michelle estaba allí.

Melanie se quedó embarazada, de modo que Sally, que había sido abuela pero ya no lo era, volvería a tener un nieto en cuestión de meses. Mitchell, le pondrían, en recuerdo de su tía, a la que ya nunca podría conocer.

La onda expansiva de la muerte de Michelle Monson Mosure aún se deja sentir en Montana. En uno de mis muchos viajes a Billings para hablar con la familia de Rocky y Michelle, con los trabajadores sociales y la policía, visité el despacho del fiscal del distrito. Hoy en día, el fiscal es Ben Halverson, un hombre con cara de niño y cabello rubio claro. Cuando le dije por teléfono que quería hablar con él del caso de Michelle, se quedó callado un momento y luego dijo con voz ahogada:

—Ese caso me obsesiona.

Ben Halverson era un adolescente cuando Michelle fue asesinada. Nunca la conoció, ni conoce a ningún miembro de su familia. Cuando nos vimos en persona, me contó que no tenía ningún tipo de experiencia personal con la violencia de género. Se crio yendo al club de campo con sus padres, donde nadie hablaba de la violencia de género. La muerte de Michelle, sin embargo, es el motor que impulsa su trabajo.

El día que fui a hablar con Ben Halverson, Stacy Tenney apareció cargada con una pila de sumarios sobre violencia de género. Había vuelto a repasarlos para prepararse para nuestra entrevista, con intención de mostrarme a quién habían procesado y cómo. Los progresos que habían hecho, en cierto sentido, desde la muerte de Michelle. En persona, Stacy es una mujer amable y callada, una de esas mujeres gráciles y elegantes que dan la impresión de haber ido a clases de ballet durante años. Vestía una vaporosa falda de seda. Me contó lo mucho que le había impresionado la muerte de Michelle. Repasó repetidas veces su expediente tratando —al igual que la familia de Michelle— de descubrir qué no había sabido ver. Y lo que no supo ver fue lo que Michelle no le contó.

—No estoy segura de si ahora haría algo distinto —me dijo con una expresión casi de dolor físico.

Fue su despacho el que archivó en la misma causa la denuncia de Sally y la de Michelle. Aunque en realidad fue la policía la que redactó el atestado inicial, restando importancia a la situación y no dándole, por tanto, a la fiscalía fundamentos suficientes para imputar a Rocky, me pareció un acto de valentía que Stacy accediera a hablar conmigo.

Sally me llevó en coche al colegio al que iban Kristy y Kyle. En un rincón del patio hay un árbol plantado en recuerdo de los niños, y un banco para meditar y una placa con sus nombres grabados. La maestra de Kristy quedó tan afectada por su muerte que estuvo de baja el resto del curso. Sally dice que de vez en cuando se encuentra con un libro de la biblioteca que sacaron sus nietos hace años, con su nombre escrito aún en la tarjeta, y que al verlo nota una leve descarga eléctrica en la piel.

Una noche, más o menos un año después de su muerte, Sally soñó que Michelle estaba metida en un río, bautizándose, y notó una especie de quemazón en el oído.

—Después de que murieran, rezaba todo el tiempo. Le pedía a Dios que les dejara venir a mí.

Y entonces sintió aquella quemazón y el impulso de subir al antiguo cuarto de Michelle, y cuenta que allí estaba Kristy, y que le dijo a su yaya:

—Estamos bien. Mi papá se mató porque no era muy feliz.

Sally asegura que aquello la alivió.

Paul quería tirar la casa en la que Rocky los mató a los tres, pero ella le dijo que el ayuntamiento de Billings no lo permitiría, y al final la vendió prácticamente por nada para quitársela de encima. Un día, el nuevo propietario la llamó para contarle que había limpiado las paredes con chorro de arena para quitarles el color negro del humo, y que había huellas de piececitos en la carbonilla.

—Ahora conozco el mundo de los espíritus —me dijo Sally—. Antes no creía en nada de eso.

Alyssa me contó que tuvo muchos sueños en los que salvaba a los niños: los envolvía en una alfombra, los escondía en el colchón o en un armario, cualquier cosa con tal de salvarlos de Rocky. Hizo un retrato de Michelle, pero no estaba contenta con cómo le había salido la nariz, y empezó a rehacerlo una y otra vez: lo borraba en parte y volvía a dibujarlo, hasta que una noche que estaba sola oyó que alguien susurraba su nombre, y jura que el retrato le sonrió, y después de aquello lo dejó como estaba. Cuenta que fue al lugar donde Michelle, Rocky y los niños solían acampar y que hizo fotos del bosque y que después, cuando reveló las fotografías, vio la cara de Michelle en un árbol, abrazando a los niños, y que Rocky y *Bandit* también estaban allí.

A Michelle la enterraron con sus hijos en un ataúd más ancho de lo normal, abrazando a sus hijos. Alyssa me enseñó una foto una noche y por un momento, al verlos allí tendidos a los tres, con los ojos cerrados, sentí que Michelle también era mi hermana y que la había perdido, y tuve que apartar la mirada. Alyssa tenía un libro titulado *Life After Trauma* [*La vida después de un trauma*]. Lo leyó entero e hizo todos los tests del libro, y el libro le reveló lo que ya sabía: que estaba abatida por la pena. Que sufría estrés postraumático. Y que no podía dejar de echar de menos a su hermana.

Sally decía que no podía seguir viviendo en la casa donde había criado a sus tres hijas. Era demasiado doloroso. Alyssa le dijo que ella, en cambio, no podía vivir en otro sitio más que en aquella casa, así que se la compró a su madre y allí vive hoy en día. Sally vive en la misma calle, un poco más abajo. Melanie, que lleva ya varios años desenganchada de las drogas, se ha comprado una casa no muy lejos de Billings, y Sally afirma que esa es una de las mayores alegrías de su vida, que su hija se haya recuperado, saber que no va a morirse de una sobredosis y que ella no va a perder a otra de sus hijas.

Ivan cuenta que Alyssa y él no paraban de pelearse y que al final rompieron. Dice que de algún modo los asesinatos hicieron insostenible su relación. Ella era su gran amor, de modo que los actos de Rocky destruyeron también, al menos durante un tiempo, su vida.

—Odiaban a Rocky —afirma Ivan refiriéndose a la familia de Alyssa—, como es lógico. Pero Rocky era mi amigo de toda la vida. Y no siempre fue así.

Ivan engordó, pasó varios años alcoholizado y luego, por fin, encontró la manera de salir de ese agujero y volver a la vida. Ahora tiene a sus perros, la custodia compartida de su hija, su deliciosa carne ahumada, su trabajo y su casa, y está más o menos bien.

Sarah y Gordon se jubilaron. Sarah cuenta que durante casi un año nadie en el trabajo le mencionó los asesinatos, ni siquiera un compañero al que ella consideraba uno de sus mejores amigos. Ese compañero le dijo mucho después que no había sabido qué decirle, y que por eso había optado por no decir nada. Cada día, Sarah volvía a una casa silenciosa, con un marido silencioso. No podían hablar del tema. No podían llorar. No podían compartir su dolor. Estaban atascados, como congelados en el sitio. No encontraban la manera de restañar esa herida. Sarah iba al psicólogo; Gordon, en cambio, se cerró en banda.

—Cada vez se retraía más, hasta que se cerró por completo —cuenta Sarah—. Y un día por fin le dije: «No puedo más. Entrar en esta casa cada noche es como entrar en un nubarrón».

Así que hizo las maletas y, aunque Gordon y ella llevaban varias décadas casados y no podía imaginarse la vida sin él, se marchó. Alquiló un piso en el pueblo y le dijo que no pensaba volver.

—Estas cosas rompen la familia —asegura—. Yo no quería divorciarme, pero no podía seguir viviendo así.

Aquello hizo que algo se quebrase dentro de Gordon. Por fin pareció comprender que había perdido ya muchas cosas y no podía perderla a ella también y, aunque para un hombre como él hablar y expresar sus sentimientos era como un movimiento tectónico, se animó a ir al psicólogo, empezó a tomar antidepresivos y empezaron a ir juntos a terapia de pareja. Entonces se dio cuenta de que quizá debería haberlo hecho hacía muchísimo tiempo. Mientras Sarah y él vivieron separados, iba a verla a su piso y la invitaba a salir para intentar recuperarla, y durante seis meses ella le estuvo diciendo que aún no sabía si volvería alguna vez. Aun así, Gordon no tiró la toalla: invitaba a salir a su esposa, tratando de enamorarla otra vez. A Sarah, sus amigos le decían que la suya era la separación más rara que habían visto nunca. Y la terapia ayudaba. Gordon le hablaba un poco de ella. No mucho, pero teniendo en cuenta su hermetismo habitual Sarah se daba cuenta de lo mucho que le costaba, del enorme esfuerzo que estaba haciendo y de cuánto sufría. Pasado un tiempo, volvió a casa. Y plantaron un parterre al fondo del jardín adornado con cosas que les habrían gustado a los niños. Una tortuga de latón de colores, un comedero de pájaros hecho con una placa de matrícula vieja, una cabra metálica pintada de blanco. Plantaron salvia rusa y corazón sangrante para Michelle. Y en medio pusieron la roca que yo había visto desde lejos. *Para siempre en nuestros corazones. Gordon Edward «Rocky» Mosure*. Rocky no tiene tumba. Fue incinerado, y Gordon y Sarah no sabían qué hacer. Está apartado de todos, y yo me acordé de Paul Monson y de cómo me describió el color blanco. Un color perfecto. La mejor opción cuando no sabes qué hacer. Rocky está oculto a la vista para casi todo el mundo menos para ellos en aquel «jardín del recuerdo», plantado para siempre en su hogar.

Así pues, todos buscaron maneras de seguir adelante, de permanecer entre los vivos. Sarah acabó haciendo labores de voluntariado en la casa de acogida para mujeres maltratadas de Billings. No es en absoluto religiosa, pero dice que a veces, cuando ve un arcoíris, piensa que son los niños.

—Es una bobada, pero te conformas con lo que puedes —dice.

Pasado un tiempo, Sally leyó algo en el periódico de Billings que quizá la consolara hasta cierto punto de la muerte absurda de Michelle, Kristy y Kyle. Algo que podía hacer que su asesinato repercutiera en la vida de mucha gente, fuera de su familia más cercana. De modo que subió al coche y condujo dos horas, hasta Bozeman, en busca de un tal Matthew Dale.

SISTEMAS, ACCIDENTES, INCIDENTES

Hace muchos años, a Neil Websdale, criminólogo y profesor de la Universidad del Norte de Arizona de origen británico, tuvieron que operarlo de la vista. La mañana de la operación, al llegar a la consulta de oftalmología del hospital, una enfermera le dibujó sin más preámbulos una gran X en el ojo malo. Websdale, que era investigador y curioso por naturaleza, preguntó a qué venía lo de hacerle una marca con rotulador. La enfermera contestó:

—Usted quiere que le operen del ojo del que le tienen que operar, ¿no?

En efecto, quería. Le preocupó, sin embargo, que tuvieran que hacerle aquella señal. ¿Solían equivocarse los cirujanos con esas cosas?

La enfermera le dijo que debería leer los estudios que había sobre accidentes clínicos. Era increíble la cantidad de gente a la que se operaba erróneamente en Estados Unidos al cabo del año: decenas de miles de personas, le aseguró la enfermera. Le recomendó, en concreto, que leyera los artículos de la revista *Atlantic* sobre accidentes de avión y la literatura sobre errores médicos. Websdale siguió su consejo más adelante, pero ese día, cuando entró en la sala de espera de cirugía, vio a un montón de gente en camilla con una equis pintada en un ojo o en el otro.

—Era una solución muy sencilla para evitar errores quirúrgicos —comentaba años después ante una sala llena de gente, por videoconferencia—. Y lo que hemos descubierto al investigar los errores humanos en campos como la medicina, la aviación y los combustibles nucleares es que podemos corregir problemas muy fácilmente si estamos dispuestos a revisar las tragedias y los accidentes previos mediante un análisis atento y detallado.

Websdale, un hombre de sesenta y tantos años y aspecto lozano y juvenil, suele empezar el día saliendo a correr un rato al fresco por Flagstaff, donde vive. Tiene el pelo blanco y muy corto y los ojos de un azul violeta. Suelta datos, estadísticas y teorías a toda velocidad, como unos de esos personajes de Aaron Sorkin que hablan como una metralleta. Es un narrador nato, con un acento británico que los muchos años que lleva viviendo en Estados Unidos han suavizado en parte. Defiende opiniones que, él lo sabe, son polémicas. Como esta: cree que los maltratadores están tan atrapados como las víctimas.

—Todo el mundo pregunta por qué la víctima no se va —dice—. Pero nadie pregunta por qué se queda el agresor.

O esta otra (la paradoja de la violencia machista, la llama él): a pesar de que la literatura sobre la violencia de pareja y los expertos en intervención contra el maltrato afirmen que el deseo de control y poder es el motor que impulsa a los maltratadores, él opina que los agresores son al mismo tiempo poderosos e impotentes. Están simultáneamente al mando de la situación y son incapaces de controlarla.

Websdale es, en cierto modo, un especialista en conexiones y sistemas, siempre a la búsqueda de significados y metáforas. Marcar con rotulador antes de operar. Genial. ¡Qué solución tan sencilla! ¿Qué otras soluciones hay por ahí a la espera de que las descubramos? Soluciones que eviten errores gravísimos. Websdale leyó lo que le recomendó la enfermera aquel día y mucho más. Se documentó, de hecho, sobre lo que ocurría en otros sectores, no solo en la Administración Federal de Aviación, sino en la industria médica y en la de combustibles nucleares. ¿Cómo afrontaban los errores en esos sectores de la producción? ¿Cómo creaban sistemas en los que los errores se redujeran al mínimo? Descubrió que existía la NTSB, la Junta Nacional de Seguridad en el Transporte, cuyas investigaciones habían hecho posible que se redujeran paulatinamente los accidentes de aviación. Dicha Junta reconstruía la cronología del accidente fijándose en todos los detalles relevantes, desde el agente que vendía los billetes hasta el piloto, los asistentes de vuelo, los mecánicos, los controladores aéreos y las condiciones meteorológicas. Buscaban coladeros en el sistema, despistes de la tripulación, mecanismos de seguridad que no estaban en su sitio. Trabajaban no como expertos individuales, sino en equipo, compartiendo conocimientos transversalmente, sin reparar en rangos y jerarquías. Websdale leyó estudios sobre negligencias médicas, sobre accidentes nucleares, sobre lo que aprendimos después de Chernóbil y Fukushima. Habló con Michael Durfee, el coordinador médico del equipo de prevención del maltrato infantil del Servicio de Salud del Condado de los Ángeles, que había empezado a revisar casos de niños asesinados y maltratados para intentar encontrar soluciones. Y poco a poco, a fuerza de pensar sobre el tema, empezó a formarse una idea en su cabeza. Una manera de recopilar toda esa información, de todas esas profesiones tan dispares, y aplicarla al problema de los homicidios machistas. Si los sistemas eran más eficientes, si la gente estaba menos aislada en sus despachos y sus tareas concretas, quizá pudiéramos reducir la tasa de homicidios por violencia de género del mismo modo que la NTSB había reducido el número de catástrofes aéreas.

En aquella época Websdale estaba escribiendo su tercer libro, *Understanding Domestic Homicide,* y viajaba con frecuencia a Florida para documentarse. Para escribir el libro revisó numerosos atestados policiales y sumarios de homicidios sucedidos en el estado y habló con policías y fiscales y, finalmente, las ideas que había extraído de su investigación sobre lo que ocurría en otros sectores se solaparon con los sumarios en los que buceaba.

Gracias al apoyo del entonces gobernador de Florida, Lawton Chiles, recibió financiación federal para crear el primer observatorio de muertes por violencia de género del país. La idea era tomar el modelo de la NSTSB como referencia y adaptarlo a los casos de violencia machista, no para «culpar y avergonzar» —como dice él—, sino para hacer que las personas y los sistemas se ciñeran a estándares más seguros y a programas de intervención más eficientes. Websdale dice que una de las conclusiones que extrajo de sus estudios es que los aviones solían estrellarse por múltiples razones que se solapaban: fallo mecánico, error humano, negligencia de seguridad, etcétera. Una combinación de factores.

—Y eso mismo lo encontramos en los casos de violencia machista extrema —asegura.

No hay un solo factor que pueda señalarse y aislarse para cambiarlo. Se trata de una serie de pequeños errores, de oportunidades perdidas, de fallos de comunicación.

La revisión de un caso de muerte por violencia de género actúa, pues, de la misma manera que una investigación de la NTSB. Los miembros del equipo reconstruyen la cronología del caso, recaban toda la información que pueden sobre la víctima y el agresor y tratan de encontrar poco a poco los momentos en que los agentes del sistema de prevención podían haber intervenido y no lo hicieron, o podían haber intervenido de otro modo. Hoy en día, el plan que Websdale creó en Florida se ha extendido a todo Estados

Unidos e incluso a otros países. Más de cuarenta estados norteamericanos tienen ya observatorios de violencia machista con grupos de trabajo dedicados al estudio de los casos con resultado de muerte —con múltiples equipos de investigación, incluso—, al igual que el Reino Unido, Australia, Nueva Zelanda y otros países.[64]

Más o menos un año después del asesinato de Michelle Monson Mosure, Sally se fijó en un artículo que publicó el periódico local de Billings. El artículo informaba de que se estaba creando un nuevo equipo dentro de la administración estatal de Montana: la Comisión de Revisión de Casos de Muerte por Violencia de Género. Al parecer, su objetivo era investigar las muertes por violencia machista con vistas a reducir el número de homicidios que se daban anualmente en el estado por este motivo. Sally vio de inmediato la posibilidad de obtener alguna respuesta sobre lo que le había ocurrido a Michelle. Si no había podido salvar a su hija, al menos podría, quizá, ayudar a otras familias que se encontraran en su misma tesitura. Ella podía señalar el momento preciso en que su denuncia contra Rocky se desestimó erróneamente porque la archivaron en el mismo sumario que la denuncia de Michelle que su hija acabó retirando. Pero eso parecía un error humano, no sistémico. Y nadie podía estar seguro de qué habría pasado si la denuncia por agresión hubiera seguido su curso. De todos modos, a Rocky se le habría imputado solamente un delito menor.

Sally fue a Bozeman, donde se estaba celebrando un pequeño congreso sobre la nueva comisión. Cuando el ponente principal acabó su intervención, se acercó a hablar con él. Se llamaba Matthew Dale y dirigía la Oficina de Defensa del Consumidor y la Oficina de Atención a las Víctimas (que comparte sede con aquella) del Departamento de Justicia de Montana. Websdale y él eran amigos desde hacía años. Sally le contó la historia de Michelle, Kristy y Kyle, y él la escuchó. Le pidió directamente que se hiciera cargo de su caso. Sería el primer caso de muerte por violencia machista del que se haría cargo el grupo de trabajo del observatorio de Montana. ¿Cómo podrían haber sobrevivido Michelle y sus hijos? Ese sería el interrogante al que intentarían dar respuesta.

---

64. https://www.ndvfri.org/review-teams

Para hacerme una idea de cómo funcionaba uno de estos grupos de trabajo, viajé a un pueblecito situado cerca de Missoula (Montana) y me registré en un hotel cuya decoración estaba dominada por la estética taxidermista. Una lámpara de astas colgaba del altísimo techo. En una pared había una cabeza de oso disecada. El sitio era cómodo y acogedor, con gruesas vigas de madera que cruzaban el techo. Al fondo, en un salón de conferencias enmoquetado como los que hay en cientos de hoteles de todo el país, había treinta y dos personas reunidas en torno a largas mesas. El paisaje exterior era de una belleza sobrecogedora. Era octubre; las montañas estaban ya coronadas de nieve y las hojas otoñales bailoteaban por el aparcamiento, más allá de las puertas corredizas de cristal que ocupaban todo un lateral de la sala. El hotel estaba situado junto a un riachuelo y el aire tenía esa textura visible, afilada y cristalina que parece exclusiva del Oeste norteamericano. La reunión que se celebraba podía haber sido la de un grupo de deportes al aire libre —un club de caza o de pesca con mosca, por ejemplo—, de no ser porque el tema a tratar era de índole muy distinta. (Conforme a las pautas que me dio el equipo, acepté no identificar a las víctimas del caso que se estaba evaluando, de ahí que haya cambiado los nombres, lugares y otros datos relevantes, como edad, profesión, etcétera).

A Ruth la mató su novio. Le disparó varias veces en la espalda y en una mano mientras ella trataba de protegerse, y luego una más en la cabeza. Fue el tipo de asesinato al que la policía suele referirse como una ejecución. Ella estaba agazapada y él se cernía sobre ella, lo que dice mucho sobre la dinámica de la pareja. Una dinámica de poder y control. Las balas volaron por toda la habitación, como si Ruth hubiera corrido intentando escapar, hasta que se acuclilló adoptando la posición en la que por fin él la mató a bocajarro. A él vamos a llamarlo Timothy. Después de matar a Ruth, Timothy salió de la casa y la rodeó varias veces. Es típico que pase un buen rato entre el momento en que el asesino mata a su víctima y el momento en que se suicida.

—Es más sencillo matar a otra persona que matarse uno mismo —afirma Websdale.

Al final, Timothy se mató. Comparado con la muerte de Ruth, que fue caótica y chapucera, un pandemonio de sangre, desorden y ruido, el suicidio de Timothy fue bastante limpio: dos disparos y listo. También de esta imagen y de lo que significa hablará el equipo durante la reunión, pasadas unas horas.

Algunos años, en Montana hay tres muertes por violencia de género. Otros, hay más de una docena. El año de la muerte de Ruth, hubo once en todo el estado.[65]

Matthew Dale dirige esta reunión de dos días. El grupo de trabajo ha pasado meses recabando y compartiendo información, rebuscando en archivos y entrevistando a amigos, familiares, compañeros de trabajo, vecinos, conocidos, policías, fiscales, sacerdotes, psicólogos, jueces, agentes de libertad condicional, exprofesores, niñeras... Casi a cualquiera que tuviera alguna relación con la víctima o con el asesino. Los grupos de trabajo no estudian todos los casos de muerte por violencia machista que tienen lugar en el estado al que pertenecen, sino solo unos pocos cuya revisión puede ofrecer pistas valiosas sobre procedimientos o sistemas que podrían haber evitado la muerte de la víctima. Esos casos suelen tener alguna particularidad que los distingue, como que hayan muerto transeúntes o niños, o que haya pruebas documentales —diarios, cartas, mensajes en redes sociales o conversaciones por correo electrónico— que brinden una perspectiva suplementaria sobre el caso. Es posible que la pareja fuera atípica: muy mayor, por ejemplo, o muy joven, o extremadamente rica o pobre. Puede que la familia de la víctima o del agresor esté dispuesta a cooperar con el estudio, como sucedió en el caso de Michelle Monson Mosure. En el caso de Timothy y Ruth, ambos dejaron información escrita: cartas, mensajes en redes sociales y relatos escritos que se superponían a los atestados policiales y la instrucción del sumario.

Dale es un hombre delgado, con el pelo espeso y fosco y físico de corredor de fondo. Lleva el teléfono móvil sujeto al cinturón y corbata, a pesar de que la reunión es informal. Les dice a los miembros del equipo presentes en la reunión —que han venido desde todo los rincones del estado, algunos conduciendo hasta ocho horas para llegar aquí— que las fotografías forenses del caso están disponibles en un portátil, pero que prefiere no enseñárselas a todo el grupo. Son horrendas, impactantes, hay sangre por todas partes, como cabe esperar. Son terriblemente tristes pero también muy reveladoras. A Ruth la encontraron en la cocina, de rodillas, caída hacia delante. Timothy estaba tumbado en la cama, con una pistola en cada

---

65. http://www.leg.mt.gov/content/Committees/Interim/2015-2016/Law-and-Justice/Meetings/Sept-2015/Exhibits/dale-presentation-domestic-violence-review-september-2015.pdf

mano, los brazos cruzados y dos orificios de bala en el pecho. Los pormenores del caso irán saliendo a relucir a medida que avance la reunión y revelarán elementos importantes tanto respecto al agresor como a la relación que mantenía con su víctima.

El grupo de trabajo de Montana reviste especial interés por dos motivos. Primero, porque indaga a fondo. Largo y tendido, dice Dale. Los grupos de trabajo de otros observatorios investigan menos, pero cubren más casos. El de Montana investiga, como mucho, dos casos al año. Y, segundo, porque Montana es un estado poco poblado, lo que permite que los jueces y los legisladores —es decir, las personas que tienen capacidad efectiva para cambiar las políticas estatales— sean más accesibles. De hecho, el fiscal general de Montana forma parte del grupo de trabajo del observatorio, al igual que un juez, como mínimo. Es, en principio, más fácil cambiar una ley en un sitio como Montana que en una región con mucha más densidad de población, como Nueva York, por ejemplo.

Los equipos como este no tienen una función reguladora ni ejecutiva, pero a través del estudio de casos concretos tratan de determinar si algún cambio en el sistema podría haber alterado el resultado. ¿Podía haber intervenido eficazmente el sistema judicial enviando a la cárcel al maltratador o garantizando de algún modo la seguridad de la víctima? ¿Podría haber actuado de otro modo la policía, o la parroquia local? Las posibilidades son, de hecho, infinitas cuando un grupo de trabajo se pone manos a la obra, y los investigadores tienen que examinar multitud de variables con las que en principio no contaban. Este caso en particular tenía varios elementos que lo hacían especialmente interesante para el observatorio. En primer lugar, la víctima tuvo una premonición de su propia muerte; era tan consciente de que al dejar a su novio se exponía al peligro que llegó a hablar de cómo quería que fuera su entierro. El asesino, además, tenía un historial tan conflictivo que la policía local sabía que algún día se vería implicado en algún suceso violento grave. Un caso típico de «suicidio por policía», según un agente que conocía a Timothy. Así se llama a los casos en los que una persona incita a la policía a dispararle, por ejemplo al no tirar un arma cuando se le insta a ello. Montana, por razones que se desconocen, tiene una de las tasas de «suicidios por policía» más altas del país. La cuestión es ¿por qué no protegió el sistema a Ruth, sabiendo que él era peligroso y que ella temía por su vida? ¿Qué más podría haberse hecho? ¿Qué más puede hacerse en el futuro?

A lo largo de una pared de la sala hay desplegadas enormes hojas de papel. Dale abre la reunión recordando a todos los miembros del equipo que lo que allí se hable es confidencial y que todos los archivos deben destruirse al terminar la evaluación. Antes de esta puesta en común han pasado tantos meses hablando con familiares, amigos y compañeros de trabajo de los fallecidos que, como es lógico, van a salir a la luz detalles muy penosos durante la reunión.

Puede que el elemento crucial de una evaluación de este tipo sea algo de lo que pocos miembros del grupo de trabajo hablan abiertamente: el hecho de que los obliga a preguntarse cómo es posible que un sistema del que son parte integrante, formado por personas que trabajan con ahínco y que tienen las mejores intenciones, fracase hasta el punto de que muera una mujer. La muletilla que usa Websdale —«sin culpa ni vergüenza»— se repite a menudo durante los dos días de reunión, y resulta no ser una frase hueca; al contrario. Websdale me explicó que el transporte aéreo se ha vuelto muy seguro en los últimos veinte años, mientras que las negligencias médicas siguen siendo mucho más frecuentes de lo que debieran. (De hecho, las muertes debidas a errores médicos en los hospitales son, actualmente, la tercera causa de fallecimiento entre adultos en Estados Unidos).[66] Websdale considera que, si hoy en día es relativamente seguro volar, ello se debe en gran medida a que la labor de la NTSB ha forjado una cultura cada vez más arraigada de franqueza y reconocimiento de los errores humanos dentro del sector del transporte aéreo.

—Si hoy entras en la cabina de los pilotos de un avión —dice— y hay un problema de seguridad, el piloto va a escuchar lo que tenga que decir su copiloto, sus asistentes de vuelo, etcétera.

En el campo de la medicina, en cambio, existe una jerarquía ubicua que mantiene cerradas las vías de comunicación. Citaba, por ejemplo, la cultura del quirófano, donde el cirujano es dios, y a dios no se le chista. Pero los sistemas que mejor funcionan en todo el país, asegura Websdale, ya sea entre la policía, los trabajadores sociales, los expertos en intervención social, los jueces y agentes penitenciarios, o incluso en el seno de las familias, son los que se centran en el trabajo en equipo. En el terreno de la lucha contra

---

66. https://www.hopkinsmedicine.org/news/media/releases/study_suggests_medical_errors_now_third_leading_cause_of_death_in_the_us

la violencia de género, los dos colectivos principales —los que están en primera línea— son las trabajadoras sociales y la policía. Dos profesiones con culturas totalmente distintas: por un lado, el feminismo moderno; por otro, el patriarcado tradicional. En efecto, en los casi diez años que llevo dedicándome a informar e investigar sobre la violencia machista en Estados Unidos, he podido comprobar que las ciudades y pueblos que con mayor éxito han conseguido hacer descender sus tasas de muertes por violencia de género o aumentar la dotación de los servicios sociales para luchar contra esta lacra tenían una cosa en común: habían conseguido romper las barreras culturales entre sus cuerpos de policía y sus centros de atención a las víctimas de maltrato.

Dale empieza por preguntar qué se sabe de la vida de la víctima. Un miembro del equipo en particular tenía encomendada la tarea de recabar la mayor cantidad posible de información biográfica sobre Ruth. Creció en el Oeste, pero se trasladó muchas veces a lo largo de su vida. Sus hijos, ya mayores, vivían aún en la parte oeste del país. Beki, otra integrante del equipo, comienza a anotar con rotulador estos datos de la vida de Ruth en las grandes hojas de papel clavadas en la pared con chinchetas.

Ruth trabajaba como auxiliar en una residencia de ancianos y llevaba muchos años divorciada del padre de sus hijos. Timothy y ella se conocieron por Internet y empezaron a salir inmediatamente. En sus cartas, Timothy decía haber encontrado en ella a la mujer de sus sueños a pesar de que en ese momento solo hacía una semana que se conocían. Las notas y cartas halladas después del asesinato permiten al equipo tener una visión única de la mentalidad de Ruth e incluso de la de Timothy en ocasiones. Ruth fue a verlo varias veces al cámping de caravanas en el que vivía y, a los tres meses, Timothy le pidió que se fuera a vivir con él. Ella aceptó. Al cabo de un mes o dos, vendió casi todos los muebles y los enseres domésticos que tenía en Utah, metió sus pertenencias en el coche y se fue a vivir con Timothy a Montana. Él le prometió que lo de la caravana era temporal, que pronto encontrarían una casa bonita.

Como no encontraba trabajo en residencias de ancianos, Ruth se puso a trabajar limpiando oficinas. Timothy tenía una pensión por discapacidad y hacía alguna que otra chapuza para sacar un dinero extra. Ella trabajaba de noche y los fines de semana, y al parecer eso ponía nervioso a Timothy, que temía por su relación a pesar de que sabía que ella estaba trabajando.

Las peleas empezaron de inmediato. Él se enfadaba cuando ella trabajaba mucho, pero se quejaba de que nunca tenían dinero. Se enfadaba cuando ella se negaba a cocinar o a recoger la cocina, o cuando se levantaba tarde, como cuando una vez se despertó a mediodía. Ruth, en un cuaderno que parecía destinado a sus hijos, decía que se sentía atrapada. Había dejado un trabajo estable en el estado vecino, había vendido prácticamente todo lo que tenía y ahora sentía que tenía que «esforzarse todo lo posible» porque su relación saliera adelante. Creía a Timothy cuando él le decía que tenía dolores y que por eso su comportamiento era tan variable y estallaba por cualquier cosa, como cuando ella estaba tan cansada que no quería mantener relaciones sexuales o no le apetecía ir a pescar con él. Después de haber visto de cerca lo que era estar enfermo de verdad, escribía, sabía que el dolor podía volverlo loco a uno y que los fármacos, si no se administraban como es debido, podían afectar a la personalidad. De hecho, se preguntaba si no la habría mandado el destino a ayudar a Timothy precisamente con esas cosas. Como si solo ella pudiera salvarlo. Porque cuando estaba de buenas, cuando se acercaba a ella por detrás mientras estaba sirviéndose un café por las mañanas, o cuando se acurrucaba con ella en el sofá delante de la tele, era el hombre más cariñoso y atento que había conocido. Hacía tanto tiempo que no se enamoraba... Había pasado sola varias décadas. Y ahora ya no lo estaba.

El subtexto de esta biografía, lo que los miembros del grupo de trabajo tenían todo el tiempo presente, era si algo o alguien en la vida de Ruth podría haber intervenido para salvarla. ¿Estaban sus amigos al corriente de que Timothy era violento? Y, si era así, ¿desde cuándo lo sabían? ¿Iba Ruth a la iglesia? Y, si iba, ¿lo sabía algún miembro de la parroquia? ¿El pastor, quizá? ¿Tenía ella alguna vez marcas visibles de violencia? ¿Y qué podía deducirse de su vida laboral? ¿Faltaba al trabajo alguna vez? ¿Había tenido otras relaciones amorosas que devinieron violentas? Si las había tenido, ¿cuál había sido el resultado? ¿Era posible, al analizar su asesinato, identificar un momento concreto, un factor que por sí solo pudiera haber cambiado las cosas radicalmente? Estaba, por otro lado, el hecho de que la relación hubiera avanzado tan deprisa. Los noviazgos cortos —el «amor a primera vista», por llamarlo de algún modo— eran un rasgo característico de la violencia de pareja. Como en el caso de Michelle y Rocky.

Cuando acaban de repasar los datos biográficos de Ruth, el esquema ocupa varias hojas y es ya media mañana. Con la biografía de Timothy llenarán el resto del espacio disponible y las enormes hojas de papel que envuelven toda la sala.

El grupo de trabajo de Montana invita a agentes locales a participar en sus evaluaciones de casos de violencia de género con resultado de muerte para que proporcionen contexto a la investigación. No son miembros fijos del equipo, pero contribuyen al análisis de los homicidios. En el caso de Timothy y Ruth, comparecen varios agentes de la policía local para contarle al equipo lo que sabían de Timothy: que era un exmilitar al que le encantaban los perros; que tenía delirios de grandeza y solía jactarse de sus hazañas en operaciones de búsqueda y rescate, a pesar de que no participó en ninguna; que había tenido varios accidentes de tráfico —uno de coche y otro de *quad*— y tomaba medicamentos para el dolor, y que al parecer conseguía las recetas por distintas vías, desde el VA —el Departamento de Asuntos de los Veteranos— a varios médicos de la zona… Como muchos vecinos de Montana, tenía un pequeño arsenal en casa, aunque, a diferencia de lo que suele ser habitual, tenía siempre las armas cargadas y listas por si acaso llegaba el apocalipsis. Websdale afirma que a menudo la ira que siente un maltratador se refleja en los pormenores concretos de un tiroteo o del escenario de un crimen. Es común, por ejemplo, que el cadáver de una víctima presente múltiples balazos, lo que demuestra que el asesino siguió disparando después de causar la muerte a la fallecida, puede incluso que hasta vaciar el cargador del arma. Esa circunstancia indica el grado de furia del agresor. Con frecuencia, la primera persona en morir, si se trata de una familia, es la que ofrece más resistencia (como en el caso de Michelle Monson Mosure). También es frecuente que un hijastro o hijastra presente un número de disparos desorbitado, debido a que el asesino lo considera responsable de las tensiones existentes en la pareja. A veces, la policía encuentra una víctima con un solo balazo mortal y otra acribillada a disparos. No se trata de detalles gratuitos que puedan pasarse por alto, afirma Websdale. Ofrecen pistas sobre la mentalidad del agresor, detalles sobre la psicología particular de una pareja, y con frecuencia revelan cómo podría haberse intervenido, recurriendo, por ejemplo, a profesionales de la salud mental.

En el caso de Timothy y Ruth, el equipo empieza a ver puntos en común con otros casos. Timothy encontró por fin una casa y dejaron la caravana, pero su nuevo domicilio estaba en medio de la nada, de modo que Ruth quedó completamente aislada. La tendencia de Timothy a inventarse hazañas para quedar como un héroe indica un sentimiento profundo de inferioridad e inseguridad, y posiblemente un narcisismo enfermizo. Como exmiembro del ejército, había recurrido a menudo a los distintos servicios del Departamento de Veteranos, y había tenido encontronazos con la policía local, que lo conocía bien. Un agente decía que era una especie de Sam Bigotes, el personaje de dibujos animados de Looney Tunes. Otro afirmó que sabía perfectamente hasta qué punto podía pasarse de la raya e irse de rositas sorteando la ley. Había múltiples órdenes de alejamiento contra él en otros estados de las que las autoridades de Montana no tenían constancia porque las distintas administraciones rara vez se mantienen en comunicación. Seguramente Ruth tampoco sabía nada al respecto. Incluso hoy en día, en este mundo hiperconectado en el que un dron puede traerte un pedido de papel higiénico a casa y un robot pasarte la aspiradora por la moqueta, seguimos siendo incapaces, al parecer, de crear una base de datos que cruce las fronteras regionales y comunique a las distintas administraciones civiles y judiciales en lo relativo a individuos violentos y sus historiales. Una exnovia de Timothy le dijo a un miembro del equipo que ella le seguía la pista en las redes sociales solo por precaución, para cerciorarse de que no andaba cerca de ella, y eso que vivía a casi dos mil kilómetros de Timothy, tenía ya una familia propia y hacía muchos años que no hablaba con él. En un par de casos, se dictó orden de alejamiento temporal contra él y Timothy esperó a que la orden expirara y su expareja no se presentara a renovarla para volver a la carga. Era uno de los trucos que usaba para salirse con la suya sin quebrantar la ley.

—Había muchas mujeres que habían pedido orden de alejamiento contra él —comenta un miembro del equipo—. Pero Ruth no pidió ninguna. Mató a la única que no lo hizo.

En el transcurso de la investigación, el equipo descubre que estuvo casado con anterioridad, una sola vez, y que el matrimonio duró poco. Su esposa buscó la ayuda de un pastor, que comparece en la reunión para hablar de su experiencia con Timothy y su exmujer. Es un hombre alto, con bigote, y, como casi todos los presentes en la sala, lleva una pistola en el cinto, porque esto es Montana. Una exenfermera forense que forma parte del equipo manifiesta tan abiertamente su odio por las armas de fuego que el resto de sus compañeros suele tomarle el pelo por ello. Habla del tema sin soltar las agujas de tricotar con las que está tejiendo un chaleco de lana y, cuando llega el momento de hacer recomendaciones, coge el enorme rotulador de Beki y escribe *armas, armas, armas* en todas las hojas blancas.

—¿Queréis acabar con los homicidios? —pregunta—. Pues deshaceos de las armas.

Repite esto de vez en cuando durante los dos días de reunión.

El pastor les habla de la exmujer de Timothy, a la que acompañó a solicitar una orden de alejamiento. También la convenció de que le dijera al juez lo aterrorizada que estaba. El juez rechazó su petición, pero, como el pastor sabía que la mujer corría peligro grave, se preocupó de ofrecerle un plan de seguridad.

—Le conseguimos un coche nuevo —explica, para que Timothy no pudiera seguirla. Y la parroquia le buscó un sitio seguro donde vivir. Para entonces, la propia parroquia ya había recibido amenazas—. Estamos convencidos de que eran de él —afirma el pastor.

La policía no estaba al corriente de esto; ni siquiera la policía local, que sabía que Timothy era un individuo conflictivo. Ni siquiera sabían que había estado casado con anterioridad.

Es fácil, en un caso así, echarle la culpa al juez, pero el juez tampoco sabía que Timothy tenía antecedentes de acoso a mujeres ni que varias exparejas suyas habían solicitado órdenes de alejamiento contra él, porque esos incidentes sucedieron en su mayoría cuando vivía en otro estado, no en Montana. Y lo que es quizá más importante: las órdenes de alejamiento suelen tramitarse en juzgados civiles. Solo si se produce el quebrantamiento de la orden esta pasa a ser un asunto penal. Y Timothy, por supuesto, incluso teniendo tantas órdenes de alejamiento a sus espaldas —aunque no se supiera—, no tenía antecedentes penales. Las brechas del sistema, en cuanto a la comunicación entre juzgados, administraciones y fronteras entre estados, son tremendas.

Es ahí, por tanto, donde el trabajo del equipo se vuelve crucial. Ya conocen a grandes rasgos la biografía de Ruth y Timothy. Han escuchado lo que varios agentes de la policía local y un sacerdote sabían acerca de los fallecidos. Conocen ya someramente el entorno cultural y económico en el que se produjo el suceso. Ahora les queda juntar todas las piezas y buscar banderas rojas, señales de aviso. Timothy era considerado problemático por la policía; carecía de empleo fijo; tenía un largo historial de acoso a mujeres y órdenes de alejamiento; tomaba grandes dosis de analgésicos; tenía delirios de grandeza, mostraba un narcisismo profundo y era proclive a manipular a los demás. Mentía sobre lo que había hecho en el ejército y publicaba en redes sociales relatos de valentía y heroísmo de los que no había ninguna prueba (en artículos de periódicos locales, por ejemplo). Su suicidio fue bastante limpio: se tumbó cómodamente en la cama y había muy poca sangre. La muerte de Ruth, en cambio, denotaba terror, un caos frenético. La propia Ruth escribió que quería salvar a Timothy; que ella no lo daría por perdido, aunque el mundo entero le hubiera dado la espalda. Ella tampoco tenía empleo fijo, y disponía de muy poco apoyo en la zona donde vivía: no tenía allí ni familiares ni amigos. Su único apoyo era el sacerdote de la parroquia a la que iba de vez en cuando. Su relación con Timothy avanzó muy deprisa, y ella se encontró al poco tiempo aislada casi por completo. Timothy rara vez le permitía salir de casa alegando que la necesitaba a su lado. Las señales de aviso en su caso son las que todos los expertos en violencia de género han visto una y mil veces: el noviazgo relámpago, el aislamiento y el control, el desempleo, la medicación, el narcisismo, las mentiras y el acoso.

La cuestión es analizar en qué momentos concretos interactuaron Timothy y Ruth con los servicios públicos para descubrir si habría sido posible intervenir de algún modo en la situación. Poco a poco, el equipo va llegando a conclusiones que más tarde quedarán recogidas en forma de recomendaciones en el informe que el observatorio prepara cada dos años para el gobierno de Montana. La equis en el ojo, por decirlo de algún modo.

El VA, el Departamento de Asuntos de los Veteranos al que Timothy recurrió para obtener tratamiento médico, es el primer organismo que identifican. Luego está el juicio con su exmujer. La policía conocía a Timothy, que tenía un largo historial de acoso a mujeres y órdenes de alejamiento en su contra. También disponía de un asistente de ayuda a domicilio que iba a atenderlo varias veces por semana y que trató de advertir a su supervisor de que era un individuo inestable. Su supervisor, sin embargo, le dijo que no hiciera caso y que se limitara a cumplir con su trabajo. Y, por último, está el párroco de Ruth.

—Son cinco puntos de intervención en total —dice Matt Dale—. El VA, la policía, el juzgado, los servicios sociales y la iglesia.

Una trabajadora social del equipo levanta la mano y dice que antes no estaba segura, pero que ha llamado a alguien de su oficina y le han dicho que, en efecto, Ruth estuvo una vez allí, hace mucho tiempo. No la atendió ella, sino otra compañera. Ese día, Ruth llevaba en el coche todas sus pertenencias. La trabajadora social no tiene más información, no sabe si en aquel momento estaba ya con Timothy ni si consiguió algún tipo de ayuda, pero se trata de otro punto posible de intervención que el equipo debe tener en cuenta. Si se cuenta, además, un albergue para personas sin hogar, es otra oportunidad perdida.

El segundo día, a mediodía, se pide al equipo que lance propuestas de recomendaciones. La exenfermera dice:

—Armas, armas, armas. Deshaceos de las armas.

Algunos agentes de policía del equipo se ríen.

—Esto es Montana —comenta otra persona.

—¡¿Y qué?! —exclama ella.

Es encantadora, con ese aire suyo de abuela —con sus agujas de hacer punto y todo—, pero defiende con fiereza su postura. Sabe que es una batalla que nunca ganará en Montana, pero aun así no da su brazo a torcer.

Las recomendaciones llegan de todos lados: cinco, diez, quince. El objetivo es poner sobre el tapete todas las ideas que se les ocurran y expurgarlas luego hasta quedarse con las más realistas; es decir, las que vayan a costar muy poco o nada implementar o las que no vayan a generar un debate encarnizado en los órganos legislativos del estado. Uno de los errores más flagrantes es que la policía local no estuviera al tanto de que Timothy tenía a sus espaldas numerosas órdenes de alejamiento. Dale comenta que deberían tomar como referencia la normativa respecto a las denuncias por conducir bajo los efectos del alcohol o las drogas. En Montana, esas denuncias quedan registradas de manera permanente en los antecedentes del denunciado. Se trata de una reforma muy sencilla: no borrar de los archivos el historial de órdenes de alejamiento temporales contra un individuo, aunque estas hayan expirado.

Hay también otras recomendaciones, propuestas de modificaciones aparentemente nimias, algunas de las cuales ya han salido a relucir en la revisión de otros casos. Por ejemplo, invitar a los sacerdotes a cursos de intervención para que aprendan a tratar los casos de violencia de género.

(«Hay muchas mujeres que prefieren hablar con sus párrocos que con la policía o con asistentes sociales especializados en violencia machista», me dijo una vez Websdale). O hablar con la VA para encontrar el modo de que los tratamientos y las recetas que prescribe dicho organismo estén accesibles electrónicamente también para otros médicos. O cerrar la brecha tecnológica en los juzgados. Al final de la reunión, hay una lista de más de veinte recomendaciones que Dale y su equipo irán reduciendo hasta quedarse solo con unas pocas que pasarán a formar parte del informe institucional. Aunque estos informes abarcan al menos cuatro evaluaciones realizadas por el grupo de trabajo, las recomendaciones no aparecen vinculadas a ningún caso en concreto por motivos de privacidad. Así pues, cuando el observatorio presenta su informe relativo al periodo de la reunión a la que asistí, solo reconozco dos o tres propuestas procedentes del caso de Timothy y Ruth; por ejemplo, extender el uso de los protocolos de valoración de riesgo y dar cursos de formación a jueces, policías y trabajadores sanitarios sobre la complejidad y el contexto de los casos de violencia de género.

Son cambios tan pequeños que resulta casi desalentador que sean necesarios, pero tanto en Montana como en otros estados esas modificaciones aparentemente sin importancia han dado lugar a una transformación profunda. Matt Dale suele contar el caso de una mujer que tenía una orden de alejamiento vigente contra su maltratador, y cuando este incumplió la orden y la mujer llamó a la policía el agente que acudió al aviso no pudo leer el documento por un motivo de lo más trivial: porque estaba escrito a máquina en una hoja de papel. El papel se deteriora con el paso del tiempo. En el tiempo transcurrido desde que el juzgado había dictado la orden, esta se había vuelto ilegible. Como consecuencia de ello, en Montana se aprobó la llamada Tarjeta de la Esperanza. Plastificada y del tamaño del permiso de conducir, esta tarjeta contiene información que permite identificar al agresor —incluida una fotografía—, las fechas de vigencia de la orden y otros datos relevantes. Una víctima puede tener varias copias de la tarjeta para dárselas a compañeros de trabajo, maestros y personal administrativo del centro escolar de sus hijos o a cualquiera que convenga que esté al corriente de que existe orden de protección o alejamiento. Otros dos estados, Idaho e Indiana, han adoptado también la Tarjeta de la Esperanza, y muchos otros —más de una docena— se han interesado por conocer su funcionamiento en Montana.

El de Michelle Monson Mosure y sus hijos fue el primer caso que evaluó el grupo de trabajo del observatorio de Montana. Hoy en día, como resultado de aquella evaluación, Rocky no habría podido salir bajo fianza al día siguiente de su detención, a primera hora de la mañana. Le habrían retenido más tiempo, lo que habría permitido a los trabajadores sociales contactar con la víctima, revisar posibles planes de seguridad, hacer una valoración de riesgo y una cronología del caso, ofrecer servicios como casas de acogida u otros planes de emergencia y poner en contexto una situación de cuya gravedad quizá ni la víctima ni su familia sean del todo conscientes o no puedan analizar con claridad. Michelle no dispuso de tiempo. El oso se fue derecho a por ella. Ahora, un trabajador social especializado en violencia contra las mujeres se habría reunido con ella y habría hecho una valoración de riesgo. En Billings hay actualmente una agente de policía, Katie Nash, que se dedica en exclusiva a los casos de violencia machista. Nash habría hecho el seguimiento del caso de Michelle, como hace hoy en día con todos los casos similares que llegan al departamento a través de las denuncias de los agentes de a pie. Entre las dos habrían elaborado un plan de seguridad que podría haber incluido el cambio de cerraduras de la casa, o trasladar a Michelle y a los niños a una residencia o a un hotel durante unos días, mientras la policía disponía de una pulsera electrónica con geolocalizador para ponérsela a Rocky. Además, se le podrían haber imputado a Rocky varios delitos: entrar ilegalmente en un domicilio privado y permanecer en él sin autorización (allanamiento de morada), vandalismo, presunto secuestro, imprudencia temeraria y seguramente algunos más. La policía habría ido a visitar regularmente a Michelle para ver cómo iban las cosas. Un juez podría haber obligado a Rocky a asistir a un curso de rehabilitación para maltratadores. El abanico de posibilidades es infinito.

El grupo de trabajo de Montana hizo también otras propuestas basadas en el caso de Michelle. Recomendó, por ejemplo, que se emitiera una orden automática que impidiera todo contacto con su víctima a cualquier agresor detenido en relación con un caso de violencia familiar o de pareja. Actualmente, Rocky no habría podido contactar con Michelle desde la cárcel. El observatorio de Montana recomendó asimismo que se creara un sistema automático que avisara a las víctimas de la fecha de liberación de sus agresores, tanto al salir de prisión por haber cumplido una condena como cuando se les concediera la libertad condicional. De modo que Michelle habría estado sobre aviso antes de que Rocky saliera a la calle. El equipo propuso, además, que se proporcione información sobre los servicios asistenciales contra la violencia de género a cualquier posible víctima que se retracte de su declaración, como hizo Michelle. Esperemos que en los próximos años se ponga en práctica, además, una política más decidida de procesamiento de presuntos maltratadores, basada en las pruebas ya recogidas contra ellos.

Hay recomendaciones que aparecen año tras año en los informes de los observatorios de Montana y de otros estados. Entre ellas, la necesidad de ampliar el uso de la valoración de riesgo y de subsanar la brecha tecnológica que dificulta la coordinación entre distintas áreas de la administración, como la que suele darse entre los juzgados de lo civil y lo penal o entre los servicios sociales y la policía. Otra propuesta que figura siempre en la lista de recomendaciones es la de aumentar el número de cursos de formación. El control de armas, en cambio, rara vez aparece en el listado, al menos en Montana.

Una de las cosas en las que más hincapié hizo Sally cuando hablé con ella fue en cómo reaccionó Michelle cuando se enteró de que Rocky había salido bajo fianza. Cambió al instante; su determinación de marcharse se evaporó de inmediato, afirma su madre.

—Creía de verdad que iba a pasar un tiempo encerrado.

Quizá sea imposible saber si estos cambios habrían salvado la vida a Michelle Monson Mosure y a sus hijos. Es como intentar demostrar una negación. Lo único seguro es que, si no se hace nada, nada cambia. Y si de algo estaban absolutamente convencidas todas las personas con las que hablé en Montana es de que la muerte de Michelle Monson Mosure y sus hijos contribuyó a salvar muchas otras vidas.

¿Y QUÉ PASA DESPUÉS?

Tardé mucho tiempo en ponerme a ver por fin los vídeos domésticos que me había dado Paul Monson. Sally decía que los había visto una y otra vez al principio, solo para oír la voz de Michelle. Y Paul también los había visto muchas veces sin encontrar nada, ninguna relevación que explicara por qué había perdido a su hija y sus nietos.

Pospuse el verlos mucho tiempo, en parte dando por sentado que yo tampoco vería nada revelador, si Paul no lo había visto. Pero, para ser sincera, también temía verlos. Quizá no quería ver a Rocky como padre. O temía escudriñar aquellas grabaciones como había hecho Paul, en busca de pistas, sin encontrar nada. O es posible que esas imágenes de sus vidas me recordaran que Rocky, Michelle y sus hijos eran igual que el resto de la gente, tan frágiles, vulnerables y asustados como todo el mundo, con los mismos resentimientos y la misma necesidad de afecto. O que cualquiera de nosotras o de nuestras allegadas, amigas o vecinas puede hallarse en la misma situación que Michelle. Todavía no he conocido a ninguna víctima en ninguna parte que no me diga «No soy la víctima típica», o algo muy similar.

Pero había también otro motivo para que me resistiera a ver esas grabaciones. Un motivo que los periodistas y escritores como yo no solemos reconocer: después de todo el tiempo que había pasado con los Monson y los Mosure, sentía la muerte de Michelle, de Kristy y de Kyle, e incluso la de Rocky, tan intensamente que ese sentimiento había empezado a redefinir mi mundo, a distorsionar mi visión de las cosas. Pasé por una fase en la que tenía que hacer un enorme esfuerzo de voluntad para no ver a cada hombre que conocía como un posible maltratador y a toda mujer como una posible víctima. No conviene andar por la vida así, yo lo sabía y lo sé. Por eso, antes de ver los vídeos, estuve un año entero alejada de todo lo que tuviera que ver con la violencia. Hacía ejercicio, leía y pintaba, iba a terapia y evitaba leer noticias sobre maltrato, muertes por violencia de género e informes policiales.

Por fin, pasado un año, retomé el contacto con todo eso un día de verano, hace no mucho tiempo. Estaba en casa de unos amigos, tenía los vídeos en el disco duro y me puse a verlos. Estaban desordenados. En el primero, vi a Kristy con unos pantalones de chándal rosas y aquella sudadera de camuflaje, bajándose de unas rocas con ayuda de su madre y, después, a hombros de su padre.

—Sonríe, sonríe —le decía Rocky a su mujer detrás de la cámara.

En otra escena, Michelle aparece borracha —cosa rara en ella—, vestida con un peto corto de color marrón, intentando mantenerse en pie en la cocina de su casa. Se parte de risa. Rocky también. Le dice que camine en línea recta y que vuelva atrás, y luego le pide que diga el abecedario del revés. Ella bebe un trago de cerveza y se le derrama un poco.

—Dentro de un rato retomamos la conexión —dice Rocky como un periodista que estuviera dando una noticia bomba.

En la imagen siguiente, ella aparece tumbada en el suelo del cuarto de baño, todavía borracha, con las bragas negras un poco bajadas. Es una escena tan íntima que incomoda al espectador.

—¿Quién te ha hecho esto? —pregunta Rocky riéndose.

Ella sonríe, pero mantiene los ojos cerrados.

—Déjame en paz —repite una y otra vez.

Luego, por un instante, se la ve desnuda junto a la taza del váter. Está mareada y Rocky quiere grabarla vomitando en el inodoro. Ella está enfadada pero no puede defenderse, intenta incorporarse y le fallan los miembros.

—Dentro de un rato volvemos para ver cómo sigue esto, amigos —dice Rocky.

De vez en cuando aparece una grabación de alguna Navidad o de alguna celebración familiar, casi siempre en casa de Sarah y Gordon. En la inmensa mayoría de los vídeos, sin embargo, solo aparecen ellos cuatro, normalmente de acampada. Rocky convence a Kyle para que salte con él al agua helada desde lo alto de una roca, pero a Kristy no. Ni siquiera se lo pide. Las expectativas de género están ya bien asentadas. Más tarde, Rocky coloca la cámara sobre una roca y aparece un plano de los cuatro, una de las pocas veces que aparecen todos juntos. Michelle y Kyle llevan chalecos salvavidas. Kristy se acerca a la cámara, sonríe y dice:

—Me estoy comiendo una manzana.

La manzana es el doble de grande que su mano. Es el vídeo en el que la niña parece más animada. Kristy era muy callada. Observadora, pero poco habladora. Kyle era más bromista. Kristy vuelve junto a su familia. Rocky y Kyle se tiran juntos al agua desde la roca. Un segundo después salta también Michelle. Se la oye chillar de fondo, escondida detrás de la roca, por lo fría que está el agua. Kristy se queda sola encima de la roca con su manzana.

En otra grabación, los niños juegan en la hamaca retorciéndose como larvas. Se oye a Tom Petty de fondo cantando *Good love is hard to find*. Después, Rocky recupera una toalla del fondo de un río. Salva la toalla y dice:

—No está fría, está bien. —Lo repite machaconamente, como para convencerse a sí mismo—. Solo hay que concienciarse.

Lleva a Kyle en una canoa inflable amarilla, en perpendicular a un pequeño rápido.

—¡Idiota! —le grita Michelle, y él endereza la canoa.

Largos planos de las montañas lejanas coronadas de nieve, una cascada tan distante que no se escucha su sonido. Kyle camina entre la alta hierba de la orilla con su chaleco salvavidas y la pala de la canoa en la mano. Hay largos planos en los que Kyle maneja la cámara mientras corretea en zigzag por el terreno pedregoso.

—¡Hay bichos en el agua! —exclama con su vocecilla.

—¿Hay muchos bichos, Kyle? —pregunta Kristy.

Están junto a una carretera. Pasan velozmente varios coches.

En casa, los niños se balancean en un columpio montado en el jardín trasero. Estamos en julio de 2001. Kyle se columpia tan alto que la cadena chirría. Más tarde, aparece sentado en el sofá junto a un bebé, comiéndose un polo de color verde. La tele está encendida. Están poniendo un anuncio y se oye al locutor decir «para disfrutar de la vida a su aire». El bebé, muy rubio, es Tyler, el hijo de una vecina.

Luego aparece Rocky con un cubo amarillo en el que lleva una culebra que ha atrapado en el jardín

—¿Dónde está Kristy? Le traigo una culebra —dice mientras cruza la casa.

Su hija chilla detrás de la puerta del cuarto de baño.

—¡No, no! ¡Me da miedo!

Él se ríe. Le enseña un poco.

—¡No! —dice ella—. No tiene gracia.

Rocky se ríe de su miedo, le da el polo y se aleja con el cubo.

A continuación están otra vez de acampada. Kristy tira ramas al fuego, que humea copiosamente. Michelle maneja la cámara. Rocky lleva una camiseta roja y pantalones vaqueros y está bebiendo cerveza. Kyle se columpia en la hamaca y grita tratando de que su padre le haga caso:

—¡Papá, mira! ¡Mira! ¡Mira, papá!

De fondo se oye un tema de AC/DC a todo volumen. (Sally dice que recuerda que cuando iba a verlos siempre tenían puesto *heavy metal* a un volumen atronador). Rocky da de pronto un salto hacia atrás, hacia Kyle, con una pierna levantada, pero no se vuelve. Kyle se baja de un salto de la hamaca, cae a cuatro patas. Rocky lo mira un momento pero sigue saltando como una rana, describiendo un ancho círculo, Kyle vuelve a subirse a la hamaca.

—Papá, mira. ¡Mira!

Rocky hace como que toca la guitarra eléctrica, menea la cabeza al ritmo de la batería. Se acerca a Michelle dando un rodeo, hace una mueca y levanta la cara hacia la cámara. Por un momento parece amenazador, pero luego retrocede sonriendo. Levanta la cerveza y se bebe el resto de la botella de un trago, dejando ver cómo sube y baja su nuez.

Entre los vídeos de acampadas, hay también un DVD de cuando Alyssa, Michelle y Melanie eran pequeñas. En algunas imágenes aparece Melanie; en otras es evidente que aún no ha nacido. Se parecen mucho las tres a Sally y entre sí: el labio superior prominente, los ojos grandes y redondos, la cara alargada. De bebés, Alyssa y Michelle forman un tándem. Aparecen disfrazadas de payasas o de vaqueras para Halloween. Se dan de comer tarta mutuamente en sus cumpleaños. En una grabación, Paul las pone a las dos encima de un montón de hojas, en la trasera de su camioneta. En ese momento todavía está casado con Sally y ella aparece al fondo, delgada y risueña, con los bigudíes puestos y un pañuelo tapándole la cabeza, o con el pelo cortito. Las tres niñas se bañan juntas, montan en bici y en triciclo o en una moto de juguete, o comparten un carrito de la compra minúsculo que empujan por el cuarto de estar. Juegan al corro de la patata en el cuarto de estar cantando una retahíla y acaban las tres sentadas en el suelo.

Rocky tenía tendencia a grabar a Michelle en ropa interior. Tiene las piernas largas y esbeltas. Grabó muchos primeros planos de su culo a lo largo de los años: la mirada masculina en su grado máximo de inmadurez. Ella le regaña de vez en cuando, le pide que la deje en paz, pero casi siempre se limita a ignorarlo, sabedora de que en algún momento se cansará y dejará de enfocarla. Como ocurre en el cine, esa cosificación —la mujer convertida en objeto erótico para uso del cineasta o del espectador— pone de manifiesto la dinámica de poder existente en su relación. Rocky hace lo que ella no quiere que haga y sigue haciéndolo a pesar de sus objeciones. Por fin, ella cede ante su poder y él, como espera desde el principio, se sale con la suya. Estoy tentada, por supuesto, de quitar importancia a esos momentos, de levantar las manos y exclamar «¡Venga ya! Solo son vídeos familiares. Rocky está de broma, nada más». Tengo en cuenta, por otro lado, que cederle el poder a otra persona no es algo que se dé de repente, de la noche a la mañana. Es, por el contrario, una lenta erosión que se alarga en el tiempo. La persona que cede va desgastándose poco a poco, paso a paso, hasta que deja de sentirse persona. En el caso de Michelle, esa impotencia era completa y muy evidente: en cómo la ninguneaba él económicamente, en cómo grababa su cuerpo por partes y piezas, en todas sus actitudes, hasta que acabó por quitarle la vida. ¿Por qué no está bien que la grabara una y otra vez en bragas?

Porque ella le pedía que parara.

Y él no paraba.

Hasta que al final ella dejaba de pedírselo.

No hay impotencia más elemental que esa.

Hay un momento excepcional en el que Michelle maneja la cámara. Está grabando a Kyle, que monta en bici por el bosque, dando vueltas por un claro. Capta un momento a Rocky bajando por las rocas sin camisa, con una toalla sobre los hombros y un cigarrillo colgándole de la boca. Tiene el pelo más rubio, se le ha aclarado después de pasar todo el verano acampando al sol. Cuando llega a su lado le pregunta algo inaudible; «¿Qué es eso?», o algo así, y ella contesta tímidamente «Mis pruebas».

Es una fracción de segundo y, aun así, no me explico cómo no lo vio Paul. Rocky se acerca a ella con el gesto torcido en una mueca. Grita algo así como «Me cago en tu puta madre» y amaga con el brazo derecho, hacia la cámara o hacia ella. En ese instante, se corta la grabación, pero se ve el destello de furia, instantáneo y descarnado. Su gestualidad no indica en ningún momento que esté bromeando. Lanza el brazo rápido como un látigo y la imagen se funde en negro. Veo otra vez la escena tratando de ralentizarla. Es inconfundible. Su cara se vuelve bestial en una fracción de segundo. Hace ademán de golpearla. Y no solo es Rocky quien muestra una reacción pavloviana ante esa situación; también es Michelle. Apaga la cámara al instante, con rapidez. Dejando a ciegas al espectador. Le pido a un amigo que venga a mi despacho y no le doy ningún contexto.

—Mira esto —le digo— y dime qué crees que pasa a continuación.

La escena dura unos dos segundos en total. Un solo pestañeo y no lo ves. Observamos juntos la imagen, mi amigo Don y yo. Yo ya la he visto tres, cuatro, cinco veces.

—¡Qué bestialidad! —exclama Don después de verla.

El último DVD del padre de Michelle llevaba una etiqueta: *Familia Mosure 2001 última cinta.* Hay más imágenes de acampadas y luego Kristy y Kyle aparecen sentados en el sofá viendo la tele. En otro fragmento aparece Rocky desenganchando del anzuelo a un pez que acaba de pescar. Mueve la mandíbula como si estuviera mascando algo. Luego se ve una piscina hinchable muy pequeña en el jardín de su casa, en la que nada un patito.

—Patito —le dice Kristy al pato intentando que le haga caso—. ¡He metido la cabeza debajo del agua y me has asustado!

Luego veo una tortuga que cruza su jardín delantero. El coche blanco de Rocky está aparcado en diagonal en el césped, junto a una vespa. El coche no tiene capota. A continuación aparecen varios vídeos del Mustang que Rocky estaba siempre arreglando en el garaje.

Siguen otras grabaciones, pero es imposible saber cuánto ha pasado entre unas y otras. Semanas. Meses. Aparece Kristy vestida de color morado. Michelle es quien graba otra vez. Observa a su hija, que, parada al borde del agua, inclina la cabeza hacia el suelo. Kristy da unos pasos, indecisa. Avanza lo justo para meter los dedos del pie en el agua. Y allí se queda.

Luego están en una cueva, en septiembre de 2001. Michelle lleva unos vaqueros cortos.

—Aunque esto esté tan oscuro —dice Rocky dejando de apuntar con la cámara hacia las paredes de la cueva para enfocar el culo de su mujer—, vamos a enseñarle a mamá cómo es de verdad.

En la última escena del vídeo aparece un terrario hexagonal y, dentro de él, una serpiente enroscada, con los ojos fijos en la cámara y la parte superior del cuerpo curvada formando una ese. Tiene rombos de color oscuro en el lomo y un engrosamiento en la parte media del cuerpo. Una serpiente de cascabel. Está enrollada como una cinta dentro del minúsculo terrario. Rocky es quien maneja la cámara. Se oyen de fondo las voces de los niños. Rocky golpea con un dedo de la mano izquierda el cristal del terrario, cinco o seis veces. La serpiente solo mueve los párpados lentamente, con parsimonia, observando cómo se mueve el dedo: toc, toc, toc. Saca la lengua un par de veces, pero el humano que intenta llamar su atención no parece interesarle lo más mínimo. Y luego, de pronto, ¡zas! Se lanza contra el cristal y se retira tan deprisa que ni siquiera la ves moverse. Solo se oye un golpe seco.

—Ehhhh —dice Rocky, salvado por la barrera de cristal. *Papá siempre se salva*—. Qué flipante.

Es la última imagen de los vídeos caseros. La serpiente. Los toquecitos de Rocky demostrando su poder sobre un ser que, en otro contexto, podía matarlo en un instante.

La voz de Rocky.

—Qué flipante.

Y luego nada.

SEGUNDA PARTE

EL PRINCIPIO

PENITENCIA

Las chicas a las que Jimmy Espinoza convertía en sus presas solían ser frágiles. La vulnerabilidad se adhería a su piel como el maquillaje en polvo. Se reflejaba en sus ojos y en su manera de moverse, y Jimmy la veía al instante. Si le devolvían la mirada con esa expresión escrutadora y ávida, sabía enseguida que las tenía a su alcance. Eran casi todas jóvenes, aunque no siempre. Estaban perdidas, desorientadas. Era fácil controlarlas.

—Si una chica no tenía padre —cuenta el propio Jimmy—, yo sabía que podía conseguirla.

Trataba a sus parejas igual que a las prostitutas que trabajaban para él: como objetos de los que se apoderaba y deshacía a voluntad. Las golpeaba o no, se las tiraba o no, dónde, cuándo y cómo él quería. Estaban a su servicio, era el único papel que cumplían.

Que lo que hacía estuviera bien o mal no entraba en sus cálculos. La moralidad no pintaba nada en su debate interno. En la calle, el dinero seguía la lógica caníbal que lo caracteriza. Cuanto más tenías, más podías perder. Cuanto más podías perder, más necesitabas. Cuanto más necesitabas, más hacías la calle, y así sucesivamente. Hubo un momento en los años noventa en que Jimmy Espinoza era uno de los chulos más conocidos de San Francisco. Jimmy calcula que en un día bueno podía ganar hasta quince mil dólares. En aquellos tiempos, a Mission no se iba a tomar un café con leche o a comprar vaqueros de marca. Era un barrio al que se iba en busca de jaleo.

Con estos antecedentes, Jimmy no parece el candidato ideal para dirigir un programa de lucha contra la violencia de género dentro de la misma prisión en la que cumplió condena. *Su* violencia —porque en el mundo en el que habita ahora se le antepone un posesivo— iba dirigida contra las mujeres que trabajaban para él y contra sus parejas sentimentales, contra miembros de bandas rivales y contra cualquiera que, según él, lo mirara mal. La violación era un arma más de su arsenal. Era, según afirma él mismo, «un cabrón de la peor especie». En aquella época su mayor preocupación era dónde guardar sus fajos de billetes. Los metía dentro de colchones, de asientos de coche, en cualquier sitio donde podía. Esa pasta no la guardas en un banco. Tenía cajas de zapatillas Nike llenas a reventar de billetes de cien dólares. Tenía un BMW, un Mercedes y un pedazo de moto.

—Quiero que todo el mundo sepa que soy escoria, un mal bicho —dice hablando siempre en presente—. Que soy lo peor, tío.

Jimmy tiene la cabeza calva cubierta de tatuajes que representan iconos de San Francisco: la Pirámide Transamerica, el Golden Gate, un tranvía... Su cuero cabelludo es casi un plano turístico de la ciudad. En los nudillos lleva tatuada la frase *tuff enuf* («bastante duro») y en el cuello otra: *Est. 1969* («fundado en 1969»).

Hace no mucho, donó quinientos dólares —una fortuna, en su situación actual— a Huckleberry House, un centro de acogida que atiende a jóvenes de la zona en situación de vulnerabilidad. Jimmy lo describe como un sitio para «chavalas que se escapan de casa y acaban por lo general dedicándose a la prostitución». Para él es una penitencia, una manera de compensar el terror al que sometió en otra época de su vida a un número inmenso de mujeres. Mujeres extraviadas en el vasto mundo, mujeres a las que ojalá pudiera encontrar para pedirles perdón. Él no sabía, dice. No sabía. Y ahora teme que algunas, incluso que muchas, hayan muerto.

Hay tres historias que conforman el eje emocional de la vida de Jimmy. Un drama en tres actos tan intensos que no solo le han influido psíquicamente; también los ha somatizado. Pueden resumirse en tres preguntas: ¿qué es lo peor que te ha pasado? ¿Qué es lo peor que has hecho? ¿Qué es lo peor que le ha ocurrido a alguien a quien querías? Cualquier persona a la que su experiencia vital le permita contestar a estas preguntas de inmediato, sin detenerse a pensar, puede hacerse una idea aproximada de qué es lo que motiva a Jimmy a actuar hoy en día. En el primer acto de la obra, Jimmy es un niño de ocho o nueve años. En el segundo es un joven a mitad de la veintena. En el tercero es un adulto ya maduro. Él cuenta estas tres historias una y otra vez, no porque contarlas sea catártico, sino porque surten un efecto inmediato entre la población con la que trabaja. La vida te golpea con el estallido de una tragedia impredecible ¿y luego qué? Nadie sale indemne de la deflagración. Si eres como Jimmy, te vuelves malo. Y, precisamente porque te vuelves malo, te estalla otra bomba, porque te dedicas a provocar a las fuerzas que te rodean, a retarlas a golpearte de nuevo. Adelante, yo puedo con eso y con más. Soy duro. Soy un *hombre*, joder. Y funciona. Cuanto más enfadado estás, más cosas te pasan. Cuantas más cosas te pasan, más te enfadas. El símbolo del infinito hecho carne.

Sigues erre que erre hasta que un día acabas muerto o sucede un milagro y espabilas de una puta vez. A Jimmy le pasó esto último. Si hubiera nacido en otra zona de Estados Unidos, o si hubiera cumplido condena en otra prisión después de lo que hizo, quizás no habría podido contar estas tres historias porque a estas alturas estaría muerto. Muchos conocidos suyos han acabado así. Todavía hoy entierra a alguno de vez en cuando. Pero Jimmy nació en el barrio de Excelsior, en San Francisco, donde la vida de mafioso que llevaba lo condujo a la cárcel de San Bruno en el momento exacto en que esa prisión se convertía en escenario de un experimento inusitado y audaz.

Antes de hablar del laboratorio de San Bruno y de contar los tres episodios que definen el periplo vital de Jimmy, tengo que contar otra historia, una historia que comienza hace más de sesenta años, en un pueblo escocés de clase trabajadora en el que vivía un niño muy curioso llamado Hamish Sinclair.

Su abuelo, picapedrero, murió joven de silicosis. Su padre, un hombre autoritario, era metalúrgico y también murió prematuramente, cuando Sinclair tenía trece años. Desde muy pequeño, Sinclair tuvo conciencia de las penalidades de la clase trabajadora. Vivía inmerso en ellas en el pueblecito de Kinlochleven, cuya población dependía por completo del trabajo en la fábrica local de aluminio. Kinlochleven estaba rodeado de montañas por tres flancos. En el pueblo no había más industria. Cuando Sinclair era pequeño, la fábrica era la única opción; no había alternativa.

—La gente del pueblo solo pensaba en largarse de allí —me contó Sinclair—. Si un trabajador de la fábrica tenía cuatro hijos, solo podía colocar a uno para que ocupara su lugar. Los otros tres tenían que buscarse la vida en otra parte.

Eso fue lo que hizo Sinclair: escapar de allí. Tenía idea de ser pintor, de dedicarse al arte. Asistió a la escuela Bryanston, en Inglaterra, que aplicaba el plan Dalton, semejante al método Montessori en su enfoque holístico de la educación. El plan Dalton rechazaba el aprendizaje memorístico dominante en la mayoría de las escuelas a principios del siglo XX y abogaba por que los alumnos se convirtieran en maestros de sí mismos. El currículo se individualizaba y los alumnos aprendían a estudiar, es decir, aprendían a aprender por su cuenta. En el colegio de Sinclair siempre había un maestro al que preguntar y al que pedir orientación, y tutores a disposición de los alumnos, pero lo primordial era que cada alumno se convirtiera en protagonista activo de su formación educativa. Esta filosofía todavía se refleja en la vida y el trabajo de Sinclair. Mientras hablábamos una noche, en un restaurante del barrio de Tenderloin, en San Francisco, y Sinclair me contaba su vida, se me hizo evidente que su carrera profesional se componía de proyectos sucesivos y que él mismo había creado la metodología para cada proyecto, ya fuera documentando las marchas de protesta contra la Guerra de Vietnam en Nueva York o lanzándose al Támesis para filmar las manifestaciones contra los submarinos nucleares. Hablamos horas y horas esa noche. Cuando cerró el restaurante pasamos al bar, y cuando cerró el bar nos trasladamos al vestíbulo de un hotel cercano, junto a cuya chimenea seguimos charlando hasta bien pasada la medianoche, mientras el resto de la ciudad se iba a dormir. Y en cada nueva historia que me contaba Sinclair, en cada década de su vida, ese impulso creador ocupaba un papel central.

Sinclair, que ahora tiene ochenta y cinco años, conserva una buena cabellera canosa y rizada y habla como si estuviéramos en 1968 y acabara de salir de Haight Ashbury, el primer escenario de la contracultura estadounidense. Calza zuecos Crocs y tiene pinta de abuelo excéntrico, desaliñado pero encantador. Tardé años en identificar su levísimo acento. ¿Era canadiense? ¿Irlandés? ¿De Minnesota? No, escocés.

Después de su graduación en Bryanston, su historia es larga, enrevesada y fascinante. Da para un libro, que tal vez otro autor escriba algún día. En ella aparece una pensión de la costa irlandesa de la que Sinclair era propietario y en la que, una noche oscura y tormentosa, le cedió su habitación a un cineasta norteamericano al que acabó acompañando como cámara y compañero de activismo a Nueva York, donde agredió accidentalmente a un agente del FBI durante las protestas contra la Guerra de Vietnam. Después de aquello cambió Nueva York por Londres una temporada y finalmente regresó a Estados Unidos para convertirse en una figura clave del movimiento sindicalista, primero entre los mineros del carbón de Kentucky y después entre los trabajadores del sector del automóvil en Michigan.

—Había una auténtica oleada de agitación social, y yo estaba justo en su cresta —dice refiriéndose a su llegada a Estados Unidos, a esos primeros años de activismo y desobediencia civil.

Fue testigo del movimiento Black Power en Detroit, del auge del feminismo en los años setenta y, mientras viajaba, organizaba y aprendía de gentes de todo el país, en su cabeza empezó a formarse un interrogante: ¿por qué tantos hombres que conocía tenían esa tendencia a recurrir a la violencia, a llegar a las manos?

No todos, claro, pero sí muchos de los hombres con los que había trabajado, a los que organizaba y con los que trababa amistad. Hombres de clase trabajadora de Nueva York, de Kentucky y Michigan. Y en el Reino Unido, igual. La violencia de género no entraba todavía en el radar de Sinclair, que en aquel entonces solo pensaba en la acción radical, en derechos laborales y política de clases. Reflexionaba sobre lo que tenían en común el Black Power de Detroit y los mineros de Kentucky. Era un activista social que trataba de organizar a aquellos hombres en un movimiento unificado, y se topaba una y otra vez con el patriarcado, con actitudes machistas acerca de quién debía mandar, cómo y por qué. Después de los disturbios de Chicago de 1968, se fue a Detroit a organizar el movimiento asociativo de los obreros de la industria del automóvil. Estaba centrado, al menos en parte, en las relaciones raciales, en conseguir que más blancos se implicaran en la lucha de sus hermanos negros. El género no entraba en su campo de visión.

Cuando llevaba un par de años en Detroit, un grupo de mujeres fue a verlo. Ellas también querían organizarse, le dijeron. Algunas estaban casadas con hombres con los que Sinclair ya había colaborado. Él estaba dispuesto a ayudar a cualquier que se lo pidiera. Con tal de que quisieras rebelarte contra el prejuicio sistémico o las condiciones laborales injustas, con tal de que lucharas por la justicia social, a él le daba igual quién fueras. Cuanta más gente se uniera a la lucha, mayor sería el impacto de sus reivindicaciones. Y cuanto mayor fuera el impacto, más probabilidades habría de que las cosas cambiasen. Pero resultó que los hombres con los que trabajaba no tenían una visión tan igualitaria, al menos en lo tocante al género. Se opusieron tajantemente a que las mujeres se organizaran. Era

1975; la liberación de la mujer estaba todavía en mantillas. Cuando aumentó el número de mujeres que asistía a los eventos que organizaba Sinclair, algunos hombres empezaron a quejarse arguyendo que las mujeres no sabían organizarse. La organización era cosa de varones.

—Cinco años llevaba yo organizando el movimiento sindical en la ciudad —me contó Sinclair refiriéndose a su época en Detroit—, y todo eso se vino abajo cuando aquellos hombres empezaron a decirme que a las chicas no había forma de organizarlas.

Sinclair se quedó atónito. Mantuvo varias reuniones con los hombres, y cada vez detectaba más tensión y más atrincheramiento patriarcal, hasta que una noche, después de la tercera reunión, un hombre que había sido uno de los pilares de la organización se fue a casa y le propinó tal paliza a su mujer que al día siguiente varias mujeres —«mujeres duras de pelar», puntualizaba Sinclair— fueron a ver a Sinclair y le pidieron que se olvidara del asunto. Aquel tipo iba en serio, y había muchos otros maridos como él, que no querían que las mujeres se organizaran. Aquello tenía que parar. En aquel momento, reconoce Sinclair, su actitud no fue reconocer que los maridos no podían pegar a sus mujeres porque esa violencia era abominable desde un punto de vista moral, sino más bien porque dividía al movimiento.

—Me vi atrapado en medio de aquello y los tíos pusieron precio a mi cabeza —me contó.

Durante seis meses tuvo que «esconderse». Rara vez salía de casa y, si salía, llevaba guardaespaldas.

Pasados seis meses, le dieron una tregua. Los hombres acudieron a él y le pidieron que volviera a ayudarlos. Sinclair aceptó, pero les preguntó si estaban dispuestos a admitir a las mujeres en el movimiento asociativo. Los hombres se quedaron espantados. Pero ¿no habían zanjado ya esa cuestión?, le preguntaron. Sinclair contestó que no pensaba trabajar con personas que estaban dispuestas a dividir a la sociedad en dos mitades, en razón del género.

Su pareja lo convenció de que era hora de dejar Detroit. Hombres y mujeres habían llegado a un callejón del que de momento no había salida y, si no se iba, acabaría muerto.

Así que se fue al oeste, a Berkeley, donde le presentaron a Claude Steiner.

Steiner era un gigante en el campo de la teoría de género, el padre de la llamada «psiquiatría radical», que surgió en Berkeley en la década de 1970. Escribía sobre la *opresión interiorizada* de hombres y mujeres, abogaba por las terapias basadas en la justicia social y ayudó a popularizar la idea de la alfabetización emocional. La psiquiatría radical criticaba los protocolos estandarizados del tratamiento clínico que tendían a ignorar el contexto social en el que vivía el paciente —es decir, un mundo en el que la guerra, la pobreza, el racismo y la desigualdad eran endémicos— y llamaba a la revuelta sistémica contra el orden político y social. Era un movimiento antiautoritario nacido de una contracultura que expresaba sin ambages su crítica a las intervenciones médicas establecidas, como el uso de fármacos, la hospitalización involuntaria o el electrochoque. Aspiraba a un modelo de tratamiento que partía de la base de que la enfermedad mental podía abordarse mediante la teoría social y el cambio personal, y no recurriendo a la industria médica y farmacológica.

Sinclair se convirtió en gran admirador de Steiner, al que le unió una sólida amistad hasta la muerte de este último en 2017.

Durante cinco años, teniendo a Steiner como mentor, Sinclair trabajó con pacientes esquizofrénicos de un hospital psiquiátrico de las afueras de San Francisco y leyó las obras de Steiner y de sus contemporáneos. Comenzó a entender la violencia como resultado de un sistema de creencias y valores que todos los varones parecían compartir y que los convencía de que ellos eran, dentro de su ámbito privado, la autoridad suprema a la que había que respetar y obedecer. O sea, la cúspide de la jerarquía humana. Este sistema de valores no solo distanciaba a los hombres de las personas que los rodeaban, sino que también limitaba su campo de acción y los mantenía encajonados y limitados por su propia estrechez de miras respecto a lo que podían ser y hacer los varones.

Pero ¿por qué? ¿Por qué creían eso los hombres? Sinclair conoce, por descontado, los argumentos evolucionistas que afirman que tenemos que matar para sobrevivir (para alimentarnos, se entiende). Está dispuesto a creer que quizás en algún momento remoto de la historia de la humanidad los varones pudieron tener cierta predisposición a la violencia cuyo fin evolutivo era dar de comer a sus familias. Pero ya no. Ese argumento no sirve ya hoy día; de hecho, dejó de servir hace muchos siglos. Aparte de esa teoría, se niega a admitir que la violencia sea inherente al género masculino, que los hombres nazcan de algún modo predispuestos para la lucha. Por de pronto, esa violencia ya no nos es necesaria para sobrevivir. Al contrario, lo que necesitamos ahora es *intimar*, como dice Sinclair. Y en ese aspecto los hombres carecen de sistema de valores, porque se les enseña a ser violentos, pero no se les enseña a relacionarse afectivamente con los demás.

—La violencia es una habilidad que todos tenemos que aprender para formar parte de la manada cuando somos pequeños —explica—. El problema es que esa estrategia no sirve en la intimidad. Son dos habilidades completamente distintas.[67]

Cualquier noticia que pueda leerse hoy en día sobre una mujer asesinada por su pareja es muy probable que contenga implícitamente una versión de la pregunta *¿Por qué no se fue ella?*. En cambio, una pregunta que no se ve casi nunca es *¿Por qué era violento él?* O, mejor aún, *¿Por qué no pudo refrenar su violencia?* Los varones, opina Sinclair, están sometidos a un condicionamiento y las mujeres a otro muy distinto. En un artículo que me envió, procedente de un congreso en el que participó hace unos años, parafraseaba a un ayudante del sheriff de San Francisco que le dijo que «los hombres aprenden a ser hombres definiéndose como superiores entre sí y respecto a las mujeres, y gran parte de la violencia existente en nuestra sociedad se debe a que los varones siguen queriendo ejercer esa creencia aprendida de su superioridad innata, lo que se traduce en violencia contra las mujeres, lucha de bandas, agresiones callejeras, atracos a mano armada y muchos otros delitos por los que infinidad de hombres acaban en prisión. Los varones aprenden que es normal recurrir a la fuerza y a la violencia en todas sus formas para ejercer su obligación social como seres superiores».

Sinclair habla sin complejos de la diferencia de género que entra en juego aquí. Son los hombres los violentos. Son los hombres los responsables de la inmensa mayoría de los actos violentos que se dan en el mundo, ya sea en el ámbito de la familia o en la guerra. Incluso las mujeres, relativamente pocas, que son violentas —afirma— lo son casi siempre en respuesta a la violencia de los hombres. De hecho, ese es el argumento más contundente que conozco para explicar por qué es absurdo armar a las

---

67. Esta cita procede de una conversación telefónica editada que mantuvieron Hamish Sinclair y Ed Gondolf en abril de 2014 y que el propio Sinclair me hizo llegar través de correspondencia privada para explicarme su enfoque de la cuestión y su trayectoria. Gondolf es autor del libro *The Future of Batterer Programs* (Northeastern University Press, Boston, 2012).

mujeres con pistolas para que se defiendan de hombres armados: porque armar a una mujer con una pistola es pedirle que se comporte como un hombre, que encarne la experiencia somática, psicológica y cultural de un varón y al mismo tiempo que reprima y anule todo aquello que se le ha enseñado como mujer. Equivale a decirles a las mujeres: si queréis defenderos de los hombres violentos, tenéis que volveros violentas vosotras también. Para Sinclair, se trata de una solución perversa. No son las mujeres las que tienen que aprender a ejercer la violencia; son los hombres los que deben aprender a comportarse de manera no violenta.

Si a los hombres se les enseña a no llorar, a las mujeres se les enseña, por el contrario, que llorar entra dentro de lo admisible. Si a ellos se les enseña que la ira es la única emoción permitida, a ellas se les enseña a no enfadarse. Los hombres que gritan se comportan como les corresponde: como hombres. Las mujeres que gritan son unas histéricas, o unas chillonas, o unas *drama queens*, unas teatreras. (Muchas personas antes que yo han señalado que no hay mayor drama que una matanza indiscriminada, y sin embargo el término *drama king*, «rey del drama», por preciso que pueda ser, no ha entrado aún en el acervo popular). Sinclair llama a esto «el elefante en la sala», algo que, pese a ser una realidad evidente, se ignora: el hecho de que no digamos, sencillamente, que son los hombres los violentos. Que son ellos los que ejercen la violencia sobre los demás, incluso masivamente. Los tiroteos indiscriminados en colegios son obra de varones jóvenes. Igual que los asesinatos en masa, las guerras entre bandas, los asesinatos que tienen un suicidio como colofón, los familicidios y los matricidios, y hasta los genocidios: son hombres los que los cometen. Siempre hombres.

*Todas las estadísticas sobre violencia contra las mujeres y sobre violencia en general y todos los informes pormenorizados de los que disponemos sobre violencia machista y sobre los demás tipos de violencia en Estados Unidos y en el resto del mundo apuntan claramente a que los hombres monopolizan casi por completo el ejercicio de la violencia en sus diversas manifestacione*s, escribe Sinclair. *Las descripciones generalistas de la violencia parecen ser un intento cuidadoso de cerrar los ojos a esta realidad crucial (…), una estratagema para evitar la cuestión del origen genérico (sexualizado) de la violencia. Este error de análisis nos induce a equivocarnos en nuestros intentos de dar solución al problema.*

Dicho de otra manera, si no somos capaces de nombrar claramente a los responsables, ¿cómo vamos a encontrar soluciones?

Sinclair opina que el miedo a nombrar a los verdaderos culpables es, en sí mismo, una suerte de metaviolencia. Al negarnos a denunciar la responsabilidad de los hombres, contribuimos a fomentar esta creencia y nos convertimos en sus cómplices. Pero el miedo a las consecuencias está justificado. Vivimos en un país en el que ciertos dirigentes se jactan de este sistema de valores sin que pase absolutamente nada por ello; en el que las agresiones sexuales en los campus universitarios están a la orden del día; en el que la violencia gratuita se acepta y se celebra como forma de entretenimiento; en el que el exfiscal general Jeff Sessions dictaminó que el terrorismo íntimo no era causa suficiente para conceder el asilo a una inmigrante, y en el que a hombres con historiales de maltrato como Rob Porter se les conceden puestos ilustres al lado del principal mandatario de la nación. De hecho, el propio presidente Trump ha sido acusado de maltrato por su primera esposa, Ivana, tal y como se recoge en su proceso de divorcio. David Frum, el que fuera redactor de los discursos del presidente George W. Bush, escribió en un artículo de opinión publicado en *Atlantic* en 2018 que *la violencia doméstica indica un temperamento peligroso en un alto funcionario del Estado, que, entre otras cosas, le hace vulnerable al chantaje (…) Este presidente ha mandado un mensaje muy claro a la gente de su entorno sobre lo que está permitido o, al menos, sobre lo que puede pasarse por alto.*[68]

Esto me hizo pensar en una excursión del colegio de mi hija para ver *Camelot* en la que participé como cuidadora hace no mucho tiempo. Asistieron a la representación chavales de cuarto de primaria de toda la ciudad. Después de la función, los actores salieron al escenario a hablar con el público y el moderador, que trabajaba en el teatro, hizo dos preguntas a los chavales. Primero les preguntó si pensaban que Ginebra hacía mal al dejar que sus sentimientos por Lanzarote la llevaran a traicionar a su marido, el rey Arturo. Y, segundo, si debería el rey Arturo haber perdonado a Lanzarote o haberlo ejecutado. A la primera pregunta, los chicos respondieron a coro que sí, que Ginebra hacía mal. Debía ignorar sus sentimientos. A la segunda, los varones prorrumpieron en un griterío preadolescente: «¡Sí! ¡Que lo mate! ¡Que lo mate!». Eran chavales que habían crecido en el entorno liberal de la ciudad de Washington, en el seno de familias que a

---

68. https://www.theatlantic.com/politics/archive/2018/02/porter/552806

menudo desafiaban las normas de género desde el día de su nacimiento, y en las que ambos progenitores trabajaban. Y sin embargo solo se les preguntó por los sentimientos del personaje femenino, no por los de los protagonistas masculinos, como si Lanzarote y Arturo estuvieran desprovistos de emociones humanas. Y cuando se planteó la cuestión de recurrir al perdón o a la venganza, la respuesta estuvo también claramente determinada por el género. Los chicos dijeron inequívocamente que había que matar. Ya en cuarto de primaria ya tenían la lección bien aprendida, a pesar de su entorno liberal. (Me llevé una gran desilusión por que ningún adulto —ni los maestros ni los actores ni los padres— aprovechara la ocasión para cuestionar ese sesgo de género.[69] De hecho, no estoy en absoluto segura de que alguno reparara en él, salvo yo).

Al oír esto, Sinclair levanta las manos y exclama:

—¡No me digas!

Me habla de un congreso contra la violencia al que asistió hace unos años en el que se preguntó a un ponente acerca de una familia que animaba a su hijo a enfrentarse a su acosador y darle una paliza. El objetivo de la agresión era un niño. El hijo de la familia en cuestión, también. El progenitor que daba el consejo era el padre. (Es raro que una madre exhorte a su hijo a «ir a dar una paliza» a quien le ha agredido). O sea, que se trataba de un padre que defendía que la solución para el problema de violencia que sufría su hijo era más violencia. Su solución reforzaba el sistema de valores masculinos, remozándolo y perpetuándolo. La violencia que engendra violencia, que engendra violencia, hasta el infinito. Ninguno de los participantes en la conferencia, sin embargo, aludió siquiera a la dinámica de género presente en la situación, me contó Sinclair. Por el contrario, el debate se centró en lo anecdótico, en el resultado posible de la pelea, pero no en la exhortación genérica de la que partía. Sinclair señala que esto es «parte del problema»: esta negativa a ver y a reconocer el origen de género, sexualizado, de la violencia. El quién tanto como el porqué. La violencia, dice, no es «un problema de relación; es un problema de interiorización de la violencia por parte de la pareja [de la mujer]».

---

69. Que conste que yo levanté la mano, pero en medio de centenares de críos que se reían y alborotaban, nadie me hizo caso. Mi hija, entretanto, se retorcía en su butaca temiendo que la pusiera en ridículo, cosa que, naturalmente, yo habría hecho de haber tenido ocasión.

—Los hombres violentos son conscientes de que son violentos y hasta se jactan de su hombría delante de sus amigos —asegura Sinclair—. Pero suelen negar que su violencia sea de verdad violenta cuando se les pregunta por ella. Esa negación permite que los violentos minimicen el impacto que su violencia tiene sobre sus víctimas, que las culpabilicen de las agresiones y pidan a sus familiares y amigos que se alíen con ellos al sancionar esa violencia.

Se resta así importancia a los actos de violencia contra las mujeres. «No ha sido para tanto» es una expresión que suelen emplear los agresores. Acusan a su víctima de exagerar. Aseguran que no pretendían «hacerle daño» cuando le lanzaron un objeto o le cerraron la puerta en la cara o la empujaron contra la pared. Como si esas cosas —la pared, la puerta, tuvieran la culpa. Son hombres que hacen todo lo que pueden para no reconocer la violencia de sus actos.

Cuando llevaba cinco años en California, Sinclair empezó a estar inquieto, quería volver a trabajar en el campo del activismo. Un día una conocida que trabajaba en el Centro Marin de Atención a Mujeres Maltratadas de San Rafael le preguntó si le apetecía crear un departamento de atención para hombres dentro del centro de acogida. Sinclair estuvo pensando en ello, pero no conseguía hacerse una idea de cuál sería exactamente su cometido. Entonces volvió a sus raíces. Él no era un gestor; era un organizador. Un activista. Juntó el método Dalton, a aquellos sindicalistas de Detroit que no querían cerca a sus mujeres y la psiquiatría radical, que reconocía la importancia del contexto social en el que vivimos, y su mente empezó a destilar una idea. Le dijo a su conocida que no quería dirigir un departamento de hombres dentro de un refugio para mujeres, sino crear un plan completamente nuevo, un plan de reeducación para hombres violentos.

—Partía de una necesidad urgente de las mujeres —explica—, que querían un programa que solucionara su experiencia de la violencia. De *vuestra* violencia, puntualizaban ellas.

La violencia de los hombres.

Ese es el hilo conductor que todavía vertebra las intervenciones que Jimmy lleva a cabo a diario en la prisión de San Bruno para la rehabilitación de maltratadores.

El plan de Sinclair se puso en marcha en 1980, pero no fue bautizado hasta 1984, cuando pasó a llamarse ManAlive: un curso de cincuenta y dos semanas dividido en tres partes. La primera, de veinte semanas, trata de conseguir que los hombres reconozcan su violencia. La segunda, de dieciséis semanas, les proporciona herramientas para no caer en la violencia. Y la tercera, de otras dieciséis semanas, les enseña estrategias que les permitan forjar una verdadera intimidad y llevar una vida más satisfactoria. Durante los primeros diez años, fueron pocos los hombres que recurrieron a un programa que subvertía todas sus convicciones acerca de cómo debe ser y comportarse un hombre. Después se aprobó la Ley de Violencia contra las Mujeres, y de pronto los jueces empezaron a derivar a maltratadores no solo a ManAlive sino también a otros programas de intervención contra el maltrato en todo el país, en Massachusetts y Colorado y Minnesota... En California se aprobó una ley que obligaba a los maltratadores a hacer el curso so pena de ir a la cárcel. Además, la ley decía expresamente que el programa en el que participaran debía tener un enfoque de género, no solo psicológico. No se los podía mandar simplemente a terapia para que aprendieran a gestionar su ira. No bastaba con que visitaran un par de veces la consulta de un psicólogo. Tenían que aprender acerca de los roles y las expectativas de género y estudiar la importancia del género en su proceso de integración social. (Con todo, Sinclair es el primero en reconocer que el currículo de ManAlive bebe en gran medida de la terapéutica psicológica).

Para crear su plan de intervención, Sinclair se inspiró en la teoría de género y en la práctica neurolingüística.[70] En el currículo de ManAlive, esta última consiste únicamente en pedirles a los hombres que se fijen de un modo nuevo, como no se habían fijado nunca antes, en su cuerpo, en su voz y en las reacciones de quienes los rodean durante un incidente violento.

El programa ManAlive se convirtió en el más puntero de los muchos planes de intervención con maltratadores que surgieron tras la aprobación de la Ley de Violencia contra las Mujeres. Surgió al mismo tiempo que otros planes notables, como el Amend en Denver, el Emerge en Boston o el Proyecto de Intervención contra el Maltrato Doméstico de Duluth. Todos ellos hicieron algo que hasta ese momento no se le había ocurrido a

---

70. No debe confundirse esta práctica con la programación neurolingüística (PNL), una terapia alternativa hoy en día muy desacreditada que hace tiempo se consideró erróneamente como posible tratamiento para un amplio espectro de enfermedades, del cáncer al Párkinson pasando por el resfriado común.

nadie, al parecer: abordar el problema de la violencia no a posteriori, con las víctimas, sino en su raíz y su centro, es decir, con los maltratadores.

La fama del curso fue aumentando en toda la región y a finales de los años noventa llamó la atención de Sunny Schwartz, una funcionaria de prisiones con muchas inquietudes a la que preocupaba profundamente la incapacidad del sistema para dar solución a la violencia de los presos a los que veía en su trabajo año tras año, década tras década. Schwartz sabía, porque lo había visto con sus propios ojos, que la violencia era un círculo vicioso, tanto dentro de la vida de los presos a los que vigilaba como en el sucederse de las generaciones. Los hombres a los que conocía en la cárcel estaban allí por haber cometido actos violentos, cumplían condena inmersos en la cultura de la violencia que impera en las cárceles estadounidenses hoy en día y después, cuando se reinsertaban en la sociedad y volvían con sus familias, llevaban consigo esa violencia intensificada por su tiempo en prisión. Schwartz empezó a ver en la cárcel a hijos de hombres a los que había conocido al principio de su carrera como guardia de prisiones. Y luego a nietos de esos hombres. Tenía que haber alguna manera de hacer mejor las cosas, se decía. La violencia no es, supuestamente, genética. Schwartz había visto aumentar la población reclusa año tras año y sabía que no por ello bajaban las tasas de criminalidad en Estados Unidos. Evidentemente, mantener encerrados a tantos hombres no servía en absoluto para cambiar los motivos por los que esos hombres iban a la cárcel.

Tras pasar muchos años en un entorno carcelario masculino, Schwartz comenzó a pensar que podía reducirse la violencia si las cárceles se convertían en lugares no donde encerrar a los que quebrantaban la ley para olvidarse de ellos, sino con el objetivo de rehabilitarlos. La filosofía de su planteamiento se apoyaba en dos pilares. El primero era el currículo de ManAlive, es decir, intervenir en el ciclo de la violencia para impedir que se perpetuara de hombre a hombre, de padre a hijo y a nieto, y así sucesivamente. Schwartz, sin embargo, no se conformaba solo con eso. El segundo pilar de su plan era el concepto de justicia restaurativa o reparadora. Según esta doctrina legal, es esencial que el delincuente reconozca el dolor y el sufrimiento que ha causado y ofrezca, en la medida de lo posible, «reparación» a sus víctimas y a la sociedad en general. El objetivo primordial es la reconciliación mediante el encuentro entre maltratadores y víctimas de violencia machista. Aunque este planteamiento se traduzca en ocasiones en que el agresor se reencuentre con su víctima concreta, dentro de la prisión de San Bruno lo que suele ocurrir es que una vez por semana se trae a víctimas de violencia machista para que hablen ante los presos de su experiencia y de lo que supone vivir con ese trauma y superarlo.

OBSERVAR LA VIOLENCIA EN UNA PECERA

La mujer a la que le toca hablar hoy se llama Victoria.[71] Tiene cincuenta años y durante los últimos cinco ha conseguido por fin dejar de imaginarse a su padre apuntándole a la cabeza con un arma. De pequeña solía oír el ruido sordo que hacía el cuerpo de su madre al chocar contra la pared, pero pensaba que su madre era débil y aburrida. Su padre, en cambio, era carismático y encantador. Una vez que Victoria fue en bici a casa de un chico, su padre la siguió en el coche, la llevó a casa, apuntó a su madre a la cabeza con una pistola y le dijo: «Si vuelves a dejar que haga eso, te mato». A veces, cuenta Victoria, si su hermano o ella hacían algo mal, su padre amenazaba con matar a sus mascotas.

Hoy estoy en San Bruno —es mi primera visita a este centro penitenciario—, entre decenas de hombres que, sentados en sillas azules de plástico puestas en fila, escuchan el relato de Victoria. Los reclusos visten monos de color naranja y calzan zapatillas blancas sin cordones. Algunos llevan manga larga debajo del mono. Unos cuantos lucen tatuajes en cada palmo de piel visible: en los dedos, el cuello, la cara… En la inmensa mayoría de los casos, es la primera vez que se sientan quietecitos varias horas seguidas a oír hablar a una mujer sobre la violencia machista que ha sufrido.

Un día, cuando tenía dieciséis años, prosigue Victoria, volvió a oír como chocaba el cuerpo de su madre contra la pared: *bum, bum, bum*. A esas alturas ya había dejado de llamar a la policía. («Uy, esa señora es muy dura», recuerda que le dijeron una de las muchas veces que llamó para denunciar la agresión). Entonces, su madre escapó del dormitorio y corrió al

---

71. Este no es su nombre auténtico. Desconozco la identidad del padre de Victoria y no confirmé el relato que hizo ella aquel día en la cárcel. (Lo que me interesaba en ese momento era observar cómo funcionaba la justicia restaurativa).

coche. Victoria corrió tras ella. «Ha intentado matarme», le dijo su madre, jadeante. «Tienes dos segundos. O subes al coche o no».

Victoria se quedó paralizada. ¿Qué debía hacer? ¿Quedarse? ¿Marcharse?

Su madre encendió el motor.

Victoria se quedó.

—Durante años, cargué con la culpa de ser la que se había quedado —les dice a los reclusos—. Me volví anoréxica.

La mayoría de los hombres presentes en la sala no solo no han escuchado nunca antes a una superviviente de violencia machista contar su historia, sino que nunca, hasta ahora, se han planteado las consecuencias a largo plazo que tienen para la víctima esa violencia y el trauma que lleva aparejado. Muchos de ellos tienen que secarse las lágrimas.

—Mi padre solía escribir a hombres que estaban en la cárcel por haber matado a toda su familia y les decía que eran unos valientes —cuenta Victoria—. Yo tenía siempre la sensación de que iba a pasar algo malo.

Cuenta que, con el tiempo, ya de adulta, se dio cuenta de lo malo que era su padre y cortó toda relación con él. Buscó a su madre y se reconciliaron. Recordaba a su madre siempre gritando y dando voces, y cuenta que ha descubierto que en realidad es una mujer muy callada y reservada. Ahora viven muy cerca una de la otra. Un Día del Padre, decidió quedar con su padre en un restaurante. Aunque hacía años que no se veían, reconoció enseguida su mirada vidriosa. Cuando su hermano, su padre y ella salieron del restaurante después de un desayuno muy incómodo, su padre la rodeó con el brazo y le susurró: «Llevo una pistola en el calcetín. Iba a mataros, pero cuando te he visto no he podido».

Fue la última vez que lo vio. Ahora procura que su hija no tenga ningún contacto con él.

—Seguro que conocéis el dicho «la gente herida, hiere a la gente» —les dice a los presos—. Pues yo creo también que la gente que se ha curado, cura a la gente.

Después de la charla, hay una ronda de preguntas. Los presos se muestran tímidos, casi apocados cuando se ponen en pie para hablar. A algunos les tiembla la mano al levantarla. Le preguntan a Victoria si su relación con su hija es comparable a la que tuvo con su madre. («Es completamente distinta», contesta ella sin que se le altere siquiera la voz). Le preguntan si ha perdonado a su padre. («No»). Le preguntan dónde está su padre. («Ni idea. Puede que en el sur de California»). Le preguntan si ha salido con hombres como su padre. («Con narcisistas, sí. Y con embaucadores»). Entonces se levanta un chico de poco más de veinte años. Le tiemblan visiblemente las manos, en las que sostiene un cuaderno astroso, y medio recita, medio *rapea* un poema que ha escrito en ese momento para ella sobre su experiencia como víctima y su supervivencia, y sobre lo valiente que ha sido.[72] Cuando acaba, Victoria está llorando y muchos hombres tienen lágrimas en los ojos.

Por la tarde, los hombres se reúnen en pequeños grupos para hablar sobre lo que les ha contado Victoria, contextualizándolo según lo que han aprendido en el curso y extrapolando sus conclusiones a su propio historial de violencia. Victoria sufrió amenazas verbales; su padre la culpabilizaba y se negaba a admitir que obraba mal y, por tanto a aceptar la responsabilidad de sus actos violentos. Agredía físicamente a la madre. Ejercía violencia emocional sobre Victoria, la manipulaba y, además, trivializaba su experiencia. Un chico con trencitas en el pelo señala que, con la marcha de su madre, Victoria se quedó además sin otro recurso. Con «recurso», se refiere a algo que podía haberle servido de salvaguarda. Hablan acerca de sus propios actos de violencia, de las veces en que también ellos se negaron a reconocer que obraban mal, de los momentos en que manipulaban a sus parejas o las amenazaban verbalmente, de cómo trivializaban la violencia que ejercían sobre ellas. Empiezan a ver, algunos de ellos por primera vez, el efecto que su violencia puede haber tenido sobre sus víctimas. Es decir, que empiezan a ver el mundo a través de los ojos de otra persona.

—Ahora imaginaos —les dice Reggie, el facilitador— que fuera vuestra hija la que estuviera ahí, donde estaba Victoria. ¿Qué dirían vuestras hijas de vosotros?

El programa de intervención de San Bruno se llamaba Resolve to Stop the Violence (RSVP). Sunny Schwartz convenció a Michel Hennessey, exsheriff de San Francisco, de que dotara de fondos al proyecto, que se puso en

---

72. No se permite grabar audio en las cárceles.

marcha a finales de los noventa.[73] ManAlive y Survivor Impact (es decir, la doctrina de la justicia restaurativa) son los pilares en los que se fundamenta este experimento contra la violencia, gracias al cual Jimmy Espinoza consiguió romper el ciclo de la violencia y empezar de cero. El programa dio comienzo en la prisión de San Bruno, ubicada al sur de San Francisco, y extrañamente, pese a su éxito relativo, no se ha extendido a otras. En la prisión de San Quintín hubo un proyecto parecido durante un tiempo, pero al parecer, según cuenta Sinclair, la financiación se acabó enseguida. También se habló de crear un programa similar en la prisión de Westchester, en el estado de Nueva York. El RSVP se concibió en principio como un programa de un año de duración. Durante doce horas al día, seis días a la semana, los reclusos hacían un curso intensivo cuyo objetivo era ayudarlos a romper con la violencia para que pudieran reinsertarse y contribuir de manera positiva a la sociedad. La mayoría de los programas de intervención con maltratadores se dan una vez a la semana durante veinte, cuarenta o cincuenta semanas. El RSVP, en cambio, era un curso de inmersión total con un enfoque multidisciplinario. El objetivo primordial era conseguir que los presos se responsabilizaran de su conducta violenta y aprendieran que había alternativas a esa violencia, pero el programa creado por Schwartz también abordaba temas como la drogadicción, el maltrato infantil y la salud mental. El día empezaba con una sesión de meditación y acababa con otra de yoga. El núcleo central del curso consistía en cuestionar las normas de género haciendo ver a los participantes cómo operan los condicionantes socioculturales en la conducta de hombres y mujeres, y cómo se enseña a los hombres que la violencia sirve para solucionar problemas y a las mujeres a someterse a los hombres. Para muchos reclusos, aquello ponía patas arriba todo lo que les habían enseñado previamente.

Schwartz no quería tener simplemente la esperanza de que el RSVP funcionase. Quería tener la certeza de que funcionaba. Así que acudió a James Gilligan y Bandy Lee, dos de los principales investigadores de la violencia en Estados Unidos, para que analizaran los resultados del programa. Otra ala de la cárcel les servía como grupo de control. Analizaron múltiples datos, entre ellos los incidentes violentos tanto en el grupo RSVP como en las zonas (o módulos) de control, las tasas de reincidencia y la

---

73. Schwartz detalla en sus memorias, *Dreams from Monster Factory*, la creación del plan RSVP.

violencia en comunidades concretas tras la puesta en libertad de los presos. Los resultados, según casi todos los cálculos, eran asombrosos: las tasas de reincidencia bajaban en un 80% y los que acababan de nuevo en prisión cumplían condena por delitos no violentos, como robo de coches o tráfico de estupefacientes. Gilligan y Lee comprobaron que, durante el año anterior a la puesta en marcha del programa hubo veinticuatro incidentes violentos que podrían haberse procesado como delitos graves si hubieran ocurrido fuera del ámbito carcelario. Tras empezar el programa, hubo un solo incidente violento en el primer cuatrimestre del año y ninguno después, en el ala donde se estaba llevando a cabo el curso. En el grupo de control, en cambio, se contabilizaron veintiocho.[74] Los investigadores descubrieron además que, al reinsertarse en sus comunidades de origen, los presos que habían hecho el curso completo solían convertirse en voces contra la violencia. Se referían a personas como Jimmy Espinoza.

Por si eso fuera poco, el curso ahorraba dinero. Según los cálculos de Gilligan y Lee, a pesar de que el RSVP aumentaba el gasto por recluso en veintiún dólares diarios, la administración pública se ahorraba cuatro dólares por cada dólar invertido en el programa para la reducción de la violencia.[75]

Han pasado veinte años desde que se puso en marcha el RSVP y, pese a su éxito, el plan se ha implementado en menos de seis cárceles, en su mayoría extranjeras. Aunque su estructura básica sigue siendo la misma, actualmente ya no se imparte seis días a la semana, doce horas al día, sino cinco días a la semana, seis horas cada día. Ello se debe en parte a que las partidas presupuestarias destinadas a programas de intervención con población reclusa dependen en buena medida de quién gobierne y de cuáles sean las prioridades dentro de los recursos limitados de la administración, y en parte a que San Bruno ofrece ahora numerosos programas formativos, como cursos de educación secundaria y capacitación profesional, terapia artística, teatro y programas para combatir la drogodependencia. (Por ello se conoce popularmen-

---

74. Bandy Lee y James Gilligan, «The Resolve to Stop Violence Project: Transforming an In-House Cultura of Violence Through a Jail-Based Programme», en *Journal of Public Health* 27, n.º 2, junio de 2005: 149-155.

75. *Ibíd*, 143-148. Este ahorro se debía, entre otras cosas, al hecho de no tener que volver a detener y procesar a quienes de otro modo reincidían en conductas delictivas, así como al coste general de manutención de los reclusos.

te a esta cárcel como «la prisión de los mil cursos»). Tuve ocasión de mantener una charla informal con la directora actual de programas de intervención de San Bruno, y al preguntarle por qué el RSVP no se había exportado a otras prisiones me dijo que, a diferencia de otros grupos de población reclusa, los maltratadores no tienen «adalides» propios.[76] El caso contrario sería el de los veteranos encarcelados, que cuentan con gran cantidad de apoyo externo y acerca de los cuales existe el consenso social de que, como país, debemos hacer más para suplir sus necesidades, teniendo en cuenta, sobre todo, las consecuencias del estrés postraumático. En cambio, las voces más destacadas contra la violencia machista son las de las víctimas supervivientes que, como es natural, anteponen sus necesidades propias a las de los agresores.

Para Sunny Schwartz, que ya se ha jubilado, es una alegría que el RSVP siga funcionando, pero al mismo tiempo la decepciona que no se haya difundido más.

—¿Por qué es la excepción y no la norma? —se pregunta—. Lo que más me cabrea es la falta de imaginación que tenemos para tratar con personas que no han tenido nuestra misma experiencia vital. Como si las vidas fueran sinónimas.

Estamos en un restaurante de Noe Valley. Schwartz viste vaqueros y camiseta. Su pelo castaño oscuro está entreverado de gris. En persona tiene una presencia imponente, alta y poderosa.

Le frustra que haya tan pocos recursos a disposición de quienes salen del programa RSVP y se reinsertan en la sociedad civil. Prácticas profesionales, por ejemplo, o clases de meditación, escuelas de padres, terapias de grupo para alcohólicos y drogodependientes, apoyo domiciliario, programas para el tratamiento del alcoholismo, terapias en torno al arte y las humanidades, y oportunidades educativas. Los hombres que pasan por el RSVP, me cuenta Schwartz, aprenden un montón de cosas sobre sí mismos, sobre el género, la cultura, la sociedad, la violencia y la comunicación, y luego vuelven a integrarse en un mundo en el que toda esa teoría vuelve a hacerse realidad y todas esas dificultades vuelven a estar presentes en el día a día y, junto con ellas, un montón de peligros y de sufrimiento. Y sin embargo se les deja prácticamente solos.

---

76. La directora actual de programas de intervención en San Bruno es Alissa Riker. Hablamos por teléfono extraoficialmente en la primavera de 2018.

Estados Unidos gasta veinticinco veces más en investigación contra el cáncer o las enfermedades coronarias que en prevención de la violencia, pese al coste inmenso que tiene esta para nuestra sociedad.[77] Un estudio de 2018 publicado en *American Journal of Preventive Medicine* cifraba el coste derivado de la violencia en el seno de la pareja en casi 3,6 billones de dólares (el estudio examinó los casos de cuarenta y tres millones de estadounidenses mayores de edad, de modo que no incluía los gastos asociados, por ejemplo, a la violencia entre parejas adolescentes): dos billones en gastos sanitarios y 73.000 millones de dólares en costas judiciales, entre otros gastos, como pérdida de productividad y daños materiales. La violencia en el seno de la pareja cuesta a las mujeres 103.000 dólares y a los hombres 23.000 en el curso de una vida.[78] Estas cifras suponen un aumento notable desde 2003, cuando el Centro de Control de Enfermedades publicó un informe que estimaba el coste de la violencia de género para los contribuyentes en casi 6.000 millones al año.[79] Dicho informe no tenía en cuenta las costas judiciales ni los gastos de encarcelamiento y tampoco incluía a personas menores de dieciocho años.

La cárcel no reduce la violencia presente en nuestras sociedades; al contrario, la exacerba. Así pues, ¿qué alternativa hay?, me preguntó Schwartz, y a continuación me contó una historia que la acompaña desde hace años, una parábola que es al mismo tiempo una llamada a la acción y un motivo de esperanza. Es la historia de un superviviente del Holocausto que, mientras un guardia lo golpeaba, no paraba de sonreír. Aquello puso furioso al guardia, que le pegaba cada vez más fuerte, hasta que por fin paró y le preguntó al prisionero por qué sonreía. El hombre contestó: «Sonrío porque me alegro de no ser como tú».

Aquel día, Schwartz y yo comenzamos nuestra conversación hablando no de la puesta en marcha del RSVP, sino de un hombre llamado Tari Ramírez. La historia de Ramírez es de esas que hacen descarrilar la labor del RSVP y que todos aquellos que forman parte del programa se pregunten si las horas que invierten en esos hombres, las oportunidades que les

---

77. Lee y Gilligan, «The Resolve to Stop the Violence Project», 143-148.

78. Peterson, Cora *et al.*, «Lifetime Economic Burden of Intimate Partner Violence Among U.S. Adults», *American Journal of Preventive Medicine* 55, n.º 4, octubre de 2018: 433–444.

79. National Center for Injury Prevention and Control. *Costs of Intimate Partner Violence Against Women in the United States*. Centers for Disease Control and Prevention, Atlanta, 2003.

dan una y otra vez, merecen la pena. ¿Puede un hombre violento aprender a dejar de serlo?

Ramírez era, al parecer, bastante activo en las clases del RSVP. Hablaba poco y era muy reservado, pero participaba en clase y parecía tomarse en serio el temario de estudio. Solo después de cuatro agresiones contra su novia, Claire Joyce Tempongko, de cuatro avisos a la policía y de cuatro tentativas de orden de alejamiento (que fueron sucesivamente emitidas y derogadas) por fin un juez lo mandó a la cárcel, aunque solo por seis meses. Ramírez había terminado la primera fase del RSVP y acababa de empezar la segunda cuando salió de San Bruno.

Poco después de su puesta en libertad, mató a Tempongko a puñaladas delante de los dos hijos de la mujer. Ramírez tenía ya a sus espaldas un historial de agresiones contra Tempongko, que solo contaba veintiocho años cuando la asesinó. La investigación que llevó a cabo la fiscalía tras el asesinato demostró que Ramírez había sacado a la joven de su piso varias veces a rastras, tirándole del pelo; que la había amenazado con una botella de cerveza rota; que le había dicho que iba a quemar su casa y a hacer daño a sus hijos; que la había golpeado más de dieciocho veces a puñetazos; que había intentado estrangularla y asfixiarla introduciéndole los dedos en la tráquea; y que la había secuestrado en varias ocasiones.[80] Y, repito, a pesar de todo esto, solo lo condenaron a seis meses de cárcel. Cuando un ciudadano común y corriente que sabe poco sobre violencia de género considera que un delito menor no es para tanto, habría que hablarle del caso de Ramírez. Los delitos menores y las faltas, en el ámbito de la violencia machista, son como disparos de advertencia. Y con mucha frecuencia pasan desapercibidos.

Schwartz sabía que desentenderse de lo que había hecho Ramírez habría sido una hipocresía no solo desde el punto de vista intelectual, sino también en el plano emocional. Era consciente, además, de que aquella tragedia de enormes proporciones —no solo para la familia de la víctima, sino también para los miembros del programa RSVP— no la sorprendía del todo.

—Tratamos con hombres que tienen una conducta muy alterada —me confió.

---

80. Informe de la fiscal Amy S. Ackerman. Investigación sobre violencia contra las mujeres, diciembre de 2001. Disponible en: https://sfgov.org/dosw/domestic-violence-investigation-december-2001

Dado que Ramírez no había hecho el curso en su totalidad, su caso no resulta muy significativo a la hora de evaluar la eficacia del programa. Aun así, el asesinato afectó profundamente a los monitores del programa, a los facilitadores y al personal de la prisión, y hasta a los compañeros de Ramírez, que se sentaban con él durante las clases para hablar de sus experiencias más amargas y de sus debilidades más profundas. Schwartz me contó que el día que les llegó la noticia del asesinato, cuando ella entró en la cárcel todo el mundo estaba «histérico, llorando a lágrima viva». Aquello fue un golpe muy duro para el programa, pero no la hizo dudar ni un momento de la necesidad de seguir adelante con su labor, ni de la urgencia de esta.

—Este es un tema demasiado delicado y complejo como para pensar que hay una única solución —me explicó—. Yo lo comparo siempre con el cáncer. Tienes a gente haciendo tratamiento de quimioterapia y entonces una de esas personas se muere. ¿Significa eso que tienes que dejar el ensayo clínico, que no debes seguir dando tratamiento a los demás?

No, sigues adelante, sigues tratando de introducir cambios, tratando de que haya avances, probando nuevas combinaciones.

—Pues con esto igual —concluía Schwartz—. Es un ensayo clínico.

Para seguir estudiando el RSVP en acción, quedé con Jimmy Espinoza una ventosa mañana de enero en la entrada de San Bruno, casi un año después de mi primera visita a la cárcel el día que Victoria contó su experiencia. Situada al sur de San Francisco, la prisión de San Bruno está en lo alto de un cerro, en una zona residencial, rodeada de chalés unifamiliares de color pastel. Las gruesas puertas de hierro se abren ahora libremente para que Jimmy entre y salga. Él bromea con guardias y reclusos por igual. Un guardia con un pecho del tamaño de un tonel, gay para más señas, cuenta una anécdota sobre un viaje que hizo hace poco y un tipo que intentó ligar con él, y acaba diciendo en plan de broma que él es un «hawaiano volador», y a Jimmy se le saltan las lágrimas de la risa. (San Bruno es la única prisión que he visitado en la que hay guardias abiertamente homosexuales. Los funcionarios de prisiones pueden ser bastante rudos, incluso violentos. Nunca se me había ocurrido que algunos podían ser homosexuales, y la sorpresa que me llevé aquel día es otra prueba de lo profundas que son las raíces de los estereotipos sociales, incluso en alguien como yo, que en ese preciso momento estaba tratando de subvertir esos estereotipos). Jimmy viste camisa beis de Dickies y pantalones *cargo* a juego. La ropa le queda tan grande que dentro podrían caber los dos: él y el hawaiano volador. Lleva también unas gafas de leer apoyadas sobre la frente.

El módulo de la prisión en la que se lleva a cabo el programa RSVP tiene una lista de espera en la que a veces hay más de una docena de nombres apuntados. En San Bruno todo el mundo sabe que, si estás en el módulo RSVP, nadie se mete contigo. Así que muchos presos quieren entrar. Y muchos guardias también. Además, si vas a juicio queda muy bien poder demostrarle al juez que estás intentando corregirte. Pero no se trata solo de eso. También está el hecho, tan evidente que rara vez se alude a él, de que la gente no quiere verse envuelta en situaciones violentas. Cuando me dicen, como suele ocurrir, que la violencia es una manifestación más de la naturaleza humana, pienso en San Bruno y me pregunto por qué, entonces, si se les da la oportunidad, personas a las que se considera tan violentas que se las encierra para apartarlas de la sociedad civil se esfuerzan tanto por entrar en una sección de la cárcel conocida precisamente por la ausencia de violencia.

El módulo es una pecera enmoquetada, con un mostrador semicircular para los guardias en el centro. El mostrador está ligeramente elevado para que los guardias puedan ver las celdas y todos los rincones del módulo de un solo vistazo. Hay dos plantas. Una escalera ancha domina el centro de la nave. En otro escenario, sería una de esas escalinatas señoriales por las que baja la realeza. Veinticuatro celdas con el frontal de vidrio albergan a cuarenta y ocho reclusos de entre dieciocho y setenta años. Los hay blancos, negros, latinos, asiáticos y árabes. Todos visten mono naranja y zapatillas blancas sin cordones. A un lado, en la pared, hay una fila de teléfonos públicos. El techo es muy alto y reina un silencio como de biblioteca cuando entramos. Algunos presos están aquí por asesinato. Otros, por tráfico de drogas o robo. Todos, sin embargo, tienen antecedentes por violencia contra las mujeres, y todos están en prisión preventiva, lo que significa que procuran portarse lo mejor posible antes de que se dicte sentencia contra ellos. El preso que lleva menos tiempo en el módulo llegó hace tres días. El que lleva más tiempo, llegó hace doscientas diez semanas. El tiempo que pasa un preso en prisión preventiva indica la gravedad de su delito. El enjuiciamiento de los delitos graves puede prolongarse durante años. No sucede lo mismo con los delitos leves. Todos los internos del módulo saben, en cualquier caso, que tienen suerte de estar aquí. Uno de los principios fundamentales del programa es la tolerancia cero con la violencia.

Jimmy ha venido hoy con otros dos facilitadores: Reggie Daniels y Leo Bruenn. Algunos hombres se acercan a saludar a Jimmy con un fuerte apretón de manos, una palmada en la espalda o un abrazo que no llega a serlo del todo, o simplemente con una inclinación de cabeza. A mí me miran de reojo y alguno viene a presentarse llamándome «señora». El grupo de Reggie entra en un aula y el de Leo ocupa la zona que hay delante de las escaleras. Jimmy y los catorce presos que hoy componen su grupo (además de mí) cogen unas sillas azules y forman un corro más o menos debajo de las escaleras. Se colocan siguiendo un orden predeterminado: los que llevan menos tiempo en el módulo se sientan a la izquierda de Jimmy, y así sucesivamente, por orden de antigüedad, de modo que el más veterano del grupo se sienta justo a su derecha. El orden de colocación importa porque el curso se imparte siguiendo el modelo de aprendizaje entre pares —es decir, entre compañeros—, a diferencia de la mayoría de los programas de intervención con maltratadores. Sinclair insiste en ello, fiel al modelo pedagógico del plan Dalton, en el que los alumnos son protagonistas de su propio aprendizaje y se labran su propio itinerario educativo dentro del marco de referencia del currículo escolar.

Noto que me miran con curiosidad. Para poder estar aquí, me he comprometido a tomar parte en el proceso en la medida de mis posibilidades y a no limitarme a observar como una extraña a estos hombres en busca de historias sobre los momentos más terribles de sus vidas. Aunque esto vaya en contra del papel que solemos asumir los periodistas, una vertiente muy importante del curso consiste en hacerles ver que todos formamos parte de la misma sociedad y que compartimos las mismas cargas: la necesidad de que nos quieran, el miedo a ser vulnerables, el peso agobiante de la vergüenza… Convertirme en espectadora sería, en cierto sentido, instaurar precisamente el tipo de jerarquía que el curso trata de desmantelar. En otros grupos de intervención con maltratadores, me siento en un rincón y observo en silencio. Aquí, en cambio, me encuentro en un punto intermedio: no soy ni espectadora ni participante. Por eso, cuando nos sentamos, Jimmy me pide que empiece la sesión hablándoles un poco de mí.

Empiezo por decirles cómo me llamo y dónde vivo, y luego les hablo de este libro y de la universidad donde doy clases. Les explico que pasamos muchísimo menos tiempo hablando con los maltratadores que con sus víctimas, y a continuación les cuento lo más importante, la historia que posiblemente me llevó a escribir lo que escribo: que dejé el instituto antes de acabar los estudios, como muchos de ellos, y que a veces sentía girar a mi alrededor el torbellino de la violencia. Los detalles y el ámbito de nuestras experiencias vitales difieren, desde luego, pero todos los presentes en esta sala sabemos lo que significa disponer de una segunda oportunidad (o de una tercera, o una cuarta) y el atroz miedo al fracaso que la acompaña. Muchos de los participantes me dan luego las gracias por haberles hablado de mi vida, y yo experimento una especie de vulnerabilidad que resulta inquietante e incómoda, pese a ser una persona que está relativamente conectada con sus emociones.

Eso me lleva a preguntarme hasta qué punto debe de ser difícil para estos hombres asumir en público su debilidad. Cuando yo era pequeña, nadie me decía que no llorara, que no fuera nenaza, que tenía que ganar siempre y que, si no ganaba, tenía que esforzarme y luchar por ser la ganadora. Me decían otras cosas, claro. Cómo no. Las mismas cosas, seguramente, que le decían a Michelle Monson Mosure. Lo que las niñas deben hacer o no, y cómo deben comportarse. Me decían, por ejemplo, que el hombre era el cabeza de familia y la mujer una subordinada. Pero ¿hablar en público de los momentos más vergonzantes de la propia vida? ¿De esas ocasiones que nos avergüenzan y nos humillan? James Gilligan, el estudioso de la violencia que evaluó el programa RSVP en sus inicios, me dijo que a muchos de estos hombres lo que más les cuesta no es dejar de ser violentos, sino asimilar que les han hecho tragar una visión determinada sobre cómo deben comportarse y actuar, sobre lo que significa ser un hombre y lo que es la masculinidad. El hecho de que, como hombres, puedan reconocer que sienten ira y rabia, y ejercer y reconocer la autoridad, pero no la empatía, la bondad, el amor, el miedo, el sufrimiento, la tristeza, el cuidado, el apego, ni cualquiera de esos otros «atributos» que se consideran femeninos. Y el que se hayan visto manipulados por fuerzas muy superiores a ellos, y que un mundo en el que nunca se han detenido a pensar desde esa perspectiva haya moldeado su personalidad. Resulta muy chocante para ellos. ¡Qué alivio es descubrir que han sido coaccionados para ejercer la violencia, que no han nacido siendo violentos!

La reunión de esta mañana es una especie de toma de contacto, un encuentro relajado del grupo para empezar la jornada. Después tendrá lugar una reunión general dirigida por Leo, con el módulo al completo, y por la tarde Jimmy celebrará una sesión con un grupo de terapia contra la drogadicción.

Jimmy empieza la reunión de la mañana preguntando a los miembros del grupo por el maltrato emocional. ¿Entienden lo que significa? ¿Cómo se perpetra? Gran parte de la clase consiste simplemente en ayudarles a identificar y experimentar sus emociones: miedo, tristeza, empatía, vergüenza, incluso ira. Sentir cosas no es malo; lo que es malo es sentir cosas y luego evitarlas a propósito. Ese es el quid de la cuestión.

—¿Por qué afecta la drogadicción a vuestras familias? —les pregunta Jimmy.

—Porque no estamos ahí ni cuando estamos —responde un hombre de unos cincuenta y cinco años, afroamericano, de pelo canoso—. Porque manipulamos su tiempo y sus energías. Nos llaman y no contestamos... Manipulamos el espacio que ocupamos en su corazón.

El hombre sentado a mi lado asiente. Lleva el pelo trenzado y recogido en un moño enorme.

—Estaba liado con esa zorra, pero lo que de verdad me ponía era la droga.

Se refiere a que le era más fiel a la droga que a su pareja. Lo primero para él era colocarse, antes que molestarse en prestarle atención a su pareja. Está poniendo un ejemplo de cómo pensaba *antes*, cuando todavía no sabía lo que sabe ahora.

—La maltraté mucho emocionalmente sin ponerle las manos encima —dice Devon, otro miembro del grupo (he cambiado todos los nombres para proteger la privacidad de los participantes)—. Me iba a beber y pasaba de ella. Empecé a consumir drogas y se ponía a llorar. Me tiraba días sin dar señales de vida. La ninguneaba.

En ManAlive, las drogas y el alcohol no sirven de excusa para justificar la violencia, comenta Jimmy.

—Soy drogadicto. Soy un maltratador. No volver a casa es una forma de ejercer violencia contra mi familia. No les pego, pero aun así les hago daño. Eres tú el primero que se excluye.

Oigo hablar de fondo a los chicos del grupo de Bruenn, pero los catorce miembros de este círculo tienen los ojos fijos en Jimmy. El ambiente es tranquilo y relajado, muy distinto al caos que pintan casi todas las películas de ambiente carcelario.

—Estamos atascados en esos marrones sin resolver, la vergüenza de dejar abandonados a tus hijos porque estás por ahí emborrachándote, o porque has vuelto a la cárcel —comenta Gary, otro recluso. Es la segunda vez que hace el curso. La primera no pudo acabarlo.

Algunos de sus compañeros asienten en voz baja. Varios de ellos me cuentan que lo peor de estar en la cárcel es no estar con sus hijos.

Lo que lleva a Jimmy a contar su primera historia: ¿qué es lo peor que le ha pasado nunca? En esta historia, Jimmy tiene ocho años, puede que nueve. Sus padres todavía están casados y no se pegan, lo que ya es algo. Tiene familia por todo el barrio. Su abuela vive en la misma calle y sus primos muy cerca. Y hay también un tipo, un familiar de un amigo suyo, que un día le invita a beber alcohol. Jimmy es un chavalín de un barrio medio italiano, medio irlandés, medio poli, medio caco. Acepta la invitación, pero aquel tipo quiere algo del pequeño Jimmy. Le ha dado alcohol, ¿no? Le ha hecho un regalo. Es un tío legal, ¿no? ¿Verdad que Jimmy lo sabe? A lo mejor Jimmy puede hacerle un favorcillo. No tardará mucho. A lo mejor puede dejar que le toque un poquito. Y a lo mejor Jimmy puede tocarle luego a él. El pequeño Jimmy lo hace, a pesar de que le dan ganas de vomitar, porque ¿acaso no es lo que se supone que tiene que hacer? ¿Obedecer? Los adultos son los que hacen las normas, ¿no? Ellos lo saben todo. Todas las dudas que tienes cuando eres pequeño se resolverán cuando seas mayor. ¿Verdad? Como ¿por qué me está pasando esta cosa horrible y repugnante? ¿O quizá es culpa mía que me pase? O ¿seré yo también una cosa horrible y repugnante?

Sucede dos veces, puede que tres. El pequeño Jimmy no se lo cuenta a nadie. Guarda dentro de sí ese horror durante décadas, como un puñado de asfalto derretido.

—Esa es mi vergüenza —dice cuando cuenta hoy su historia—. No haberme resistido.

En torno a un 12 % de los hombres recluidos en cárceles como la de San Bruno han sufrido abusos sexuales antes de cumplir dieciocho años. (En las prisiones estatales esa cifra es más alta, y en el caso de hombres que se criaron en hogares de acogida el porcentaje se dispara hasta alcanzar casi el 50%.)[81]

Una vez le pregunté a Jimmy qué haría si ahora viera a aquel tipo.

—Lo mataría —afirma.

No sé si lo decía en serio o no.

Más o menos en aquella misma época, primero una chica de su barrio y luego otra que se turnaban para cuidarlo también empezaron a pedirle que las tocase. Una le dijo que usara la boca, lo que le dio ganas de vomitar. Él tenía nueve o diez años, y ni idea de lo que estaba haciendo. Solo sabía que era algo sexual, por las películas. En las películas, la gente se quitaba la ropa, se abrazaba y se retorcía, como si fueran serpientes. Una de las chicas estaba siempre colocada, Jimmy no sabe de qué. Era demasiado pequeño para saberlo, pero más tarde la chica se convirtió en una yonqui de PCP, la droga que llamaban «polvo de ángel». Los tocamientos se prolongaron dos o tres años. Jimmy no sabía si lo que hacía estaba bien o estaba mal. Solo sabía que no le gustaba. Pensaba que era culpa suya. Que había hecho algo malo. Pensaba las mismas cosas que piensa cualquier niño o niña que ha sufrido abusos sexuales. Cuando sus padres se enteraron, le dijeron que creían que había otro hombre que también había abusado de él, porque cada vez que se le acercaba Jimmy se echaba a llorar. Él no lo recuerda. Puede ser, quién sabe. Lo que le importa ahora es hacer hincapié en ese momento preciso.

—Lo peor de todo fueron los abusos de aquel hombre —dice—. Eso fue lo que me hizo violento. Lo que me convirtió en un energúmeno, ¿entendéis? Y en un mentiroso. Todo lo que impactó negativamente en mi carácter empezó a germinar en ese momento.

Miro a mi alrededor. Catorce hombres encarcelados escuchan a Jimmy contar su historia. La mitad asiente, en parte por empatía. En parte, porque ha pasado por esa misma experiencia.

81. Harlow, Caroline Wolf. «Prior Abuse Reported by Inmates and Probationers». Bureau of Justice Statistics, (abril de 1999). https://www.bjs.gov/content/pub/pdf/parip.pdf

EL CLUB DEL PELIGRO MORTAL

Cuando conocí a Jimmy, se estaba encargando de la supervisión de un exrecluso llamado Donte Lewis. Donte había pasado dos veces por el programa RSVP (la primera vez no lo acabó, y la segunda empezó de cero) y acababa de salir de San Bruno tras cumplir casi por completo su condena a cuatro años de prisión. En Yerba Buena Gardens, un parque de San Francisco, mientras fumaba y tomaba un café, Donte me contó que unos años antes, a los pocos días de salir de la cárcel, su amigo Mooch y él pasaron por casa de su exnovia. Donte no debía estar allí. Había en vigor una orden de alejamiento contra él, dictada después de que una noche sorprendiera a su novia, Kayla Walker[82], con otro hombre, la envolviera en una sábana y la arrastrara escalera abajo, hasta el coche. Pero tenía casi toda su ropa en casa de Walker, con la que llevaba años conviviendo por temporadas, y además, a su modo de ver, Kayla seguía siendo su chica, con orden de alejamiento o sin ella. La llamaba su «zorra».

Mooch lo llevó en su coche hasta el edificio donde vivía Walker. Donte trepó por la barandilla de las terrazas hasta el segundo piso y abrió la puerta corredera del piso de la joven. Recuerda que oyó sonar a todo trapo un tema de Ja Rule en el dormitorio. Cuando irrumpió en la habitación, Kayla llevaba puesto un pijama de Bob Esponja y había un hombre en la habitación con ella, vestido y sentado en un rincón. Un tipo al que llamaban Casper. Donte sacó un Colt 45, apuntó a Kayla y Casper se lanzó a por la pistola.

—¡Esto no va contigo! —recuerda Donte que le gritó.

Mientras forcejeaban, Walker salió corriendo de la habitación. Casper pegó a Donte y cayeron los dos sobre la cama. Donte le dio un codazo en la cara y consiguió zafarse, sin soltar la pistola. Casper escapó del piso y salió a la calle. Donte se fue en busca de Kayla.

---

82. Este nombre es ficticio.

La encontró en el cuarto de estar, con el teléfono pegado a la oreja. Como no quería que su voz quedara grabada, Donte le preguntó en voz baja:

—¿Es la policía?

Ella no contestó, pero Donte recuerda que tenía cara de estar «muerta de miedo». Le dio un golpe en la cabeza con la pistola y ella empezó a desplomarse. Él la sostuvo agarrándola del pelo. El teléfono cayó al suelo, pero Donte no sabía si se había cortado la llamada o no. Golpeó a la chica tres o cuatro veces más, hasta que le pareció que había perdido el conocimiento. Le salía espuma por la boca.

—Yo sabía que tenía que matarla —dice—. Porque ni loco iba a volver a la cárcel.

Le apuntó con la pistola. Donte mide un metro ochenta y ocho, lleva rastas con las puntas rubias y tiene las piernas y los brazos cubiertos de tatuajes. Es un tipo que impone. Kayla y él se conocían desde hacía más de cinco años, desde que él tenía catorce y ella trece. Ella había sido su chica todo ese tiempo, y ahora tenía que matarla.

Entonces intervino Mooch, que empujó a Donte hacia la puerta. Oyeron sirenas. Huyeron del piso y doblaron la esquina, donde vivía una tía de Donte. Él enterró la pistola en un parterre que había a la entrada del edificio. Luego entró corriendo, subió al piso de su tía y así comenzó un asedio de cinco horas por parte de la policía. Donte tenía consigo una botella de coñac Rémy Martin y medio porro. Se lo fumó y estuvo bebiendo de la botella hasta que se quedó dormido. Cuando se despertó, la policía le apuntaba a la cara con una linterna.

Tras salir de San Bruno en noviembre de 2014, Donte se instaló en un piso tutelado en el que seguía viviendo cuando lo conocí. Hablaba de su pasado con una mezcla de miedo y perplejidad. En East Oakland, donde se crio, imperaba una cultura de «música, coches tuneados, pistolas y muerte». Si no tenías una Glock con un cargador de treinta balas, no eras un hombre, me contó. La violencia era una forma de vida. Aunque no quisieras formar parte de ella, era imposible mantener la neutralidad. Nadie tenía elección. Donte llamaba al barrio Bagdad porque estaba siempre en guerra. Ahora cree que esto es una manifestación más del «sistema de valores masculinos».

EL CLUB DEL PELIGRO MORTAL • **173**

Cuando conoció a Kayla, casi nunca la llamaba por su nombre. Era costumbre que los chicos llamaran a sus novias *bitch* («zorra, golfa»). Se referían así a ellas delante de los demás. Donte era alto y desgarbado, tenía ojos castaños y un tatuaje en el cuello que decía *death over dishonor* («antes la muerte que la deshonra»). Kayla y él se hicieron pareja cuando eran todavía muy jóvenes, mucho antes de saber siquiera qué esperaban de la vida y qué lugar ocupaban en el mundo. Eran prácticamente unos críos que jugaban a ser novios. Esto es algo muy habitual en las relaciones de pareja en las que acecha la violencia (noviazgos cortos entre personas muy jóvenes) y a veces los patrones de conducta que se establecen en esa fase se prolongan durante toda una vida. Es un rasgo que también estaba presente en la relación de Michelle y Rocky. Donte y Kayla estuvieron juntos durante años, intermitentemente, pero Donte se enrollaba además con otras mujeres cuando le apetecía, a escondidas. Nunca pensaba en cómo estaba tratando a Kayla, ni se detuvo a pensar en los estereotipos de género o en cómo influía la cultura en su forma de actuar. Cuando estaba en la cárcel, mientras hacía el curso RSVP, leyó el libro *Inteligencia emocional* y empezó a ir a clases de psicología y sociología. Ahora que estaba en libertad condicional tenía que estar en casa a las siete de la tarde obligatoriamente, pero decía que no le importaba. Así no estaba en la calle de noche, cuando había más tentaciones. Aun así, no lo tenía fácil. Cobraba un subsidio de unos setecientos dólares netos al mes, y llevaba el brazo escayolado porque se había metido en una pelea nada más salir de la cárcel, por lo que había estado a punto de perder sus prácticas en la ONG Community Works. Decía que lamentaba profundamente lo que había hecho y que la escayola le recordaba a diario lo dura que era la batalla: la de su yo violento con su yo no violento, la del pasado con el presente, la del ignorante con el que ha dejado de serlo. Tenía grandes sueños. Quería acabar los estudios de grado medio que había empezado y sacarse luego, quizá, el bachillerato. Fantaseaba con ser psicólogo. ¿Cómo sería? ¿Era posible siquiera? ¿Podría en algún momento ayudar a otros hombres como él?

Ese mismo día, poco antes, yo le había preguntado a Jimmy a cuántos exreclusos como Donte se había encargado de supervisar en los cuatro años que llevaba siendo jefe de grupo. Él puso los ojos en blanco y contestó:

—Jooooooder. Ni idea.

A tantos que ya ni se acordaba. Encima de su mesa había un plato de papel con una enchilada todavía caliente y frijoles fritos. Sus compañeros de trabajo y la gente de la oficina del sheriff no paraban de darle la lata por su peso. Aunque era flaco como un palillo, tenía un apetito feroz. Llevaba los vaqueros marrones sujetos por un cinturón negro abrochado en el último agujero.

¿Cuántos expresidiarios se habían convertido en jefes de grupo?, le pregunté. De los reclusos a los que había supervisado.

—Ninguno —contestó—. Solo yo.

Donte lo tenía todo en contra y él lo sabía.

—A mi yo de antes le dieron mucha más munición que a mi nuevo yo —me dijo.

Esta afirmación se me quedó grabada por su sencillez y por la verdad que contenía. Donte hablaba también como si siguiera formando parte de una banda, como si su mundo aún fuera la calle, pero de vez en cuando asomaba en su discurso una frase inesperada que dejaba entrever ese nuevo yo, como aquel día en que, sentados en el vestíbulo de un hotel elegante del centro de San Francisco, mientras compartíamos un cestillo de fresas orgánicas entre el trasiego de la gente que iba a tal o a cual congreso con su tarjeta identificativa colgada del cuello, me contó que sus colegas y él solían llamar «zorras» a las mujeres. No solo a sus novias, sino también a sus hermanas y a sus madres. A veces, como mucho, decían «mi vieja». Las mujeres no tenían ni nombre ni identidad.

—Al llamarlas «zorras» todo el tiempo —dijo de repente—, lo que hacía era despojarlas de su humanidad.

Tanto Jimmy como Donte trabajaban en prácticas para Community Works, una asociación de Oakland que lleva a cabo programas de intervención contra la violencia y promueve la reforma judicial. La ONG ha puesto en marcha diversas iniciativas educativas y artísticas para enfrentarse al problema de la violencia y de las consecuencias del encarcelamiento tanto para los reclusos como para sus familias. Una noche participó en una sesión grupal dirigida conjuntamente por Jimmy y Donte, como parte de la formación de este último. Igual que todos los cursos que imparte Jimmy fuera de San Bruno, este tiene lugar en un despacho de las dependencias del sheriff de San Francisco. Algunos de los participantes empezaron a hacer el programa RSVP en San Bruno y van a acabarlo aquí, en este curso semanal de ManAlive. A veces hay hombres que acuden voluntariamente a ManAlive, pero son pocos, y los que asisten al curso por propia voluntad no lo hacen aquí, en las dependencias del sheriff, sino en parroquias o centros sociales municipales, en grupos dirigidos por personas como Hamish Sinclair, que sigue celebrando numerosas reuniones cada semana.[83] En la reunión de esta noche hay ocho participantes: cuatro hispanos, dos negros y dos blancos. Todos ellos están aquí por orden del juez. Han cometido delitos graves, en su mayoría, aunque también hay un par de ellos condenados por delitos menores. Tienen, además, múltiples problemas: imputaciones relacionadas con el uso de armas de fuego y otros actos criminales, drogodependencia y alcoholismo y problemas de salud mental. Jimmy y Donte tienen mucho en común con ellos, por haber pasado por la cárcel y por haber pertenecido a bandas callejeras. Comprenden las normas y el lenguaje de la calle, saben por experiencia propia lo duro que es estar rodeado de violencia y tratar de romper con esa conducta. Se reúnen aquí con varios grupos semanalmente y, al cabo de un año, si los participantes completan el curso, habrán tratado de hacer cobrar conciencia a estos hombres de su propia conducta: a comprender en qué se han convertido, a verse a sí mismos desde fuera cuando incurren en conductas violentas, a asimilar cómo afecta su violencia a quienes los rodean y a adquirir herramientas alternativas para afrontar las situaciones de estrés.

Quienes contemplamos ese mundo desde fuera, tendemos a ver la violencia de género como un compartimento estanco, como un problema aislado que hay que resolver aisladamente. Las intervenciones de los servicios sociales también tienden a tratar el problema aisladamente. Pero en un hogar en el que hay violencia de pareja también puede haber maltrato infantil y abusos sexuales, alcoholismo, desempleo y dificultades para acceder a una vivienda digna. Puede que haya enfermedades graves

---

83. En octubre de 2018, Hamish Sinclair tuvo que dejar de impartir el curso de ManAlive en el Glide Community Center porque la oficina de vigilancia penitenciaria dictaminó que los presos en libertad condicional (es decir, que todavía estaban cumpliendo condena y habían completado con éxito el programa de intervención y el curso de formación para facilitadores de ManAlive) no podían tener acceso a los expedientes de otros reclusos en su misma situación penitenciaria. Sinclair ha seguido dando clases en otras dependencias, aunque sin el respaldo de la oficina de vigilancia penitenciaria de San Francisco. Esto no afecta a las clases que imparten Espinoza y sus compañeros de la ONG Community Works, ni en San Bruno ni en la sede de la asociación.

o lesiones cerebrales. Puede que la educación reglada no sea una prioridad, o que haya dificultades para que los niños asistan al colegio. Abordar uno solo de estos problemas no mitiga las consecuencias que se derivan de los demás. Quienes diseñan los programas de intervención —y los investigadores, por supuesto— son cada vez más conscientes de que estos problemas son pluridimensionales y que su tratamiento ha de serlo también.

El despacho en el que nos hallamos está en un edificio mugriento de dos plantas, encajado entre naves industriales. Las ventanas dan a grandes extensiones de asfalto y cemento, y se oye el ruido del tráfico de un puente cercano. Da la impresión de que no se le ha dado un lavado de cara al edificio desde los años de la posguerra. La pintura está tan vieja que, bajo cierta luz, se ve amarilla. En la pared hay pegado con celo un dibujo hecho a mano de Elmo besando a Nemo. En otra pared hay un cartel que dice *¿Cómo impides que un hombre de treinta años pegue a su mujer? Hablando con él cuando tiene doce años.*

Donte hace acopio de rotuladores borrables y toallitas húmedas. Los participantes van entrando despacio, como si aquello fuera una tortura para ellos, y puede que lo sea.

—¿A quién le toca hacer hoy de escribiente? —pregunta Donte.

Un hombre con gafas de sol y dientes de oro dice que le toca a él y escribe en la pizarra blanca lo siguiente: *Ciclo de separación, ejercicios: negar, minimizar, culpar, ser cómplice.* Algunos hombres llegan directamente del trabajo; otros, de donde hayan pasado el día. Se saludan con la cabeza y hacen algún comentario jocoso de pasada. Uno le dice algo en voz baja al escribiente. El hombre se ríe y dice:

—¡Joder, tío! —Luego me mira—. Perdón, señora.

Es como una obra de teatro en la que el actor rompiese de pronto la cuarta pared. Me gustaría pasar desapercibida, pero soy una mujer blanca de clase media y mediana edad, pertrechada con un cuaderno y sentada entre cabezas afeitadas, rastas y perillas, vaqueros caídos, sudaderas y deportivas de precio exorbitante. Es como si me hubiera metido de pronto en el plató donde se rueda una película. O en una película. Aquí no se me pide que participe en la reunión, como ocurrió en San Bruno.

—¡Ojo, que esto es el Club del Peligro Mortal! —dice otro hombre riendo.

Para ellos, el «peligro mortal» es el momento exacto en el que las expectativas de un hombre se ven amenazadas. Lo que el mundo le debe por derecho y lo que exige su sentido del yo. Un detonante, algo que le exaspera. Puede que su pareja diga o haga algo y él reaccione. Puede que un tipo le insulte en un bar. Puede que un compañero de trabajo lo mande a la mierda. Es una fracción de segundo que lo cambia todo. Se entornan los párpados, se hincha el pecho, se aprietan los puños, los músculos se tensan, la sangre se acelera. El lenguaje corporal es casi universal, transversal a la raza, la clase social y la cultura; a veces, incluso a las especies. Un hombre, un león, un oso. El cuerpo reacciona igual. Peligro de muerte. Un momento que entraña una decisión, como Jimmy y Donte confían en hacerles comprender a estos hombres. La violencia es una reacción aprendida. Sin que seamos conscientes de ello, existe un sinónimo para ese peligro mortal: el verbo *estallar*. En las noticias se oye decir a la vecina horrorizada o al compañero de trabajo lloroso: «Estalló de repente». Pero ese estallido es una cortina de humo, un tópico, una ficción. El estallido no existe, en realidad.

Van por la semana doce del curso. Esta noche se centran en un solo caso, el de Doug, que relata ante los demás el hecho concreto que cambió el curso de su vida. Sinclair antes llamaba a este ejercicio «ciclo de destrucción», pero le cambió el nombre por «ciclo de separación» porque para él lo más importante, desde el punto de vista pedagógico, es mostrar cómo se separa uno de lo que denomina su «yo auténtico» en un momento de peligro, una separación que permite que se dé el acto de violencia.

Doug ocupa el lugar de honor del círculo.

—Estoy nervioso, tío —anuncia.

—Imagínate que estás en un atasco, hablando con tus colegas —le dice Jimmy.

Uno de los muchos trabajos que Jimmy tuvo antes de entrar en el programa RSVP fue el de taxista. A menudo recurre a esa experiencia por su valor metafórico: lo que supone esperar en medio de un atasco y cómo el conocimiento de los itinerarios puede ayudarte a evitar los embotellamientos. Cada vez que salgo de la oficina, me pregunta por dónde voy a decirle al taxista que vaya, luego mira su reloj —¿es hora punta?— y al final me da una serie de indicaciones tan complicadas que, pasados los cuatro o cinco primeros giros, desisto de seguirlas. Que él se empeñe en dármelas me parece entrañable. No quiere que la gente tenga que sufrir los atascos. Y los atascos son como la violencia: siempre hay una ruta alternativa para evitarlo.

Jimmy se dirige al resto del grupo:

—Ahora necesito que os concentréis, chicos —dice—. No hagáis comentarios si oís algo que os parece gracioso. Si nos cuenta cómo agredió a su pareja y os reís, es posible que se cierre en banda. Lo que les hicimos a nuestras parejas no es gracioso, así que vamos a tomárnoslo en serio. Vamos a tratar el tema con madurez. Es una tarea seria. No tiene gracia.

Entre sus muchos tatuajes, Jimmy tiene uno en la frente que dice *santo*. En la parte de atrás de la cabeza tiene otro que dice *pecador*. Está tan delgado que los vaqueros le quedan enormes, y lleva una camiseta blanca muy ancha y un cinturón que le cuelga de la cintura como una serpiente, hasta la mitad del muslo. Dice que no consigue engordar. Nadie sabe por qué. Sus compañeros de trabajo se meten con él por eso. Flacucho cabrón. Pero Jimmy tiene un secreto. Un secreto que explica por qué se le notan las costillas, por qué le quedan grandes los pantalones.

—Necesito diez segundos —dice Doug.

Veo que le tiemblan un poco las manos, encajadas entre las piernas.

—Respira, tío —le aconseja Jimmy—. Que notes que estás vivo.

Uno de sus supervisores le ha dicho a Donte que hable más, que intervenga si siente el impulso de hacerlo. Si consigue superar el año de prácticas en la ONG, tendrá un trabajo a jornada completa en Community Works como facilitador, igual que Jimmy. Ya lleva seis meses. Hay mucha gente que tiene puestas esperanzas en él, y él también espera mucho de sí mismo. Pero aún le queda un arduo camino por recorrer. Tiene que acabar de cumplir condena y conseguir que las prácticas se conviertan en un trabajo de verdad, con un sueldo de verdad, y luego acabar sus estudios. Ha malgastado mucho tiempo y necesita recuperarlo. Cuando hablé con él en el parque, esa mañana, sentí que incluso la posibilidad de imaginarse trabajando como psicólogo era algo completamente novedoso para él; que mirar hacia el futuro en lugar de sobrevivir al presente era, en su caso, una manera totalmente distinta de desenvolverse en el mundo.

—Mi chica se fue con otro chulo una vez —cuenta Jimmy—. Y yo la violé. Fue terrible. Es terrible, hermano. Tú tienes sentimientos, no eres así. Pero al mismo tiempo eras tú, ese día.

—Ni que lo digas —interviene otro miembro del grupo.

—Yo llevaba cuarenta y dos semanas [en el programa] y reincidí —cuenta otro recluso—. Volví a la cárcel.

Tuvo que empezar de cero el curso.

—Yo incumplí la orden de alejamiento y aquí estoy otra vez —comenta otro.

Son como un equipo de fútbol en el vestuario durante el descanso, cuando el resultado del partido es tan ajustado que es imposible saber quién va a ganar. Se animan entre sí, procuran que Doug comprenda que todos han estado en su lugar, que allí nadie es inocente.

—Yo me aprovechaba de mujeres que no tenían padre, mujeres que sufrían abusos sexuales. Jimmy se echa un momento hacia atrás apoyándose en las patas traseras de la silla y luego se deja caer hacia delante—. Y luego les robaba el alma.

Doug da comienzo por fin a su relato. Su exnovia, Ashley, estaba en su cuarto y él se había pasado a verla. Solo por charlar. Habían cortado hacía una semana y estaban probando a ser amigos. Ella estaba mandando mensajes mientras bebía whisky Wild Turkey, y le pinchaba un poco. Le dijo que no paraba de pensar en otro tío.

—Cuando lo pienso, siento ese peligro de muerte —cuenta Doug.

—No utilices palabras del curso —puntualiza Jimmy.

Los conceptos del curso son importantes para contextualizar y entender los propios actos, pero en el ejercicio del ciclo de separación, donde se analiza un momento concreto, también pueden emplearse eufemísticamente, como un subterfugio para enmascarar la propia conducta y no asumir responsabilidades. Es la diferencia entre decir «Tuve un momento de peligro mortal» o decir «le pegué un puñetazo en el ojo». Por eso lo primero es contar la historia. Después, el grupo en su conjunto contextualiza los hechos dentro del marco pedagógico del curso, vinculándolos con determinadas nociones extraídas del currículo. «Esa fracción de segundo constituía una amenaza para tu sistema de valores masculinos», por ejemplo. O «en ese instante concreto fue cuando entraste en una fase de peligro mortal, y en ese punto fue donde te separaste de tu yo auténtico».

Doug se disculpa. Respira hondo otra vez con la vista clavada en sus zapatos y vuelve a empezar. Llevaban cerca de una semana teniendo «piques» y aquello fue la gota que colmó el vaso. Fue «una escalada» de tensión. Jimmy le interrumpe de nuevo para decirle que ese también es un término del curso, y Doug empieza otra vez.

—La cosa fue de mal en peor. Recuerdo que ella no paraba de sonreír y que estaba sonando una canción, *Friday, I'm in love*. No me acuerdo de quién era la canción, pero ahora cada vez que la oigo me acuerdo de aquel día y me cabreo muchísimo...

—Intenta no perder el hilo —le dice otro miembro del grupo.

Estos empujoncitos, este lenguaje, esta manera suave de centrarse en la historia, también forman parte del currículo. Demuestran cuánto importa el lenguaje, cuánto podemos mentirnos a nosotros mismos, irnos por las ramas para no asumir responsabilidades, emplear palabras para enmarcar nuestra culpa o nuestra inocencia, cómo minimizamos y restamos importancia a las consecuencias que tienen nuestros actos sobre los demás, lo fácil que es manipular a los demás y con cuánta frecuencia esa manipulación empieza dentro de la propia mente de uno. Después, el grupo se mostrará más severo con Doug, pero de momento le dejan hablar.

—Ella seguía sonriendo y restregándome por la cara que estaba con otro tío —prosigue Doug. La chica ya estaba pedo y él agarró la botella y le dio seis o siete tragos seguidos—. Sentía que se estaba riendo de mí, tío. La invité a ponerse violenta, le dije que me pegara y me pegó. Recuerdo que eché el brazo hacia atrás y que le crucé la cara, y creo que le dejé una marca en la nariz. Luego ella volvió a pegarme y después ya no recuerdo qué pasó. Recuerdo que estuve muy ciego como cinco minutos y que entonces me di cuenta de que me estaba poniendo violento y salí de la habitación y su abuela se metió entre los dos. Yo estaba ya medio inconsciente. —Se para un momento, piensa y añade—: Una cosa, di un empujón a la puerta y la atravesé, y del golpe quedó una buena marca en la pared...

—¿Un empujón o un puñetazo? —pregunta Jimmy.

—Un puñetazo. Atravesé la puerta de un puñetazo y dejé un agujero o una abolladura en la pared.

Doug cuenta también que amenazó con «partirle la cara» al otro tío y que luego se marchó. Su relato va surgiendo fragmentariamente; solo es lineal a ratos. Cuando se acuerda de algo nuevo, da marcha atrás. Recuerda que estaba allí la abuela de ella, y que él intentó apartar a Ashley con el pie antes de pegarle. Cuando se marchó del piso, oyó sirenas a lo lejos, supo que venían por él y se sentó en el bordillo de la acera a esperar, acurrucado de modo que pareciera «lo más inofensivo posible, para que no me detuvieran violentamente». Dice que los policías que acudieron al aviso se burlaron de él intentando provocarle, y que le preguntaron si era gay, si era un pelele, si era racista.

Tarda unos diez minutos en contar su historia.

—¿Puedo hacerte una pregunta aclaratoria? —interviene Donte. Lo expresa así, puntualizando que se trata de una pregunta «aclaratoria», para que los participantes sepan que no la formula con ánimo de crear polémica.

Doug asiente con un gesto.

—Has dicho que intentaste apartarla con el pie, pero ¿en qué posición estabais en ese momento? Quiero decir que ¿qué estaba pasando?

—Yo estaba tumbado en su cama —responde Doug— e intenté apartarla. Con el pie.

—Cuando le doy con el pie a alguien, es violencia física —afirma Donte.

Doug vuelve a asentir.

Jimmy le da las gracias por su sinceridad y se frota las manos. Luego le explica al grupo que el hecho de que Doug dijera que iba a «partirle la cara» al chico por el que estaba interesada su exnovia es una amenaza verbal.

—¿Puedo hacerte una pregunta aclaratoria? ¿La llamaste de algún modo que no fuera por su nombre?

—Sí.

—¿Qué la llamaste?

—Recuerdo que la llame zorra —contesta Doug—. Y creo que puta, también.

—Eso es un dato importante. Esa forma de expresarte.

Donte vuelve a intervenir para hablar de los insultos:

—Mira, tío, para que le pongas las manos encima, tiene que dejar de ser Ashley. Es una zorra. Tienes que rebautizarla, ¿entiendes lo que te digo?

Jimmy le pide a Doug que intente explicarles su actividad física en la habitación esa noche. ¿Cómo sentías los músculos?

—Los tenía tensos —responde Doug.

¿Y tenías el corazón acelerado?

—A mil por hora.

Jimmy se levanta un segundo y le pregunta si tenía el cuerpo relajado o rígido.

—Rígido.

Entonces Jimmy adopta una postura de tensión para mostrarles qué aspecto presenta su cuerpo en esa situación. Curva ligeramente la espalda, como un boxeador, cierra los puños, crispa el rostro. Adelanta ligeramente un hombro y apoya el peso del cuerpo en las puntas de los pies como si se dispusiera a asestar un golpe. En medio de la sala, en un ambiente relativamente relajado y tranquilo, ese gesto resulta chocante, y para estos hombres supone una auténtica revelación ver que su cuerpo comunica un mensaje a pesar de que no se pronuncie una sola palabra.

—Esto es lo que ve ella —dice Jimmy manteniendo la postura.

Está tratando de mostrarles la respuesta del sistema límbico a una amenaza, como cuando se ve a un animal acorralado en el monte. Entre él y Donte instan a Doug a sacar una conclusión en voz alta. ¿Qué pensaría otra persona al ver ese gesto? ¿Al ver a alguien alterado, con el cuerpo rígido y tenso y los puños cerrados?

Esa persona se sentiría intimidada.

Sentiría miedo.

Pensaría que va a pasar algo malo.

Ese es el primer paso: fijarse en el propio cuerpo.

Luego viene el lenguaje verbal, que es, en parte, más evidente de manera inmediata. Sustituir el nombre de una persona por un insulto, por ejemplo. Pero el lenguaje es, en general, mucho más sutil que eso. Funciona al mismo tiempo a nivel consciente e inconsciente. Avanzan poco a poco, penosamente, palabra por palabra, segundo a segundo. No digáis «coño». No empleéis palabrotas. No digáis «mi vieja», «golfa», «zorra», «tía»... Emplead nombres de verdad. Emplead el término «pareja». Mantened el contacto visual con la persona con la que estáis hablando o con el grupo. Sentaos derechos. No os despatarréis…

Cuando describan los hechos por los que han acabado en el lugar en el que se encuentran ahora, tienen que verbalizar el adjetivo posesivo de «yo». No es «nuestra» violencia, ni «la violencia de los hombres», ni la «violencia de la sociedad», sino «mi violencia». Hay que reconocer la propia violencia. Hay que hacerse responsable de ella.

Este ejercicio, cuando lo hacen en San Bruno, les lleva toda la mañana. Pasan horas deconstruyendo un suceso que en la vida real puede que durara un par de minutos. Los miembros del grupo no tienen que elegir el incidente por el que los condenaron a prisión, aunque la mayoría lo prefiere así. Se les pide que se fijen en cada pequeño detalle que puedan recordar: en su gestualidad, en el ritmo al que les latía el corazón, en su aliento, sus músculos, su tono de voz, las palabras que emplearon, sus sentimientos, los sonidos, los olores… Un día, durante una sesión en San Bruno, Jimmy preguntó a su grupo cuánto tiempo calculaban que pasaba entre que empezaban a gritarles a sus parejas y el momento en que se los llevaban presos en el asiento trasero de un coche policial. Los reclusos calcularon que unos veinte o veinticinco minutos, media hora, una hora, como mucho.

—No —les dijo Jimmy—. Diez minutos y ¡bum! Se acabó, hermano.

Solo diez minutos para pasar de hombre a oso y de oso a presidiario.

Esta noche, con Doug, el ejercicio completo les lleva menos de dos horas. Ejercemos la coacción, les dice Jimmy. Los maltratadores se coaccionan a sí mismos y coaccionan a sus víctimas y a sus hijos. Y eso los desconecta de sí mismos. Jimmy les dice que tienen que estar dispuestos a hacer algo, a actuar. Si se une la toma de conciencia a la acción, se produce el cambio. Veo que recorre al grupo con la mirada, fijándose en cada uno de los presentes.

—Voy a hablar de este puto tema un segundo —añade levantándose—. He sido consciente de esta mierda toda mi vida. Soy consciente de todo lo que he hecho. De mentir, de engañar, de robar… Toda mi vida me han dicho «no vendas droga», «no tomes drogas», «no pegues a las chicas». Lo he oído toda la vida y aun así lo hacía.

Un hombre que tiene los codos apoyados en las rodillas se endereza.

—Esto es importante, chicos. ¿De dónde saco la voluntad para poner freno a mi violencia?

Jimmy espera un segundo y vuelve a recorrer el círculo con la mirada.

—Si no miro de frente la destrucción que he causado, me va a importar todo una mierda.

Llegado a ese punto, Jimmy cuenta su segunda historia. ¿Qué es lo peor que le has hecho a otra persona? En su caso, fue secuestrar a la mujer a la que amaba. Estuvo a punto de matarla. A la madre de uno de sus cuatro hijos, a los que adora. A su expareja, Kelly Graff. Se habían separado y Jimmy estaba furioso. Kelly era su mujer. Tenía que recuperarla. La llamó por teléfono, le dijo que quería darle 500 dólares y que podía ir a recogerlos. Ella le hizo prometer que no estaba tramando nada raro, y él se lo prometió. O sea, que la engañó y la coaccionó. Luego alquiló una furgoneta grande, se puso ciego de drogas y esperó. Esperó hasta que vio llegar su coche por la calle y cuando estaba allí mismo, a un paso de la furgoneta, metió la marcha atrás, pisó el acelerador y embistió el coche de Kelly. Podría haberla matado, joder. Luego se bajó, abrió la puerta del coche y la sacó a rastras mientras ella gritaba. La metió en el compartimento trasero de la furgoneta, cerró el portón y se dirigió a casa de ella. Poder y control. *Estaba ciego perdido, hacía varios días que no dormía, era un gilipollas.* Su yo actual menea la cabeza con incredulidad al pensar en su yo de antaño. Llegaron a casa de Kelly —la casa en la que habían convivido— y él la sacó de la furgoneta y la metió dentro a la fuerza. Y hasta ahí —dice— recuerda. Es posible que le pegara varias veces. Está casi seguro de que la golpeó. No se acuerda, pero por lo visto se fue a dormir. Durmió y, cuando se despertó, ella se había ido y él comprendió que la había cagado. Que la había jodido a base de bien. ¿Cómo podía haberse dormido? Salió corriendo de la casa y se pasó por el restaurante de tacos de la esquina al que solían ir, y el tipo del restaurante le dijo que Kelly había estado allí antes con una amiga, que parecía muy asustada, muerta de miedo, y que iba a ir a la policía. Jimmy huyó. No paró de correr. Tenía que esconderse.

Kelly recuerda las cosas de manera muy distinta. Jimmy se presentó un día en su trabajo y le dijo que había muerto su abuela. Kelly, que sabía que quería mucho a su abuela, pensó que decía la verdad. Pero en cuanto salió a la calle con él, se dio cuenta de que mentía. Habían estado juntos desde que ella tenía dieciséis años y él veintiséis. En aquel momento ella tenía veintiún años y una hija pequeña, fruto de su relación con Jimmy.

Al darse cuenta de que él la había engañado para que saliera, volvió corriendo a la oficina, donde había guardias de seguridad. Jimmy —me contó Kelly por teléfono— buscó su coche en el aparcamiento y le prendió fuego. El coche era nuevo, acababa de estrenarlo, y los bomberos de San Francisco la llamaron para darle la noticia. Fue ella quien alquiló la furgoneta para hacer la mudanza del piso que compartían, asegura Kelly. Cuando Jimmy le quemó el coche, ella le pidió prestado el suyo a una amiga de su madre, pero Jimmy la estaba vigilando y se coló a la fuerza en el coche, en el asiento del copiloto, cuando salió del trabajo. Llevaba un cuchillo y Kelly recuerda que le dijo: «Vas a dejarme, puta». Ella llevaba años sirviéndole de saco de boxeo. La manipulaba, la engañaba, la asustaba. La seguía y la vigilaba constantemente, no permitía que se relacionara con otras personas, la acusaba de ponerle los cuernos. Ella le mintió, le aseguró que no iba a dejarlo. «Solo necesitamos darnos un tiempo», le dijo. Trataba de calmarlo «porque no sabía de lo que era capaz». Cogieron juntos la furgoneta, asegura, y se fueron al piso que compartían, un apartamento en un semisótano que ella describe como «una mazmorra». Consiguió convencerlo de que tenía hambre y él la dejó salir y entonces —me cuenta Kelly— ella corrió «como si le fuera la vida en ello».

Se fue derecha a comisaría con su prima y cuenta que allí le dijeron que volviera a casa, que cogiera el cuchillo y lo llevara a comisaría. Les contestó que si estaban locos y, aunque afirma que no demostraron ningún interés en ayudarla, por fin emitieron una orden de detención contra Jimmy. Mientras tanto, ella se quedó sin coche, sin casa y, finalmente, sin trabajo (la despidieron después de los atentados del 11 de septiembre). Fue el momento más bajo de su vida.

Una mañana, pocos días después del incidente de la furgoneta, Kelly se dirigía con su hija a la guardería y Jimmy la estaba esperando, escondido, cerca del colegio. Dice que las secuestró y que las retuvo a las dos en una habitación de hotel ocho días a punta de pistola. Lo que sucedió durante esos ochos días debe quedar en secreto, a petición de ambos.

Kelly cuenta que por fin consiguió engatusar a Jimmy y escapar.

Él afirma que se entregó.

Una situación tan traumática trastoca la memoria.

Cuando Jimmy me relató aquel momento de su vida, me dijo que recordaba que se dio a la fuga y se escondió, que se asustaba cada vez que oía una sirena y que procuraba mantener los ojos fijos en el suelo y no cruzar la mirada con nadie. Kelly me contó que estaba tan colocado que la mitad del tiempo tenía alucinaciones, de modo que es posible que no recuerde casi nada de aquellos días.

Al final, lo detuvieron y ambos cuentan que el fiscal quería acusarlo de secuestro y asalto a mano armada. Kelly dice, no obstante, que Jimmy le dio pena y que acabó retractándose de buena parte de su declaración. Cuando me cuenta esto por teléfono, es evidente que ahora le cuesta creer que en algún momento reaccionara así, que se retractara de su denuncia. Al final, Jimmy se declaró culpable para que le redujeran la pena. Dice que lo condenaron a cuatro años de prisión. Ella afirma que solo cumplió uno.

En todo caso, fue entonces cuando descubrió el programa RSVP y cobró conciencia de lo que había hecho, a sí mismo, a Kelly y su hija, al resto de su familia y a la sociedad en general.

Ahora les dice a los integrantes de su grupo que la violencia se propaga en ondas: que él le hizo daño a Kelly, lo que a su vez hizo daño a sus hijos, a sus padres, a su círculo de amigos, y así sucesivamente. La violencia es una cosa siniestra que se infiltra en una comunidad y la infecta, multiplicándose. Creo que a eso se refiere Donte cuando dice que East Oakland es como Bagdad; de eso es justamente de lo que habla Jimmy. El acto violento que comete una persona engendra otro acto violento. Responder con violencia a la violencia nunca resuelve nada. Mi exmarido, que era militar de carrera, solía decirme que el problema de tener un arma, da igual quién seas, es que su posesión te pone inmediatamente de un lado o del otro. Ya no eres neutral. La violencia, creo yo, surte el mismo efecto. Divide al individuo, claro está, lo separa de sí, pero también divide familias, comunidades enteras, ciudades, países… Eso es lo que intenta trasladar Jimmy al contar su experiencia.

Los insultos que Jimmy se dedica a sí mismo —«mal bicho», «escoria», «cabrón de la peor especie»— son una especie de poesía cruda y rasposa, compuesta de palabras reconocibles para los «colegas» que integran sus clases. Aquí, sin embargo, vamos a llamarlo por su nombre, por lo que era en aquel momento, aquel día. Era un terrorista, un terrorista que ejercía el terror dentro del ámbito familiar. Porque eso es lo que hacen los terroristas: aterrorizar. Todos los reclusos internados en el ala RSVP de la prisión de San Bruno y en otras muchas cárceles son terroristas que habitan entre nosotros, ejecutores de un horror que hoy en día muchas personas —incluidos algunos de nuestros dirigentes nacionales— consideran una cuestión meramente «privada».

Jimmy cumplió su condena y cuenta que, justo antes de su salida de la cárcel, recibió una carta de Kelly. Era la primera vez que le escribía desde que estaba en prisión. Y recuerda que la carta acababa diciendo *Por favor, no me mates*. (Ella afirma que escribió la carta en respuesta a una que le mandó él en la que supuestamente se negaba a pagar la pensión de manutención de su hija).

Él menea la cabeza al contar esta historia. Los remordimientos se dejan entrever en su lenguaje corporal. ¿Cuántas mujeres a lo largo de la historia —me pregunto yo— habrán hecho esa misma súplica? Mujeres de todo el mundo, en mil lenguas, a lo largo de los siglos, desde que existe la humanidad. *Por favor, no me mates*. ¿Veis lo educadas que somos las mujeres? Decimos «por favor» cuando suplicamos por nuestras vidas.

—Esa pobre chica —le dice Jimmy a la clase, casi susurrando, mientras Doug ocupa todavía la cabecera del círculo—. Esa pobre chica… Iba por ahí preguntándoles a mis amigos si creían que iba a matarla cuando saliera. —La sala vibra, estremecida por la historia de Jimmy, por esa cosa horrible que hizo y por cómo consiguió, con gran esfuerzo, recuperar su humanidad—. Y ahora esa pobre chica es mi mejor amiga —añade—. Tiene todo mi apoyo.

Kelly me negó que así fuera. Creía que Jimmy había cambiado, que había «aprendido a asumir lo que hizo, y que sabe que estuvo mal». Que ahora era más humilde y que seguramente estaba en el mejor momento de su vida. Pero aun así.

—No volveré a quedarme sola con él en la vida —concluyó.

Jimmy espera un segundo. Todos los presentes tienen una historia parecida que contar, y todos han estado ya o estarán en algún momento en el lugar que hoy ocupa Doug. Jimmy lo mira.

—Cuando empezaste a beber whisky esa noche, estabas ejerciendo violencia contra ti mismo, hermano —dice—. Fue ahí donde empezó la cosa, ¿verdad?

Doug asiente, se pellizca las palmas de las manos.

—Empujar a una mujer es ejercer violencia contra ella, ¿verdad? Y pegarle en la cara tres veces, también. Y dar un puñetazo a la pared y abrir un agujero. Dijiste que ibas a partirle la cara al otro tío, ¿no? Pues ahí también hay violencia verbal, en esa amenaza.

Doug sigue asintiendo, reconoce la contextualización de sus actos tal y como la expone Jimmy. Detrás de él, el hombre con dientes de oro va tomando notas en la pizarra y rodeando con un círculo lo que significa cada acción concreta. Beber es *violencia autoinfligida*. Insultar es *violencia verbal*. Dar puñetazos a la pared es *violencia física*.

—¿Puedo hacerte una pregunta aclaratoria? —dice Jimmy—. ¿Cuándo fue la primera vez que te encontraste en peligro mortal?

Dicho de otra manera, la primera vez que sintió amenazado su sistema de valores masculinos. Dentro de la pedagogía de Man Alive, el sistema de valores masculinos es lo que la sociedad les dice a los hombres que pueden esperar por derecho propio. En el transcurso de una sesión grupal, Jimmy, Sinclair o la persona que dirija la reunión interrumpe a menudo la conversación para pedir a los participantes que pongan ejemplos de este sistema de valores: *a un hombre no se le falta al respeto; a un hombre no se le miente; la sexualidad de un hombre no se cuestiona; el hombre es la autoridad; al hombre no se le desprecia; la mujer debe ser sumisa, obediente y apoyar siempre al hombre.* Cuando un hombre siente socavado su sistema de valores, entra en peligro mortal y es en ese instante cuando opta o no por la violencia. En ManAlive emplean una expresión un tanto manida para referirse a ese instante: cuando surge el «asesino interior» de un hombre, su «yo auténtico» se esfuma. Un asesino a sueldo actúa solo y en silencio. Se camufla entre la multitud, mata con sigilo y desaparece. No asume ninguna culpa. Carece de anclaje moral. Jimmy le explica a Doug que, cuando se encuentra en un momento de peligro mortal, no solo deja de fijarse en su pareja, sino que tampoco repara ya en sí mismo, en sus emociones, sus necesidades y sus reacciones físicas. Solo está respondiendo al desafío que se ha lanzado contra su sistema de valores, y es en ese instante, en ese germen de conflicto, cuando se da la decisión de recurrir o no a la violencia. Un hombre que hizo el curso contaba que había aprendido a dar literalmente un paso atrás para intentar recuperar el dominio de su mente y su cuerpo en ese instante. A veces solo se necesita un pequeño ajuste para que recuerden que deben parar en seco, respirar hondo y atajar su agresividad.

Jimmy vuelve a preguntar cuándo entró Doug en fase de peligro mortal.

—Cuando ella me dijo que no paraba de pensar en el otro —contesta Doug.

—Lo mismo me pasó a mí —añade otro miembro del grupo.

Entonces interviene Donte:

—Cuando has dicho que habíais decidido que ibais a ser amigos, me ha sonado a negación. —Doug asiente con un gesto. En realidad, quería recuperar a su novia. Estaba negando sus propios sentimientos—. Cuando dices que no habías estado tan borracho en toda tu vida, a mí me suena a culpabilización. Y has dicho que empezó ella, y eso también suena a culpabilización.

Está culpando al alcohol, a ella, a todo y a todos menos a sí mismo. Doug reconoce que Donte tiene razón.

Siguen así otros veinte minutos. Uno de los participantes hace hincapié en el lenguaje corporal de Doug cuando llegó la policía, en cómo se sentó en la acera a esperarlos tratando de «parecer lo más inofensivo posible». Eso suena a «minimización», señala. De modo que Doug no solo estaba negando sus sentimientos, sino también su responsabilidad en el estallido de violencia. Culpabilizó a su expareja y al otro hombre, los amenazó física y verbalmente y minimizó su papel en la situación, y todo ello puede percibirse en las palabras y los gestos que empleó en ese instante.

Puede que el principal escollo para que este programa de intervención dé resultados sea que los hombres que han pasado por él —ya sea a través de RSVP o de ManAlive— siguen viviendo en el mismo mundo que antes de pasar por el curso. Los reclusos de San Bruno lo tienen mucho más fácil que los que ya han salido de la cárcel y tratan de llevar una vida no violenta mientras a su alrededor nada ha cambiado. Donte me habló de esto esa mañana. Me contó que su madre y su abuela veían cómo había cambiado, pero aun así no se fiaban de él. Ni siquiera él se fiaba. Y no disponía de ninguna herramienta para nivelar ese desequilibrio que lastraba su vida, salvo el paso del tiempo.

Antes de dar por terminada la reunión, Jimmy pregunta al grupo por la intimidad. Por su capacidad para conectar íntimamente con los demás. Es algo que tienen que aprender en otra fase del curso.

—Escuchar y abrirse —dice Doug.

Escuchar a sus parejas, pero también escucharse a sí mismos, prestar atención a sus emociones y a sus reacciones físicas.

—Aquí no se juzga a nadie, hombre —les recuerda Jimmy—. Ni consejos ni juicios ni opiniones.

Donte da las gracias a Doug por su valentía por haber ocupado la cabecera del círculo durante varias horas y haber expuesto ante un grupo de extraños uno de los peores momentos de su vida.

—Ver las caras que pones... Son las mismas caras que ponía yo porque le hice daño a una persona a la que quería, ¿me entiendes? Así que quiero darte las gracias por hacer ese trabajo. Quiero que veas de verdad la violencia que ejerciste sobre la persona a la que se supone que querías. Gracias, colega.

Doug asiente con un gesto, respira hondo, espira y luego se ríe, porque ha cobrado conciencia de sus reacciones físicas y se ha dado cuenta del alivio que supone expresarse.

Dos meses después de esta sesión, Donte desapareció. No contestaba a mis mensajes ni a mis correos. Probé a llamarlo a los dos números de móvil que tenía suyos y le dejé un mensaje tras otro. Y nada.

Por fin, después de varios meses intentándolo, conseguí hablar con alguien de Community Works. La policía había pillado a Donte en un coche con una pistola propiedad del conductor del vehículo y lo había detenido. Los términos de su libertad condicional dictaban que tenía prohibido portar armas de fuego, ni suyas ni de otras personas. Llevaba además en el bolsillo una china de *crack* y estaba otra vez en prisión a la espera de juicio. Se le había asignado un abogado de oficio. Llamé al abogado varias veces y le escribí varios correos solicitando una entrevista, pero no contestó. A Donte podían caerle hasta catorce años de prisión, si lo condenaban. Si tenía mucha suerte, le caería solo uno.

¿Y todos sus esfuerzos por enmendarse, los estudios, el trabajo en Community Works, la posibilidad de rehacer su vida? Me preguntaba qué estaría pensando en esos momentos. Donte era un joven negro que se enfrentaba a un sistema judicial que no suele dar una oportunidad a jóvenes negros, si es que se las da alguna vez. Tenía un historial delictivo importante. No disponía de dinero para contratar a un buen abogado. Sus oportunidades, a mi modo de ver, eran nulas. Acabaría siendo otro hombre violento abocado a llevar la única vida que había conocido, traído y llevado por fuerzas contra las que no podía luchar él solo. Mi impresión era que había sido sincero conmigo. No había fingido ser un buen chico. Sabía que la había cagado. Y me había dicho que en San Francisco era imposible vivir con el sueldo de un trabajo en prácticas en una ONG. Cuando tuviera que marcharse del piso tutelado, pensaba irse a vivir a casa de su madre, en el mismo barrio en el que había comenzado su carrera delictiva hacía muchos años, no porque quisiera, sino porque no tenía elección. «Claro», pensé. Claro que llevaba una china de *crack* en el bolsillo. ¿Qué iba a hacer, si no? Tenía un trabajo a tiempo parcial y a las siete de la tarde estaba obligado a estar en casa. Community Works, Jimmy Espinoza, RSVP... estaban haciendo todo lo que podían por él, pero también estaban luchando contra mecanismos sociales con unas prioridades concretas, contra el racismo y el clasismo engastados en la arquitectura del sistema, con recursos limitados y necesidades infinitas.

Quería hablar con Donte, pero no tenía el número de teléfono de su madre o su abuela, y, claro está, no podía hablar directamente con él. Luego, una noche, sonó mi móvil. Me llamaban de la cárcel de Atwater. Un recluso quería hablar conmigo y me pedía que aceptara la llamada a cobro revertido. Pagando por periodos de quince minutos, conseguí que Donte me contara su historia.

Era más o menos medianoche y estaba intentando que alguien lo llevara en coche a casa. Había dejado el piso tutelado y se había ido a vivir a East Oakland con su madre y su abuela. Fue a recogerlo el padre del hijo de su hermana. Estaba borracho, pero Donte ni se lo pensó: subió al coche. La chica con la que salía desde hacía poco le reprochaba que viviera con su madre, pero ¿qué podía hacer? El dinero que ganaba no le daba para vivir por su cuenta en la zona de San Francisco. Él había intentado no meterse en líos, seguir en el programa, mantenerse centrado y no hundirse. Su jefe le había advertido que no se juntara con nadie que pudiera meterlo en un lío, y él le había contestado que no pasaba nada. Que lo tenía todo controlado.

Pensó que podía trapichear un poco con *crack* para conseguir algún dinero. Poca cosa, nada que le hiciera desviarse del programa antiviolencia.

Esa noche llevaba una china en el bolsillo. A su modo de ver, era la única forma de poder independizarse en un futuro cercano. Tenía ya veintiocho años; era muy mayor para vivir en casa de su madre.

El conductor del coche también llevaba marihuana encima. Al poco de subir al coche, empezaron a oír una sirena detrás de ellos y, en lugar de parar, el conductor viró bruscamente, recorrió dos manzanas y se estrelló contra una pared. Donte asegura que no recuerda lo que pasó después. Se despertó en el hospital, con el labio partido y la cara magullada. Está convencido de que no saltó el airbag. La policía encontró una pistola Glock escondida en el compartimento del airbag. No era suya. Dice que no sabía nada de la pistola. En el coche había también un cargador y varios casquillos gastados que rodaron por el suelo cuando el coche se estrelló. Él había sangrado. No sabe dónde exactamente, pero tuvo que dejar salpicaduras de sangre en el coche, porque luego vio que tenía manchada la pechera de la camiseta.

El accidente importaba poco, en realidad. Lo de la droga importaba un poco más, aunque no mucho. Lo peor era lo de la pistola. Al ser detenido en posesión de un arma de fuego, había quebrantado la libertad condicional, una imputación que se castigaba automáticamente con dos años de prisión. Y, si encontraban su ADN en la pistola, en el cargador o en alguno de los casquillos gastados —por las salpicaduras de sangre, pongamos por caso—, se enfrentaría a cuatro años de prisión, como mínimo, y a muchos, muchos más en el peor de los casos, dependiendo del jurado que le tocara en suerte en el juicio. Su jefe en Community Works le escribió una carta de recomendación. Donte también quería pedir referencias a algunos hombres de su grupo del curso. Su abogado, sin embargo, le dijo que no se molestara. Que solo conseguiría cabrear al juez.

—El caso es que ya me conocen —me dijo Donte por teléfono aquella noche—. Ya me conocen *todos*.

Lo conocía el juez, lo conocían los funcionarios de vigilancia penitenciaria, y quizá hasta la policía. Y, aunque no lo conocieran en persona, su historial lo precedía.

—Me conocen de antes, de cómo era en el pasado. Y ya nada va a hacerles cambiar de idea.

Su caso no llegó a juicio. Se declaró culpable, como muchos otros hombres en su situación. Joven, negro, pobre y con antecedentes penales. Le cayeron seis años más, y esta vez no le tocó cumplir condena en una cárcel de condado pequeña y cómoda, con programas de justicia restaurativa, cursos de formación y terapia artística. Esta vez le tocó una cárcel federal. Primero fue a Atwater y luego, cuando llevaba cumplida la mitad de su condena, lo trasladaron a la otra punta del país, a una prisión federal en el límite entre Pennsylvania y Nueva York, a miles de kilómetros de su gente y de los lugares que conocía.

Después intenté hablar con Jimmy, pero también él parecía haberse esfumado.

APIÑADOS EN LA CUMBRE

Más o menos en la misma época en que Hamish Sinclair se hacía la pregunta esencial —¿por qué se pegan los hombres?—, un activista vecinal llamado David Adams dirigía en el Men's Center de Boston una reunión mensual que describe como «muy años setenta». Quiere decir con ello que los participantes hacían un corro, se tomaban de las manos y elevaban su conciencia al ritmo del kumbayá. Un día se le acercó un grupo de mujeres, amigas suyas del barrio, que habían formado una asociación de mujeres maltratadas. Querían pedirle ayuda. Ayudar a las víctimas de maltrato y prestarles apoyo a través de los recursos asociativos estaba muy bien, le dijeron, pero ¿qué pasaba con los maltratadores? ¿Por qué no podía evitarse el maltrato? Ellas no creían que ayudar a los maltratadores entrara dentro de su ámbito de actuación, por eso le pidieron a Adams que interviniera. Todavía quedaban algunos años para que Sinclair pusiera en marcha el programa de intervención de Man Alive y no había estudios serios acerca de cómo abordar el maltrato. Adams y aquellas mujeres iban muy por delante del resto del país. Faltaban todavía décadas para que se aprobara la Ley contra la violencia de género.

Las primeras reuniones se celebraron en casa de Adams y en ellas participaron mujeres maltratadas a las que se invitó a explicar cómo les había afectado el maltrato a ellas y a sus hijos. En aquel momento Adams aún no tenía conciencia de que lo que estaba haciendo era una intervención con maltratadores, pero de hecho estaba aplicando ya una especie de justicia restaurativa. No tenía, sin embargo, ningún plan a priori, ni protocolos ni guía de buenas prácticas. Adams y sus compañeros fueron aprendiendo sobre la marcha.

—Qué ingenuos éramos —cuenta—. Pensábamos que bastaría con que les explicáramos que lo que hacían estaba mal [para que pararan].

Su labor de aquella época llevó a Adams a escribir una tesis doctoral en la que trataba de explicar pormenorizadamente qué distinguía a los hogares donde había maltrato de aquellos donde no lo había. Él mismo se había criado con un padre violento y había visto y sentido de primera mano hasta qué punto esa violencia oculta puede destruir a una familia. En su tesis doctoral, analizaba el reparto de las tareas asociadas con el cuidado de los hijos y las faenas domésticas en casas donde había maltrato y en casas donde no lo había. Daba por sentado que la investigación confirmaría su hipótesis de que los maltratadores se implicaban mucho menos tanto en la crianza de los niños como en las labores de la casa. Se llevó una sorpresa, sin embargo, al descubrir que en ambos tipos de hogares los hombres realizaban más o menos el mismo porcentaje de tareas, en torno a un 21 %.[84] En lo que tendían a diferenciarse los dos grupos era en que los no maltratadores sabían que aquello era una ganga y valoraban y agradecían el trabajo extra de sus esposas, mientras que los maltratadores decían cosas como: «Hago mucho más que muchos hombres ¿y acaso ella me lo agradece?». Su investigación mostró que, desde el punto de vista de los maltratadores, «lo que no se valoraba era lo que hacían ellos, no lo que hacían sus mujeres». Los no maltratadores, en cambio, «decían cosas como "Qué afortunado soy por todo lo que hace mi mujer", y ese reconocimiento significaba mucho para sus esposas». Los maltratadores tendían, además, a ser más críticos con el trabajo que hacían sus mujeres en casa.

Adams comprendió entonces que el narcisismo patológico de esos hombres les impedía ver las consecuencias que tenía su conducta para sus víctimas.

—Todo lo que ven está filtrado por su narcisismo —me dijo Adams.

Al igual que Hamish Sinclair, David Adams parece encarnar físicamente la geografía y la cultura en las que habita. Habla con más cuidado, se yergue más derecho que la mayoría. Es un hombre serio, más bien calla-

---

84. Aunque esto ha mejorado ligeramente en los años transcurridos desde que Adams escribió su tesis, las mujeres siguen ocupándose en gran medida del cuidado de los niños y del grueso de las tareas domésticas, así como del llamado *trabajo invisible*, es decir, de la administración del hogar. Véase: http://www.pewsocialtrends.org/2015/11/04/raising-kids-and-running-a-household-how-working-parents-share-the-load. Y también: http://www.marketwatch.com/story/this-is-how-much-more-unpaid-work-women-do-than-men-2017-03-07

do y poco dado a caer en la beligerancia jovial con los hombres de los grupos que dirige. Tiene el pelo canoso y rizado, bigote y, como muchas personas que trabajan en el campo de los servicios sociales, su infancia estuvo marcada por la violencia. Un padre agresivo e incapacitado emocionalmente y una madre que hacía la vista gorda. El recuerdo más antiguo que conserva es de cuando a la edad de cuatro años su abuela materna lo llevó a la cantera de granito en la que trabajaba su padre. Cuenta que su abuela y su padre se odiaban mutuamente y que aquel día él se quedó con ella al borde de la cantera y que su abuela le señaló un puntito —uno de los hombres que trabajaban en el hoyo— y le dijo: «Ahí está tu papá». Adams contestó que no, que su papá era mucho más grande. Era imposible que fuera aquella motita, tan pequeña como una hormiga desde allá arriba. Con el tiempo, entendió lo que había querido decirle su abuela: que su padre era minúsculo y que él podía ser completamente distinto. Aquella fue una de las lecciones más profundas y duraderas de su vida, y todavía la recuerda como el mayor regalo que le hizo su abuela. Conforme se hacía mayor, se propuso firmemente ser lo más distinto posible a su padre, que despreciaba la educación y opinaba que los chicos debían ser, ante todo, duros. Adams se sumergió en la lectura durante dos décadas, hasta que esa educación que tanto despreciaba su padre le brindó una vía de escape.

—Los niños se lo toman todo al pie de la letra —me dijo Adams— y para mí fue una revelación no tener que ser como él.

Adams creó con el paso del tiempo el que se considera el primer programa de intervención con maltratadores de Estados Unidos: Emerge, un plan de lucha contra el maltrato y las conductas controladoras. Junto con el programa de Duluth, Emerge es posiblemente el plan de intervención que más se ha emulado en Estados Unidos. Se trata de un curso de cuarenta semanas que abarca temas que van desde los efectos del maltrato en los distintos miembros de la familia a los celos y la comunicación saludable. Desde hace unos años también incluye clases sobre crianza. Nadie quiere que lo categoricen como maltratador, afirma Adams, de ahí que reformularan su manera de referirse a lo que hacen. En torno a un 30% de los participantes en el curso acuden voluntariamente. El resto acata una orden del juez. (A nivel nacional, la participación voluntaria en programas de intervención con maltratadores es de un 5%).

La labor de Hamish y Adams tiene un origen común: en ambos casos, quienes les instaron a actuar fueron mujeres, feministas que les hicieron ver la necesidad de aliados masculinos. Querían que más hombres se unieran a su lucha.

Un día, Adams me contó la historia de una mujer que llevó a una reunión de grupo una grabación de su marido maltratador. En la cinta, el marido decía cosas como que «No tendría tanta ira y tanta rabia si no te quisiera con locura». Al oír aquello, Adams vio por primera vez con claridad lo manipuladores que podían ser los maltratadores y cómo atribuían un carácter romántico tanto a sus abusos como a sus celos. La excusa del «te quiero tanto que por eso me pongo así». La argumentación del «yo no haría X si tú no hicieras Y». Culpabilización y negación. Adams y otros estudiosos han señalado cómo funcionan este tipo de enunciados. Minimizan la violencia racionalizando el comportamiento abusivo y culpabilizando a las víctimas. Y funciona. Es un ciclo compuesto por tres elementos: minimizar, argumentar, culpabilizar. Después vienen los remordimientos. La disculpa sentida, el llanto, las promesas de portarse mejor, las declaraciones de amor y adoración... El guion es sorprendentemente parecido, venga de quien venga.

Una mañana asistí a una serie de juicios por violencia machista en un juzgado de Cleveland. En uno de los casos, el imputado había incumplido la orden judicial de no mantener ningún contacto con la víctima al llamarla por teléfono repetidas veces. De hecho, la llamó más de cien veces en un plazo de tres semanas. Ella contestó un 20 % de las veces, aproximadamente. La fiscal, Joan Bascone, puso en el juicio varios fragmentos de las llamadas grabadas mientras el imputado, con la cabeza afeitada y vestido con el uniforme verde oscuro de la prisión, sonreía delante de la jueza, Michelle Earley. He aquí una pequeña muestra de las cosas que decía:

> *Dame otra oportunidad. Una más. No vale la pena ir a la cárcel. Toda esta movida no vale la pena.*
>
> *Lo estás sacando todo de quicio. Era una broma, me estaba quedando contigo. No intentaba matarte. ¿Por qué sigues llevándome la contraria en vez de ayudarme a salir de esto? ¿Por qué no me pides perdón tú también por haber estado fuera toda la noche?*

Estoy enamorado de ti, zorra, y ojalá no lo estuviera porque me las estás haciendo pasar putas. ¿Por qué me haces esto?

Yo a ti no tengo que darte explicaciones. Lo único que has hecho es mandarme a la cárcel. No me mandas ni cartas ni fotos. Me da igual que declares contra mí en el juicio. No voy a llamarte más.

No tienes que presentarte en el juicio. Si te dicen algo de mí, les dices que se callen la puta boca. Te están mintiendo. Tú diles que vas a retirar la denuncia. No dejes que el fiscal te dé otra oportunidad de ir a juicio.

No tienes que firmar. No abras la puerta. Confío en ti. No creo que vayas a hacer nada. No eres tan tonta.

Venga, vamos a hacerlo oficial. Yo creo en el matrimonio. Es un compromiso para toda la vida, tía... Espera a que salga. Tengo a gente vigilándote.

Culpabilizar, minimizar, argumentar, disculparse y hacer promesas: estaba todo ahí, expresado en sus palabras. La coerción, la manipulación, el maltrato verbal y emocional, las amenazas, la deshumanización. Los intentos de hacer creer a su víctima que él es más fuerte y sabe más que el sistema. Aquel día, en el juzgado, oímos más de una hora de grabaciones, mucho más de lo que incluyo aquí, y hubo una cosa que me llamó especialmente la atención: en todo ese tiempo, él no la llamó por su nombre ni una sola vez.

Los grupos de intervención con maltratadores como Emerge y ManAlive han proliferado en los últimos veinte años. En Estados Unidos hay más de mil quinientos actualmente. Aunque su objetivo prioritario es impedir el maltrato físico y la intimidación, los programas más elaborados también tratan de ayudar a los agresores a reconocer patrones destructivos de conducta, a comprender el daño que hacen y a desarrollar empatía por sus parejas, además de ofrecerles herramientas para ejercitar la inteligencia emocional. Su enfoque y sus métodos varían enormemente, sin embargo. Sobre todo entre los cuerpos policiales, hay una convicción muy arraigada de que estos programas son una pérdida de tiempo y de dinero, una actitud que para Adams es una fuente continua de frustración. De estado a estado, varían las titulaciones, los mandamientos judiciales, el currículo y la duración de los cursos, la formación de los facilitadores... Y, en cuanto a su impacto social, se trata de un campo novedoso que todavía está por explorar. A menudo los jueces desconocen, por ejemplo, la diferencia entre los programas de intervención con maltratadores y las terapias de manejo de la ira, de modo que un juez puede, por desconocimiento, mandar a un imputado por violencia de género a una terapia para aprender a controlar su ira aunque en su jurisdicción haya numerosos grupos específicos de intervención con maltratadores. El hecho de que solo un 55 % de los hombres que pasan por Emerge completen el curso es señal de su rigor y eficacia, según Adams.[85]

—Yo siempre desconfío de los programas que tienen un número muy alto de participantes que completan el curso. Son como los colegios malos, que aprueban a todo el mundo.

Si una víctima hace, de media, siete u ocho intentos de dejar a su agresor antes de conseguirlo, ¿por qué esperamos que los maltratadores se reformen a la primera? Como explica Adams, numerosos estudios sobre la eficacia de estos programas valoran a todos los maltratadores por igual: a los que dejan el curso a medias y a los que lo acaban. Y, como es lógico, los que acaban el curso tienen resultados muy distintos. Cuanto más tiempo pasa un participante en el programa, más probable es que el cambio sea duradero.

—No es cosa de todo o nada —añade Adams.

En su extenso estudio sobre el estado actual de los programas de intervención con maltratadores, *The Future of Batterer Programs*, Edward W. Gondolf afirma esencialmente que este tipo de tratamientos están todavía en una fase muy temprana de su desarrollo y advierte del riesgo que entraña la idea de una valoración de riesgos predictiva: *La cuestión más ardua que encaran los programas de intervención con maltratadores —y el campo de la justicia penal en su conjunto— es cómo identificar de antemano a los individuos especialmente peligrosos (...) Se ha producido, por tanto, un cambio: de la expectativa de predicción a la actual gestión de riesgos, que conlleva valoraciones reiteradas, monitorización del cumplimiento de compromisos y revisión constante de las intervenciones.*[86]

---

85. Este porcentaje procede del propio Adams.

86. Gondolf, *The Future of Batterer Programs*, 237.

La terapia de manejo de la ira suele confundirse con la intervención con maltratadores, como si fueran equivalentes. De hecho, hoy en día juzgados de todo el país siguen condenando a los maltratadores a hacer cursos de gestión de la ira. Fue lo que ocurrió en 2014 con el jugador de fútbol americano Ray Rice después de que propinara a su novia —y actual esposa— tal paliza en un ascensor que la dejó inconsciente. Un juez de Nueva Jersey desestimó la imputación de violencia machista y mandó a Rice hacer terapia de gestión de la ira.[87] Resultados como este ponen de manifiesto hasta qué punto se desconoce la especificidad del maltrato. (La NFL, la Liga Nacional de Fútbol Americano, pese al compromiso que tiene adquirido públicamente, apenas ha hecho avances en lo tocante a la violencia de género. En el otoño de 2017, al menos seis jugadores que se estrenaban en la liga habían sido denunciados por violencia machista y aun así fueron admitidos en el campeonato. En el momento en que escribo esto, la NFL no ha puesto en práctica ni una sola de las medidas que recomendó la comisión formada tras el escándalo del caso Rice, según explica Deborah Epstein, profesora de Derecho de la Universidad de Georgetown, que en 2018 abandonó la comisión como protesta por la falta de seriedad con que se tomaba la NFL el problema de la violencia machista).[88] Un estudio de 2008 que evaluó 190 programas de intervención con maltratadores demostró, de hecho, que la mayoría de los participantes en estos programas no tenía niveles de ira significativos y que solo un pequeño porcentaje presentaba valores muy elevados en ese sentido.[89]

El grupo de Adams y otros parecidos proporcionan información a los juzgados respecto a la fiabilidad del compromiso de cambio de los maltratadores. Presentan un informe mensual sobre cada maltratador a las autoridades de vigilancia penitenciaria y mantienen contacto regular con las

---

87. https://www.sun-sentinel.com/sports/bal-ray-rice-completes-pretrial-intervention-in-domestic-violence-case-in-new-jersey-charges-being-dismi-20150521-story.html

88. https://www.washingtonpost.com/opinions/im-done-helping-the-nfl-pay-lip-service-to-domestic-violence-prevention/2018/06/05/1b470bec-6448-11e8-99d2-0d678ec08c2f_story.html?utm_term=.5313d65ee95b

89. Eckhardt, C., Samper, R. y Murphy, C., «Anger Disturbances Among Perpetrators of Intimate Partner Violence: Clinical Characteristics and Outcomes of Court-Mandated Treatment». *Journal of Interpersonal Violence* 23, n.º 11 (Noviembre, 2008): 1600–1617.

víctimas respecto a la participación de los maltratadores en sus programas. Este es uno de los elementos más eficaces de este tipo de intervenciones: la responsabilidad ante las autoridades de vigilancia penitenciaria, los juzgados y las víctimas.

—Podemos ser los ojos y los oídos del juzgado —comenta Adams—. Las víctimas están intentando decidir si irse o quedarse. Y si una mujer se entera por nosotros de que su agresor sigue culpándola, saberlo puede serle muy útil.

Una noche asistí a una sesión de Emerge. Las sesiones se celebraban en una sala de reuniones situada en el sótano de un anodino edificio de Cambridge, a las afueras de Boston. Aquel no era el Cambridge frondoso y de fachadas de ladrillo rojo de la Universidad de Harvard, sino el Cambridge de clase trabajadora, mucho más feo, gris e industrializado.

Entraron siete hombres y se sentaron en sillas plegables, bromeando entre sí, incómodos. La composición del grupo era bastante variada en cuanto a edad, raza y situación socioeconómica, aunque no estaba presente la cultura de barriada marginal que me encontraría más adelante en San Bruno. Uno de los participantes vestía traje y corbata y olía a loción de afeitar. Otro tenía los vaqueros manchados de yeso. Era la primera vez que yo asistía a una reunión de un grupo de maltratadores. Todavía no conocía ManAlive ni a Hamish Sinclair. Llevaba ya años hablando con víctimas de maltrato, pero no me había relacionado, en cambio, con maltratadores. Seguía teniendo en la cabeza la idea estereotipada del maltratador como un energúmeno, un monstruo, un individuo ostensiblemente furioso e incapaz de controlarse. Alguien a quien es fácil identificar como «un mal tipo». Puede que en el fondo tuviera la convicción de que mi instinto me avisaría cuando me encontrara ante un sujeto semejante. Y lo que me chocó de inmediato —lo que, de hecho, me impresionó profundamente— fue lo *normales* que parecían todos. Eran un grupo de hombres con los que podría haberme ido a tomar una cerveza. Eran encantadores. Simpáticos, sociables, tímidos, nerviosos… Unos más guapos que otros; unos bien vestidos y otros no tanto. Pero todos ellos hombres normales y corrientes.

Adams me explicó que uno de los rasgos definitorios de la violencia de género es esa idea falaz de que los maltratadores son personas que están enfadadas con todo el mundo. Su ira, por el contrario, tiene un objeto bien definido: va dirigida contra su pareja o contra la familia inmediata de esta.

De ahí que los amigos y conocidos de los maltratadores suelan sorprenderse al descubrir que estos han cometido una agresión.

—Lo más sorprendente es que parezcan tíos tan normales —afirma Adams—. El maltratador medio suele ser una persona bastante simpática.

Para Adams, este es un punto crucial: buscamos garras y colmillos, y encontramos simpatía y afabilidad. De eso se sirve el maltratador para atraer a sus víctimas.

—Buscamos a un hombre colérico, a un energúmeno —añade. Pero solo un cuarto de los maltratadores responde a ese perfil. Él, en cambio, ve al maltratador como un sujeto con una personalidad inflexible—. Para mí, sobre todo, es alguien con una mentalidad muy rígida, para el que todo es blanco o negro.

La noche que asistí a la reunión, Adams indagó en los sentimientos de los participantes respecto a sus progenitores y, en particular, respecto a sus padres. El padre de uno de ellos era el jefe de estudios de una conocida escuela universitaria. El de otro era, en palabras de su hijo, un depredador sexual con problemas de drogodependencia. Al menos cinco de los siete miembros del grupo habían visto a sus padres maltratar a mujeres. A diferencia de lo que sucede en RSVP y en muchos otros programas de intervención con maltratadores (puede incluso que en la mayoría), en Emerge siempre hay una mujer codirigiendo la reunión. Ello por dos motivos: primero, porque el que un hombre y una mujer trabajen en equipo y en pie de igualdad sirve como modelo de referencia para que los miembros del grupo vean que tal cosa es posible. Pero también porque Adams se dio cuenta en los primeros tiempos de Emerge de que, si solo había hombres, los participantes rara vez exhibían ciertos comportamientos que reflejaban su actitud general hacia las mujeres —interrumpirlas cuando hablan, cuestionar sus ideas o ningunearlas— y de esta forma esas actitudes se hacen evidentes de manera inmediata. Adams pidió a los siete participantes que valorasen a sus padres con los calificativos «bueno», «malo» o «regular». De los siete, solo uno calificó a su padre de «malo». Todos ellos, no obstante, contaban que sus padres eran alcohólicos, o que daban palizas a sus madres o que les pegaban a ellos con el cinturón cuando eran pequeños. Yo escuchaba en silencio, asombrada porque no se vieran a sí mismos ni a sus madres como víctimas de malos tratos. Y me dejó anonadada comprobar de qué manera tan distinta ven e interpretan el mundo los hombres y las mujeres. Es algo que sabía ya por propia experiencia, claro; vi muchos ejemplos de ello durante mi matrimonio. (Recuerdo, por ejemplo, que muchas veces mi exmarido me reprochaba no estar escuchándole y yo le decía que sí, que le estaba escuchando. No es que no estuviera escuchándole, es que estaba *disintiendo* de su opinión). Sentada allí esa noche, sin embargo —quizás porque observaba desde fuera esas vidas en lugar de intentar argumentar una opinión en el ámbito de mi vida privada—, me quedé de piedra al ver ilustrada de manera tan palmaria esa idea abstracta. Recuerdo que pensé que era un prodigio que un hombre y una mujer pudieran permanecer casados años y años.

En determinados momentos, Adams tenía que recordarles a los participantes que podían querer mucho a sus padres y al mismo tiempo criticarlos. Los hombres hablaban continuamente de cómo provocaban sus madres a sus padres.

Cuando más tarde hablé con Adams sobre este tema, no se mostró en absoluto sorprendido de que los hombres hubieran excusado y relativizado el mal comportamiento de sus padres y al mismo tiempo hubieran demonizado a sus madres.

—Es lo que pasa, en parte —me explicó—. Que tienen interiorizado a un padre egoísta y narcisista. [Pero] no se puede andar sermoneando a la gente. Hay que darles información y confiar en que con el tiempo esa información empiece a surtir efecto.

Al día siguiente quedé para comer con un miembro del grupo. Fuimos en su camioneta a una hamburguesería de Cambridge. Me abrió la puerta, me dijo que pidiera yo primero y se aseguró de que el restaurante era de mi agrado. En otras palabras, fue educado y amable. Llevaba puesta una gorra de béisbol cuya visera le tapaba un poco la cara pecosa. Aunque yo sabía que rondaba la treintena, tenía cara de niño; tanto, que casi parecía que había empezado a afeitarse la semana anterior. El juez le había ordenado hacer el curso de Adams hasta el final y él me reconoció que la noche anterior había mentido al grupo respecto al consumo de alcohol, que tenía prohibido conforme a los términos de su libertad condicional. Restó importancia a los malos tratos a los que había sometido a su expareja diciéndome que sí, que era verdad que la había sujetado del cuello hasta dejarla casi inconsciente, pero que *solamente* lo había hecho una vez, *después* de que ella se metiera con él y le arañara. A su modo de ver, los dos eran responsables de las agresiones que se habían infligido mutuamente, y sin embargo solo él estaba pagando por ello. No se daba cuenta de que unos arañazos no son equiparables, por su peligrosidad, a un intento de estrangulamiento y consideraba, por tanto, que lo único que había hecho era devolver el golpe, *quid pro quo*. Al final, resultó que aquel hombre no llegó a terminar el programa; se marchó al oeste y es de suponer que no cambió de conducta. Pero puede que me equivoque. Puede que algo de lo que escuchó durante las semanas que asistió al curso se le quedara grabado, aunque no acabara el programa. Justo antes de que termináramos de comer, reconoció que, una vez superada la hostilidad inicial que sentía hacia el grupo, el programa le había servido de mucho.

—Cuando estás en una clase así, no puedes engañarte sobre las decisiones que has tomado —me dijo—. Ha llegado un punto de mi vida en el que ya no puedo decirme a mí mismo que no soy tan malo.

Cuando Adams empezó a estudiar cómo cambiar la conducta de los maltratadores, antes de establecer sus vínculos con el narcisismo, casi todos los estudios sobre el tema que se hicieron en los años sesenta y setenta afirmaban que la violencia dentro del hogar era resultado de la provocación de mujeres manipuladoras que incitaban a sus maridos. Que la víctima es responsable del daño que sufre es una opinión que persiste en la actualidad. A principios de la década de 1980, Ellen Pence, una experta en violencia de género de Minnesota, creó la llamada «rueda de poder y control».[90] Esta rueda pone de relieve las ocho maneras en que un maltratador retiene el poder y el control: intimidación, maltrato emocional, aislamiento, negación y culpabilización, manipulación de los niños, coacción, abuso económico y fuerza bruta y amenazas verbales. Los expertos en violencia machista señalan que los maltratadores no son conscientes de estar buscando el poder y el control sobre otra persona. Dicen cosas como «solo quiero que sea un sol [es decir, obediente y sumisa] y me tenga la cena lista a las seis» o «solo le pido que tenga la casa limpia y a los niños en la cama». O «solo la empujé un poquito, está exagerando». O «yo no habría roto ese plato si ella no

---

90. Pence, Ellen, «Duluth Model», *Domestic Abuse Intervention Programs*, Duluth, Minnesota. http://www.theduluthmodel.org

hubiera gritado». Se trata de variaciones sobre el mismo tema. (Más adelante oiría a Jimmy Espinoza decirles a los miembros de un grupo que estuvieran muy atentos al uso de palabras como «solo», «si» y «pero», lo que me pareció que resumía muy bien las cosas).

Al igual que Sinclair, Adams cree que los hombres deciden ser violentos. En un artículo que coescribió en 2002 con Susan Cayoutte, codirectora de Emerge, sobre la intervención y la prevención del maltrato, afirmaba: «Muchos maltratadores se desenvuelven respetuosamente en algunas, por no decir en la mayoría, de sus relaciones no familiares, lo que indica que saben cómo tratar con respeto a los demás cuando *deciden* hacerlo».

Para Adams, la clave para entender a los maltratadores es este narcisismo extremo, y aunque podamos pensar que los narcisistas son a todas luces unos inadaptados que no pueden parar de hablar de sí mismos, en realidad a menudo son personas carismáticas, bien adaptadas y que gozan de éxito profesional. Los narcisistas «se esconden entre nosotros», afirma Adams, «y se apiñan en la cumbre». No es fácil identificar a esas personas, en parte porque tienen mucho don de gentes y en parte porque «vivimos en un mundo cada vez más narcisista en el que se valora el éxito por encima de todo lo demás». Adams señala especialmente a ese tipo de «narcisista carismático al que otros idolatran». Es el tipo de maltratador de guante blanco que, gracias a su dinero y sus contactos, consigue escapar a la acción de la justicia. Un hombre para el que la posición social y la reputación lo son todo. Tanto Adams como otros estudiosos a los que he entrevistado hablan a menudo de nuestra imagen colectiva de los delincuentes; sobre todo, de los asesinos. De cómo tendemos a imaginarlos como ogros cuando lo cierto es que es imposible distinguirlos del común de la gente.

El maltratador ordinario, me dijo Adams, «suele ser más simpático que su víctima, porque el maltrato afecta a la víctima mucho más que al agresor. Los maltratadores no pierden el sueño; las víctimas, sí. No pierden el trabajo ni a sus hijos». De hecho, los maltratadores suelen verse a sí mismos en cierto modo como salvadores.

—Sienten que están rescatando a una mujer en apuros. Es otro aspecto de su narcisismo. Y quieren que ella se lo agradezca eternamente. En comparación con ellos —afirma Adams—, muchas víctimas están hechas polvo. Porque de eso se trata, precisamente, para el maltratador: «Voy a dejarte hecha una piltrafa para que nadie te quiera».

Las víctimas viven en muy malas condiciones. A menudo abusan de las drogas o viven en situaciones de pobreza extrema. Muchas han tenido una infancia traumática y marcada por los abusos. Esos casos son los más difíciles de encausar, sobre todo porque las víctimas pueden ser testigos poco fiables.

—Por eso es tan frecuente que los maltratadores consigan engañar al sistema —me dijo una experta en violencia de género—. Porque son simpatiquísimos, mientras que la víctima da una imagen muy negativa de sí misma.

El inspector de policía Robert Wile me contó hace unos años que había llegado a la conclusión de que «la mayoría de las víctimas que llevamos al juzgado son mujeres que tienen un montón de problemas de salud mental, y nosotros tenemos que retratarlas como buenas personas para poder encerrar al bestia que les daba palizas. ¿Y quién, en cambio, no tiene que decir ni mu? Él. Él se limita a quedarse ahí sentado».

Este comentario de Wile me recordó el caso de una mujer a la que conocí mientras intentaba recomponer su vida tras años de malos tratos. Una de las cuestiones más difíciles de explicar es cómo los malos tratos van minando poco a poco a una persona. Gran cantidad de supervivientes afirman que el abuso emocional sostenido es mucho peor que el maltrato físico. En efecto, el libro de Gondolf habla de la violencia de género como un proceso, más que como un incidente aislado. Nuestro sistema penal, sin embargo, está pensado para enjuiciar incidentes concretos, no procesos. Esa mujer en concreto tenía experiencia como trabajadora social y pasé muchas horas conversando con ella acerca de cómo los abusos de su exmarido habían ido erosionándola anímicamente. La primera vez que ocurrió, me dijo, fue tan repentino y extraño que dio por sentado que había sido una excepción. Iban andando por una calle de Manhattan muy transitada, discutiendo, y él de repente se inclinó y le mordió tan fuerte en la mejilla que le dejó media cara amoratada. Las marcas de sus dientes le duraron días. Al ver lo que había hecho, la llevó a una droguería a comprar maquillaje para tapar las marcas. Como tantos otros, aseguraba estar profundamente arrepentido, horrorizado por lo que había hecho. Lloró. Le pidió perdón. Hizo promesas.

—Yo seguía pensando que aquello era inaceptable —me dijo ella—. Hasta que estuve tan hecha polvo que ya solo era cuestión de supervivencia.

Él siguió abusando de ella. De hecho, los malos tratos empeoraban de año en año. Le lanzaba una pelota de golf a la cara cuando ella iba conduciendo, o le tapaba la cabeza con una manta e intentaba estrangularla. Cuando las cosas llegaron a un punto en que ella ya temía por su vida, él solía ir solo a la droguería, le compraba el maquillaje necesario para ocultar las marcas y se lo daba sin pedirle perdón. Para entonces ella estaba ya tan derrotada que sentía que no le quedaba nada, que no era más que un montón de huesos y pellejo sin ánimo ni energías para hacer nada, como no fuera arrastrarse penosamente hacia la inconsciencia. Y sin embargo, al mismo tiempo, sentía que, si podía ayudarle a verse a sí mismo a través de sus ojos, él cambiaría y se convertiría en la persona que ella siempre había creído que podía ser. Es un discurso muy común. A las mujeres nos inculcan machaconamente que somos las depositarias de la vida y la salud emocionales de la familia, que la responsabilidad de que un hombre cambie reside en nosotras.

—La única manera que tengo de describir de verdad lo que me pasó es que una parte de mí se moría y otra parte de mí se encendía, como si mi amor pudiera salvarnos —contaba ella—. Pero para eso tenía que dejar de quererme a mí misma y quererlo solo a él.

Es decir, que el narcisismo de su marido ni siquiera le dejaba espacio para que cuidara de sí misma.

Se sentía tan avergonzada por el giro que había dado su vida y por cómo había resultado su matrimonio que tardó mucho tiempo en contárselo a alguien. A fin de cuentas, se decía, tenía estudios universitarios y una carrera prometedora; la había educado una feminista para que «espabilara». No era pobre ni era semianalfabeta. Era una mujer blanca de clase media liberal. Tenía una melena rubia y una sonrisa californiana de dientes blanquísimos. Y sin embargo allí estaba, con aquel hombre que se las había ingeniado para socavar poco a poco su humanidad. Pensaba que los abusos de su marido tenían que ser en parte, de algún modo, culpa suya. Él sufría estrés postraumático. Ella tenía que ser más paciente. Él había luchado por su país, había estado destinado en frentes de batalla en el extranjero. Ella se lo debía, se decía a sí misma. ¿Acaso no lo había abandonado todo el mundo? Solo lo tenía a ella, ¿no? ¿Y no se había comprometido ella a cuidarlo, a amarlo y honrarlo en la salud y la enfermedad, en la pobreza y en la riqueza? Su deber era quedarse y ayudarlo a ver con claridad para que superara su tormento. Ella ni siquiera podía imaginar lo mal que lo había pasado. ¿Dónde estaba su empatía? ¿Y su paciencia? Algún día, pensaba, él se pondría bien, se acabarían los malos tratos y todo se arreglaría.

Y luego, un día, se levantó y huyó. Su caso era tan extremo que reunía los requisitos para entrar en un programa de protección de testigos gracias al cual la dirección de su domicilio era confidencial, le entregaban el correo por mensajería privada y tenía cámaras de seguridad instaladas en las puertas y las ventanas de su casa. Tardó años en volver a ser la de antes. Durante ese tiempo, a su marido le pusieron una tobillera con GPS y se dictó una orden de alejamiento perpetua en su contra que le impedía incluso entrar en el condado donde vivía y trabajaba ella, y naturalmente también en su municipio. Cumplió pena de prisión. Y, finalmente, varios años después de dejarle, ella se atrevió a hacer algo que antes le encantaba: salir a correr. Fuera, al aire libre. Y entonces supo al fin que era libre.

LA PERTURBADORA PRESENCIA
DE LO INEXPLICABLE

Una noche, Patrick O'Hanlon y su mujer, Dawn, estuvieron levantados hasta la madrugada. Su hija April se había ido a la cama hacía horas. O'Hanlon llevaba meses sufriendo insomnio crónico y a veces dormía en el cuarto de April, y ella dormía con su madre. Le parecía embarazoso tener que dormir así, pero cualquier cosa le despertaba: los ronquidos de Dawn, los agobios de una casa demasiado pequeña, el estrés del trabajo... Cuando trabajaba tenía que recorrer un trayecto largo para llegar al trabajo. Y a menudo estaba tan agotado que se quedaba dormido en el tren. Una vez, Dawn se lo encontró durmiendo en un armario de su casa.

Patrick se había jubilado hacía un año y la transición estaba siendo difícil. Solos unas cuantas personas sabían que estaba pasando por un bache anímico: Dawn, April, la madre de Patrick y su exjefe. Nadie, sin embargo, se daba cuenta de lo grave que era la situación. Patrick sufría una depresión severa —lo que más tarde se llamaría «trastorno depresivo mayor»— y había empezado a oír voces que le decían que «no había salida» y que tenía que «acabar con todo».[91] Evitaba cualquier sitio donde tuviera que interactuar con extraños —los ascensores, por ejemplo— y revisó numerosas veces una de las barandillas del edificio de pisos donde vivía temporalmente con su familia para calcular si aguantaría su peso si se colgaba. Se imaginaba arrojándose desde sitios altos, estrellándose contra muros o circulando en sentido contrario por la carretera y hacía acopio de medicamentos. Dawn llevaba varias semanas llamando a su suegra para decirle que estaba asustada, y Alice O'Hanlon empezó a telefonear a su hijo con más frecuencia, preocupada por que se hiciera daño a sí mismo.

---

91. Muchos hombres que matan a sus familias o a sus parejas aseguran «oír voces» y tratan de escudarse en la enajenación mental como eximente. Casi nunca funciona. Los jurados suelen desconfiar de tales alegaciones y el listón para demostrar que existe enajenación mental es extremadamente alto.

Lo que más les preocupaba era la posibilidad de que se suicidara. Nadie se dio cuenta de lo profunda que era su enajenación hasta la noche en que Patrick entró en la habitación de su hija y, mientras la estrangulaba, le dijo que iba a «mandarla con Jesucristo». Ella no se resistió. Tras lo cual, Patrick entró en su dormitorio y golpeó a Dawn con un objeto contundente; después, la estranguló a ella también. Luego pasó unas horas conduciendo sin rumbo fijo. Hizo un alto en una tienda de las que están abiertas las 24 horas del día para comprar una cuerda. Y luego llamó a un sacerdote y le contó lo que había hecho.

Desde un punto de vista jurídico, el familicidio —la aniquilación de la propia familia— implica el asesinato de la pareja sentimental y de, al menos, un hijo del asesino. (Algunos investigadores lo definen como el asesinato de la familia en su conjunto). Como delito es poco frecuente, sin duda; de ahí que los estudios que le han dedicado los investigadores sociales sean extremadamente escasos. Solo he encontrado un puñado de estudiosos que hayan tocado ese tema en sus publicaciones. Uno de ellos lo describía como una mera «nota al pie» de los estudios sobre la violencia.

El primer familicidio del que se tiene constancia documental en Estados Unidos data de mediados del siglo XVIII. Durante los dos siglos siguientes, se dio un promedio de tres casos de este tipo por década. Luego, en los años noventa del siglo XX, se registraron treinta y seis casos. Y entre 2000 y 2007, sesenta. Según un estudio realizado por el Family Violence Institute (FVI, Instituto de Violencia Familiar), entre 2008 y 2013 hubo 163 casos de familicidio, con un cómputo total de 435 víctimas mortales. Estas cifras no incluían los parricidios (es decir, los casos de hijos que matan a sus padres) ni los filicidios (los de padres que matan únicamente a sus hijos). Neil Websdale, director del FVI y autor del libro *Familicidal Hearts*, afirma que la media de familicidios en Estados Unidos desde la crisis económica de 2008 es de tres al mes. Dicho de otra manera: mientras que casi todos los demás tipos de homicidios han ido disminuyendo paulatinamente durante las últimas décadas en Estados Unidos, los familicidios parecen ir en aumento.

Si en los programas de intervención con maltratadores suelen ser mayoría los hombres blancos y de otras razas pertenecientes a la clase trabajadora, en el caso de los familicidios dominan claramente los varones blancos de clase media y media-alta. La desigualdad racial se hace especialmente patente, claro está, en las prisiones de todo el país, pobladas por una cantidad desproporcionada de hombres pertenecientes a minorías raciales a los que se encarcela por delitos de los que suele eximirse a los de raza caucásica, debido a que estos disponen del dinero, los contactos o la formación necesarios para eludir su responsabilidad penal. Solo hay que pensar en Rob Porter, Eric Schneiderman o Donald Trump para darse cuenta de cómo opera aún el privilegio —social y económico— del hombre blanco. En el caso del familicidio, en cambio, la tendencia se invierte: la inmensa mayoría de los hombres que matan a su familia son blancos, de clase media o media-alta, y a menudo tienen estudios y una buena posición económica (al menos, hasta justo antes de cometer los asesinatos). Los casos más sonados, como el de Scott Peterson, que se encuentra en el corredor de la muerte por matar a su esposa embarazada, o el de Chris Watts, condenado a cadena perpetua en noviembre de 2018 por asesinar a su mujer embarazada y sus dos hijas, dominan los titulares durante meses.[92] El familicidio es la única vertiente de la violencia contra las mujeres que no parece seguir los patrones comunes al resto de los homicidios machistas. Y quizá porque se trata de un crimen tan impensable y atroz, y porque los culpables casi siempre se suicidan, los estudiosos le han dedicado muy poca atención. Websdale —que dirige también la National Domestic Violence Fatality Review Initiative (NDVFRI, Iniciativa Nacional de Revisión de la Violencia Machista con Resultado de Muerte)— es quizá el único investigador estadounidense que se dedica específicamente a este tema.

Puede que sea evidente, pero estos sucesos son de los más difíciles de cubrir para una periodista. Teniendo en cuenta las tinieblas que los rodean y la entereza emocional que hay que tener para informar sobre ellos, no es de extrañar que haya tan poca investigación periodística en torno a casos de

---

92. El hecho de que estos dos sucesos acaparen titulares ilustra hasta qué punto influye la cuestión racial en los medios periodísticos. Resulta chocante y abominable que un varón blanco de clase media mate a su esposa e hijos, también blancos de clase media. En cambio, el asesinato de una mujer negra y de sus hijos se considera menos digno de aparecer en letra grande. No obstante, dado que en el caso del familicidio los culpables suelen ser varones caucásicos, es difícil establecer comparaciones precisas.

familicidio. Hay, además, una razón de índole meramente práctica para que así sea: la mayoría de los asesinos se suicida, y los que sobreviven se niegan, en general, a hablar con periodistas.

Patrick O'Hanlon era, pues, un caso extremadamente raro: un familicida que no se había quitado la vida después de cometer el asesinato y que además estaba dispuesto a hablar conmigo. Creo que en un principio pensó que nuestras conversaciones serían una especie de camino de redención, una forma de intentar explicarse ante la sociedad. Encajaba hasta el último detalle en la definición que hacía David Adams del narcisista. Incluso comentó varias veces que creía que el mundo estaba aguardando sus palabras. Pero en determinado momento debió de quedarle claro que a través de mí no obtendría la absolución. Y, tras varios meses de entrevistas, decidió que no quería seguir colaborando conmigo. Hubo a continuación un tira y afloja. Como periodista, tengo muy clara mi postura ética y pragmática: una vez hecha la entrevista, el entrevistado no puede dar marcha atrás. Yo había pasado unas catorce horas entrevistando a O'Hanlon. El contenido de esas conversaciones llenaba varios cuadernos. Estaba en mi derecho de publicar su historia. Pero, al mismo tiempo, vivo y trabajo en un país cuyo jefe de Estado en el momento que escribo estas líneas, Donald Trump, tacha a los medios informativos de «enemigos del pueblo». Se nos insulta, se nos amenaza y se nos demanda (e incluso se nos mata) por el trabajo que hacemos, de modo que tales decisiones no pueden tomarse a la ligera. Tengo que reconocer, además, que enemistarse con una persona que ha matado a toda su familia no es una perspectiva agradable.

De modo que, al final, llegué a la conclusión de que mi única opción para indagar en los motivos por los que estos crímenes van en aumento era servirme de la historia de Patrick O'Hanlon, pero enmascarándola. Les he cambiado el nombre a él y a sus familiares, y he omitido asimismo otros datos que pudieran servir para identificarlos. Gran parte de la información que incluyo a continuación procede de actas judiciales, archivos policiales y otros documentos públicos.

Patrick O'Hanlon es un hombre nervioso y tieso como un palo, de cabello negro algo canoso. Viste vaqueros, camisa de manga corta y botas de trabajo: el uniforme carcelario. Tiene las gafas rotas, pegadas con cinta adhesiva.

Va perfectamente afeitado y lleva la camisa bien remetida por la cinturilla del pantalón. Habla suavemente, sin levantar la voz. Nuestras conversaciones tienen lugar en la cárcel, en una sala de reuniones sin ventanas cuyas paredes están cubiertas de carteles edificantes: águilas en pleno vuelo, atardeceres encendidos y cascadas, acompañados de mensajes que instan al espectador a *creer* en la posibilidad del cambio y a no perder la esperanza. Arte de supermercado. O'Hanlon no lleva grilletes, pero lo acompaña un guardia que se queda en la sala, con nosotros, mientras dura la entrevista, junto con el encargado de prensa de la cárcel y un camarógrafo que graba la conversación. Entrevisté a O'Hanlon en sesiones de cinco o seis horas de duración, en el centro penitenciario en el que cumple dos sentencias consecutivas por el asesinato de Dawn y April. Él describe una zona pequeña, una especie de patio, en el que a veces nota el olor del campo y alcanza a ver la copa de algún árbol.

—La cárcel no está tan mal —dice.

¿Comparada con qué?, me pregunto yo.

Su padre tenía una pequeña empresa que quebró, de modo que era su madre quien mantenía a la familia.

—Él tenía que pedirle dinero a mi madre —recuerda O'Hanlon—. Era humillante.

Como consecuencia de ello, su padre bebía y gritaba más de la cuenta, y a veces aterrorizaba a la familia con sus estallidos de ira. Una vez los amenazó con un cuchillo y aseguró que lo usaría si alguno se atrevía a acercársele. O'Hanlon recuerda que le plantó cara, hasta que llegó un vecino y se llevó a su padre. (Su madre dice no acordarse del incidente del cuchillo y afirma únicamente que su marido gritaba y que a veces tiraba cosas).

—Yo no calificaría a mi padre de agresivo, sino de cariñoso —comenta O'Hanlon, aun así.

Como muchos niños que se crían en hogares en los que se da la violencia machista —verbal o física—, O'Hanlon no cree que su padre fuera violento. Encaja en el mismo molde que los hombres del grupo de David Adams, la noche que asistí a una sesión de terapia y hablaron de sus padres. Resta importancia a la violencia que ejercía su padre y se refiere con mayor frecuencia al comportamiento de su madre.

—Mi madre no era ningún ángel. Si lo hubiera provocado menos, si hubiera sido más respetuosa con su papel como marido…

Una vez le pregunté qué aspecto reviste para él la violencia. Me habló de gritos y voces, de gente volcando muebles, de vecinos que oían el tumulto. Menciona el incidente del cuchillo como prueba de que su padre no era un maltratador.

—Un hombre [más] violento habría usado el cuchillo —asegura.

No parece darse cuenta de que, vista desde fuera, su casa encajaría a la perfección con la descripción que él mismo hace de la violencia.

El Family Violence Institute tiene su sede en un edificio achaparrado, de una sola planta, que comparte con el Cuerpo de Capacitación de Oficiales en la Reserva y con el almacén de una tienda de muebles de oficina de segunda mano, dentro del campus de la Universidad del Norte de Arizona en Flagstaff. La puerta está siempre cerrada y vigilada por cámaras de seguridad porque Neil Websdale ha recibido numerosas amenazas de muerte, casi todas ellas de maltratadores en cuyo proceso actuó como perito.

Hace años, comenzó a buscar en los archivos documentos acerca de familicidios en Estados Unidos para un curso que estaba impartiendo y se topó con el caso de un tal William Beadle, un empresario respetado que en 1782, al hallarse en bancarrota, mató a su esposa y a sus cuatro hijos con un hacha. Su caso despertó el interés de Websdale, que al seguir buceando en los archivos fue encontrando más y más casos parecidos.

—Parecía haber un vínculo claro entre esos casos de la década de 1780 y los actuales —comenta Websdale.

Sucesos en los que un hombre con una situación privilegiada se enfrenta a problemas económicos graves y la única salida que concibe es asesinar a su familia y luego quitarse la vida. De hecho, el propio Beadle escribió acerca de la humillación que suponía la bancarrota: *Si un hombre que antes vivía bien, que se portaba como es debido y tenía buenas intenciones cae por un azar inevitable en la pobreza y se convierte en el hazmerreír (...) no le queda otro remedio que incurrir en la peor de las maldades.*

Websdale empezó a recopilar documentos relativos a familicidios acaecidos en todo el país en los últimos siglos, una investigación que culminó en 2010 con la publicación del libro *Familicidal Hearts*, en el que identifica dos tipos principales de familicidas: los agresivos furiosos, con un largo historial de violencia familiar a sus espaldas, y los formales y bien integrados, miembros reputados de la sociedad como William Beadle, sin antecedentes violentos conocidos, que matan movidos por un altruismo retorcido y perverso. Ambos grupos pueden solaparse, pero es el segundo, sobre todo, el que desconcierta a los investigadores. (Jacquelyn Campbell rechaza hasta cierto punto esta categorización alegando que la violencia machista está siempre presente, como un sombrío telón de fondo, en los casos de familicidio aunque no haya evidencias materiales previas. Websdale y ella mantienen una rivalidad cordial y a menudo están en desacuerdo sobre estas cuestiones; eso sí, de la manera más civilizada). Las coyunturas de recesión económica afectan especialmente a la segunda categoría, a la que pertenece sin duda Patrick O'Hanlon, el tipo de ciudadano formal y respetado que un día, aparentemente, se «ofusca» y pierde la cabeza sin más.

—Al hablar de esa ofuscación repentina estamos pasando por alto la acumulación de represión emocional —explica Websdale.

Los asesinos formales y bien integrados suelen pertenecer a la clase media o media-alta. Muy a menudo son blancos. (En Estados Unidos, el 95 % de los familicidios son obra de varones. Según el estudio de Websdale, entre 2008 y 2013 hubo 154 familicidios perpetrados por hombres frente a siete perpetrados por mujeres). Sus familias suelen presentar un reparto muy tradicional de funciones según el género; es decir, que el varón es el principal proveedor de ingresos y la mujer se encarga del cuidado de la familia y de la casa. (No quiero decir con ello que las mujeres no trabajen, sino que son ellas quienes se encargan, principalmente, de suplir las necesidades emocionales del hogar). Rocky Mosure es un claro ejemplo de ello. A menudo son muy religiosos comparados con la media de la población, tienen convicciones fundamentalistas y pueden ser extremadamente reprimidos en cuanto a la expresión de sus emociones, todo lo cual define a Patrick O'Hanlon. Suelen estar, además, muy aislados socialmente. Los reveses económicos —la pérdida del empleo, el empeoramiento de la posición social o la bancarrota inminente— pueden ser el detonante último que los impulsa a matar.

Su *altruismo* cristaliza en la idea de salvar a su familia de un destino peor que la muerte. En un caso famoso ocurrido en Florida en 2010, por ejemplo, Neal Jacobson, un agente hipotecario desempleado, mató a su mujer y a sus hijos gemelos el día que estos cumplían siete años. La familia vivía en una urbanización privada de la localidad de Wellington y se hallaba al borde del desahucio debido a su situación económica. En otro caso famoso acaecido en Gales, Robert Mochrie asesinó a su esposa y a sus cuatro hijos al hallarse ante una bancarrota inminente. Parece que en ambos casos —y en muchos otros—, las mujeres no estaban al tanto de la situación económica que afrontaba la familia. Tales secretos son otro sello distintivo de este tipo de asesinos, según afirma Websdale.

—Me espanta el grado de secretismo de la vida de esos hombres.

David Adams tampoco está del todo de acuerdo con la clasificación de Websdale, en parte porque cree que define al agresor como víctima. Para Adams, estas categorías son menos relevantes que su teoría del narcisismo.

—Si tienes una noción desmedida de tu propia importancia y sufres una ofensa narcisista, atacas —afirma.

Se refiere, claro está, a personas que no solo tienen un ego de proporciones colosales, sino que además sufren un trastorno de la personalidad. Tales narcisistas, explica Adams, «viven y mueren por su imagen». Cuando esa imagen se ve amenazada —porque se descubre que mienten o que guardan un secreto, por ejemplo—, reaccionan violentamente e «imponen» su solución a sus parejas e hijos. Esa solución, en los casos más extremos, es el homicidio.

Los problemas económicos de muchos de los asesinos de la segunda categoría de Websdale, la de los formales bien integrados, sugieren que existe una relación de causa-efecto entre lo que los asesinos perciben como una catástrofe económica y el asesinato de sus familias. En efecto, en los 161 casos que el equipo de Websdale identificó entre 2008 y 2013, 81 sucedieron en los años 2009 y 2010. El criminólogo de la Universidad del Nordeste Jack Levin computó los familicidios acaecidos en Estados Unidos durante los primeros cuatro meses de 2008 —siete casos— y descubrió que al año siguiente esa cifra casi se había duplicado: durante el primer cuatrimestre de 2009 hubo doce casos. (Se trata de cifras muy pequeñas, desde luego, pero hay que recordar que estamos hablando de actos de violencia extrema). En ese lapso de tiempo, la tasa de paro se había multiplicado prácticamente por dos como consecuencia de la recesión.

—Creo que es indudable que hay una correlación entre el desempleo, la división del trabajo y la tasa de familicidios, sobre todo en el caso de los asesinos formales y bien integrados —afirma Websdale—. Yo la describiría como una función inversa.

James Gilligan, autor de *Violence: Reflections on a National Epidemic* y evaluador del RSVP en sus inicios, ha podido comprobar en sus estudios que, en efecto, el aumento de las tasas de suicidios y homicidios está relacionado con las penurias económicas.

—Hay un vector muy claro —asegura—. Si un hombre se queda sin trabajo, puede sentirse castrado y humillado y tender al suicidio o al homicidio, o a ambas cosas. Es una mentalidad apocalíptica.

Richard Gelles, director del Centro de Estudios sobre Políticas Sociales y Juventud de la Universidad de Pennsylvania, señala también la existencia de estresores económicos como un factor fundamental y advierte de que, dadas las condiciones sociopolíticas actuales, es probable que la situación no deje de empeorar.

—Puedes respetar escrupulosamente la legalidad y aun así perder el plan de pensiones, el trabajo, la casa, y que encima todavía te queden cincuenta mil dólares que pagar de los préstamos que pediste para estudiar una carrera universitaria. Y aunque te declares insolvente, seguirás teniendo que pagar esos préstamos —afirma—. Es verdaderamente el caldo de cultivo ideal para arruinarle la vida a todo un sector de la población.

La disolución de la clase media americana, me dijo Gelles, es «como el canario de una mina de carbón».

Para otros estudiosos, en cambio, el enfoque económico de la cuestión ofrece más dudas. Marieke Liem, investigadora posdoctoral de la Universidad de Harvard que estudia la violencia familiar, descubrió una correlación muy robusta entre la tasa de desempleo y el familicidio entre los años 1976 y 2007. En un segundo análisis que abarcaba el periodo 2000-2009 encontró, en cambio, una «correlación débil» entre ambas variables. Jacquelyn Campbell, por su parte, opina que las dificultades económicas y el paro no son causas que puedan explicar por sí solas la violencia machista, aunque sean estresores que influyen en todas las manifestaciones de dicha violencia.

Al acabar la educación secundaria, O'Hanlon solicitó plaza en una universidad prestigiosa. Estaba convencido de que nadie creía que fueran a admitirlo. Sus hermanos no se tomaban en serio sus aspiraciones y a veces se burlaban de él.

—Yo creía en Dios. Le decía: «Si existes, ayúdame».

Y Dios, afirma, atendió sus plegarias. Consiguió plaza en la universidad e inició su vida adulta disfrutando de todo el respeto social que se derivaba de ello.

Patrick O'Hanlon conoció a su esposa, Dawn, justo después de acabar la carrera. Dice que ella le impresionó. Era ambiciosa, trabajaba a jornada completa, estudiaba una carrera por las noches, y tenía graves apuros económicos. O'Hanlon afirma que fue amor a primera vista. Le preocupaba que ella no pudiera pagar el alquiler y sentía que tenía el deber de ayudarla, así que se preguntó qué haría Jesucristo en un caso así. Y la respuesta que oyó fue: «Salvarla». Se casaron al poco tiempo de conocerse. Él cuenta que Dawn siempre fue una mujer muy lanzada y decidida. Pasado un tiempo acabó los estudios y encontró trabajo. Un par de años después tuvieron a su hija April.

O'Hanlon recuerda que, cuando todavía eran novios, Dawn estaba a veces tan atareada que no tenía tiempo para quedar con él. Una vez, O'Hanlon le hizo un trabajo de clase que ella tenía que presentar esa misma semana. Quería verla, me dijo, y aquel trabajo se «interponía» entre ellos. ¿No le preocupaba que fuera a hacer trampa?, le pregunté, habida cuenta de que él solía insistir en que era un hombre honrado.

—A mí, no. No fui yo quien lo entregó —me contestó quitándole importancia al asunto.

Luego llegó el 11 de septiembre de 2001 y el atentado contra el Pentágono. O'Hanlon afirma que no recuerda nada de lo que ocurrió entre el momento en que se enteró del atentado y el instante en que llamó a Dawn, entrada ya la mañana. Caminó unos dos kilómetros, pero no guarda ningún recuerdo de ese paseo. Él sitúa en esa fecha el momento en que «Patrick O'Hanlon empezó a perder la cabeza».

Para Neil Websdale, son muchos los factores que explican el aumento de los familicidios. La noción de masculinidad es, afirma, una carga muy pesada para los hombres que no aceptan el feminismo. La teoría de la violencia de género señala la necesidad de poder y control del maltratador como un factor esencial y trata de analizar por qué no se marcha la víctima. Websdale arguye, no obstante, que los maltratadores son en cierto sentido igual de vulnerables que las víctimas debido a su incapacidad para vivir sin estas.

—Yo no me pregunto por qué no se marcha *ella* —afirma—, sino por qué se queda *él*.

Muchos de estos hombres son extremadamente dependientes de sus parejas. Las ven como un conducto que los vincula con el mundo de los sentimientos, en el que ellos, por lo general, no habitan. Con frecuencia, abrigan un incipiente sentimiento de vergüenza respecto a su masculinidad que no alcanzan a entender. Es, según Websdale, la gran paradoja de la violencia machista: el maltratador puede ser al mismo tiempo muy controlador con su pareja e incapaz de controlar esa dependencia.

Gilligan está de acuerdo con Websdale en su valoración del cambio de roles de género.

—Cada vez que tiene lugar un cambio social de gran calado, como sucedió con el movimiento de los derechos civiles cuando se puso fin a la segregación legal, se produce un contragolpe muy serio, y yo diría que los cambios que se están dando en los roles sexuales y de género están produciendo también una reacción muy violenta. [Se ven] actitudes de lo más machistas, homófobas y reaccionarias, y al mismo tiempo la opinión pública en general se está volviendo más tolerante.

Gilligan cree que habría que abordar la violencia como un problema de salud pública que puede prevenirse incluso en sus manifestaciones más extremas.

—Damos por sentado que cuando la gente alcanza la edad adulta ya es capaz de enfrentarse a todo lo que le pase —dice—, pero la verdad es que los seres humanos somos muchísimo más frágiles y vulnerables de lo que creemos. Y luego, cuando alguien se rompe, nos sorprendemos al comprobar lo frágil y vulnerable que era.

Vivimos, desde luego, en una época en la que el progreso y esa reacción violenta de la que habla Gilligan se dan en grado superlativo. Son muchos los hombres que, antes de matar, vomitan en sus manifiestos una retórica intolerante, racista y misógina: Dylann Roof, Elliot Rodger o Alek Minassian, entre otros. Hoy en día, se diría en ocasiones que los principales dirigentes del país contribuyen a normalizar el discurso de odio, machista y racista, de esos asesinos y su sentimiento de estar haciendo lo que les corresponde por derecho. No es ningún secreto que varios presidentes de

Estados Unidos —Thomas Jefferson, Ronald Reagan y Bill Clinton, por ejemplo— han sido acusados de violación (en el caso de Jefferson, esas acusaciones se confirmaron hace tiempo). Para mí, la diferencia entre el presente y otros momentos históricos —desde la violación sistémica de la época de Jefferson, anterior al sufragio femenino, al donjuanismo compulsivo de John Kennedy y Bill Clinton, e incluso a la misoginia cerril de Donald Trump— estriba no solo en que la retórica exacerbada actual desata, en mi opinión, una violencia extrema, sobre todo en forma de tiroteos indiscriminados, sino también en que dicha violencia se da al tiempo que las mujeres estamos exigiendo públicamente y con rotundidad un cambio social. Ya no se da por descontado que soportaremos el acoso en el lugar de trabajo, o las agresiones sexuales en la universidad, o incluso los devaneos inacabables de nuestras parejas. Estamos exigiendo más y mejores leyes a nuestros legisladores, y un trato mejor a la judicatura y las fuerzas policiales. Mientras escribo esto, miles de mujeres se manifiestan ante la escalinata del Tribunal Supremo estadounidense en protesta porque un hombre blanco de clase alta acusado de intento de violación haya sido elevado al más alto tribunal del país. Miles de mujeres se presentan a cargos políticos, más que nunca antes, y el número de escaños ocupados por mujeres en el Congreso ha alcanzado una cifra récord. Así pues, ¿vivimos en una época en la que prevalecerá el progreso, como ha sucedido con otros movimientos sociales y culturales modernos? Dentro de veinte años lo sabremos, pero confío, desde luego, en que James Gilligan esté en lo cierto al afirmar que las épocas de gran turbulencia social suelen ir seguidas de avances sociales.

Numerosos investigadores, incluidos Websdale y Adams, hablan también de las posibilidades incendiarias de la vergüenza extrema. En una charla TED ya famosa titulada *Listening to Shame*, Brené Brown se refería a la correlación existente entre vergüenza, violencia, depresión y agresión, entre otras reacciones, y afirmaba que la vergüenza se «organiza» conforme al género. En el caso de las mujeres, consiste en una serie de expectativas que rivalizan entre sí y giran en torno a la familia, el trabajo y las relaciones sociales, mientras que para los hombres consiste simplemente en «que no los perciban como débiles». Brown define la vergüenza como una «epidemia de nuestra cultura» y cita las investigaciones de James Mahalik, del Boston College, quien estudió las ideas imperantes en la sociedad estadounidense respecto a las normas de género. Unas normas que dictaban que las mujeres fueran «guapas, delgadas y discretas, y que se sirvieran de todos los recursos a su alcance para mejorar su aspecto físico». Los hombres, en cambio, debían «mostrar control sobre sus emociones, anteponer el trabajo a lo demás, afanarse por mejorar su posición social, y ejercer la violencia».

Llamé a Mahalik para pedirle que me diera más contexto y me dijo que no se trataba tanto de que los hombres individuales respaldaran la violencia, como de una respuesta cultural general de la sociedad estadounidense. Aludió a la política exterior y a los disturbios sociales y a cómo nuestra reacción colectiva tiende, en primer lugar, hacia la violencia. Ejemplos de ello serían la actuación de los antidisturbios en Ferguson o las intervenciones militares en Oriente Próximo. Incluso en el retrato que hace Hollywood de los hombres, la violencia constituye «un elemento cinematográfico muy importante», apuntaba Mahalik.

—De alguna manera, hemos equiparado violencia con resolución de conflictos.

En la historia psiquiátrica de O'Hanlon, el tema de la vergüenza sale a relucir una y otra vez. Le avergüenza que no le dieran un ascenso; que lo trasladaran a un puesto para el que no se sentía capacitado; y el no poder sacudirse su sentimiento de desesperación. En una de sus últimas sesiones de terapia antes de jubilarse, su psicóloga anotó: *Ha aprendido que tener un poco de humildad en realidad fortalece, más que debilitar. Riesgo bajo de que se haga daño a sí mismo o a otros.*

Si le preguntas a O'Hanlon por qué lo hizo, te dirá que no lo sabe. Si le preguntas qué aconsejaría a otros hombres como él para prevenir crímenes de este tipo, sus respuestas varían. Le hice esa pregunta cada vez que hablé con él. He aquí un compendio de lo que contestó en el transcurso de nuestras entrevistas: «No te eches encima una carga que no puedas sobrellevar. No seas orgulloso. No codicies ascensos y ganancias económicas. No trabajes tanto. Rebaja tus expectativas. No seas demasiado ambicioso. Once de Septiembre. Hay que mejorar la forma que tenemos de tratar la enfermedad mental en este país. Hay que vigilar la medicación que toman [los enfermos mentales]. Culpabilidad del superviviente. Debería haber leído el *Libro de Job*. No sabes lo largo que es el trayecto que tengo que hacer para ir a trabajar, eso no es vida. Insomnio.

Cuando tienes cáncer, puedes pedirle ayuda a un amigo; cuando tienes depresión, no».

Y, de hecho, no se equivoca en nada de lo que dice.

Después del 11 de septiembre, O'Hanlon comenzó a trabajar como personal de apoyo en un organismo federal. También empezó a tener problemas para dormir. Dice que no podía quitarse de la cabeza las imágenes de bolsas para cadáveres[93] y féretros cubiertos con banderas nacionales. Una vez le pregunté por qué no había ido al extranjero en el desempeño de su trabajo y de pronto abandonó la placidez que solía caracterizarlo y se puso hecho una fiera.

—Mucha gente me dice que soy un mierda, que por qué no estuve en Irak o Afganistán —dijo levantando bruscamente la voz—. Tenía diecinueve años y nos apuntaban con armas. Me ofrecí voluntario. El Muro de Berlín no había caído todavía. Estuve allí, en Alemania, y había obuses y tanques apuntándonos. A mí que no me vengan con que soy un flojo. Después del 11 de septiembre me pusieron en alerta, en el nivel de seguridad más alto. Todos esos hombres que pateaban el terreno... Era *mi* departamento el que les daba apoyo.

Comprendí por su respuesta que había puesto el dedo en la llaga. Cuando insistí en el tema, me dijo que nadie le había dicho a la cara que fuera un mierda, pero que él notaba que lo pensaban.

—Un general de cuatro estrellas diría que no hay que medir a un militar por la proximidad del combate —me dijo, y añadió—: Que nadie me diga que no soy valiente. Yo soy un patriota.

Su insomnio empeoró con el tiempo, igual que su depresión. Continuó yendo al psiquiatra, que le recetó muchos fármacos distintos y en distintas dosis, lo que, según O'Hanlon, contribuía a agravar su estrés. También estuvo yendo intermitentemente a terapia cognitivo-conductual y a terapia general hasta que se jubiló. En las hojas de evaluación de ese periodo, cuando le preguntaban si abrigaba pensamientos suicidas, siempre marcaba el

---

93. Soy escéptica respecto a algunas de estas imágenes, en parte porque las bolsas para cadáveres se usan, por lo general, sobre el terreno en las operaciones militares y de rescate y O'Hanlon no participó en operaciones de ese tipo, y en parte porque constituyen un tropo, una metáfora bélica para referirse a una experiencia emocional en la que rara vez se indaga.

casillero del no, pero afirma que no era cierto. Sí que pensaba en suicidarse. Lo que ocurre es que no quería marcar el casillero del sí porque habría perdido su autorización de seguridad en el trabajo y posiblemente también su empleo. No se le ocurría cómo podía mantener a su familia sin su trabajo. Sabía que estaba enfermo, muy enfermo, pero también que no podía reconocerlo por las consecuencias prácticas que tendría.

Dice que, al acercarse el momento de la jubilación, el estrés comenzó a ser asfixiante. Al mismo tiempo, su hija April empezó a rebelarse. Sentía que sus padres la agobiaban y que la controlaban en exceso, siempre presionándola para que siguiera sacando buenas notas. No le permitían ir a dormir a casa de amigas, ni viceversa. En una ocasión, sus padres la pillaron en una mentira y le dieron una azotaina. Poco después, la familia pagó la entrada de una casa que todavía estaba en construcción y se mudó temporalmente a un apartamento pequeño.

Luego, O'Hanlon se jubiló.

A veces, el escenario de un familicidio muestra un grado de esmero escalofriante y ofrece numerosas pistas respecto al móvil del asesino. William Beadle recogió la sangre de su familia en un recipiente para no manchar demasiado y a continuación colocó los cadáveres de sus tres hijas en el suelo y los cubrió con una manta. Los hijos de Jacobson y Mochrie estaban tendidos en la cama y arropados. Mochrie limpió la sangre de la pared del cuarto de su hija e ingirió un herbicida antes de ahorcarse. Otro asesino colocó monedas de oro sobre los párpados de sus víctimas, presumiblemente para ayudarlas en su tránsito hacia la otra vida. Para Websdale, estos gestos simbólicos forman la arquitectura emocional de un caso.

—Desde un punto de vista metafórico, evidencian una percepción alterada de la situación en que se hallan. Escapan a cualquier explicación sociológica. Exigen un enfoque literario.

Un caso en el que se utiliza, por ejemplo, una mancuerna como arma homicida, a Websdale le sugiere que el criminal está «matando con su masculinidad».

—Puede que no pretenda hacerlo conscientemente. Puede que no sea intencionado, pero [evidencia] una comprensión atrofiada de lo que significa sentirse avergonzado.

En la interpretación actual del cristianismo, Dios Padre sacrifica literalmente a su hijo —el filicidio por antonomasia— para salvar al mundo. Puede que fueran los romanos quienes crucificaron a Cristo, pero ello formaba parte del plan maestro de Dios. En la Biblia hay muchos otros ejemplos parecidos. Abraham llevó a su hijo Isaac al altar, dispuesto a sacrificarlo, pero Dios lo detuvo en el último momento, cuando le tenía maniatado y estaba a punto de degollarlo. Dios afirmó que Abraham había pasado la prueba y que le había demostrado su devoción. O'Hanlon se remite al pasaje de Isaías 53:8-9: *Después de sufrida la opresión e inicua condena, fue levantado en alto. Pero la generación suya ¿quién podrá explicarla? Arrancado ha sido de la tierra de los vivientes: para expiación de las maldades de mi pueblo le he yo herido. Y en recompensa de bajar al sepulcro le concederá Dios la conversión de los impíos; tendrá por precio de su muerte al hombre rico; porque él no cometió pecado, ni hubo dolo en sus palabras.* En el marco de una religión que no solo racionaliza sino que celebra el filicidio como la manifestación última del amor, la devoción y la fe, quizá este vínculo no sea tan descabellado. El mismo O'Hanlon afirma que hicieron falta tres vidas para salvar la suya: la de Cristo, la de Dawn y la de April.

Él era, según confiesa, un cristiano de convicciones más bien «tibias» hasta los asesinatos.

—Le pregunto a Dios por qué, por qué. ¿Es que no había otra manera?

Conforme a su interpretación, los asesinatos habrían sido el medio del que se sirvió el Señor para darle un toque de atención, para que se enmendara, recuperara la fe y sirviera a Dios. Afirma que Dios está obrando milagros a través de él, salvando a otros presos. En varios momentos me sugiere que titule este capítulo «El triunfo sobre la tragedia». ¿Dónde está el triunfo?, le pregunto. Porque la tragedia está clara. Dice que no ha llegado aún, pero que llegará, y me recomienda que me informe sobre el pastor Rick Warren y el suicidio de su hijo, o sobre Creigh Deeds, el excongresista al que apuñaló su hijo antes de matarse. O'Hanlon cree que la enfermedad mental y el hecho de hacer de la necesidad virtud constituyen un vínculo que equipara su caso con el de esos otros asesinos. Pero también los ve a todos —incluido él mismo— como víctimas.

¿Por qué?, le pregunto repetidas veces. ¿Por qué lo hizo? Él también lo pregunta, adelantándoseme a veces. ¿Cómo fue capaz?, inquiero a pesar de que no espero que O'Hanlon sea capaz de articular una respuesta coherente.

—Dios no respondió a las preguntas de Job. Dijo: «¿Dónde estabas tú cuando creé el mundo?». Estaba redirigiendo la mirada de Job hacia el Dios soberano que escapa a nuestra comprensión —afirma—. A mí me está diciendo lo mismo que le dijo a Job. No te centres en lo que pasó. Céntrate en lo que puedes hacer por mí.

O'Hanlon cuenta que después de jubilarse su insomnio se agravó y que empezó a tener pensamientos suicidas y homicidas. Las anotaciones del diario que escribió durante ese periodo se vuelven cada vez más angustiosas. Dos meses antes de cometer los asesinatos anotó *¡Ayuda, por favor!* cinco veces. Dos semanas más tarde escribía: *Por favor, sálvame la vida. Ayúdame, por favor. ¡Dios mío, auxíliame! Salva a Dawn y April.* El psicólogo forense que evaluó a O'Hanlon tras el crimen comentaba en su informe: *El paciente describe pensamientos persistentes e invasivos en los que se mata o mata a su esposa e hija para ahorrarles penalidades y sufrimiento. El señor O'Hanlon creía que podía superar estas ideaciones por sus propios medios y se resistía a hablar de ellas en voz alta, por si acaso se hacían más reales.*

El momento de la jubilación es, para muchos hombres y mujeres, una transición dolorosa y difícil. Después de jubilarse, O'Hanlon aceptó un trabajo manual, lo que para él supuso una humillación. Él mismo me mandó una lista de posibles campos de investigación —la culpa del superviviente era uno de ellos; otro, el suicidio— y sus propuestas me parecieron, más que las de un manipulador, las de un hombre que también buscaba respuestas. Los investigadores emplean el término multicausal para explicar una situación en la que se dan cita múltiples causas que pueden explicar un suceso o una acción. La depresión, el insomnio, la vergüenza, la pérdida de estatus socioeconómico, por ejemplo. Websdale, no obstante, rechaza este término:

—La gente cree que, si puede dar con variables suficientes, podrá calcular el índice de probabilidad, enunciar una fórmula y hallar los casos en los que el riesgo es muy, muy alto, y yo creo que eso equivale a no tener en cuenta la complejidad de la condición humana. Hasta cierto punto, estamos hablando de la perturbadora presencia de lo inexplicable.

O'Hanlon pensó en suicidarse, pero la idea le producía una profunda vergüenza, y no quería que Dawn y April tuvieran que padecer esa humillación. A lo largo de los años, le recetaron múltiples fármacos: Ambien (zolpidem), Zoloft (sertralina), Klonopin (clonazepam), Wellbutrin (bupropión), Oleptro (trazodona), Remeron (mirtazapina), Paxil (paroxetina), Ativan (lorazepam), Lunesta (eszopiclona)... Él reconoce que a veces no se tomaba toda la dosis y que guardaba la mitad en una cesta del cuarto de baño sin que lo supiera Dawn. No soportaba el aturdimiento que le producían las drogas y, además, dice, «sabía que algún día me harían falta».

Empezó a creer que la gente se reía de él. No salía. Se arrellanaba en un sillón de su casa con la cabeza echada hacia atrás y miraba el techo. Cuando April lo veía así, le decía: «Anímate, papá». La madre de O'Hanlon le dijo a April que procurara animar a su padre y ella lo intentaba. Pero, cada vez que lo hacía, él se sentía peor. El hecho de que su hija asumiera como una responsabilidad sus problemas —sus delirios— le hacía sentirse culpable. Debería haber sido más fuerte; era el hombre de la casa. ¿Qué le pasaba?

La presión fue en aumento. La rebeldía de su hija; el larguísimo trayecto que tenía que recorrer para ir a un nuevo trabajo que detestaba; el vivir apiñados en un espacio muy pequeño; la pérdida de estatus profesional; el desplome, debido a la recesión, del precio del piso del que eran propietarios Dawn y él... A todo ello había que sumar que el constructor de su casa nueva les estaba dando problemas. Según O'Hanlon, intentaba engañarlos. Se pelearon por las obras y O'Hanlon afirma que finalmente el constructor accedió a devolverles el dinero. Aunque O'Hanlon asegura que Dawn y él tenían solvencia económica y que el constructor les devolvió la entrada que habían dado para comprar la casa, según la información que obra en el registro judicial O'Hanlon acabó debiendo diez mil dólares. Durante los días previos al crimen, Dawn empezó a devolver los muebles que habían comprado para la casa nueva.

—Era como si estuviéramos condenados —dice O'Hanlon.

O'Hanlon afirma que quería a su familia. Que amaba a su mujer y a su hija.

—No las odiaba —dice—. No sentía ni pizca de odio por mi familia la noche anterior. Ningún sentimiento negativo, nada, cero. No tenía ningún motivo.

Después de los asesinatos, estuvo conduciendo por ahí sin rumbo fijo, con la soga en el coche, buscando un sitio para ahorcarse, hasta que cayó en la cuenta de que tendría que esperar a que se hiciera de noche. Se tragó más de una docena de pastillas de Ambien y luego llamó a un sacerdote que a su vez avisó a la policía. Cuando lo interrogaron, O'Hanlon iba tan ciego de Ambien que no se acuerda de nada. (Asegura, además, que los policías que lo detuvieron cometieron una infracción al leerle sus derechos cuando se hallaba bajo los efectos del fármaco). Después de su detención, trató de suicidarse lanzándose de cabeza contra el marco de hierro de la puerta de su celda. Perdió el conocimiento y quedó tendido en medio de un charco de sangre, con una brecha de quince centímetros en la cabeza y una lesión de columna que podría haberlo dejado parapléjico. El hecho de que, tras múltiples operaciones, sobreviviera y no perdiera la movilidad es para él una prueba de que Dios quería que siguiera viviendo. La evaluación psiquiátrica que se le hizo en aquella época dictaminó que la fuerza con que O'Hanlon había embestido la puerta no dejaba lugar a dudas de cuál era su intención. *Si esto no es una enfermedad mental, no sé qué es*, anotó el doctor.

Cada vez que iba a entrevistarlo, O'Hanlon se sentaba y volvía a insistir en que él no era como lo pintaban, un asesino.

—Por lo que a mí respecta —decía—, me he corregido. Aquí estoy, en este *correccional*. Y me he corregido.

Tiene una radio en su celda. Puede tener hasta trece libros y la prisión permite que los presos hagan pedidos a Amazon. Hay una pista pequeña donde empezó a correr otra vez hace poco, cuando por fin se le curó un esguince de tobillo. Tarda tres minutos en hacer una vuelta y hace doce. Se considera un recluso modélico; es decir, que no se mete en peleas ni hostiga a los funcionarios de la cárcel. Preside un grupo de estudio de la Biblia formado por presos y a menudo ayuda a sus compañeros a escribir cartas y a mandarlas a amigos y familiares. Incumple las normas al hacer conferencias telefónicas, pero por la razón que sea esta norma no parece regir para él.

En el caso de O'Hanlon, varios expertos señalan que probablemente la enfermedad mental fue un factor de peso en el familicidio, a pesar de que el jurado rechazara su alegación de «no culpabilidad por causa de locura». (El equipo de Websdale me comentó que en los casos de familicidio que han encontrado se recurría a menudo a esta estrategia de defensa cuando el criminal sobrevivía y que no funcionaba casi nunca. Y un miembro de un equipo de evaluación de casos de muerte por violencia machista me dijo que no se había encontrado aún con ninguna investigación en la que no hubiera «necesidades de salud mental insatisfechas»). ¿Hasta qué punto esta resistencia a atribuir los actos de O'Hanlon a una enfermedad mental tiene su origen en los prejuicios en torno a la salud mental que hay en Estados Unidos? Tendemos a empatizar con individuos que padecen problemas mentales cuando son personas a las que todo el mundo aprecia y cuando sus actos solo las afectan a ellas (pensemos en Robin Williams, por ejemplo), pero nuestra empatía flaquea, quizá con razón, cuando esos actos afectan a la vida de otros, como sucedió con O'Hanlon.

James Gilligan afirma que a las personas como O'Hanlon deberíamos tratarlas como sujetos de investigación.

Tenemos —dice— *que ser capaces de mirar al horror a la cara si queremos llegar a entender las causas de la propensión humana hacia la violencia, al menos lo suficiente como para prevenir sus manifestaciones más destructivas*, escribía en su libro *Violence. El suicidio no es una solución al problema del homicidio. Ambas formas de violencia son igual de letales.*

Una de las primeras preguntas que le hice a O'Hanlon fue si creía que iba a ir al cielo o no.

—Por supuesto que sí —me contestó.

Dawn y April ya estaban allí, claro.

Luego me dijo que Dios tiene un frasco para guardar todo el llanto que derramamos a lo largo de nuestra vida. Que recoge nuestras lágrimas y las guarda. Hizo una pausa y añadió:

—Creo que, cuando llegue al cielo, me recibirán con los brazos abiertos.

Cree también, sin embargo, que su pena no terminará nunca. Dice que sigue sin poder ver fotos de April. Su hija se habría graduado hacía poco en el instituto, me comentó.

—Cuando corro por el patio o estoy comiendo, desearía poder sentarme con mi familia —dice. Empieza a llorar un poco, se remueve en el asiento y trata de dominarse recurriendo a su mantra—: Tengo elección. Puedo avanzar o volver a atrás. Puedo ser positivo o negativo, y elijo...

No puede acabar la frase. Echa bruscamente la cabeza hacia atrás, solloza y estira los brazos hacia delante juntando las manos, no sé si para rezar o solo para cerrar los puños. Yo no lo interrumpo, pero sus sollozos son un sonido insoportable, un sonido que yo no había oído nunca procedente de un ser humano. Aúlla y aúlla tratando de contener el llanto, de dominarse, su cuerpo convertido a todas luces en un campo de batalla. Ese día, cuando acaba la entrevista, me quedo un minuto sentada en silencio con el enlace de la cárcel y el camarógrafo, y ninguno de los tres dice nada. Es como si nos hubieran arrastrado a un lugar tan oscuro y lleno de misterio que solo haciendo un ímprobo esfuerzo podemos regresar a la luz del día.

Entonces comprendo que es por eso por lo que O'Hanlon aceptó hablar conmigo: para intentar encontrar la manera de convivir consigo mismo en este mundo. Las clases, la escritura de cartas, el estudio de la Biblia... Son intentos de salir a rastras de la oscuridad, al menos lo justo para pasar cada hora, día a día. Es el purgatorio en el que habita en esta vida, tratando de liberarse del dolor de ese momento de horror tremebundo a través de mil pequeños gestos, de la oración y las buenas obras.

El discurso que se desprende de todo ello es el de no tirar la toalla, el relato de la determinación y la persistencia. Se trata de un discurso muy típico de Estados Unidos: trabajar con ahínco y sobreponerse al rechazo hasta obtener por fin el éxito inevitable que se nos había prometido desde un principio. Pero ¿y si la clave de todo no fuera el esfuerzo, ni la tenacidad, sino más bien la resiliencia ante el propio fracaso, la capacidad de aceptar la derrota y de seguir adelante? ¿Qué habría ocurrido si Patrick O'Hanlon hubiera elegido otro camino? ¿Si se hubiera dedicado al sector inmobiliario, por ejemplo, o se hubiera hecho ingeniero informático? Son cosas que casi todos nos preguntamos respecto a nuestra propia vida. ¿Cómo llevó tal decisión a tal acto? Un encuentro fortuito. Una decisión dejada al azar. Un giro a la derecha en vez de a la izquierda, y todo podría hacer sido tan, tan distinto...

RÓTULAS DE SUPERHÉROE

Una voz masculina surge del altavoz de un teléfono negro colocado en el centro de una mesa con cubierta de formica. En una pared de la sala de reuniones hay pizarras blancas; en otra, ventanales. Hay más mesas colocadas aquí y allá en esta sala de reuniones, que tiene ese color genérico que impera en las oficinas de todo el país: tonos de beis, de crema, de gris topo. Una docena de agentes de policía vestidos de paisano rodean el teléfono, escuchando en silencio.

—Dejadnos en paz, joder —dice la voz—. Dejadnos en paz de una puta vez.

Luego se corta la llamada.

Dos agentes están inclinados sobre el teléfono. Disponen solo de unos segundos para decidir qué van a decirle al hombre cuando vuelvan a llamarlo. ¿Le dicen que la casa está rodeada de agentes de las fuerzas especiales, de un equipo de los SWAT? ¿Que salga con las manos en alto? Uno de los agentes marca el número.

—¿Qué coño queréis? —contesta el hombre.

—Escucha, Ronnie —dice el policía—, si quieres que nos vayamos, lo mejor es que Melissa y tú salgáis.

Melissa es la novia de Ronnie. Se ha atrincherado en la casa con ella.

—Yo no he hecho nada malo, joder —responde Ronnie—. Melissa y yo necesitamos resolver este asunto. A mí ya se me han abierto los ojos, joder, por fin me he enterado de qué está pasando.

—No quiero que nadie resulte herido —insiste el policía, que se llama Matt—. Pero hemos oído un disparo...

—No ha habido ningún disparo, tío —dice Ronnie, y añade—. Solo ha sido un tiro al techo.

—Necesito saber que Melissa está bien.

—Está de puta madre. Lo que pasa aquí no es asunto vuestro, joder. No me toquéis las narices y yo no os las tocaré a vosotros —dice Ronnie antes de colgar.

Estamos a las afueras de San Diego, una tarde de julio, con un sol espléndido.

Además de Matt y su compañero, Chris, hay otros policías en la sala. Uno de ellos traza el eje temporal de la situación minuto a minuto; cada vez que Ronnie cuelga el teléfono o tiene un estallido de ira, lo anota. 13:00 horas. 13:01. 13:03. 13:08. 13:09. 13:15. Las horas empezarán a acumularse y de ese modo verán si hay ciertos temas o momentos que disparan la ira de Ronnie. Otro agente, el supervisor, se encarga de mantener informados a Matt y a los otros de los datos que recaban los agentes e inspectores que en esos momentos están interrogando a amigos, familiares y conocidos de Ronnie y Melissa. Se enteran de las relaciones anteriores que han tenido, de si ha habido previamente incidentes de violencia, peleas callejeras o encontronazos con la policía, de si han pasado mucho tiempo desempleados… Hay varias hojas de papel grandes pegadas junto a las pizarras blancas con datos sobre Ronnie y Melissa, su historia, los miembros de sus respectivas familias y lo que puede deducirse de la dinámica de su relación de pareja. Varios agentes escriben como locos a medida que va llegando la información: las fechas de su relación, su historial de empleo, otros incidentes de violencia, los traumas infantiles de Ronnie… Son datos inconexos que van recopilando sobre la marcha con la esperanza de poder vincular la personalidad y el historial de Ronnie con lo que está sucediendo en esos momentos. Descubren, por ejemplo, que esa misma mañana una compañera de trabajo fue a recoger a Melissa para llevarla a trabajar y cuando salió a la puerta tenía una herida en el labio, parecía nerviosa y asustada y le dijo que no podía entrar. La compañera de trabajo, Denise, llamó a la policía, que se refiere a ella como «la denunciante». Los agentes han hablado con la hermana y el hermano de Ronnie. Han averiguado que su padre los maltrataba a veces y que Ronnie tenía una relación muy tensa con él. Descubren, además, que Ronnie engañó a Melissa con una amiga de ella y que Melissa ya no sale con sus amigos comunes. Va del trabajo a casa y de casa al trabajo, y casi nunca la ven. Una exnovia de Ronnie le dice a la policía que con ella nunca se puso violento, pero también dice que en su opinión todavía la quiere, y ellos sospechan que sigue interesada en él, de modo que la información es poco fiable.

Llevan así varias horas ya. Los agentes que rodean a Matt tratan, en silencio, de juntar toda la información que les llega para evaluar el grado de peligrosidad de la situación. De todos ellos, el que más presión soporta es Matt, que tiene que procurar que Ronnie siga hablando, que se tranquilice y deje marchar a Melissa sana y salva. A pesar de que la sala rebosa energía cinética, también reina un extraño silencio, como si fueran un grupo de chavales bisbiseando en el rincón de una biblioteca. El sonido del teléfono y las voces de Ronnie y Matt son casi los únicos ruidos que se oyen, pese al ajetreo constante. Una palabra equivocada, un ruido fuera de lugar, podría *disparar* a Ronnie. Una frase certera y Matt conseguirá conectar con él. En jerga policial se llama a esto «gancho y pincho»: el gancho atrae a Ronnie, lo tranquiliza; el pincho, lo hace saltar. Matt ya ha *pinchado* sin querer a Ronnie hace unos minutos, cuando salió a relucir Mack, un compañero de trabajo de Melissa. Resulta que Ronnie cree que Mack y Melissa están liados.

—Estoy dejando que se desahogue un rato, que queme esa energía —explica Matt—. Por lo menos ahora está enfadado conmigo y no con ella.

—Va a cansarse —advierte otro agente.

Pero todo son especulaciones, porque Ronnie sigue colgándoles, cabreado, y de momento no da señales de estar dispuesto a dejar ir a Melissa. Que ellos sepan, ya podría estar muerta. O podría haber algún artefacto explosivo colocado en la casa, una bomba trampa. O Ronnie podría tener a mano un montón de armas de calibre grueso. Ya ha levantado barricadas para bloquear las puertas y que ella no pueda salir.

Matt vuelve a llamar.

—Hola, Ronnie. Me has colgado. Solo quiero asegurarme de que va todo bien.

—Va todo genial —contesta Ronnie, aunque por su tono de voz no lo parece.

—Vale, vale. —A Matt le tiembla un poco la voz. Es joven; no llega a los treinta años—. Oye, cuéntame en qué trabajas.

Enseguida se hace evidente que es un error.

—¡No tengo por qué contarte mi vida, gilipollas! Seguro que ya te la sabes entera. Te crees muy listo, pero eres un *pringao*. ¿Con quién coño te crees que estás hablando?

Bum, un portazo.

Matt menea la cabeza. Sabe que la ha cagado. Sentado a su lado, su compañero, Chris, le dice que no se preocupe. Es un error de novato, pero en cualquier caso está claro que Matt ha perdido la oportunidad de conectar con Ronnie, y deciden que Chris tome el relevo. En un secuestro con rehenes, este es un momento crítico. No debe parecer que se ha producido un «traspaso». Y Chris y su equipo no pueden mentir. No pueden decirle al secuestrador que no van a imputarlo y que todo saldrá bien con tal de que se entregue con los brazos en alto. Y, sin embargo, de eso se trata: de convencerlo de que salga de la casa para ir derecho a prisión.

Entre llamada y llamada, solo disponen de unos segundos para debatir su estrategia. A diferencia de lo que ocurre en otro tipo de secuestros, en los que un delincuente toma rehenes al azar y el transcurso del tiempo puede ayudar a calmar los ánimos, tratándose de un caso de violencia de género el tiempo no juega a favor de la policía y de la víctima. Cuanto más tiempo pasa, más probable es que la situación se agrave y acabe con un estallido de violencia. Los negociadores tienen que mostrarse comprensivos y al mismo tiempo firmes; seguros de sí mismos y también empáticos. Solo pueden servirse de la palabra. Es un modo de actuación completamente distinto al habitual, en el que hay siempre una demarcación muy clara entre quién tiene el poder y quién carece de él. Sirviéndose de las herramientas necesarias para «intimar» —como diría Hamish Sinclair—, tienen que persuadir al agresor de que ceda el control. No pueden darle órdenes sin más. No pueden hacer exigencias. No pueden mandar a un agente a que lo reduzca sin contemplaciones y le ponga las esposas. En ese momento, solo pueden servirse del diálogo. Y, a decir verdad, a unos policías se les da mejor dialogar que a otros.

Finalmente, deciden hacer el traspaso así: Matt le dirá a Ronnie que va a informarse sobre el asunto de Mack y preguntarle por su relación con Melissa y que, mientras tanto, le va a pasar el teléfono a su compañero, Chris.

Vuelven a llamar.

—Ronnie, tienes razón. Sabemos muchas cosas sobre ti —dice Matt.

—Que te den, hijoputa —replica Ronnie—. Eres un mentiroso. Matt el embustero.

Matt deja que se desfogue y luego pone a prueba el plan y le dice que va a informarse sobre el tal Mack y que entretanto le pasa con Chris. Ronnie sigue despotricando al otro lado del teléfono, llamando mentiroso a Matt y diciéndole que no le interesa nada que vaya de amiguete suyo. Sigue así un rato. Luego, cuelga. Matt vuelve a llamar varias veces.

—Escucha —dice aprovechando que Ronnie se calla un momento—, soy Matt. El tal Mack es un tío mayor. Tiene sesenta y cinco o setenta años. ¿Lo sabías?

Las implicaciones de la noticia están claras: Melissa es joven, está todavía en la veintena; no se acostaría con alguien tan mayor. (Yo me pregunto si estos agentes han visto alguna vez una película hecha en Hollywood).

Ronnie pica el anzuelo.

—¿Es que no tienes ni idea de medicamentos, cabrón? —le suelta—. Ahora hacen una pastillita azul que te pone la polla más dura que la rótula de un superhéroe?

Clic.

Cuando Matt vuelve a llamar, le dice a Ronnie que va a hablar con Mack y que va a pasarle el teléfono a Chris.

—¿Chris también es un embustero? —replica Ronnie—. Porque, si vas a pasármelo, más vale que ese mamón sea sincero, ¿vale?

Chris toma el relevo y dice:

—Hola, Ronnie, soy Chris. ¿Qué pasa?

Error instantáneo. Porque, naturalmente, todos ellos —Matt, Ronnie y Chris— saben lo que está pasando. Pero no se puede culpar a Chris. Es un saludo coloquial típico cuando se habla por teléfono. Cualquiera de nosotros empezaría así una conversación, probablemente. Pero en una crisis con rehenes cada palabra puede ser decisiva, cada segundo cuenta. Y no se trata únicamente de las palabras, sino de cómo se dicen, del contexto emocional que las envuelve. De su autenticidad. Ronnie, además, es listo, está atento a todo eso.

—¿Tú también eres un cabrón embustero? —pregunta.

Y así siguen, con este tira y afloja, Chris llamando para tratar de conectar con Ronnie, de persuadirlo, y Ronnie colgándole cada vez. Tres, cuatro, cinco, siete veces, quince.

—Me doy cuenta de que estás enfadado —comenta Chris.

—No jodas, Sherlock. Tienes que ser un investigador de puta madre —replica Ronnie—. ¿Por qué no me dejáis en paz de una vez? Así no vais a llegar a ninguna parte.

—Lo estamos intentando, Ronnie, pero primero tenemos que asegurarnos de que estáis todos bien —contesta Chris—. ¿Puedo hablar con Melissa? ¿Está bien?

—Si quieres que te pase a esa golfa, te la paso. Puedo tirarla por la puta ventana, si la quieres. —Ronnie aparta la cara del teléfono y grita—. ¡Tú, golfa! ¡Los polis quieren hablar contigo, tonta del culo!

Pero no le pasa el teléfono. Al contrario, vuelve a amenazar con tirarla por la ventana y añade que será todo tan rápido que ella ni se enterará.

—Ronnie... Ronnie —dice Chris—. Cuando hablas así, me preocupas. No quiero que nadie salga herido.

—Ay, caramba. Ay, Dios mío —replica Ronnie en tono burlón—. Ay, madre mía. ¿Y qué cojones quieres que haga? ¿Por qué no os marcháis de una puta vez?

Cuelga.

Chris se toma un momento para consultar con el supervisor, que le aconseja que aproveche la información que tienen sobre Ronnie.

—Dile: «Mira, esto es lo que sabemos. Denise fue a buscar a Melissa. Y alguien ha oído disparos, aunque puede que no».

—Entonces, ¿quieres que le quite importancia a la situación? —pregunta Chris.

—Dile solo lo que sabes, por qué no podemos marcharnos. Que la amiga de la chica vino a buscarla y que vio que tenía un poco de sangre. Y que lo del disparo es un poco preocupante. No te digo que le quites importancia del todo, pero tampoco hagas que parezca que es Al Capone.

Chris asiente con un gesto y pulsa otra vez el botón de rellamada.

Decido recorrer el pasillo para ver a Ronnie con mis propios ojos.

Ronnie es en realidad Lou Johns, un policía jubilado. Estamos en San Diego, en un curso de formación para agentes de policía enfocado específicamente a casos de secuestro con rehenes en contextos de violencia machista. Cuando les dije a mis amigos que iba a asistir a una clase práctica de negociación para la liberación de rehenes, se imaginaron enseguida un banco y a una banda de atracadores con pasamontañas. Aunque no hay un cómputo exhaustivo, en torno al 80% de las crisis con rehenes que se dan en Estados Unidos son, sin embargo, resultado de la violencia de género, según afirma William Kidd, el agente que dirige las prácticas esta semana. El FBI ha empezado hace poco tiempo a computar en sus estadísticas las situaciones de toma de rehenes, pero solo cuando las diversas jurisdicciones locales ofrecen voluntariamente sus cifras. En la actualidad, su base de datos incluye más de siete mil casos. Y aunque hay cursos de capacitación para negociadores en todo el país tanto para agentes del FBI como de otros cuerpos de orden público, el de San Diego es el único que se centra en el terrorismo íntimo o de pareja.

El hecho de que una negociación tenga como eje la violencia machista, y no un secuestro aleatorio de rehenes, cambia por completo el escenario e infunde a una situación de por sí tensa una carga emocional extremadamente peligrosa. Otro de los facilitadores, Gary Gregson, jefe de departamento en DPREP —una consultoría que imparte cursos de entrenamiento para cuerpos de seguridad—, afirma que en una situación tradicional de toma de rehenes en la que se ven implicados desconocidos los rehenes son meras bazas, simple moneda de cambio.

—Un atracador de bancos utiliza a sus rehenes para intentar escapar.

Pero, en los casos de violencia machista, ocurre justo lo contrario. Lo que quiere el secuestrador es quedarse donde está. Su objetivo final no es escapar; ni siquiera es permanecer con vida, en muchos casos. Es conservar el control.

—El maltratador quiere que la mujer recule, que se disculpe —afirma Gregson—. O que pague por no hacer lo que él quiere.

Esa diferencia esencial ha de tenerse en cuenta en todas las vertientes de la negociación. La relación personal entre el agresor y la víctima, debido a su carga emocional, aumenta la peligrosidad de la situación. La violencia puede estar dándose ya mientras se negocia. Igual que la coerción. Gregson recuerda a los participantes en el curso que están tratando con embaucadores y que deben mantenerse en guardia y desconfiar de cualquier muestra de cordialidad o confianza. Les recuerda que las mujeres y los hijos maltratados presentan a menudo síntomas del síndrome de Estocolmo, que se identifican o se ponen del lado del agresor incluso al ser liberados tras un secuestro. (Se conoce también a este fenómeno como *vínculo traumático*).

Gregson explica que, para un policía, lo más difícil de una negociación es «quitarse la gorra de policía y ponerse la de negociador». En una práctica anterior, se pidió a uno de los agentes que entrevistara a la hermana de Ronnie. Quedó claro que no distinguía bien la diferencia entre una entrevista policial y un interrogatorio.

—No queremos que se sienta presionada —dijo Gregson después—. Queremos que se sienta acogida, cómoda en este entorno. Que le parezca una situación amistosa, no un procedimiento policial.

Hay que decir, en honor a la verdad, que las fuerzas policiales tienen una relación problemática con la violencia de género. La policía suele ser, aunque no siempre, el primer cuerpo de emergencia que acude a un aviso de violencia en el hogar. Y diversos estudios demuestran que, aunque no se efectúen detenciones, la intervención de la policía puede ser un elemento disuasorio importante para que no vuelvan a producirse agresiones, además de que aumenta la probabilidad de que la víctima acceda a los servicios de protección a las víctimas de violencia machista, como, por ejemplo, la solicitud de órdenes de alejamiento.[94] Pero los policías también pueden ser agresores: las tasas de violencia machista entre funcionarios policiales son entre dos y cuatro veces más altas que entre la población en general. En un vídeo reciente, vi a varios agentes de policía que acudían al aviso de la exmujer de un compañero suyo. La mujer les explicaba que su exmarido había irrumpido en su casa y amenazado con matarlos a ella y a su novio, y que había soportado años de malos tratos cuando estaba casada con él. Segundos después, se ve a través de la imagen de una cámara corporal a esos mismos agentes bromeando con el agresor —su compañero de trabajo— frente a la casa de la víctima. No desdeñan por completo el incidente, pero se limitan a decirle que procure no armar jaleo. Él les jura que no ha forzado la puerta. Quita importancia al asunto. Unos días después, la mujer y su novio son asesinados por el exmarido, que acaba suicidándose. En otra sesión de entrenamiento, en San Diego, presencié cómo William Kidd hacía el papel de un excomandante de las fuerzas especiales llamado David Powell. En la vida real, Powell incumplió una orden de alejamiento y su superior le ordenó que se presentara en comisaría. Cuando se negó y llamó para decir que había tomado rehenes, el equipo de los SWAT que Powell

---

94. Jolin, A., Feyerherm, W., Fountain, R. y Friedman, S., «Beyond Arrest: The Portland, Oregon Domestic Violence Experiment, Final Report», Washington, D.C.: U.S. Department of Justice, 95-IJ-CX-0054, National Institute of Justice, NCJ 179968 (1998); Lyon, E., «Special Session Domestic Violence Courts: Enhanced Advocacy and Interventions, Final Report Summary», Washington, D.C.: U.S. Department of Justice, 98-WE-VX-0031, National Institute of Justice, NCJ 197860 (2002); Lyons, E., *Impact Evaluation of Special Sessions Domestic Violence: Enhanced Advocacy and Interventions*. Washington, D.C.: U.S. Department of Justice, 2000-WE-VX-0014, National Institute of Justice, NCJ 210362 (2005).

había capitaneado anteriormente rodeó su casa. Siguió un sitio de siete horas, pasadas las cuales Powell salió al porche y abrió fuego contra sus excompañeros, que lo mataron a tiros.

En un artículo publicado por un medio local de Nueva Jersey que informó del caso, se citaban las palabras del jefe de policía, que afirmaba que el suceso se había dado a raíz de «un problema doméstico».[95] Esto también forma parte del problema: el lenguaje que usamos para describir y calificar lo que es, ante todo, un crimen. Riñas domésticas, violencia intrafamiliar, conflictos privados, relaciones explosivas, maltrato y abuso dentro del hogar... Todos estos términos son construcciones pasivas que tienden a desdibujar la responsabilidad no solo del agresor, sino también de las fuerzas policiales. No debería enmascararse el hecho de que la violencia machista es un crimen, y menos aún por parte de quienes están encargados de proteger a la ciudadanía de la violencia. En mi opinión —y aunque en este libro emplee la locución «violencia de género» porque es la más utilizada para referirse a mi tema de estudio—, un término mucho más preciso es «terrorismo íntimo en el ámbito de la pareja», porque abarca las dinámicas psicológica, emocional y física de este fenómeno social.

El curso de capacitación de San Diego abordaba expresamente las posibles actitudes sesgadas de los policías que efectúan detenciones o negocian con otros policías en situaciones de crisis semejantes al caso de David Powell. Gregson preguntaba cómo les afectaría el hecho de saber que estaban negociando con otro policía. Los participantes en el curso reconocieron que sería una coyuntura complicada, pero aseguraron que se atendrían al procedimiento, como en cualquier otra negociación.

Sin embargo, en numerosos cuerpos de policía de todo el país no se expedienta ni se toman medidas disciplinarias contra agentes acusados de violencia machista. Según un estudio hecho en Los Ángeles que tuvo en cuenta noventa y una denuncias de violencia de género contra agentes de policía, en un 75 % de los casos dichas denuncias ni siquiera se incluyeron en las evaluaciones laborales de dichos agentes.[96] Y situaciones como la que se dio con David Powell, en las que no se abordan de inmediato —ni nun-

---

95. Richard Ivone, jefe de policía. https://www.nj.com/news/index.ssf/2011/03/as_commander_of_swat_team_pisc.html

96. *Ibid.* http://www.womenandpolicing.com/violencefs.asp

ca, posiblemente— las agresiones cometidas por un agente de policía, no son ni mucho menos la excepción.[97] Es común en todo el país que los cuerpos de policía se abstengan de tomar medidas disciplinarias contra sus agentes por los mismos delitos por los que detienen a civiles a diario. Un estudio realizado en Florida entre 2008 y 2012 demostraba que, mientras que solo un 1 %, aproximadamente, de los policías que suspendían un test antidroga conservaba su puesto de trabajo y un 7 % seguía en el cuerpo tras ser acusado de un robo, casi un 30 % de los agentes denunciados por violencia machista continuaban en sus puestos un año después de la denuncia.[98] Las víctimas, en general, se resisten a denunciar la violencia machista porque temen las represalias, y los agentes de policía no solo tienen acceso a armas de fuego, sino que también conocen la legislación y se relacionan con fiscales, jueces y funcionarios de la administración. La pareja de un policía sabe, sin duda, que cualquier aviso que llega a través del número de emergencias aparece en los ordenadores de los coches patrulla de la policía de una determinada jurisdicción e incluye la dirección de la que parte la llamada, el nombre del presunto agresor, el tipo de incidente que se denuncia y otros datos que pueden poner sobre aviso de inmediato a los amigos y compañeros de un agente. Y en lo que respecta a la capacitación de los agentes para tratar este tipo de situaciones, al menos un 25 % de los cuerpos de policía de Estados Unidos carecen de un protocolo específico puesto por escrito sobre cómo abordar un aviso de violencia machista.[99]

El código de silencio que hace que con frecuencia los agentes de policía no denuncien a sus compañeros pese a saber o sospechar que son maltratadores no puede atribuirse a simple corporativismo, a una filosofía de «nosotros frente a ellos», de policías contra civiles (aunque muchos policías que he conocido lo sienten así hasta cierto punto). Las denuncias por violencia machista contra agentes de policía pueden tener implicaciones muy graves para el denunciado, porque a menudo equivalen a la pérdida del empleo,

---

97. Police Family Violence Fact Sheet. National Center for Women and Policing. http://womenandpolicing.com/violencefs.asp

98. www.nytimes.com/projects/2013/police-domestic-abuse/index.html. Véase también: www.fdle.state.fl.us/FSAC/Crime-Data/DV.aspx

99. Townsend, M., Hunt, D., Kuck, S. y Baxter, C., «Law Enforcement Response to Domestic Violence Calls for Service». U.S. Department of Justice, 99-C-008, National Institute of Justice, NCJ 215915 (2006).

dado que las personas condenadas por maltrato tienen prohibido poseer armas de fuego. Al mismo tiempo, el estrés del trabajo genera mayores índices de violencia familiar, así como de alcoholismo, divorcios y suicidios. El sistema masculino de creencias y valores, tal y como lo vi expuesto en las clases de Jimmy Espinoza, funciona en cualquier cuerpo de policía igual que en la cárcel de San Bruno y con la misma intensidad.

Lou Johns, que hoy hace de Ronnie, es el agente que ejerció más tiempo como negociador en la historia de la policía de San Diego. Él dice en broma que ahora que está jubilado se pasa la vida en el campo de golf. Es decir, cuando no está aquí ayudando a formar a nuevos agentes, como los veintiún participantes en el curso de esta semana, procedentes de todas las jurisdicciones del estado de California. La fama de Johns le precede; su «labia», como dicen sus compañeros. («¿Has oído lo de las rótulas del superhéroe?», me preguntó cuando entré en el despacho en el que estaba haciendo de Ronnie, y se rio un poco. Tenía el teléfono silenciado. Yo oía a Chris al otro lado de la línea tratando de conectar con él, de encontrar un «gancho». Johns le lanzó un pistacho).

La primera vez que tuvo que actuar como negociador fue en un intento de suicidio. Un hombre en un puente. Una especie de ansiedad eléctrica se apoderó de él. Hacía un frío atroz, llovía a mares, eran las tres de la madrugada y el viento soplaba a unos treinta kilómetros por hora. La novia del chico se había acostado con el hermano de él. Johns le dijo que era una putada. Que no era razón para matarse, pero que era una putada. El chico pidió que le diera una razón para vivir, una excusa, una que no se supiera ya.

—¿Como un chiste, dices? —le preguntó Johns.

—Sí —contestó el chico—. Cuéntame un chiste que no me sepa.

—Si te lo cuento, ¿no te tiras del puente?

El chico le dijo que sí. Así que Johns dijo:

—Vale, a ver qué tal este. Me estoy quedando congelado. Si me metes un palo por el culo, tendrás un puto polo de chocolate.

El chico no se tiró del puente.

Johns tiene un repertorio inmenso de anécdotas parecidas, de historias inesperadas y hasta ridículas. Una vez acudió a un aviso y al llegar vio que un equipo de las fuerzas especiales, con toda su parafernalia, tenía rodeado el edificio. Llevaban allí un par de horas, pero nadie había contactado aún con el sospechoso. Johns lo llamó por teléfono y dijo:

—Oye, tío. ¿Por qué no sales?

Y el hombre salió. Así, sin más.

De las historias sin final feliz —esas en las que el suicida se tira del puente o el marido no suelta a su esposa—, habla menos. Son los relatos que recorren una comisaría de arriba abajo, los que han impulsado a venir a casi todos los agentes que participan en el curso esta semana.

Johns trabajó veinte años como negociador en San Diego. Según me contó, al principio, en los últimos años de la década de los noventa, nadie pensaba de verdad en la violencia machista.

—Decíamos: «Vale, cabrón, vas a ir a la cárcel». Y luego, si la mujer te venía contando historias, decías: «Me importa una mierda tener que volver y llevaros a los dos al talego».

Cuelga a Chris. El teléfono vuelve a sonar un segundo después.

—Ronnie —dice Chris—, me molesta mucho que me cuelgues.

—Mira, hijoputa, ¿sabes qué? Que me la suda que te moleste —replica Lou/Ronnie—. Uno, dos, tres. ¡Cuelgo!

Clic.

Johns se vuelve para hablar conmigo.

—Cuando empezó a hablarse de violencia de género, me di cuenta de que todo se volvía más claro —comenta—. Sirvió para canalizar las cosas, para aclarar lo que estaba ocurriendo.

Los cursos de formación y toma de conciencia sobre violencia de género que empezaron a impartirse a principios de la primera década del siglo veintiuno brindaron a los agentes de policía un marco de referencia en el que situar la violencia machista, su cómo y su por qué, las estratagemas de los maltratadores, el hecho de que a veces la propia policía retraumatice a las víctimas y los motivos por los que a menudo las víctimas parecen no querer liberarse de una relación de maltrato. Al comenzar el curso, Kit Gruelle, que también participaba como facilitadora en el curso, puso como ejemplo una situación no muy distinta a la de Michelle Monson Mosure para ilustrar cómo una víctima podía ir a recoger a los niños al colegio, hacer la compra y los recados y parecer «libre» y aun así ser una rehén pasiva, sometida al control de un hombre que la ha convencido de que, mientras viva, no podrá separarse de él.

El simulacro se prolonga una hora más. Pese a lo que pueda parecer, Johns tiene un guion delante. No sabe cómo van a reaccionar los agentes al otro lado del teléfono, pero tiene ciertos indicadores respecto al tono emocional que quiere darle a la situación para generar determinadas respuestas en sus interlocutores, y esos indicadores dictan sus palabras. Sabe, por ejemplo, que tiene que hacer que se frustren y se exasperen colgándoles una y otra vez e insultándolos. Sabe que sus respuestas deben señalar cuándo cometen un error, como cuando se alternan al teléfono con demasiada frecuencia. Sabe también que no puede ser completamente inflexible. Tiene que ofrecerles las dos cosas, ganchos y pinchos, por momentos. Más adelante, durante el simulacro, adoptará también una posición suicida y dirá cosas como: «No sé, tío, a la mierda con todo. Es todo un asco. Todo me la suda. De todos modos, Melissa ya no me quiere». Sus interlocutores al otro lado del teléfono deberían captar ese cambio de registro e identificarlo como una señal de peligro inminente. Si un agresor no cree que tenga motivos para vivir, una situación peligrosa puede convertirse en letal. De ahí que las tendencias suicidas sean uno de los factores de riesgo identificados por Jacquelyn Campbell.

En otras aulas, pasillo abajo, otro policía jubilado hace el papel de Ronnie con otro grupo de alumnos. Es duro ver a un grupo de policías simulando su primera negociación. A menudo se les notan los nervios en la voz y el simulacro parece tan real que pone los pelos de punta; a ellos y a mí también. Da igual que estemos en un edificio de oficinas, al lado de una autovía de San Diego. La mayoría de las negociaciones tienen lugar por teléfono y entre personas que no se ven hasta que todo acaba (y, en muchos casos, nunca). El segundo día del curso, en clase, Kit Gruelle manda por correo electrónico un artículo de prensa. Un exteniente de Georgia ha matado a su exmujer y al novio de esta. En la grabación de la cámara corporal de un agente de policía, procedente de un incidente anterior, aparece el agresor a las tres de la madrugada abalanzándose contra su víctima y amenazándola delante de la policía. «Ya sabes lo que va a pasar», le dijo. Y aun así no lo detuvieron esa noche. Le ordenaron entregar todas sus armas de fuego, pero aun así consiguió hacerse con una pistola. Otro caso ocurrió en Orlando unas semanas antes de que empezara el curso: un hombre con antecedentes por maltrato puso fin a veintiuna horas de sitio policial matando a sus cuatro rehenes —todos ellos menores— y suicidándose.

Los sucesos reales sirven de hilo conductor a toda la sesión. Historias vividas por los propios facilitadores durante sus años en la policía (la mayoría están ya jubilados). Noticias transmitidas en tiempo real, mientras los alumnos están en clase. Sucesos ocurridos cerca y lejos, por todo el país. Historias cotidianas de hombres iracundos, mujeres asustadas y niños desprotegidos. Su flujo constante da a estos simulacros la textura y el peso de la vida real. En la voz descarnada de los agentes que hablan y negocian, a través del altavoz del teléfono, se nota la inseguridad y la angustia de hacerlo mal, sus intentos ansiosos por encontrar la palabra mágica que sirva para tender un puente.

Todos los simulacros que hacen durante el curso se basan en casos reales. Ronnie y Melissa eran una pareja real que se vio envuelta en la situación que los agentes han planteado esta semana como práctica para sus alumnos. Al día siguiente, Gruelle manda por correo electrónico otro caso de violencia de género con rehenes. Esa misma noche, cuando estamos todos en el aeropuerto esperando para volver a casa, cada uno en su respectiva puerta de embarque, envía otro. Y cuando llego a casa tras mi vuelo nocturno, tengo dos más en la bandeja de entrada.

En casi todos los lugares que visité mientras escribía este libro, salí de patrulla con la policía local. Procuraba hacerlo las noches de entre semana, siempre que podía. (Quizás esté de más decir que casi siempre me asignaban al agente más sociable y progresista del cuerpo, aunque una vez, en Washington capital, me asignaron a una agente que solo llevaba cuatro noches patrullando y que estaba hecha un manojo de nervios, como si la estuviera espiando en nombre de algún superior. Yo también me puse un poquitín nerviosa cuando me preguntó si había llevado mi chaleco antibalas). Siempre preguntaba a los agentes sobre casos de violencia doméstica en los que estuvieran implicados policías y sobre avisos de tiroteos y violencia contra las mujeres en general. De California a Massachusetts, todos contestaban que su actuación era la misma, se tratara de un compañero o de un civil.

Yo nunca les creía.

Respecto a las armas de fuego, todos decían que ojalá hubiera menos entre la población civil.

Esto sí que me lo creía.

Las armas multiplican exponencialmente la peligrosidad de su trabajo, lo hacen menos predecible y, a diferencia de muchos civiles que están a favor de que no se controle el acceso a las armas de fuego, los policías son muy conscientes de lo caóticas y azarosas que pueden ser las situaciones de conflicto cuando hay armas de por medio. Mi exmarido solía decir que no se puede negociar con una pistola. Estaba convencido de que la diplomacia brindaba muchas más oportunidades de que todo el mundo saliera con vida, no solo el agresor.

Siempre me ha parecido sospechosa la idea de que una pistola puede «salvar» a alguien en cualquier situación. Un arma de fuego es un instrumento pasivo; el uso que un humano haga de ella es otra cosa. Y los humanos cometen errores. Pienso, por ejemplo, en un allanamiento de morada: alguien está durmiendo y de pronto se despierta en la oscuridad y ve que hay un desconocido junto a su cama. ¿Cómo llega el arma a manos del propietario de la casa? ¿Cómo se quita el seguro? ¿Cómo llega la bala a su objetivo en un abrir y cerrar de ojos? Puede que la casa esté en silencio. El propietario se despierta, mete la mano debajo del colchón, saca el arma sin hacer ruido, le quita el seguro también sin hacer ruido y baja de puntillas al piso de abajo. Oye al ladrón, pero este no lo oye a él. En silencio, sorprende al ladrón cuando se está llevando su tele de pantalla plana y dispara. O podría tratarse de un tiroteo en un cine. Un tipo entra en la sala a oscuras y empieza a disparar. En algún lugar, entre el público, hay otra pistola, esta vez en manos de uno de «los buenos», que también dispara. O podría ser un hotel. Un tipo se pone a disparar. Una docena de personas tienen armas, pero son de «los buenos». Buena gente, pero armada. Y se lían a tiros. ¿Cómo distingues a los buenos de los malos? ¿Lo intencionado de lo accidental? Podría ser un tirador solitario en una gasolinera. Alguien que va en un Toyota tiene un arma. Es de los buenos. También dispara. Podría ser un chaval, y otro chaval con una pistola. Un buen chico con un arma de fuego. Un buen profesor con un arma de fuego. ¿Cómo sabes, cómo sé, cómo sabe cualquiera quién es quién, y cómo se distingue un arma de otra en esos instantes de pánico y confusión? ¿Hacia dónde huir, cómo esconderse? ¿Un asiento de plástico forrado de tela puede detener una bala? ¿Y la puerta de un coche? ¿Y la de una taquilla? ¿Y un altavoz? ¿Y el tablero de una mesa de aglomerado? Da igual quién sea el bueno y quién el malo. Las balas no tienen conciencia moral. Todas las situaciones de violencia machista que conozco tienen algo en común cuando hay armas de fuego presentes: que nunca hay tiempo de pensar. Un cuchillo te da un segundo para intentar escapar. Una bala, no. Las armas de fuego redoblan el peligro que corren todos los implicados. Pienso constantemente en aquella señora del grupo de evaluación de Montana, la enfermera jubilada que hacía punto y decía una y otra vez: «Deshaceos de las putas armas». Lo decía en una sala en la que más de la mitad de los presentes portaban armas. *Deshaceos de las putas armas.*

Durante varias décadas, tanto los investigadores sociales como las autoridades policiales afirmaban que las llamadas reportando incidentes de violencia de género eran de las más peligrosas con las que se encontraba la policía. Y, desde luego, el desenlace era el menos predecible. También es cierto que en todo el país numerosos policías han muerto o resultado heridos al acudir a sitios donde se ha reportado un episodio de violencia machista. Un estudio que analizaba los datos de un periodo de catorce años en el que habían fallecido 771 agentes de policía en acto de servicio (más de cincuenta al año, de media), demostró que un 14 % de esas muertes se habían producido como consecuencia de sucesos de violencia machista, y un 97 % habían sido por arma de fuego.[100] Durante los primeros años de mi investigación, cuando acompañaba a agentes de patrulla, contestaban casi invariablemente que los casos de violencia de género eran los más peligrosos (de vez en cuando, alguno incluía también las incidencias de tráfico). Pero desde hace dos o tres años, algunos agentes han empezado a decirme que los tiroteos indiscriminados es el tipo de situación que más temen. Los autores de un informe policial que analizó datos del FBI sobre sucesos de ese tipo ocurridos entre 2008 y 2012 descubrieron que un 40 % de las veces, aproximadamente, el agresor dejaba de disparar cuando llegaba la policía; en los casos en los que el tiroteo continuaba tras acudir la policía, los agentes resultaban heridos por arma de fuego en torno a un 15 % de las veces. El estudio concluía que los tiroteos indiscriminados —o «incidentes con tirador activo»,

---

100. Meyer, Shannon y Carroll, Randall H., «When Officers Die: Understanding Deadly Domestic Violence Calls for Service». *Police Chief,* 78 (mayo, 2011).

en jerga policial— iban en aumento y se hallaban ahora entre los más letales para la policía.[101] En ningún lugar del informe se aludía a la idea de que muchos incidentes de este tipo *comienzan* siendo situaciones de violencia de género.

Los policías no son los únicos que preferirían que hubiera menos armas entre la población civil. Actualmente, un tercio de las mujeres estadounidenses tienen armas en casa; sin embargo, menos de un 20 % afirman sentirse más seguras por ello, y más de la mitad quieren que se aprueben medidas más estrictas de control de armas.[102] El riesgo de que se produzca un homicidio en una situación de maltrato se multiplica por ocho cuando hay armas de fuego presentes.[103] Pese a que en 1996 se aprobó la llamada Enmienda Lautenberg, una norma que prohibía la compra y posesión de armas de fuego a los imputados por delitos menores relacionados con la violencia de género, los estudios demuestran que dicha norma rara vez se aplica.[104] Es importante señalar que este tipo de delitos menores son un cajón de sastre que, dependiendo del estado, incluye desde una simple bofetada a un intento de estrangulamiento con consecuencias casi fatales. Los estados han de promulgar normativa propia que obligue a los maltratadores a entregar sus armas y, en el momento en que escribo esto, esa normativa solo existe en dieciséis estados de la Unión.[105] Además, dicha enmienda federal no se aplica, generalmente, a quienes no están casados legalmente[106] (es lo que suele llamarse el «vacío legal de la pareja de hecho»). La enmienda tampoco afecta al delito de acoso, lo que supone que actualmente en

---

101. Blair, J. Pete, Hunter Martindale, M. y Nichols, Terry, «Active Shooter Events from 2000–2012». Law Enforcement Bulletin, FBI. 7 de enero de 2014. https://www.leb.fbi.gov/articles/featured-articles/active-shooter-events-from-2000-to-2012. Véase también: J. P. Blair, T. Nichols y J. R. Curnutt, *Active Shooter Events and Response* (CRC Press, Boca Ratón, 2013).

102. Estudio inédito encargado por *Marie Claire* al Centro de Investigación y Control de Lesiones de la Universidad de Harvard, al que ha tenido acceso la autora.

103. Véase Campbell, Jacquelyn *et al.*, «Risk Factors for Femicide in Abusive Relationships: Results from a Multisite Case Control Study». *American Journal of Public Health* 93, n.º 7 (julio, 2003).

104. https://www.nytimes.com/2017/11/06/us/politics/domestic-abuse-guns-texas-air-force.html

105. https://www.everytownresearch.org/navigator/states.html?dataset=domestic_violence#q-gunmath_mcdv_surrender. Dichos estados son: Hawái, California, Nevada, Colorado, Luisiana, Tennessee, Minnesota, Iowa, Illinois, Maryland, Pennsylvania, Nueva Jersey, Massachusetts, Connecticut, Rhode Island, Nueva York y el Distrito de Columbia.

106. Algunos estados han aprobado legislación propia a fin de resolver este vacío legal, pero aún no existe legislación federal al respecto.

Estados Unidos haya decenas de miles de acosadores en posesión de armas de fuego.[107]

April Zeoli —profesora asociada de la Universidad Estatal de Michigan y una de las principales expertas del país en armas de fuego y violencia machista— y su colega Daniel Webster realizaron un estudio que analizaba la situación en las cuarenta y seis ciudades más grandes de Estados Unidos para ver qué efecto tenían estas restricciones en la tasa de homicidios machistas. Sorprendentemente, descubrieron que la prohibición federal no se traducía en una reducción de las muertes por violencia de género.[108] Zeoli explica que posiblemente ello se debe a múltiples factores, como la falta de interés en poner en práctica la ley federal, el desconocimiento de las restricciones por parte de las jurisdicciones locales y el hecho de que los jueces de algunos estados dispongan de una discrecionalidad muy amplia a la hora de aplicar la prohibición. La normativa, además, puede ser muy confusa.

—Si tienes una ley que dice que tal persona no puede tener un arma de fuego, pero no hay ninguna disposición posterior que explique quién tiene que confiscarla ni cómo, ni dónde debe guardarse o quién asume los costes, estás de hecho dejando que las jurisdicciones locales decidan por su cuenta lo que les conviene hacer, y eso da mucha manga ancha a personas que quizá no estén muy dispuestas a cumplir esa ley.

Donde esta legislación sí parece surtir efecto, en cambio, es en los veinticuatro estados que restringen la posesión de armas a quienes tienen órdenes de alejamiento, temporales o no. Actualmente, dieciocho estados tienen además normativa que permite a la policía confiscar armas de fuego en los incidentes de violencia de género.[109] El estudio de Zeoli puso de manifiesto que las muertes por violencia de género disminuyeron en un 25 % en las ciudades donde la normativa relativa a las órdenes de alejamiento era clara y se aplicaba rigurosamente.

—El problema no siempre es que vayan a dispararte —puntualiza Teresa Garvey, exfiscal y asesora legal de AEquitas, una asociación dedicada

---

107. https://www.americanprogress.org/issues/guns-crime/reports/2018/03/22/448298/disarm-domestic-abusers/ Véase también: https://www.americanprogress.org/issues/guns-crime/reports/2014/06/18/91998/women-under-the-gun/

108. Véase el estudio de Zeoli en *Injury Prevention*.

109. Véase el estudio de Vigdor en *Evaluation Review*, así como el informe «When Men Murder Women: An Analysis of 2013 Homicide Data», del Violence Policy Center (septiembre de 2015).

al fomento de la legislación contra la violencia machista—. [Las armas] se utilizan también para amenazar, para respaldar amenazas o para reforzar un entorno intimidatorio.[110]

Se utilizan como objetos contundentes y como recordatorio de quién tiene el poder. Como en el caso de Donte Lewis, que le propinó un golpe tan fuerte a su novia con la pistola que hizo que le saliera espuma por la boca. En Estados Unidos se dan 33.000 incidentes de violencia de género con armas de fuego al año, una cifra muy superior a la de muertes por violencia machista.[111] Las pistolas despojan a la víctima de la capacidad de negociación que pueda tener.

El argumento más trillado a favor de la posesión de armas es que hacen que las mujeres se sientan más seguras. Que da igual que se prohíba a los maltratadores comprar o poseer armas, porque, si quieren hacer daño a otra persona, encontrarán la manera de hacérselo. Pero Zeoli afirma:

—Eso sencillamente no es así. Los [asesinos] potenciales no reemplazan las armas de fuego por otras cosas.[112]

En un testimonio escalofriante que prestó ante el Comité Conjunto de Seguridad Pública Interior, David Adams afirmó que había decidido poner a prueba esa teoría con catorce asesinos a los que había entrevistado.

—Once de esos catorce hombres, que habían utilizado armas de fuego, afirmaron que no habrían cometido el asesinato si no hubieran tenido a mano una pistola —informó Adams—. Muchos maltratadores extremadamente violentos ya tienen propensión a matar a su pareja íntima o su expareja. Debemos dejar de ponérselo tan fácil.[113]

Kit Gruelle me dijo que ese era el principal malentendido imperante en la opinión pública respecto a las armas de fuego y la violencia de género.

—[Las armas] aumentan exponencialmente el peligro que corren las mujeres. Hasta que aparece un arma en la relación, la mujer piensa que

---

110. Entrevista con Teresa Garvey.

111. Según datos de Zeoli.

112. Entrevista con April Zeoli

113. Adams, David, «Statement before the Joint Committee on Public Safety and Homeland Security». 13 de septiembre de 2013. www.emergedv.com/legislative-testimony-by-david-adams.html

todavía tiene cierta capacidad de maniobra para lidiar con lo que pasa, ya sea huir, encerrarse en una habitación, o lo que sea.[114]

El argumento que invita a las mujeres a armarse para defenderse equivale a pedirles que se comporten como sus agresores, apunta Gruelle. Ese enfoque surte un efecto perverso al culpabilizar a las víctimas por no hacer todo lo posible por protegerse.

—No es un rasgo negativo de carácter que [las mujeres] no tengan una tendencia natural a disparar contra el padre de sus hijos —afirma.

Gruelle me contó que, si ella hubiera apuntado alguna vez a su marido maltratador con un arma, él se la habría arrebatado y se habría reído de ella.

Mi experiencia acompañando a policías de servicio me demostró que, al margen del discurso que mantengan las autoridades policiales respecto a la violencia machista, lo que de verdad determina lo que sucede en las calles es la cultura imperante en cada cuerpo policial y el sistema de valores de los individuos concretos que ejercen funciones policiales. Un sábado por la noche, acompañé en Montana a un policía que llevaba más de una década en el cuerpo.[115] Poco después de medianoche, el agente recibió un aviso de una «riña doméstica». Nos presentamos en una casa móvil; fuimos el tercer coche patrulla en llegar. Una mujer con un moño medio deshecho lloraba al lado de una camioneta mientras su marido hablaba con varios agentes al pie del camino de acceso. El agente al que yo acompañaba —Dan, lo llamaré— pasó de largo junto a la mujer y se dirigió a la entrada de la casa. Dos niños menores de cinco años, con los ojos como platos, entraban y salían. Otro agente estaba en el campo que había junto a la casa, buscando un cuchillo. El hombre había llamado a la policía para denunciar a la mujer después de que esta lo amenazara con el cuchillo. Después de la llamada, ella había salido corriendo de la casa y había arrojado el cuchillo al campo. Los dos estaban bebidos.

Había ya ocho agentes en el lugar de los hechos, todos ellos varones blancos. La mujer vestía una camiseta negra ajustada y mallas. Observaba a

---

114. Entrevista con Gruelle.

115. En algunas jurisdicciones, incluida Washington capital, está permitido que ciudadanos de a pie acompañen a los patrulleros en su ronda de servicio, pero en cambio está prohibido que los acompañen periodistas. A mí me lo permitieron a condición de que mantuviera el anonimato de los agentes con los que interactuaba en los avisos a los que asistí como observadora.

los policías entrar y salir de su caravana y dar vueltas por el campo y la explanada. Tres de ellos hablaban con su marido. Con ella, en cambio, no hablaba ninguno.

—Me pegó él primero —dijo mientras se secaba las mejillas.

Yo estaba junto a la casa móvil, tomando notas. La miré para darle a entender que la había oído, pero no quise decir nada. Estaba claro que ella pensaba que yo también era policía.

Dijo que había cogido el cuchillo para defenderse, porque él la había agredido cuando habían vuelto a casa de una fiesta. En ese momento, una adolescente apareció en la puerta, cogió a los dos niños pequeños y los hizo entrar. La mujer llevaba unos Crocs de color verde oscuro.

—¿Se lo has dicho a la policía? —le preguntó.

Ella asintió con un gesto.

—¿Le ha pegado otras veces?

Volvió a asentir y se echó a llorar, crispando el rostro. Esperé para ver si alguno de los agentes se acercaba a formularle alguna pregunta o a hacer, quizá, una valoración de riesgo, pero ninguno se acercó. Yo le hice varias preguntas que conocía del protocolo de valoración de riesgo. ¿La había intentado estrangular alguna vez su pareja? Sí. ¿Todos los niños eran de él? No. ¿Tenía él algún arma de fuego? Sí. ¿Tenía trabajo? Sí. Entonces se acercó un policía y le dijo que iba a tener que acompañarlo a comisaría. Me acerqué a Dan y le conté que la mujer aseguraba que su marido la maltrataba de manera regular. Él asintió.

—Por desgracia, ha sido él quien nos ha llamado. Así que tenemos que detenerla.

En ese momento salió otra vez la adolescente y se puso a increpar a la policía.

—¿Vais a detenerla a ella? *¿A ella?* —El agente que estaba en el campo encontró el cuchillo y lo levantó en alto—. ¡A él es a quien tendríais que detener!

—Ha sido él quien nos ha llamado —replicó Dan.

Los dos niños salieron otra vez. Estaba claro que los ánimos estaban muy encrespados. La mujer ya estaba en el asiento trasero de un coche patrulla, mirando por la ventanilla con los ojos como platos.

—¿Podríais por lo menos no detenerla delante de los niños? —dijo la adolescente—. Puedo llevármelos a otra parte.

—¿Dónde? —preguntó Dan.

—Al parque.

Era casi la una de la madrugada.

—¿Vas a llevarlos a un parque a estas horas?

Ella asintió como si fuera una idea perfectamente razonable.

—Vamos dentro —dijo Dan, y la condujo de vuelta a la casa.

Yo los seguí y, cuando entramos en la pequeña caravana, nos encontramos con un tremendo desorden. La cocina-cuarto de estar estaba mugrienta. Las encimeras estaban repletas de cazuelas, fuentes y platos de papel cubiertos con una costra de suciedad. Había un montón de moscas. Los cristales de las ventanas estaban rotos. Olía a tabaco, a sudor, a moho y a comida estropeada. Había una cama plegable con un solo colchón y, en el suelo, un globo hecho con un condón viejo. Media docena de policías se apiñaban, hombro con hombro, en la estrecha habitación.

—No quiero que se quede aquí —dijo la chica—. Si vais a llevárosla a ella, tenéis que detenerlo a él también.

Dan le preguntó si le daba miedo quedarse a solas en la casa con él. Ella puso cara de fastidio, como una típica adolescente.

—¿Te ha pegado alguna vez?

Ella dijo que sí.

—Con un perchero.

Un televisor de buen tamaño dominaba la habitación. Estaban puestos unos dibujos animados. Los dos niños tenían los ojos vidriosos de cansancio. No demostraban emoción alguna. Ni miedo, ni euforia, ni curiosidad, ni sorpresa. La adolescente seguía discutiendo con los agentes, y yo me pregunté cómo se sentiría allí sentada, en el sofá del cuarto de estar de su casa, mientras seis tipos corpulentos se cernían sobre ella. Uno o dos recorrieron el pasillo alumbrando con una linterna las habitaciones desordenadas. La chica se resistía a darles información, y yo me acordé del curso de negociación. *No es un interrogatorio; es una entrevista.* Ninguno de aquellos policías parecía capaz de dar un paso atrás y pararse a interpretar la situación, de agacharse para ponerse a su altura y ofrecerle una palabra tranquilizadora o preguntarle, por ejemplo, cómo podían ayudarla. ¿Había alguien a quien pudiera llamar? ¿Necesitaba comida? Por el contrario, se alzaban frente a ella en grupo, con sus chalecos antibalas, sus armas, sus protecciones y sus aparatos de radio que no paraban de crepitar. Iban a dejarla con sus hermanos en aquella casa desastrosa a la que, probablemente en cuestión de horas, regresaría un hombre adulto que los maltrataba, y una mujer adulta que, aunque también pudiera maltratarlos, al menos de vez en cuando los protegía, tal vez no regresara. Aquella escena me impresionó profundamente, porque todos esos policías eran hombres educados y conocían la ley, pero también carecían por completo de formación y habilidad para actuar o pensar de un modo que diera a entender que eran conscientes de las implicaciones psicológicas de la situación y del aspecto que presentaban desde el punto de vista de un menor. Era un trauma que se estaba gestando ante mis ojos. A los policías no les interesaban ni las complejidades de las emociones humanas ni las consecuencias futuras que tuviera aquella situación. Su trabajo los había preparado únicamente para distinguir entre legal e ilegal. En Massachusetts, una vez fui testigo de una denuncia por agresión machista, esta vez un hombre había agredido a su hermana. Ella llegó llorando a comisaría para presentar la denuncia. El agente que la atendió le tomó declaración y luego le ofreció un vaso de agua o un café y le preguntó si quería quedarse en la comisaría un rato, hasta que se tranquilizara, a lo que ella contestó que sí. A continuación, el agente habló con ella unos minutos sobre violencia familiar, sobre los efectos que podía tener sobre la gente y le aseguró que había hecho muy bien en acudir a comisaría. Todo muy general. El agente no hizo gran cosa: le ofreció una bebida y un espacio para que se calmara y le expresó su empatía con unas frases amables. Pero de eso justamente se trata. Lo poco que hizo aquel agente sirvió para poner de manifiesto la humanidad compartida de ambos y significó mucho para aquella mujer.

Cuando volvimos al coche patrulla, Dan me dijo que iban a pasar el aviso al departamento de familia y protección de menores, y que habría que colocar a los dos niños en alguna parte, por lo menos de momento, y muy posiblemente de manera permanente, a no ser que la mujer pudiera demostrar que era una madre responsable. Y estando la casa como estaba, no me pareció que eso fuera posible.

—Podríamos haber manejado mejor la situación —me dijo Dan.

Algo es algo: al menos, lo reconocía. No le dije que no. Y sin embargo, muchos meses después, cuando tuve un pequeño rifirrafe con un guardia, pude comprobar lo difícil que es actuar con acierto y sensatez en determinadas circunstancias.

UNA ÉPOCA DE DESCUBRIMIENTO ABSOLUTO

Atravieso en coche una zona de explotación de minas de carbón, en el límite entre Pennsylvania y Nueva York. Es el verano de 2018 y llueve. Un par de meses atrás, me llegó un mensaje de texto al teléfono, de un número desconocido. (*Hola, Ray, ¡no me estoy metiendo en líos! Estoy más tranquilo que un ocho*). Era Donte Lewis, que volvía a hacer acto de aparición en Pennsylvania, desde la prisión federal de Canaan.

Tras varios meses de tiras y aflojas, me habían dado autorización para visitarlo. Podía ir a verlo en calidad de periodista, pero eso ya lo había probado en Atwater, en California, y no había funcionado. Luego lo trasladaron, y al final decidimos hacer una visita normal, lo que, a pesar de resultar muy esclarecedor, fue una idiotez por mi parte, porque los dos podríamos haber salido muy malparados.

Lo que quiero saber —aunque sospeche que es imposible averiguarlo— es si Donte puede seguir siendo no violento en un lugar como Canaan y sobrevivir. ¿Puede recurrir a la violencia cuando lo necesite para mantenerse con vida en una prisión federal, por ejemplo, y «desconectarla» cuando salga en libertad? Iba a ver de primera mano lo demoledoras que son aquí las pequeñas injusticias cotidianas. Las máquinas expendedoras, por ejemplo. Hay un cartel que dice que la empresa no se hace responsable de lo que ocurra si uno decide usarlas. Y, en efecto, pierdo cinco dólares, mínimo, al intentar sacar un refresco que se apoya como un marinero borracho en el cristal, medio dentro, medio fuera de su anillo de plástico, sin llegar a caer. Aunque parezca una nimiedad, ¿tan difícil es tener una máquina de *vending* que funcione y que no se quede con las monedas de personas que no pueden permitirse malgastarlas?

Pero aquí todo es autoritarismo: da igual que tenga sentido o no, que parezca lógico, o que solo sea una estratagema para dejar claro quién manda y quién no. Es así para los reclusos y también para las visitas. Hay líneas en el suelo que no puedes cruzar, y cintas retráctiles como las que se usan en los aeropuertos para mantener a la gente separada. Antes de que pasemos por el control de seguridad, la zona de espera de las visitas está tan tranquila y silenciosa como una iglesia durante la oración. Pero también hay tensión, como si un simple estornudo pudiera decantar la balanza hacia un lado u otro. Esta es una zona exenta de emociones. No se oyen risas. La gente no charla tranquilamente ni se mira a los ojos. El guardia que tenemos enfrente es joven y serio; puede que lleve poco tiempo trabajando en la cárcel. No tiene esa aspereza de otros guardias que he conocido, esa actitud tensa y aburrida de quien lleva mucho tiempo vigilando a otras personas; más concretamente, a otros hombres. La actitud «yo lo sé mejor que tú», la llamo yo. Yo sé mejor que tú cómo funciona esto. Sé mejor que tú lo malos que son estos tipos. Sé mejor que tú hasta dónde llega la depravación del ser humano.

Llego a la cárcel a las nueve y dos minutos de la mañana. Como todas las prisiones en las que he estado, esta está en medio de la nada, encima de unas lomas verdes y ondulantes, rodeada por un barrio de clase obrera. Una de las casas tiene un porche de madera muy viejo, rebosante de juguetes de plástico descoloridos y macetas desconchadas. Un letrero en el porche dice *Shangri La*.

—Se ha perdido el trámite por dos minutos —me informa el guardia que atiende el mostrador. En la página web de la cárcel dice que el horario de visitas es de ocho de la mañana a tres de la tarde—. Hacen otro recuento a las diez. Vuelva entonces.

Voy a sentarme al coche. Escucho la emisora de radio pública. Leo el *Times*. Juego en el móvil a *Township*, un juego estúpido. A las diez, vuelvo a entrar.

—Acaban de empezar el recuento. Tarda una hora, más o menos.

Vuelvo al coche. La radio pública. El *Times*. *Township*. Vuelvo a las once. Hay una cola de unas doce personas que parecen haberse materializado de pronto. Que yo vea, solo somos tres blancos, contándome a mí. La desigualdad racial del sistema penitenciario se hace patente en la distribución demográfica de la sala de visitas. También somos casi todas mujeres.

El guardia me da una llave de taquilla y me dice que meta la llave del coche en la taquilla.

—O sea, que cojo esta llave —digo sosteniendo la llavecita de la taquilla— para guardar esta otra —añado enseñando el llavero del coche.

El guardia asiente.

No sé por qué digo estas cosas en voz alta. Mi mejor amiga lleva veinticinco años diciéndome que tengo un problema con la autoridad. Pero guardo el llavero del coche en la taquilla.

Me dejan llevar una sola bolsa de plástico transparente, en la que meto la llave de la taquilla, algo de dinero, brillo de labios, un bloc de notas y un bolígrafo. Después, resultará que tres de esas cinco cosas son contrabando.

Por fin, un poco antes de mediodía, nos llevan a la sala de visitas principal, un rectángulo de cemento sin ventanas con rayas de cinta azul en el suelo que marcan la divisoria entre reclusos y visitantes. A un lado, junto a la pared, hay un mostrador con un grupito de guardias que parecen atiborrados de esteroides. Es todo tan tópico… Sobre todo, los guardias malencarados, que se ponen a gritarnos porque nos hemos arremolinado demasiados en la zona de las máquinas expendedoras y nos señalan un cartelito minúsculo que dice que allí solo puede haber dos personas a la vez. Intento descifrar la lógica de todo esto. Nos han hecho despojarnos de todo lo que podía servir como arma, así que ¿qué más da que estemos cuatro o cinco junto a las máquinas? (Hay seis máquinas. Para cuando acabe la hora de mi visita, estarán todas averiadas). Creo que leo bastante bien, pero el cartel no estaba colocado en un sitio visible. Nos sentimos humillados, insultados.

—Saben leer, ¿no? —suelta el guardia.

Me dan ganas de gritarle que soy profesora universitaria, a ver si se entera de una puta vez. Seguramente podría leerle hasta hacer que vuelva a meterse en la cueva de la que ha salido. Pero lo miro con unos billetes de dólar en la mano y digo:

—Me habían dicho que había un bufé.

Se queda pasmado un momento. Yo sé que soy una privilegiada por partida doble, o incluso triple. No solo soy una visita y no una presa, sino que además soy blanca y tengo formación universitaria. No me siento orgullosa de actuar así a veces, soltando un chiste cuando claramente no toca. Ojalá le hiciera más caso a mi editora interior. (Ojalá tuviera editora interior, mejor dicho). El guardia me mira un momento y luego se aleja. Más tarde me entero de que en 2013 un recluso mató a un guardia en esta prisión. Es posible que estos guardias reciban amenazas de muerte a diario.

Probablemente están agotados, mal pagados y agobiados de trabajo. Tengo suerte de no conocer esa vida; es un lujo.

Me pregunto si reconoceré a Donte. Han pasado casi tres años. En torno a las doce y media, lo veo salir del pasillo, vestido con mono de color mostaza y sandalias de goma beis. Ha envejecido muchísimo. Tiene la tez apagada y mate. Ha engordado un montón. Se ve que es él, pero al mismo tiempo parece otro. Como si fuera su hermano mayor. Aún lleva las puntas del pelo rubias, pero se recoge las rastas en una larga coleta. Un tatuaje muy pequeño asoma en una esquina de su frente, semejante a un rizo. Tiene un ojo morado.

Un golpe jugando al baloncesto. No es nada, dice al darme un abrazo.

Ojalá no se sintiera obligado a mentirme.

La prisión de Canaan está dividida por regiones geográficas, explica. Cada cual le debe lealtad a su región. Aquí, las bandas que fuera serían archienemigas se juntan, como los Crips y los Bloods, que están aliados.

—Hay como cien tíos de Nueva York —me cuenta— y de California solo somos cuatro.

Tienen que hacer piña. Mientras esperaba, unas mujeres me han dicho que esta cárcel es muy dura. Hay que llamar antes de venir, porque, si no, es posible que cuando llegues estén todos en confinamiento y no les dejen salir de sus celdas. Entre los reclusos de Canaan hay un pirata somalí, un simpatizante de Al Qaeda y varios miembros del famoso cártel de Tijuana. Un miembro de la familia mafiosa de los Gambino mató aquí a su compañero de celda en 2010, cuando la cárcel llevaba cinco años abierta. Justo al lado de Canaan hay una cárcel satélite de seguridad mínima que, según me cuenta un guardia, alberga sobre todo a delincuentes no violentos o «de guante blanco».

Donte está integrado en un programa antidrogas de la prisión, a pesar de que antes no tenía problemas de drogadicción, a diferencia de Jimmy. Dice que, si hace el curso entero, quizá pueda salir un poco antes. Para cuando se publique este libro, le quedará menos de un año de condena.

Me cuenta que todavía recurre a lo que aprendió en el curso de Man Alive, pero que a veces lo que aprende aquí parece oponerse a aquello y eso le confunde.

—Interioricé esas herramientas, ¿sabes? Pero aquí nadie las tiene interiorizadas.

Por las mañanas, cuando se reúne su grupo, alguno de los participantes tiene que dirigir la reunión y, cuando le toca a él, los demás le dicen que habla como un blanco.

—No puedo evitar saber lo que sé, ¿me entiendes? Las cosas que me enseñaron Jimmy y Leo. Digo cosas como «me siento así» o «me siento asá», ese rollo, pero estos tíos no quieren conectar conmigo. No les interesa.

Así que está solo. Psicológicamente solo. Además, su abuela murió hace poco más de un año y eso fue un golpe muy duro para él. Con su madre habla muy poco, y con su hermana sigue un poco enfadado porque no ha cortado del todo con su ex, el que conducía el coche la noche que lo detuvieron. Afirma que recurre a lo que aprendió en California cuando lo necesita, intermitentemente, y que ahora es mucho más maduro. A veces, cuando quiere echar un cable a algún amigo de los que tiene aquí, le habla de la inteligencia emocional o de las expectativas del sistema de valores masculino. Otras veces llega a acuerdos con reclusos para que le protejan o se sirve del sistema lo mejor que puede. Es consciente de que se encuentra todo el tiempo en situaciones de peligro mortal, pero sabe que no puede ser de otro modo si quiere sobrevivir. Dice que procura estar «tranqui».

¿Y qué te pasó de verdad en el ojo?, le pregunto.

Echa la cabeza hacia atrás y suelta una carcajada. Le falta uno de los dientes delanteros. Apoya la palma de la mano en uno de sus bíceps.

—Puessssss —dice arrastrando la palabra—, tuve un altercado, podríamos decir.

—No me digas —contesto.

—La verdad es que no fue nada —insiste.

Su compañero de celda se mosqueó con él, tenía ganas de pelea. Él le dijo que no quería pelear, que eran los dos californianos y que tenían que hacer piña. Además, cree que podría haberle molido a palos. No es un tipo muy grande. Donte mide casi un metro noventa y pesa cerca de noventa kilos. Y sabe pelear. Pero ¿no es eso lo que piensan todos los hombres?, le pregunto. ¿Que, si quisieran, podrían ganar la pelea, pero que prefieren no hacerlo porque de repente les entra el altruismo y deciden no descargar toda su furia sobre su oponente? ¡Cuánta magnanimidad!

Se ríe y asiente con la cabeza, dándome la razón.

—No, pero, hombre, lo digo en serio. No es un tío grande, ¿me entiendes?

Aun así, su compañero de celda se cabreó y le dio un puñetazo. Donte dice que no fue nada, pero que le fastidió porque iba a verme a mí e iba a dar muy mala imagen. Y sí, tiene razón, la da.

Detrás de mí, en la pared, hay un cuadro que representa un rincón de un parque con un banco. Parece pintado por un alumno de secundaria o bachillerato. De vez en cuando, un recluso se acerca con una mujer y un niño y se hacen una foto con el falso parque de fondo. Una niña de unos seis años lleva una camiseta lila con un letrero que dice *El mejor día de mi vida*.

Donte confía en que Community Works le dé trabajo cuando salga. Quiere acabar las prácticas allí, pero no sabe si podrá ser. Nadie se ha puesto en contacto con él, ni siquiera Jimmy o Leo, pero aun así no pierde la esperanza. Y luego quizá, me dice, pueda irse a vivir al este. A Paterson, Nueva Jersey. O a Jersey City. Tiene familia allí. Así estaría lejos de su ambiente de siempre, en Oakland. Y cree que allí les vendrá bien un taller como el de ManAlive. Quizá pueda montar algo.

Su compañero de celda recibió una carta cuando él todavía estaba en Atwater, de una chica que conocía a Kayla Walker, el amor de su vida. La carta decía, supuestamente, que Kayla había pegado a otra chica con una botella de Rémy Martin. Y lo primero que pensó Donte al oírlo fue que a lo mejor era culpa suya por haberle destrozado la vida.

—Me pregunto si eso se lo enseñé yo —dice, visiblemente acongojado.

Más tarde, cuando me marcho, uno de los guardias me quita el bloc en el que he estado tomando notas durante tres horas. Yo sabía que no estaba permitido llevarlo a la sala de visitas, pero pensé que, en todo caso, me lo harían dejar cuando pasara por el control de seguridad. Y lo mismo el brillo de labios. Y el sujetador con aros. Igual que en la seguridad de los aeropuertos: se levanta lo que sea para verlo a la luz y se tira a la basura. El supervisor me dice que podría llamar al FBI basándose solo en la primera anotación, donde describo la sala de visitas y la cinta azul del suelo. Yo suelto una carcajada (mal hecho, que conste). Los dos sabemos que el FBI tiene mejores cosas que hacer un domingo por la tarde, pero también sabemos que yo no debería reírme de un guardia que me está echando la bronca. Entonces le digo que no importa, porque la imagen de la sala se me ha quedado grabada en la memoria.

El guardia me dice que el bloc de notas es contrabando. Yo cojo mi brillo de labios y se lo ofrezco. También es contrabando, ¿no? Echo los brazos hacia atrás y hago amago de quitarme el sujetador.

—¿Quiere también esto? —pregunto sonriendo.

Detrás de él hay otros seis guardias. Veo asomar mi cuaderno por uno de los bolsillos de su pantalón.

—En la página web no pone nada de cuadernos —le digo.

Tiene el reglamento allí mismo, en el otro bolsillo. Lo saca y empieza a leérmelo. Efectivamente, no dice nada de blocs de notas ni de cuadernos.

—¿Lo ve? —digo—. ¿Lo ve?

—Si no lo dice, es que no está permitido.

Yo le pongo como ejemplo un tampón. Tampoco figura en el reglamento. ¿También están prohibidos? ¿Se supone que las mujeres con la regla tenemos que ir chorreando sangre por el suelo?

El caso es que a esas alturas ya sé que no voy a recuperar mi cuaderno. Que, si yo estoy dispuesta a mantenerme en mis trece, él también, y además tiene público, así que no va a dar marcha atrás. Por emplear los términos del programa de Man Alive, estoy en peligro mortal, y el guardia también, pero él tiene colegas que le respaldan y, además, aquí solo uno de nosotros tiene verdadero poder. Soy consciente, además, de que estoy enarbolando mis privilegios. Soy periodista. Soy blanca. Y soy una persona con educación universitaria. Pero ¿qué sentido tiene que desafíe al guardia? ¿Qué estoy haciendo? ¿Es que no he aprendido nada de Jimmy Espinoza, de Done Lewis, de Hamish Sinclair, de David Adams y Neil Websdale, de todos esos hombres a los que he entrevistado en los últimos años? *¿Qué* estoy haciendo?

Entonces lo comprendo, porque me acomete de pronto un sentimiento de vergüenza. Doy media vuelta, salgo de la cárcel y me meto en el coche, agarro mi ordenador y me pongo a escribir todo lo que recuerdo de las tres horas que he pasado con Donte. El ojo morado, las alianzas carcelarias, la niña con su camiseta lila, las máquinas expendedoras, sus remordimientos por lo de Kayla... En ese momento, mientras estoy sentada en el coche, en el aparcamiento, comprendo por fin que lo que me molesta no es haber incumplido las normas, o no haber reconocido el privilegio que se me concedía al permitirme siquiera la posibilidad de romperlas. (Imaginemos a una persona que visitara la cárcel con regularidad: una mujer negra que fuera a visitar a un recluso cada domingo, por ejemplo, y que intentara «colársela» al guardia como yo lo intenté). Lo que importa es que he escarmentado. Ojalá hubiera hecho exactamente lo contrario en ese momento. Ojalá, cuando apareció el supervisor con mi cuaderno asomando por el bolsillo y me dijo que era contrabando, le hubiera contestado: «Tiene usted razón. Lo siento muchísimo».

Justo antes de despedirme de Donte tras prometer que volvería a visitarlo y que le mandaría unos libros, le pregunté qué recuerdo guardaba de la temporada que pasó colaborando con Community Works, de esos meses en los que trabajaba con Jimmy en un edificio del departamento del sheriff, dando clase a hombres violentos sin ser uno de ellos. Ese breve paréntesis. Su vida, durante una década, ha sido la cárcel; ha estado envuelta en violencia, salvo durante esos pocos meses. Fue la primera vez, que él recuerde, que vivió rodeado por personas que confiaban en él. Y eso le hizo confiar en sí mismo. Lo resumió con una sola palabra: descubrimiento. Así es como lo veía. Como una época de «descubrimiento» absoluto.

Quizás algún día pueda recuperarla.

LOS QUE ROMPEN CON LA VIOLENCIA

Cuando vuelvo a ver a Jimmy Espinoza, han transcurrido varios años. Todos esos meses que decía que no conseguía ganar peso; todos esos burritos gigantes y esos frijoles fritos que engullía y que no le hacían engordar ni un gramo... Resulta que, en realidad, había recaído. Había vuelto a las drogas. Había caído otra vez en ese lodazal del que tanto se había esforzado por salir. Al final, acabó viviendo en una casa tutelada, a pocas calles del edificio donde daba el curso de ManAlive. Me llamó al móvil un sábado por la noche. Había pasado una época muy mala, me contó, pero esta vez estaba dispuesto a perseverar. A no volver a caer en la violencia. A dejar de beber y a conservar su trabajo. A ser mejor, más curtido, más firme, a reconocer sus debilidades, a afrontar esa lucha y a hacerse por ello más fuerte. En Community Works le habían guardado el trabajo. Cuando le pregunto qué opina de seguir colaborando conmigo para este libro, si sigue queriendo que escriba sobre su caso, se queda callado un momento. Luego responde:

—Sí, joder. Esta es la pura verdad. Mi vida es una lucha cada día. Cada puto día.

Terminó un año de rehabilitación y ha vuelto al departamento del sheriff, a impartir el curso. Ahora está más sano que nunca. Ha engordado, empieza el día haciendo flexiones y lo acaba en la sala de pesas del gimnasio de su barrio. Comparamos bíceps. Vivió unos meses en una casa de rehabilitación para drogadictos y ahora tiene su propio piso. Es el primero en levantar la mano cuando alguien pregunta si alguno la ha cagado a lo grande; tiene que recordarles a sus alumnos, cada vez, que es uno de ellos. Ahora no solo dirige el curso de ManAlive en San Bruno, sino también un grupo de Narcóticos Anónimos, además de dar charlas en parroquias y centros municipales de la zona.

No finge que sea fácil. Esa es la lucha, para él y para todos los hombres con los que trabaja: resistirse al tirón de su vida anterior. A las drogas, al atractivo de las calles, a la vida que conoce. Lo siente en las tripas y en la cabeza. Llama «princesas» a la heroína y la coca, mujeres de cuento de hadas; Blancanieves y Cenicienta, las llama. La comparación me da repelús, pero no le digo que quizá sea un poco misógina, porque me parece injusto señalárselo en este momento, cuando está poniendo todo su empeño en rehabilitarse. Las drogas son mujeres bellas, sensuales, tentadoras, atrayentes, mujeres tendidas en sábanas blancas bajo una luz tenue; mujeres que lo llaman, seductoras. No son mujeres tridimensionales con las que puedas convivir; son amantes pasajeras. Mujeres fatales que te atormentan. Sabe que ofrecen solo un instante de éxtasis a cambio de ese conocimiento horrendo y visceral que acompaña al fracaso, a la violencia que se ejerce contra el propio cuerpo, como diría el propio Jimmy.

Se le ha concedido una segunda oportunidad. Y una tercera. Y una cuarta. Ha vivido una vida, dos, tres, siete. Está viviendo la última, cree. Hace promesas a sus alumnos, a su familia, a los hombres y mujeres que viven en el centro de rehabilitación, a los maltratadores, a los alcohólicos y a los drogadictos, al hombre al que le paga el alquiler todos los meses, a sus hijos y a las mujeres a las que quiso y maltrató una vez, y a sus compañeros de trabajo, como Reggie y Leo. Hace una promesa tras otra, y la mayoría de los días, al llegar la noche, siente un alivio inmenso por haber conseguido superar un día más. De todas las promesas que hace a toda esa vasta constelación de personas, la que cala más hondo, dice, es la que se hace a sí mismo.

Escribe sobre su lucha en una página privada de Facebook. Sobre la seducción de esas dos, Blancanieves y Cenicienta. Sobre lo bellas y atractivas que le parecen. Pero no sucumbirá a la tentación. Esta noche, no. Y, con suerte, tampoco la próxima. No puede ver más allá, o no se atreve a mirar. No está hibernando, asegura. No se está escondiendo. Solo se mantiene alejado de los lugares que lo atraen y lo absorben, de los recuerdos viscerales asociados con cada rincón del Haight, con ciertas ventanas que, al mirarlas, le traen a la memoria universos enteros.

—Ahí arriba, en ese piso, vivía una chica —me dijo una tarde señalando por encima del escaparate de una tienda que vendía ropa de hombre carísima—. Yo solía sentarme ahí a vigilar a mis chicas.

En la imagen, son *sus* chicas. Un hombre junto a una ventana, estado de máxima alerta, con los músculos tensos y los nervios a flor de piel. No me cuesta imaginármelo como el oso.

Iba a otro sitio a colocarse. Eso se lo guardaba para sí. Un chulo puesto de droga hasta las cejas es un chulo vulnerable. Pierde chicas, pierde territorio. Mantuvo mucho tiempo en secreto que estaba enganchado. Se pinchaba en la habitación de algún motel, se tumbaba atravesado en la cama y se sentía como una mierda. Se abofeteaba mentalmente por ser una piltrafa humana. Pero eso no le impedía seguir. Nada se lo impedía.

Una cicatriz encima del ojo derecho, casi escondida bajo la ceja, y seis mellas en los dientes. Se ríe de su propio aspecto. Es como un gánster. Como un matón callejero. Uno de esos tíos que jamás le presentarías a tu padre. Pero habla de amor. Su abuela falleció a los noventa y siete años y eso le hizo polvo. Escribió sobre lo mucho que le había querido. Sobre cómo veía pasar diez o doce coches de policía por su calle cada noche y rezaba por que no vinieran a llevarse a su nieto Jimmy. Su abuela sabía que era un proxeneta. A veces llevaba a las chicas a casa de su abuela y ella les preparaba algo de comer. Las miraba y decía: «Esto que lleváis no es vida, y la culpa es de este sinvergüenza», y señalaba a Jimmy.

Acompaño a Jimmy al edificio del departamento del sheriff, a ver una de sus clases nuevas. Es el mismo lugar que visité hace años, cuando Donte todavía estaba haciendo prácticas, solo que esta noche le ha tocado un aula del piso de arriba. En torno a un tercio de los alumnos son nuevos, lo que significa que están todavía desorientados. Se sientan en corro por orden de veteranía. Visten sudaderas grandes, vaqueros anchos, camisetas salpicadas de pintura. Se les nota cansados; muchos de ellos han pasado todo el día trabajando y ahora tienen que estar aquí por orden del juez. Algunos empezaron el programa en San Bruno y van a terminarlo aquí como parte de su libertad condicional. Percibo una actitud claramente hostil en más de uno. Un calendario del año anterior muestra la página del mes de junio. Hay varias mesas arrimadas a la pared, a un lado del aula.

Fuera, se oye el ruido del tráfico, las ráfagas de los coches al pasar. La cárcel del condado está cerca y las oficinas de Airbnb solo un poco más allá. Eso es San Francisco para las personas como Jimmy, que no viven de la mina de oro de Silicon Valley: una ciudad llena de dicotomías. Alambradas y botellas de alcohol rotas en una acera y, un poco más allá, una cervecería para hípters que cobra quince dólares por una jarra de cerveza.

Jimmy empieza por el primer punto del currículo del curso. La responsabilidad, dice. ¿Qué es?

—Fase uno: parar mi propia violencia —responde un hombre.

En San Bruno, todos los reclusos que forman parte del grupo de Jimmy están en prisión preventiva, lo que significa que procuran portarse lo mejor posible. Se sientan muy derechitos en clase, como alumnos aplicados. Les han privado de todos esos desencadenantes que existen en el mundo de fuera: las relaciones de pareja, las drogas, el alcohol, las bandas, las armas de fuego, etcétera. En la cárcel solo están ellos, sus historias y su tiempo. Y algo muy parecido le ocurre a Jimmy, para qué negarlo. Su trabajo le ayuda enormemente. No se engaña a sí mismo, no cree que su determinación de llevar una vida libre de violencia y drogas no dependa del mero hecho de estar rodeado de apoyos; y de tener un sueldo, entre otras cosas. Afuera, en la sociedad civil, todos esos desencadenantes y esas formas de vivir atraen como un imán a estos hombres. Sus amigos, sus trapicheos, sus mujeres. La mitad de los asistentes parece a punto de dormirse. Uno mira fijamente la alfombra con los codos apoyados en las rodillas. A otro se le cierran los párpados. Tres de ellos llevan tobilleras de seguimiento electrónico debajo de la pernera del pantalón. Uno lleva dos: una en cada pierna.

Jimmy no tiene, sin embargo, un flamante título de doctor por una universidad prestigiosa. Es uno de ellos. Comprende su lucha porque la ha vivido en carne propia. No la conoce por los libros ni las investigaciones —ni tampoco, francamente, como puedo conocerla yo, desde un plano intelectual—, sino con las entrañas. Y le he visto impartir clase suficientes veces como para saber que ve de verdad a esos hombres que se creen invisibles. A los que llegan borrachos. A los que se quedan dormidos. A los que se aburren. A los que lo miran con desprecio cuando habla. Los ve de verdad. Los conoce. De vez en cuando tiene que echar a alguno del curso, si viene ciego perdido o se niega a participar, y entonces el juzgado se entera y a veces, según cuenta Jimmy, el tipo acaba otra vez en la clase de la que le habían echado previamente.

«Responsabilidad», dice Jimmy. Cuatro formas de analizar una situación de peligro mortal. La primera es la negación. «Yo no lo hice. No he sido yo». La siguiente es minimizar el problema. «Quitar importancia a las consecuencias de mi violencia», les dice. Palabras como «pero» y «solamente» dan pistas importantes. «*Solamente* le pegué una vez. *Solamente* la empujé un poquito. *Pero* empezó ella». La culpabilización y la complicidad son las otras dos formas. «*Ella* me pegó primero. Me provocó». Eso es culpabilizar. La complicidad o colusión se da cuando, por ejemplo, estás sentado con otro tío y te dice: «Venga ya, ¿vas a dejar que te hable así? Joder, tío, yo, si fuera tú, le enseñaría quién manda aquí».

Jimmy les dice a sus alumnos que, si procuran evitar esas cuatro conductas, no volverán a verlo nunca «como no sea en el campo, viendo a los Giants».

Ellos se ríen. Jimmy les recuerda la historia de Kelly y de cómo la secuestró. La segunda de las tres historias que han marcado su vida. Muchos de ellos ya la conocen.

—Todo lo que decía ese atestado policial era verdad al 125 por cien. Todo lo que contó ella era absolutamente cierto —afirma.

Luego baja la voz y da un paso hacia ellos, arquea el cuerpo, se inclina para captar su atención. Y funciona. Empiezan a enderezarse y a hacerle caso.

—¿Y sabéis qué? Que todas las denuncias que me ha puesto la policía, todo lo que pone en sus informes sobre mí, es verdad. Hice esas cosas. A mí nunca me han detenido sin motivo, no tengo esa experiencia. Eso es lo que intento haceros comprender, chicos. Lo sé y eso no me hace especial, pero sé también que sobre mí nadie ha mentido. Era todo verdad. Y eso es lo que me mantiene aquí. No quiero tener que pasarme la vida vigilándome las espaldas, mirando hacia atrás. No quiero vivir con mi chica y que, cada vez que llegue a casa, tenga miedo de lo que puedo hacerle.

Retrocede hacia la pizarra blanca, se yergue y se frota las manos. Lleva pantalones chinos de color beis y deportivas.

—¿Sabéis un poco por dónde voy? —pregunta.

—No —contesta uno.

Jimmy sonríe.

—Pues es lo que vas a oír cada semana, tronco. No te preocupes. El trabajo empieza cuando estás en peligro mortal. Divide ese término en dos. «Mortal» significa que puede causar la muerte, ¿no? Peligro de muerte. Ya sabes, como cuando vas conduciendo por la autovía y el que tienes delante va muy despacio y no puedes adelantarlo, y gritas «¡joder!» y levantas las manos —añade haciendo el gesto con las manos en posición defensiva.

—Sientes que está amenazando tu masculinidad —dice uno de los asistentes.

Jimmy asiente. Se te acelera el latido cardíaco, les dice; se te tensan los músculos y se te crispa el rostro. Es todo inconsciente. Sin que tú lo sepas, tu sistema límbico está reaccionando a esa amenaza. Hace una demostración con gestos exagerados, bufonescos, y todos se ríen.

Les explica que todos aprendieron de niños que los niños no lloran.

—Tu madre o tu padre te decían «venga, no llores, que eso no es nada», ¿verdad? ¿Cómo que no es nada, si dolía? ¿Por qué no se puede llorar? ¿Qué tiene de malo llorar? ¿Los niños no pueden llorar cuando se hacen daño, cuando se raspan con la grava, pero mi hija sí? ¡Hombre…! A la niña la cojo en brazos, la achucho y la beso, y a mi hijo le digo que deje de llorar… —Menea la cabeza—. Yo, ahora, con la educación que tengo, le digo: «Ven aquí, hombrecito, que me dan ganas de llorar contigo. Ya sé que te duele. No pasa nada: llora».

Habla de cómo creció creyendo que las mujeres estaban para servir a los hombres porque veía a su abuela y a sus primas hacer la comida, ir a la compra y limpiar mientras los varones se sentaban a ver el fútbol en la tele. ¿Qué les estaban enseñando a todos, a ellos y a ellas? Ahora es un hombre adulto y ya sabe prepararse la comida y hacerse una puñetera tortilla, porque ha tenido que aprender.

—Yo no sabía apreciar lo que hacían —cuenta de sus exparejas, y de Kelly—. Nunca tuve una novia mala. Lo malo era mi actitud.

—Eso está claro —interviene un alumno, y Jimmy se ríe.

—Tenía muchísima gente que me quería —dice.

Pero cuando era joven, añade, no se interesaba por esas personas; no le preocupaban. ¡Qué ridículo le parece ahora! Antes lo que le preocupaba era impresionar a otros hombres, a otros chulos, a otros gamberros como él.

—Me preocupaban tipos que no conocía de nada. Quería ser como ellos, un cabronazo, ese era mi modelo masculino. Y cuando solo me preocupo de impresionar a gente que no conozco, le estoy haciendo daño a la gente que de verdad me quiere.

Dice que ese es su asesino interior: la compulsión que empuja a los hombres a ser violentos, que los separa de sus sentimientos auténticos, que refuerza el sistema de valores patriarcal.

—A nuestra imagen interior la llamamos «el asesino». ¿Por qué? Porque el asesino profesional actúa en silencio. El asesino profesional no anda por la calle, no va por ahí en un Cadillac de la hostia, poniendo música a toda tralla y fumándose un porro. El muy hijoputa vive en una urbanización de las afueras y tiene una empresa de construcción, ¿sabéis? Y tres niños que van a un colegio católico.

Jimmy se mueve ahora por el aula, dando saltos adelante y atrás como un púgil. Cada asesino es distinto. Depende de las mentiras íntimas que te haga creer. Jimmy dice que el suyo es del tipo «cabrón agresivo, mujeriego y manipulador». De pronto para de moverse.

—Y todas esas palabras no son cualquier cosa, cuando se trata de un delito contra tus hijas.

Recurre, sí, a ese subterfugio, a ese buscar que los hombres reconozcan que quieren que sus hijas estén a salvo, que no se junten con tipos como ellos. Un impulso que, sin embargo, no hacen extensivo a sus parejas. Este planteamiento siempre me ha incomodado. ¿Acaso siempre tenemos que remitirnos a nosotros mismos, apelar a nuestra experiencia, para comprender que también deben importarnos los demás? ¿No podemos asimilar sin más que todas tenemos que poder sentirnos a salvo, no solo las que se parezcan a la madre o la hija de algún hombre? ¿De veras es necesaria la identificación personal para que haya empatía? Jimmy tenía, además, otra cosa que me inquietaba. Cuando le decía que necesitaba hablar con Kelly para que me contara su versión de los hechos, y también con sus hijos, quizá, o con sus padres, guardaba silencio. Una vez hablé con su padre, pero se notaba que al hombre no le hacía ninguna gracia ver a su hijo hablando con una periodista. Se lo dijo delante de mí. «¿Es que tienes que contarle tu vida?», le recriminó señalándome. Jimmy contestó que no pasaba nada, y su padre negó con la cabeza. En realidad, Jimmy se inhibía cada vez que le decía que quería hablar con su familia. Respondía que no quería que se volvieran a traumatizar, lo cual era comprensible. Nadie quiere que su familia sufra. Pero cuando le pregunté que por qué tenía que decidir él con quién debía o no hablar una mujer adulta —madre, hija o exnovia—, entonces dejó de hablarme.

Al final, conseguí hablar con Kelly, su expareja, que accedió a que grabara la entrevista. Todos sus amigos comunes y sus familiares, me contó, conocían ya la historia. Kelly se consideraba el «plato fuerte» de Jimmy.

Comprendía que su historia formaba parte de la cruzada que había emprendido Jimmy contra la violencia, y de su propio proceso de recuperación, pero no le agradaba en absoluto tener que sacrificar su intimidad por el bien de Jimmy, ni por la rehabilitación de personas a las que ni siquiera conocía. Había hecho las paces con Jimmy, sin embargo, y rehecho su vida, y decía que estaba escarmentada y que nunca volvería a aguantarle a un hombre lo que le había aguantado a él.

Me contó que Jimmy fue la primera persona que la trató bien, por lo menos al principio. Manejaba mucho dinero y era amable, aunque también dice que era un «depredador». Años después, cuando por fin reunió el valor necesario para dejarlo, cuenta que la gente le decía que estaba «tirando la toalla». Se sintió muy culpable, pero no volvió. Asegura que ahora su hija tiene muy buena relación con él; ella, en cambio, prefiere mantenerlo a distancia. Jimmy y ella tienen una hija en común, nada más. Cuando le pregunté si creía que de verdad había cambiado, me dijo que sí, pero también que estaba convencida de que con ella seguramente estallaría en un minuto. Que por eso prefería mantener las distancias.

Justo antes de colgar, le pregunté si creía que un hombre violento podía volverse pacífico. Se lo pensó un momento.

—Creo que pueden volverse pacíficos en un noventa por ciento. Pero que siempre les queda un poso dentro que no se puede arreglar.

Él, por su parte, no volvió a hablar conmigo.

Jimmy me dijo una vez que sabía que las mujeres querían «redimirle». Que algunas mujeres sienten una especie de atracción fetichista por las historias de supervivencia, por hombres antaño violentos que han *renacido* y han dejado de temer sus vulnerabilidades y sentimientos. A fin de cuentas, no hay nada más sexy que un hombre en contacto con sus emociones, ¿no? Cuando echo un vistazo a su página de Facebook, veo que, en efecto, es así. Hay multitud de mensajes de mujeres que rebosan tópicos cursis, inspirados por la historia de superación de Jimmy. Me cuenta que, una vez, una mujer cruzó el país en avión para conocerlo.

A mí eso me incomoda un poco. Puede que incluso me cabree ligeramente. Los hombres como Jimmy no son nada del otro mundo. No tienen nada de admirables. Solo hacen lo que se supone que tienen que hacer: o sea, no pegar a las mujeres. Si hubiera algo que destacar, sería su mediocridad; ese sería, en todo caso, el triunfo. David Adams también desconfía de ese fetiche del superviviente tan propio de nuestra cultura. Es, de nuevo, una forma de narcisismo: ese carisma que todos parecen tener de manera natural.

—Pueden convertirse en fantoches carismáticos —me comentó una vez— que nunca aceptan la responsabilidad de los abusos que cometen.

Jimmy se recuesta contra la pizarra blanca y vuelve a bajar la voz.

—Nací y crecí en una banda callejera —dice con un susurro ronco—. Podría volver a esa vida ahora mismo. Ahora mismo. En 2014 recaí cuatro meses. Y otra vez en abril de 2015. ¿Y sabéis qué, chicos? Que me encanta llevar una vida sana. Intento rodearme de personas positivas. Después de esto me voy al gimnasio, y luego a comer algo. Me doy una ducha y a la cama.

—¡Eso es vida! —exclama uno de los asistentes.

—Pues sí. Puede que hasta vaya a la reunión de Alcohólicos Anónimos a las diez. Estoy hecho mierda. Me queda mucho trabajo por delante. No tengo que arreglaros la vida a vosotros, tengo que arreglármela yo, porque el problema lo tengo yo. Y quiero que salgáis todos de esta vida, que conste, pero la verdad es que unos lo conseguirán y otros no. De los que venís aquí, lo consigue un diez por ciento. Yo me tiré dos años sentado donde estáis vosotros. No lo pillaba. No quería dejar las drogas, romper con las relaciones que me perjudicaban y dejar las calles. Estaba todo el tiempo jodido. Y vosotros no me vais a hacer perder el sueño. Esa es la pura verdad. No estoy aquí para facilitaros las cosas ni soy vuestra niñera. Así que me sienta fatal que vengáis aquí a echar una cabezadita cada semana, tíos. Porque lo que veáis aquí, esas mismas situaciones van a volver a darse mogollón de veces, y si no conocéis estas herramientas, vais a hacer exactamente lo mismo que hicisteis la última vez. Y yo seguiré aquí sentado como un puto ornitólogo mirando pájaros. La cárcel es como el lago Tahoe, tío. Está siempre abierta. Así que, si estáis aquí, prestad atención.

Y esto lleva a Jimmy a su tercera historia, la que solo oí una vez y nunca pude verificar hablando con su familia. La que más le atormenta. No es una historia larga, ni inusual, pero él considera que aquel fue el día más doloroso de su vida.

—Doce años —dice. Una persona de su entorno, a la que todos conocían, abusó sexualmente de su hija—. Tuve que tomar varias decisiones muy graves —añade—. Podía ir y arrancarle la cabeza a ese hijoputa, porque tenía todo el derecho a hacerlo, ¿no? Me echarían treinta años de cárcel, pero qué más daba. De todos modos soy un pandillero. Estoy a gusto en cualquier cárcel. Así que, ¿qué hago? ¿Me cargo a ese hijoputa o no?

Cree que eso fue lo que tuvo que decidir en el momento en que recibió la noticia. Matar o no a aquel tipo. Pero, en realidad, dice, se dio cuenta de que no dependía de él. La verdadera decisión era «¿pienso solo en lo que yo necesito y voy a matar ese cabronazo, o pienso en lo que necesita mi hija e intento ayudarla en todo lo que pueda?». Si hubiera matado al agresor, se habría visto apartado de su hija en el momento en que ella más lo necesitaba.

—Joder —murmulla uno de los nuevos.

—Voy a asegurarme de que todas vuestras parejas, las de todos vosotros, no tengan miedo cuando llegáis a casa —añade Jimmy con calma—. Yo trabajo en primera línea por y para la víctima, y quiero que mejoréis como personas, porque así habrá una mujer más en el mundo que se sentirá segura.

TERCERA PARTE

EL MEDIO

EN LAS GRIETAS

Más o menos en la misma época en que Rocky mató a Michelle y a sus hijos, al otro lado del país una mujer llamada Dorothy Giunta-Cotter huía de su marido, William, que la maltrataba. Se había refugiado en una casa de acogida en Maine con su hija pequeña, Kristen, y un juez local acababa de denegarle la orden de protección que había solicitado, alegando que no podía concedérsela porque Dorothy estaba empadronada en Massachusetts.

Así pues, Dorothy llamó a la línea de atención telefónica de un centro contra la violencia machista que había en su localidad natal, Amesbury, en Massachusetts. Era la primera vez que llamaba al centro Jeanne Geiger y allí nadie la conocía. Habló con una activista llamada Kelly Dunne. Dunne no solía trabajar los domingos, pero ese día estaba de guardia y, al oír a Dorothy, comprendió por su tono de voz que se trataba de una situación especialmente crítica. Encontró plaza para Dorothy y Kristen en una casa de acogida de Salem. Se reunió con ellas allí ese mismo día y escuchó el relato de Dorothy, un relato tan estremecedor que era casi impensable.

Estuvieron cuatro largas horas hablando. Dunne recuerda la paciencia alucinante de Kristen, que estuvo todo ese tiempo sentada al otro lado de la puerta de la habitación, mientras su madre relataba los abusos que había sufrido durante décadas, algunos de ellos tan brutales que Dunne se niega todavía hoy a revelar ciertos detalles (dice que se lo prometió a Dorothy ese día y ha cumplido su promesa). William la había tirado por las escaleras, le había puesto los ojos morados, la había secuestrado y retenido una noche entera en una nave industrial, le había dado palizas estando embarazada y había amenazado con matarla y tirar su cadáver en un sitio tan apartado que no la encontrarían nunca. Las pocas veces en que Dorothy iba a urgencias, él le tiraba los analgésicos a la basura. No le permitía trabajar y ella no tenía prácticamente vida, fuera de las dos hijas de la pareja. Y, como era instalador de televisión e Internet por cable, William la había convencido de que conocía la ubicación de todas las casas de acogida de Nueva Inglaterra.

Dorothy sabía, además, que según la ley los padres tienen derecho a ver a sus hijos. Cualquier convenio de custodia o de visitas exigiría una negociación constante con William. De modo que, aunque pudiera demostrar que la maltrataba —y no podía, dado que nunca había llamado a la policía para denunciarlo—, William seguía teniendo derechos legales como padre. Al menos, si estaban en la misma casa, se decía ella, quizá pudiera proteger a sus hijas. Por eso volvía, una y otra vez.

Esta vez, sin embargo, le juró a Dunne que se había terminado. Esta vez, William se había pasado de la raya: había agredido por primera vez a Kristen, que tenía once años. Se había sentado encima de su pecho hasta que la niña no pudo respirar. Eso era lo que había impulsado a actuar a Dorothy. En muchos casos, es lo que sirve de revulsivo a las víctimas: el que sus hijos sufran daños. Una cosa es que un adulto agreda a otro adulto, pero ¿a un niño o una niña? Suele ser en ese momento cuando las víctimas deciden que se acabó.

Como muchos maltratadores, William conocía ciertos trucos para burlar al sistema. Tras esta última huida a Maine, mandó una carta al colegio de Kristen diciendo que su mujer estaba trastornada y que se había llevado a su hija sin su consentimiento, y pidió que, si Dorothy solicitaba el traslado del expediente de Kristen —que necesitaría para matricular a la niña en otro centro—, le avisaran inmediatamente. En la carta, aseguraba que aquella situación no se debía en absoluto a que hubiera una situación de maltrato en la familia, un comentario que a los responsables del colegio les pareció tan chocante que se pusieron en contacto con la policía local. Al mismo tiempo, William Cotter se personó en la comisaría de Amesbury y denunció la desaparición de su esposa y su hija. El agente que tramitó la denuncia, Rick Poulin, me contó que a Cotter le preocupaba que su mujer utilizara sus tarjetas de crédito.

—Estaba muy a la defensiva para estar presentando una denuncia por desaparición —comentaba Poulin—. Aquello me dio muy mala espina.

Poulin fue también quien habló con los responsables del colegio, y hasta se pasó por el centro Jeanne Geiger para hablar con una trabajadora social. Era un caso raro, pero, que ellos supieran —de momento—, no se había cometido ningún delito. No había ninguna denuncia por maltrato, nadie de la familia tenía antecedentes y no había motivo para que la policía vigilara a William. Dorothy no había llamado aún desde Maine, y William parecía ser un ciudadano respetuoso de la ley.

Dunne afirma que el comportamiento de William es típico de los maltratadores. Quieren demostrarle a su víctima que saben cómo burlar al sistema y que juegue a su favor. Dorothy estaba en Maine y, enviando esa carta al colegio, William quería —dice Dunne— «obligarla a salir de su escondite».

Dunne le dijo a Dorothy que permaneciera en la casa de acogida, que ella hablaría con el abogado del centro y entre los dos darían con una estrategia de actuación tras solicitar una orden de alejamiento, cosa que pensaban hacer a primera hora del día siguiente. Entonces, Dorothy le dijo algo que la dejó anonadada: *Estoy harta de casas de acogida.*

Había pasado temporadas en centros de acogida de toda Nueva Inglaterra, e incluso de Pennsylvania. Y al final siempre acababa volviendo a casa, porque no podía esconderse eternamente. William nunca la dejaría en paz. Jamás aceptaría el divorcio. Y sus niñas tenían que matricularse en un colegio, daba igual dónde estuviera ella o de qué anduviera huyendo. Su familia vivía en Massachusetts. ¿Cómo iba a dejar a su madre y su hermana, que eran su red de apoyo, las únicas personas a las que podía recurrir? Porque algún día tendría que buscarse un trabajo para cubrir gastos y que sus hijas y ella pudieran salir adelante.

Dorothy le dijo a Dunne que ella no había hecho nada malo, así que ¿por qué era siempre ella la que tenía que marcharse? Creía, además, que William sabía dónde estaban casi todas las casas de acogida, de modo que no tenía sentido intentar esconderse de él. No iría a ninguna casa de acogida. Esta vez no, ni nunca más. Más adelante, Dunne llamaría a esto el «momento cagada».

—No teníamos ningún plan para mujeres que se negaban a ir a una casa de acogida —me dijo—. Las casas de acogida *eran* el plan.

Dorothy y Kristen pasaron la noche del domingo en la casa de acogida de Salem y al día siguiente Dunne las acompañó al juzgado y a ver al abogado del centro. El juzgado le concedió la orden de alejamiento con una salvedad: William declaró ante el juez que necesitaba tener acceso al garaje de la casa, donde guardaba las herramientas con las que trabajaba, y el juez le dio permiso para recogerlas por la mañana y volver a guardarlas en el garaje por la tarde. Era una resolución inusual, pero William no tenía antecedentes por malos tratos y, claro está, necesitaba conservar su empleo mientras Dorothy y él resolvían sus problemas conyugales.

Después de la vista, William abandonó la casa y Dorothy y Kristen volvieron a instalarse en ella.

La casa de Dorothy tenía dos plantas, construidas encima del garaje subterráneo. Estaba situada junto a un pequeño aparcamiento para uso de los vecinos del barrio, cuyas casas estaban tan apiñadas que entre ellas apenas cabía una mano. La de Dorothy era de alquiler y tenía la fachada de madera blanca, con molduras pintadas de verde. Unos escalones de madera tambaleantes llevaban a un porche estrecho con dos puertas. El centro de atención a mujeres maltratadas se encargó de cambiar las cerraduras, instaló un sistema de seguridad y proporcionó teléfonos móviles a Dorothy y a sus hijas, además de un botón de SOS que Dorothy debía llevar colgado al cuello para avisar en caso de emergencia. Una noche, mientras estaba cocinando, pulsó sin querer el botón y se presentaron media docena de coches de policía. Dorothy pasó tanta vergüenza que se quitó el collar y lo colgó en su dormitorio.

Cuando llevaba diez días en casa, entró en el garaje para coger el coche porque tenía una entrevista de trabajo en un supermercado. De pronto, William —contra el que había una orden de alejamiento en vigor— la agarró por detrás y le tapó la boca con la mano.

—Deja de gritar o te pego un tiro —le advirtió.

Kaitlyn, su hija mayor, oyó el alboroto y bajó corriendo. Encontró a su padre sujetando por la fuerza a su madre. *Ella tenía sangre en la boca y parecía aterrorizada*, escribió más adelante en su declaración. *Yo me quedé con ellos para asegurarme de que no pasaba nada.* Pasadas dos horas y media, William se marchó. Al día siguiente, Dorothy fue a comisaría a denunciar que William había incumplido la orden de alejamiento. El inspector que la atendió se llamaba Robert Wile. Era la primera vez que se veían, y estuvieron hablando largo rato. Dorothy le dijo a Wile refiriéndose a su marido: «Cada vez que hablo con él, me asusta».

Dorothy, según Wile, se mostró tranquila y razonable. Le dijo que en la casa de acogida tendría que compartir habitación con sus dos hijas, lo que aumentaba la probabilidad de que, si William las encontraba, las matase a las tres. En su casa —recuerda Wile que le dijo—, había más posibilidades de que la matara «solo» a ella. Wile se quedó mudo de asombro.

—Estaba diciéndome básicamente: «Me estoy preparando para morir ¿y vosotros qué hacéis mientras tanto?» —me dijo Wile—. Me quedé sin habla.

Cuando conoció a Dorothy, Wile —o Bobby, como suelen llamarlo— llevaba casi veinte años en la policía y había ascendido al puesto de inspector. Solía ser de los primeros en acudir al lugar de los hechos cuando se producía un crimen horrendo: niños a los que mataban sus padres o esposas asesinadas por sus maridos. En Amesbury, Massachusetts, no solía haber asesinatos fortuitos: un disparo desde un coche en marcha, por ejemplo, o un atraco que acaba en homicidio accidental. En Boston, que está solo a una hora, sí solía haberlos, pero Amesbury era una de esas localidades de clase trabajadora de Massachusetts con pequeñas plazoletas y calles pintorescas flanqueadas por casitas de ladrillo visto de estética colonial, muy al estilo de Nueva Inglaterra. Aun así, ostentaba el dudoso honor de tener la tasa de violencia machista más alta del condado de Essex. Y los homicidios que solía haber eran del tipo en que el asesino y la víctima se conocen, lo que equivale a decir que casi siempre se encuadraban en la categoría de violencia de pareja. Para Wile, estos casos eran frustrantes. Como la mayoría de sus compañeros, no había entrado en la policía para dedicarse a separar a un hombre y una mujer que estaban riñendo por la mantequilla. Su actitud venía a decir: «Hay que joderse, ¿*otra vez* tengo que ir a esa casa?». Y aunque el caso de Dorothy, por el fatalismo con que afrontaba ella su futuro, le impresionó por su gravedad, en aquel momento todavía interpretaba los episodios de violencia machista como simples «riñas domésticas».

Wile emitió una orden de detención contra Cotter. El 21 de marzo de 2002, William, acompañado por su abogado, se entregó en el juzgado de distrito de Newburyport. Dunne afirma que sabía perfectamente lo que hacía. Conocía bien el sistema, y se presentó un viernes a última hora, con su abogado. No tenía más antecedentes que un par de infracciones de tráfico y algún que otro cheque sin fondos. Tenía trabajo fijo como instalador de televisión e Internet por cable y entrenaba a un equipo deportivo de alevines de la localidad. El juez que estaba de guardia ese día ignoraba que llevaba años maltratando a Dorothy, desconocía las circunstancias concretas del incumplimiento de la orden de alejamiento y no sabía que Cotter había acosado y secuestrado a su esposa. Ignoraba que una vez la había arrojado por las escaleras estando embarazada, o que había intentado estrangularla con un cable de teléfono. El fiscal que estaba de guardia en el juzgado tampoco tenía la declaración de Dorothy, que detallaba dos décadas de malos tratos. Quizá, si Wile hubiera sabido que Cotter se personaría en el juzgado esa tarde, podría haber hecho acto de aparición para informar al juez. O podría haber telefoneado a alguien del juzgado para ponerles sobre aviso. Pero Wile solo tenía la declaración que había hecho Dorothy el día que fue a verlo a comisaría. Sabía que ella tenía miedo de su marido, pero desconocía el alcance de los abusos que sufría. Dunne sí los conocía, pero Wile y ella no llegaron a comunicarse en ningún momento. Dunne supo de los malos tratos de que era víctima Dorothy pocas semanas antes de la muerte de esta, pero no habló con la policía al respecto. En aquel momento, el inspector Wile no conocía a ninguna trabajadora social del centro municipal de atención a mujeres maltratadas, incluyendo a Kelly Dunne y Suzanne Dubus, con las que establecería una colaboración muy estrecha durante los años siguientes. En el juzgado, nadie sabía nada sobre Cotter.

Esos agujeros del sistema a menudo determinan que una persona viva o muera. Uno de los más graves es la descoordinación entre los juzgados civiles y penales, que no se da solo en ese condado de Massachusetts, sino en estados y condados de todo el país. El hecho de que los casos de violencia en el ámbito de la pareja se enjuicien a menudo en un juzgado de lo civil y no en uno de lo penal ejemplifica la consideración que la sociedad estadounidense sigue teniendo de estos casos. El primer juzgado de familia se creó en Buffalo, Nueva York. En su momento, se consideró una gran innovación judicial que hubiera un lugar en el que las familias pudieran resolver las desavenencias relacionadas con los procesos de divorcio y la custodia de los hijos que no requerían la intervención de un juzgado de lo penal. Durante las décadas transcurridas desde entonces, sin embargo, esto ha provocado que los casos de violencia machista se metan en el mismo cajón de sastre que otros asuntos familiares, como la custodia de los hijos y el divorcio, en lugar de tratarse como lo que son: asuntos penales. Imaginemos que un hombre, un desconocido, estrangulara a otro con un cable de teléfono, o lo arrojara por las escaleras, o le rompiera la órbita del ojo de un puñetazo. La violencia machista produce a diario agresiones de ese tipo, pero todos los fiscales con los que he hablado reconocen que esos delitos no se enjuician con la misma severidad cuando se dan en el contexto de la violencia machista.

—Me horrorizaban las cosas que alguien era capaz de hacerle a un miembro de su propia familia que no haría en la calle o en una pelea en un bar —me dijo una vez Anne Tamashasky, una exfiscal de Ohio.

El día que William Cotter se personó en el juzgado, salió bajo fianza a los pocos minutos de haberse entregado, previo pago de quinientos dólares.

Cinco días después, William se presentó en casa de Dorothy vestido con un chaleco antibalas y provisto de espray antiagresión, esposas, cinturones de munición y una escopeta recortada. Kaitlyn estaba en casa de una amiga; Kristen abrió la puerta sin sospechar nada. En cuanto oyó la voz de William, Dorothy se encerró en su habitación. William apartó a Kristen de un empujón, abrió de una patada la puerta de la habitación de Dorothy y en cuestión de segundos la sacó a rastras. Kristen subió corriendo a la planta de arriba y llamó a una vecina que a su vez avisó a emergencias, una táctica ideada por Dunne para que Kristen no tuviera que soportar la carga emocional de llamar a emergencias para denunciar a su padre. La policía llegó a los pocos minutos.

Congelo ahora la imagen en este momento crucial, con Dorothy, todavía viva, retenida por su marido maltratador, y la policía allí —todo un batallón, al parecer—, armada hasta los dientes y lista para disparar. Conocían ya a la familia por el agente Poulin y por el inspector Wile, desde el día en que Dorothy fue a verle. Wile sabía que Cotter era peligroso —más peligroso, quizá, que la mayoría— y avisó a sus compañeros de que no bajaran la guardia. Y en ese instante nos quedamos: William está vivo; Dorothy, también; se ha dado aviso al servicio de emergencias y ha llegado la policía.

¿Era así como imaginaba ella la escena mientras estaba sentada con el inspector Wile, convencida de que iban a matarla en su propia casa? Tenía treinta y dos años; no había llegado ni a la mitad de la vida. Tenía un toque de glamur, como una actriz de los años cuarenta: una Hedy Lamarr o una Loretta Young un poco menos bella.

¿Tuvo tiempo de recordar el día aciago en que, con quince años, conoció a un chico que decía haberse enamorado de ella a primera vista? ¿Culpó a su yo adolescente? ¿Pensó en cómo la cultura en la que vivía inmersa empuja a las niñas pequeñas hacia el amor y las convence de que el amor lo puede todo? ¿Se preguntó alguna vez por qué no contamos más historias de desamor? Yo no creo que el amor lo pueda todo. Hay tantas cosas en este mundo que parecen más poderosas… El deber. La rabia. El miedo. La violencia.

Me imagino a Kristen, con sus once años, escondida debajo de la cama, ciega a lo que estaba pasando. El peso insoportable de saber que había dejado entrar a su padre creyendo que quien había llamado era una amiga suya. Yo perdí a mi madre cuando tenía más o menos su edad. Fue de cáncer —una muerte civilizada, si es que existe tal cosa—, pero entiendo hasta cierto punto la desesperación furiosa que debió de sentir Kristen, las promesas hechas en el calor del momento a cualquier dios invisible que quisiera escucharla, a cambio de que salvara a su madre. Y entiendo también que, por terrible que sea el momento concreto de la muerte, por espantosos que sean esos segundos finales, es el pesar acumulado durante los años siguientes lo que de verdad define la pérdida. Su magnitud, su crueldad, una puerta de hierro tan grande como el propio mundo que se cierra de golpe, sin que te dé tiempo siquiera a pestañear.

La escena sigue su curso. Cuando el operador del servicio de emergencias volvió a llamar a Kristen para confirmar que había llegado la policía, William cogió el teléfono de abajo y le dijo que, o se retiraba la policía, o «se llevaba a alguien por delante». Hablaba con voz firme y severa, pero extrañamente desprovista de emoción, como si siguiera creyendo que todo aquello se debía a un malentendido colosal; que era un asunto privado que le correspondía arreglar a él; que solo era de su incumbencia. El agente David Noyes fue el primero en llegar. Oyó gritar a Dorothy:

—¡Me va a matar! ¡Me va a matar!

Tenía la pistola amartillada y el chaleco de Kevlar puesto. Estaba lloviendo. Todos los agentes llevaban puestos los chubasqueros reglamentarios. Con el chaleco antibalas, el cinturón y el chubasquero, costaba maniobrar. El operador de emergencias no pidió a la policía que se retirase, claro está. Noyes abrió la puerta de una patada en el mismo instante en que William disparaba a Dorothy. Cuenta que el fogonazo fue tan fuerte que lo deslumbró un momento, el tiempo justo para que William se pegara un tiro. Toda la escena quedó registrada por el servicio de atención telefónica de emergencias. Se oye gritar a Dorothy de fondo; luego, un estruendo y su voz cesa de pronto. A continuación, se oyen voces de hombres dando órdenes. Y por encima de todo ese alboroto caótico se escucha un lamento: «¡Noooooooo!», grita una niña de once años.

Cuando la noticia del asesinato de Dorothy llegó a oídos de vecinos, familiares, amigos y periodistas, y se difundió entre las fuerzas policiales, la prensa, los servicios sociales y los juzgados —incluido el juez que había soltado a William bajo fianza—, fue como si el pueblo entero se pusiera de luto. Su muerte impresionó profundamente a todo el mundo, no solo a quienes la conocían. En Amesbury no se recordaba otro asesinato que hubiera conmocionado así a la ciudad. Kaitlyn y Kristen perdieron a su madre y a su padre a la vez. La madre y la hermana de Dorothy —su única familia— estaban destrozadas. Y para Dunne y Dubus fue un mazazo.

—Después del asesinato de Dorothy, caímos en una especie de depresión institucional —me dijo Dubus.

El hecho de que supieran que Dorothy se hallaba en una situación de grave peligro —como si hubiera acampado en primera línea del frente, en una zona de guerra— no aliviaba su sentimiento de angustia y culpabilidad. Al contrario, parecía agravarlo.

Cuando le pedí a Dunne que me explicara por qué, contestó sin vacilar que se debía a que la muerte de Dorothy les parecía «evitable a simple vista». Si no podían poner remedio a los casos más evidentes, como el de Dorothy, que había predicho su propia muerte, o como los de tantas mujeres que sabían a ciencia cierta que su vida corría peligro, entonces ¿qué sentido tenía su trabajo? Además, estaba la cuestión del acogimiento. ¿Por qué la única respuesta que podían dar al problema era coger a una víctima inocente y, básicamente, esconderla y encerrarla en una casa de acogida? Después del asesinato, varios medios locales arremetieron contra la policía local y el juez que había dejado marchar a William Cotter bajo fianza, y algunos articulistas llegaron a pedir su dimisión. Dubus, que entonces dirigía el centro Jeanne Geiger de atención de las víctimas, convocó a una reunión al fiscal del distrito y a diversos miembros de la policía local —incluido el inspector

Wile—, a fin de analizar por qué habían fallado los protocolos de actuación. Todos parecían haber hecho bien su trabajo. La única que se había apartado del procedimiento establecido era la propia Dorothy al negarse a volver a la casa de acogida. Para Dunne, esto solo podía significar que el protocolo era erróneo.

En 2003, cuando todavía se hallaban en este proceso de ajuste, Dunne viajó a San Diego para asistir a un congreso sobre violencia de género. La ponente principal era Jacquelyn Campbell, que habló de valoración de riesgo. Al escucharla, Dunne se quedó impresionada no solo por los datos que ofrecía Campbell, sino por su forma de cuantificar la información para ilustrar el aumento de peligrosidad de una situación dada. El principal indicador de un posible homicidio machista es que se haya dado ya una agresión física, afirmó Campbell. Parece obvio, pero a menudo se pasa por alto la escalada de estas agresiones. Y su valoración mostraba cómo evaluar las conductas peligrosas; por ejemplo, las amenazas de suicidio o el acceso a un arma de fuego. Dunne oyó decir a Campbell que la mitad de las mujeres asesinadas por sus parejas habían pedido ayuda a la policía o al sistema judicial al menos en una ocasión. Esas peticiones de auxilio eran oportunidades para catalogar marcadores de riesgo. El riesgo de homicidio sigue una cronología, explicó Campbell, y aumenta, por ejemplo, cuando la víctima intenta dejar a su maltratador o cuando cambia la situación en casa debido a un embarazo, a un trabajo nuevo, a una mudanza, etcétera. El peligro sigue siendo alto durante los tres meses siguientes a la ruptura de la pareja, disminuye un poco durante los nueve meses siguientes y cae significativamente pasado un año.

Había otros marcadores de riesgo que Dunne tampoco conocía. Por ejemplo, el hecho de que el estrangulamiento pertenezca a una categoría de violencia distinta a, pongamos por caso, un puñetazo en la cara. O que los maltratadores solían actuar de dos formas opuestas cuando su pareja estaba embarazada: estaban, por un lado, los que recrudecían el maltrato y, por otro, los que lo deponían por completo durante esos nueve meses. El sexo forzado es un marcador de riesgo, igual que el control sobre las actividades cotidianas de la mujer. Sentada entre el público, Dunne iba acongojándose cada vez más a medida que escuchaba a Campbell. Dentro de su cabeza, una voz le decía constantemente: «Eso le pasaba a Dorothy. Y eso también. Y eso. Ay, sí. Dorothy. Dorothy. Dorothy...».

Así oyó hablar por primera vez de la herramienta de valoración de riesgo que Campbell había ideado para su uso en las urgencias hospitalarias. Dunne realizó una valoración de riesgo a posteriori del caso de Dorothy y vio que el resultado habría sido de dieciocho, más o menos el mismo que en el caso de Michelle Monson Mosure. Dorothy se encontraba en el rango más alto de riesgo de muerte por violencia machista, y ninguno de ellos lo sabía. Por eso su muerte les parecía tan evitable, se dijo Dunne. Porque lo era. Ahí había un protocolo en ciernes. Por primera vez desde la muerte de Dorothy, Dunne comenzó a ver un rayito de esperanza.

Cuando regresó de California, Dubus y ella empezaron a pensar de inmediato cómo podían utilizar la herramienta de Campbell para predecir qué casos de violencia machista tenían más probabilidades de acabar en homicidio. El objetivo de Dunne era doble: por un lado, identificar los casos de alto riesgo y crear planes de actuación; por otro, mantener a las víctimas fuera de las casas de acogida siempre que fuera posible. Sabía que tenían que idear un plan que identificara los casos potencialmente letales, como el de Dorothy. Y si podían evaluar y categorizar a esas víctimas, quizá las medidas de protección que montaran en torno a ellas pudieran funcionar siguiendo esa misma línea temporal de peligrosidad que había identificado Campbell. Porque, si podían predecir las muertes por violencia machista, lo lógico era que también pudieran impedirlas. Invitaron a Campbell, que vivía en Baltimore, a ir a Massachusetts para colaborar con ellas en el diseño y la puesta en marcha de su proyecto. Durante el año siguiente, Dunne y su equipo se reunieron con agentes de policía de Amesbury y Newburyport, con fiscales de distrito, autoridades de vigilancia penitenciaria, trabajadores sociales de centros de atención a las víctimas y representantes de los hospitales. Sabían que para que el proyecto funcionara era esencial que se rompieran barreras comunicativas y que fluyera la información. Si todos los responsables de los diversos organismos públicos locales —el juez en el juzgado, el inspector de la policía municipal, el trabajador social del centro de atención a las víctimas y el del colegio, la enfermera de urgencias, etcétera— hubieran tenido información suficiente sobre William y Dorothy, en lugar de que distintos organismos tuvieran solo algún dato suelto, habría habido muchas probabilidades de que Dorothy no muriera asesinada por su maltratador. Quizás el juez no le habría concedido a William la libertad bajo fianza, y quizá le habría obligado a entregar sus armas de fuego y a llevar una pulsera de seguimiento. Dunne y Dubus estaban empeñadas en cerrar todas esas grietas del sistema y para ello pensaron en qué servicios públicos debían incorporar al plan de seguridad cuando surgiera un caso de alto riesgo. ¿Podían las autoridades de vigilancia penitenciaria ayudar a mantener a los jueces mejor informados? ¿Podía identificar la policía algunos factores de riesgo en una llamada? ¿Podían las urgencias hospitalarias ayudar a identificar a posibles víctimas de violencia machista? ¿Podía la policía informar de sus atestados a los trabajadores sociales de los centros de atención a mujeres maltratadas? ¿Podían los grupos de intervención con maltratadores aportar información a los centros de atención a las víctimas? Analizaron las prácticas concretas que podían darse en cada fase, las cuestiones legales y de privacidad y, sobre todo, cómo podían compartir información sirviéndose de los cauces habituales de la administración pública. Se documentaron sobre la normativa estatal y sobre las leyes de privacidad y aprendieron qué información podían compartir legalmente con otros organismos y cuál no.

Al compartir información, organismos que hasta entonces habían estado separados en compartimentos estancos empezaron a coordinarse entre sí. Quizá la barrera cultural más importante era la que existía entre la policía local y el centro de atención a las víctimas. Todos los estereotipos de género relacionados con esos dos organismos habría que resolverlos a nivel individual. El centro que dirigía Dunne estaba compuesto fundamentalmente por mujeres, y la policía mayoritariamente por hombres. Wile me dijo una vez que, antes de la creación del Equipo de Alto Riesgo, los policías locales veían a Dunne y a las demás trabajadoras sociales del centro como una panda de amargadas que creían que los hombres las odiaban.

—No teníamos ningún trato con ellas —contaba, porque entre los policías existía el convencimiento de que las mujeres que trabajaban en centros como aquel «les tenían manía».

Dunne se rio al saberlo.

—Nosotras éramos unas feminazis y ellos unos capullos que solo se preocupaban por las horas extras —me dijo.

Pero, cuando empezaron a comunicarse con fluidez, descubrieron que cada uno de ellos tenía una problemática concreta, asociada a su labor. Al hablar con Wile, Dunne se dio cuenta de que para los agentes de policía podía ser muy frustrante acudir una y otra vez a la misma casa. Y los policías como Wile empezaron a comprender el entramado de circunstancias que impedía marcharse a las víctimas. Dunne le explicó, además, por qué las víctimas que adoptan una actitud hostil y se solidarizan con sus agresores cuando aparece la policía están a menudo velando por su propia seguridad, enviando un mensaje no a la policía, sino a sus maltratadores. *¿Ves lo leal que soy? Por favor, no me mates cuando se marche la policía.*

En este nuevo sistema, el centro de atención a las víctimas serviría como punto central de comunicación. Crearon un equipo formado por un representante de cada organismo que pudiera estar involucrado: desde las urgencias hospitalarias al juzgado, pasando por las autoridades penitenciarias, la policía, los trabajadores sociales y media docena más de servicios públicos. Decidieron reunirse una vez al mes para tratar los casos considerados de alto riesgo y, dentro de los enmarañados límites de la normativa de privacidad, compartir toda la información que pudieran sobre cada homicidio en potencia. Los distintos agentes dejarían de trabajar cada uno por su lado.

—Es en esas grietas donde se dan los asesinatos —diría más tarde Dunne.

A principios de 2005 comenzó a funcionar el primer equipo de violencia de género de alto riesgo. ¿Su objetivo? Rellenar las grietas.

SEGURA, Y EN CASA

En su momento, cuando el movimiento feminista llamó la atención de la opinión pública sobre la lacra de la violencia de género, ofrecer refugio parecía la respuesta más viable al problema: sustraer a la víctima de la situación de peligro. Muchos estados no tenían aún leyes que castigaran el maltrato. La violencia en el ámbito de la pareja se consideraba un asunto familiar privado y los pocos estudios que había al respecto seguían culpabilizando en parte a la víctima por provocar al agresor. Aún faltaban décadas para que la idea de que los hombres debían responder penalmente de su comportamiento violento calara en la sociedad y entrara a formar parte del debate público. Crear casas de acogida fue el primer intento coordinado a nivel nacional de dar solución al problema de la violencia machista, y durante las décadas de 1960, 1970 y 1980, e incluso hasta bien entrada la de 1990, era casi la única solución que se ofrecía a las mujeres en situación de peligro. En 1964, el estado de California abrió una casa de acogida para mujeres maltratadas víctimas de cónyuges alcohólicos, aunque suele atribuirse a Maine y Minnesota la creación de los primeros centros de acogida dedicados exclusivamente a mujeres maltratadas. Es indudable que estos centros salvaron la vida a miles de mujeres y que siguen cumpliendo esa labor en la actualidad. El sistema de acogida se fue ampliando a lo largo de cuatro décadas y hoy en día hay en Estados Unidos más de tres mil casas de acogida.[116]

Las características del servicio de acogida varían enormemente. Puede ser una habitación de hotel para una noche o una residencia en la que convivan una veintena de familias. En las ciudades con mucha población, a veces las casas de acogida son pequeños edificios de apartamentos o resi-

---

116. En la base de datos del Servicio de Atención a las Víctimas de Violencia de Género figuran cinco mil, pero esta cifra incluye tanto casas de acogida como centros de intervención contra la violencia de género.

dencias semejantes a hoteles para estancias individuales. Fuera de las grandes ciudades, tienden a ser chalés situados en áreas residenciales donde las víctimas y sus hijos disponen de una habitación propia y comparten cocina, cuarto de baño, salón y cuarto de estar con otras familias (normalmente, entre cinco y ocho). Hay normas que regulan la hora tope de entrada a la casa y las tareas domésticas. Históricamente, no se ha permitido que en las casas de acogida vivan niños varones de más de doce años ni mascotas y, por cuestiones de seguridad, se aconseja evitar en lo posible el contacto con amigos, familiares y conocidos, incluido el empleador de la víctima. (Actualmente se está habilitando en Nueva York la primera casa de acogida en la que se permiten mascotas, y en 2015 se creó en Arkansas un centro de acogida para hombres maltratados, el primero de estas características en Estados Unidos). Ir a una casa de acogida no supone únicamente tener un sitio seguro donde dormir; también equivale a abandonar tu vida por completo y arrancar a tus hijos de su rutina cotidiana. Es decir, a desaparecer por completo del mapa.

Esto fue lo que le resultó patente a Kelly Dunne cuando Dorothy se negó a ir otra vez a una casa de acogida. Dunne me dijo una vez que el «sucio secretillo» del sistema de acogida era que quien recurría a él tenía «todas las papeletas para acabar dependiendo de los servicios sociales». Si una mujer necesitaba ir a una casa de acogida y la plaza más próxima se hallaba en la otra punta del estado, tenía que aceptarla inmediatamente, aunque ello significara abandonar su puesto de trabajo, sacar a los niños del colegio y privarlos del contacto con sus amigos. Dunne afirma que una de las imágenes más duras que guarda de sus veinticinco años de trabajo en los servicios sociales es la de las mujeres que, rodeadas por sus hijos y su equipaje, esperaban a que llegara un autobús para llevarlas al otro lado del estado, a la única casa de acogida que tenía plazas libres esa noche. Es profundamente perturbador. Necesario en ocasiones, pero aun así terrible.

Cada vez son más las víctimas que se resisten a instalarse en casas de acogida, asegura Dunne, porque no saben si estando allí podrán conservar sus puestos de trabajo, o cuidar de sus padres ancianos, o ir a una cita con el médico o a una cena con amigos; si sus hijos podrán seguir haciendo sus actividades extraescolares; o si pueden llevarse a la casa sus recuerdos familiares o publicar mensajes en Facebook o Instagram.

—La respuesta a todas esas preguntas es no —explica Dunne—. El sistema de acogida se pensó así para descargar de responsabilidad al sistema penal. Dicen: «si de verdad está tan asustada, que se vaya a una casa de acogida» y, si las mujeres se niegan a ir, damos por sentado que en realidad no están tan asustadas.

El caso de Dorothy le demostró lo peligroso que era extraer esa conclusión.

En los últimos años, tanto las casas de acogida como los centros de asistencia sanitaria se han esforzado por suplir mejor las necesidades de las víctimas de maltrato. Se las suele animar a seguir trabajando o a buscar empleo y se han instalado sofisticados sistemas de seguridad en las casas que cuentan con presupuesto para ello. En algunas casas de acogida ahora se permite que los varones adolescentes vivan con sus madres y que las familias puedan llevar a sus' mascotas. En otras está permitido el contacto con familiares y amigos. Una tarde, Candace Waldron, exdirectora ejecutiva de Healing Abuse Working for Change, un centro de atención a mujeres maltratadas con sede en Salem, Massachusetts, me invitó a visitar su nueva y modernísima casa de acogida, que había sustituido a aquella en la que se alojaron Dorothy y Kristen (una casita en una bocacalle, tan cerca del mar que la arena se arremolinaba en sus aceras estrechas). Situada en una elegante casona de estilo Reina Ana, en un amplio bulevar, la nueva casa estaba vigilada por cámaras de seguridad bien disimuladas y tenía espacio para ocho familias, con tres zonas de cocina separadas. Tenía ascensor y una sala de juego para los niños repleta de juguetes. Los pasillos y las escaleras estaban pintados de colores vivos y adornados con cuadros de flores. En el jardín de atrás había un pequeño arenero. Comparada con la mayoría de las casas de este tipo, era espaciosa y despejada, aunque también estaba desprovista de esos toques personales que solemos tener en casa: fotos familiares o pósteres, dibujos de los niños, juguetes, libros, discos y cachivaches varios.

Se trata de una residencia muy moderna, con zonas de juego, medidas de seguridad eficaces y condiciones de habitabilidad decentes. Aun así, hablar públicamente en contra de las casas de acogida ha hecho que muchos trabajadores sociales y expertos en violencia de género como Dunne se encuentren en una situación delicada.

—Está mal visto dentro del mundo de la violencia de género —explica Dunne.

Y ello a pesar de que la mayoría de las casas de acogida sufren una perpetua escasez de fondos y abren y cierran según el capricho de las autoridades del estado o dependiendo del presupuesto con que cuente el condado. Además, todo apunta a que este tipo de residencias no proporcionan a las víctimas y a sus familias ni un refugio donde poder vivir tranquilas una corta temporada ni una solución a largo plazo.

En respuesta a un artículo que publiqué en *The New Yorker* acerca de estas cuestiones, una lectora me escribía:

Como fundadora de una de las primeras casas de acogida del país, me niego a aceptar (...) que las casas de acogida sean, en efecto, «una papeleta con premio seguro para acabar dependiendo de los subsidios sociales». Los Equipos de Alto Riesgo son una innovación importante, pero solo alcanzan a una parte de las víctimas, de cuya situación ya están al corriente la policía o los servicios sociales. Este modelo es más eficaz si se encuadra dentro de un enfoque amplio de la lucha contra la violencia de género que incluya el acogimiento. Las casas de acogida ofrecen alojamiento seguro y apoyo psicológico a mujeres solas y a familias, la inmensa mayoría de las cuales han sufrido abusos crónicos, pobreza y falta de techo. Son lugares donde las supervivientes afirman sentirse a salvo por primera vez en su vida. Los servicios de apoyo se centran en la formación educativa, el empleo y las posibles vías para conseguir una vivienda estable y asequible. De hecho, nuestro Equipo de Alto Riesgo, que colabora con más de veinticinco organismos locales, ha mandado a familias a casas de acogida en numerosas ocasiones cuando esta era verdaderamente la única opción.[117]

No puedo rebatir las afirmaciones de esta lectora, de modo que debo reconocer que esas dos realidades coexisten: que las casas de acogida cumplen una función necesaria y salvan vidas, y que al mismo tiempo son una solución pésima.

La propia Dunne admite que la acogida es necesaria en ocasiones. Me habló, por ejemplo, de un caso del que se estaba ocupando, en el que el

---

117. La lectora era Risa Mednick, directora ejecutiva de Transition House (Cambridge, Massachusetts). https://www.newyorker.com/magazine/2013/08/05/mail-12

juzgado había dictado que el agresor llevara una pulsera GPS para que se controlaran sus movimientos. El maltratador no se presentó el día en que debían ponerle la pulsera y pasó a estar en busca y captura. Para la víctima, una casa de acogida era la opción más segura. A menudo la acogida puede ser útil aunque sea solo para una noche o dos, el tiempo justo para que se calmen un poco los ánimos. Pero Dunne describe también las casas de acogida como prisiones para mujeres, con normas y horarios estrictos, y afirma que los niños, apartados de su hogar y sus amigos, pueden salir de ellas traumatizados. Incluso en las mejores, como la que visité en Massachusetts, se obliga a convivir a personas que han sufrido traumas profundos y a menudo cada familia dispone de una sola habitación, aunque sea amplia.

Imaginemos, dice Dunne, que se tratara de cualquier otro delito y que fuera la víctima, y no el agresor, la que se viera obligada a cambiar de vida y a verse privada de sus libertades civiles.

—Las casas de acogida han salvado la vida a muchas mujeres maltratadas —concluye—, pero me parecía tremendamente injusto que esa sea nuestra única respuesta.

Actualmente, se tiende cada vez más a intentar que la víctima permanezca en su localidad habitual de residencia y no tenga que acudir a una casa de acogida. Para ello, se construye una especie de muralla de seguridad en torno a la víctima. Uno de los métodos para conseguirlo son los llamados hogares de transición. Este tipo de viviendas difieren de las casas de acogida en que brindan un alojamiento a más largo plazo y, en la mayoría de los casos, más autonomía. Hoy en día, numerosas ciudades tienen hogares de transición de diverso tipo, así que, para averiguar cómo era uno de estos hogares y en qué se diferenciaba de una casa de acogida, quedé una tarde con Peg Hacksylo, exdirectora de District Alliance for Safe Housing en Washington y fundadora de un programa de hogares de transición que ha recibido numerosos elogios y se considera un modelo a imitar en todo el país.

Visité la casa una tarde de verano. La fachada del edificio no tenía ningún letrero, ni ningún otro signo que permitiera adivinar qué era. A un lado del edificio había un pequeño parque infantil, detrás de una valla que rodeaba por completo el perímetro del edificio. Me habían avisado con antelación de que tendría que llamar al portero automático para que me dejaran entrar. Había una cámara colocada en la entrada, y algunas otras situadas en puntos clave de la manzana que ocupaba el edificio. Una valla de hierro muy alta —casi imposible de escalar— flanqueaba ambos lados del camino de acceso.

El edificio se encuentra en una de las zonas más deprimidas de Washington, pero la gentrificación está empezando a hacer de las suyas en la periferia del barrio y cada vez es más difícil encontrar una vivienda asequible. Hay que tener en cuenta, además, que Washington es la quinta ciudad más cara del país. En el momento en que escribo esto, el alquiler medio de un apartamento de una sola habitación supera los 2200 dólares mensuales.[118] Se trata de un problema que afecta a todas las ciudades estadounidenses, pero en particular a aquellas en las que el precio de la vivienda aumenta a velocidad vertiginosa: San Francisco, Nueva York, Boston, Washington, Chicago, Los Ángeles y muchas otras.

—Antes, si una víctima de violencia de género acudía al ayuntamiento de su municipio para pedir ayuda o refugio y explicaba que se había quedado sin hogar por culpa de su situación [de maltrato], le decían que acudiera a una casa de acogida, que allí no se ocupaban de esas cosas —me explicó Hacksylo—. Y la red de casas de acogida para mujeres maltratadas era tan pequeña y tenía tan pocas plazas que lo que solía pasar era que la víctima entraba en una casa de acogida y, cuando se cumplía el tiempo que podía pasar en ella, tenía que volver a acudir a los servicios sociales municipales y plantear que necesitaba un lugar donde vivir. Y allí le preguntaban: «¿Está en una casa de acogida?». Y, cuando la víctima contestaba que sí, le decían que entonces no estaba sin hogar, que tenía un techo donde vivir.

Hacksylo explica que, para sortear estas trabas burocráticas, en muchos centros de atención a mujeres maltratadas se utilizaba una estratagema que consistía básicamente en dejar a las supervivientes en la calle al expulsarlas de la residencia donde estuvieran acogidas, a fin de que pudieran afirmar que no tenían techo y solicitar a los servicios sociales que les proporcionaran un alojamiento.

---

118. https://www.dc.curbed.com/2016/6/23/12013024/apartment-rent-washington-dc

En muchos casos, esta práctica tenía como consecuencia un ciclo inacabable de carencia de vivienda/violencia/casa de acogida/carencia de vivienda, y vuelta a empezar. Un estudio realizado por un equipo de la Coalición Contra la Violencia de Género de Washington informaba de que, todavía en la actualidad, un tercio de las mujeres sintecho de la capital lo eran como consecuencia directa de los malos tratos que sufrían en su hogar.

El despacho de Hacksylo tenía las paredes pintadas de morado y el techo de rojo. Ella vestía una túnica de lino de color verde oliva tan vaporosa que parecía flotar, y llevaba el pelo trenzado y adornado con un pañuelo de colores. En el año 2006 —me contó—, el ayuntamiento de Washington tenía solo dos casas de acogida que sumaban entre las dos cuarenta y ocho plazas para mujeres y niños (para hombres, no). La policía municipal, sin embargo, recibía anualmente más de treinta y un mil llamadas por violencia de género. (En Washington, la violencia machista no se tipificó como delito hasta 1991).[119] Los dos centros principales de atención a mujeres maltratadas —House of Ruth y My Sister's Place— ofrecían algún tipo de ayuda a unas 1.700 víctimas al año. Por tanto, la brecha entre las necesidades y los servicios disponibles era gigantesca y abrumadora.

En aquella época, Hacksylo había dejado su puesto como subdirectora de My Sister's Place y trabajaba en la OVW, la Oficina de Violencia contra las Mujeres. Después de que una coalición de grupos de intervención contra la violencia de género convenciera al ayuntamiento de Washington de la necesidad imperiosa de ampliar el sistema de acogimiento, el municipio destinó una partida presupuestaria de un millón de dólares a subvencionar a entidades que crearan nuevas residencias de acogida para mujeres maltratadas. La financiación es uno de los mayores problemas de las organizaciones no gubernamentales; aquello era, por tanto, una oportunidad única: una subvención pública destinada a resolver una necesidad social evidente y de enorme importancia. Era la receta perfecta: dinero para resolver una necesidad.

Pero, pese a todo, nadie solicitó la subvención. Era una situación muy extraña: una partida presupuestaria de ese calibre, y ninguna solicitud.

---

119. https://www.mpdc.dc.gov/node/217782

Se encargó a Hacksylo —que conocía bien el mundillo de la lucha contra la violencia de género en Washington— averiguar el porqué. Ella organizó una serie de grupos de estudio y pasó cuatro meses tratando de averiguar cuál era el problema. Al final, resultó ser de lo más sencillo: los organismos de lucha contra la violencia de género que había en Washington estaban tan sobrecargados de trabajo y había una necesidad tan grande de sus servicios, que ninguno estaba en situación de poner en marcha un plan tan ambicioso. No es que les faltara visión; lo que ocurría era que todos adolecían, individual y colectivamente, de una escasez crónica de personal. Así que Hacksylo fue a ver a su jefa en la Oficina de Atención a las Víctimas y le dijo: «Mira, a mí esto me apasiona, me encanta. Si no te importa, voy a montar yo misma una ONG y a sacar adelante el proyecto».

Hoy en día se ríe al recordarlo.

—La verdad es que fue una manera muy rara de fundar una ONG, como al revés.

A los seis meses, había reunido ya una junta directiva, había tramitado el alta como asociación sin ánimo de lucro y conseguido un patrocinador, había redactado su propuesta para solicitar la subvención y había encontrado un edificio en venta que podía convenirles. Ella no es una persona religiosa, me dijo, pero el hecho de que las cosas se solucionaran tan rápidamente le hizo pensar que allí estaba interviniendo una fuerza mayor.

En julio de 2007, su nueva agencia contra la violencia de género —DASH— compró el edificio donde la conocí en el verano de 2017. Llamaron al proyecto Cornerstone Housing Program. Tres años después, tras reformar el edificio, contratar personal y planificar su modelo de actuación, comenzaron a admitir a mujeres supervivientes y a sus hijos. Entretanto, Hacksylo creó más grupos de estudio que constataron lo que ya sabía: que muchas supervivientes acababan en el sistema de albergues para indigentes o que regresaban con sus maltratadores por no tener otro sitio donde vivir. Entre un 25 y un 80 % de las mujeres sin techo —dependiendo del estudio de referencia— han sido víctimas de violencia machista. Y la cosa no acaba ahí. En los municipios en los que la policía tiene potestad para penalizar a los propietarios y arrendadores de viviendas cuando tiene que acudir un determinado número de veces a un inmueble por un posible delito, la violencia de género acaba siendo una de las principales causas de desahucio. En su libro *Evicted*, Matthew Desmond explica que, en Milwaukee, el número de este tipo de penalizaciones ocasionadas por incidentes de violencia machista supera al de todos los demás tipos de delitos juntos (como, por ejemplo, intervenciones de la policía en casos de alteración del orden público o tráfico de drogas), y que el 83% de los caseros que sufrieron dichas penalizaciones o bien echaron a sus inquilinos o amenazaron con echarlos, lo que suponía que las víctimas de violencia machista no solo procuraban no llamar a la policía la vez siguiente que sufrían una agresión, sino que además con frecuencia tenían que arrostrar un desahucio. Desmond cuenta que el jefe de policía de Milwaukee se quedó perplejo cuando vio que la tasa de muertes por violencia machista se había disparado y que, como escribe Desmond, *la propia normativa policial ponía a las mujeres maltratadas entre la espada y la pared: o se callaban y aguantaban las agresiones, o llamaban a la policía y afrontaban un desahucio.*[120]

Cuando Cornerstone abrió sus puertas, a Hacksylo le sorprendió comprobar que DASH recibía casi más llamadas de trabajadores de otros centros de servicios sociales que de mujeres maltratadas necesitadas de una vivienda. Le decían: «Tengo aquí a una víctima [de violencia machista] y no sé qué hacer». Entonces comenzó a darse cuenta de la poca comunicación que hay entre los centros para personas sin hogar y los centros de atención a las víctimas de violencia machista y de lo poco que están acostumbrados a colaborar entre sí esos organismos.

—Lo que pasa es que, por culpa de esas brechas en el sistema, estamos perdiendo a muchas víctimas —concluye Hackksylo y, en efecto, son muchas las mujeres maltratadas que se ven inmersas en esa especie de ciclo infernal.

Mientras montaba Cornerstone, Hacksylo comenzó a sondear la posibilidad de establecer también hogares de transición dispersos; es decir, viviendas diseminadas por la ciudad con cuyos propietarios negociaba DASH para que se las alquilaran a sus usuarias. En una ciudad en la que el precio de la vivienda es tan exorbitante como en Washington, este tipo de viviendas son muy escasas, y DASH ha tenido que buscar cada vez más lejos para encontrar viviendas a un precio razonable y caseros que estén dispuestos a colaborar con el centro. Al mismo tiempo, ahora que se han creado hogares de transición en todo el país —gracias a los cuales las supervivientes disfru-

---

120. Matthew Desmond, *Evicted.* Broadway Books, Nueva York, 2016, pp. 191-192.

tan de cierta estabilidad—, Hacksylo afirma que la HUD, la Agencia de Vivienda y Desarrollo Urbano, está relegando el programa de hogares de transición con el argumento de que es demasiado costoso para el servicio que ofrece, y priorizando, en cambio, lo que denomina «realojo rápido»: es decir, la estancia de las supervivientes de violencia machista en viviendas subvencionadas por un plazo máximo de entre cuatro y seis meses.

Hacksylo afirma que, en la mayoría de los casos, ese plazo no es suficiente. A menudo, estas mujeres tienen deudas importantes o carecen de crédito bancario por culpa de su maltratador, o hace mucho tiempo que no tienen empleo. En ocasiones, quieren acabar sus estudios o hacer prácticas para iniciarse en una profesión. DASH les cubre el alquiler durante dos años. A veces pueden solicitar que ese plazo se amplíe otros seis meses y, después, otra iniciativa de DASH les permite acceder a subsidios para el pago parcial de una vivienda. Y aun así, afirma Hacksylo, a veces no es tiempo suficiente. Pienso en Michelle Monson Mosure y en sus proyectos a largo plazo, si hubiera sobrevivido. Quería seguir estudiando y arreglar las cosas para comprarle la casa a su padre, ir ganando independencia económica poco a poco y, con el tiempo, trabajar de asistente sanitaria. ¿Le habrían bastado cuatro o seis meses para conseguirlo?

Todas estas cosas son motivo de frustración para Hacksylo, que al mismo tiempo sabe que tiene que trabajar dentro de una realidad determinada, no en un mundo ideal. Hace todo lo que puede con los medios a su disposición. Actualmente está trabajando en la creación de un modelo nacional (NASH: National Alliance for Safe Housing), basado en la experiencia de DASH. Me contó que en 2013 inició un programa piloto que ha cambiado radicalmente su manera de entender la supervivencia a la violencia machista. Se trata del Survivor Resilience Fund, un fondo para ayudar económicamente a las supervivientes.

—Generalmente se tiene la idea de que, si una víctima quiere salir de su situación de maltrato, tiene que abandonar su casa, desarraigar a sus hijos y empezar de cero en otro sitio, lo que normalmente supone ir a una casa de acogida y pasar después a algún tipo de vivienda subvencionada para una estancia a largo plazo, buscar un trabajo nuevo, un colegio nuevo para los hijos y rehacer su vida por completo —explica.

Justo la situación que encaraba Dorothy Giunta-Cotter. Pero lo que ha descubierto Hacksylo gracias a este proyecto piloto es que hay muchas supervivientes que tienen capacidad para pagarse una vivienda por sus propios medios, pero que afrontan un bache económico a corto plazo. Puede que no tengan suficiente dinero ahorrado para pagar la fianza y el alquiler del primer mes; o que no tengan medios para amueblar la casa a la que se han mudado. O puede que su maltratador utilizara una tarjeta de crédito a nombre de ellas y que tengan por ello una deuda importante. Sea cual sea su situación, este fondo es simplemente un medio para permitirles superar ese primer bache económico y que puedan seguir viviendo en su localidad habitual.

—Para mí ha sido un cambio de paradigma total —afirma Hacksylo—, porque llevo toda la vida trabajando en casas de acogida y hogares de transición.

Según explica, el dinero que ofrecen a las supervivientes les ayuda a evitar las situaciones de indigencia como resultado de la violencia de género. Pero este «fondo de resiliencia» le ha demostrado también que las ideas que suelen tenerse en torno a este tema no son siempre ciertas y que hay supervivientes que no quieren desarraigarse de su lugar habitual de residencia, e incluso muchas que ni siquiera quieren cortar por completo los lazos con sus maltratadores. Quieren vivir tranquilas, pero también quieren que sus hijos sigan pudiendo tener contacto regular con su padre, y el fondo de resiliencia les permite tener su propia casa en su localidad de siempre y, en muchos casos, pueden prescindir de la intervención de la justicia penal.

—Cuando las supervivientes tienen ingresos regulares propios —explica Hacksylo—, están, naturalmente, en una posición mucho más favorable para exigir seguridad y justicia por sus propios medios.

Antes de acabar la entrevista, Hacksylo me lleva a dar una vuelta por Cornerstone. El centro abrió sus puertas finalmente en 2010, y hoy en día tiene cuarenta y tres estudios y apartamentos de una sola habitación. DASH cubre el alquiler durante dos años: tiempo suficiente, afirma Hacskaylo, para que las supervivientes se rehagan económicamente, salden sus deudas y, con suerte, ahorren algún dinero, superen otros problemas —como la dependencia de las drogas— y puedan dar estabilidad escolar a sus hijos. En una de las alas hay un pequeño gimnasio con televisión y dos zonas de juego comunitarias: una para los más pequeños y otra para niños algo mayores, más el parque infantil en el exterior. Dos veces por semana, voluntarios formados en el tratamiento de traumas infantiles vienen a jugar con los niños, y dos exalumnos de la Escuela de Arte y Diseño Corcoran imparten gratuitamente un taller de terapia artística para los pequeños. Las paredes del sótano están llenas de dibujos infantiles enmarcados, y Hacksylo cuenta que organizan regularmente exposiciones en las que los niños hacen de guías. Los apartamentos tienen suelo de tarima, cocinas recién reformadas y grandes ventanales que dan a la calle, por las que este día bochornoso de verano el sol entra a raudales.

Lo que ofrece Cornerstone es algo inmediato: no es un sitio bonito para vivir, pero brinda autonomía. Hacksylo lo compara con el primer apartamento que alquilas cuando acabas la universidad. No parece, en absoluto, una casa de acogida en la que todo es compartido y para todo hay que negociar con terceras personas. Las familias disponen de intimidad. La mayoría de los cerca de sesenta niños que viven, de media, en Cornerstone ni siquiera saben que están en una residencia para mujeres maltratadas. Los apartamentos son una especie de símbolo de esperanza. La esperanza de que esas mujeres y sus hijos puedan tener un futuro libre de violencia. Otra forma de verlo es esta: independencia y empoderamiento van de la mano.

EN EL FUEGO

Estoy en el centro de Newburyport, en una sala de reuniones con una larga mesa ovalada rodeada por sillas de color verde claro. Kelly Dunne está sentada a mi izquierda, a la cabecera de la mesa. Viste falda negra y zapatos planos y lleva las puntas del pelo teñidas de rubio. Tiene delante un montón de expedientes guardados en carpetillas de color marrón. El inspector Wile, con pantalones cortos de pinzas y zapatillas deportivas, se sienta enfrente de Howie Adams, un sargento de la policía local que acaba de volver de vacaciones. Wile luce también un moreno postvacacional. En el exterior, el río Merrimack desemboca en el océano Atlántico y blancos veleros se mecen en un agua de color turquesa, como en una de esas ubicuas postales del verano en Nueva Inglaterra. Hay carteles que anuncian excursiones en barco para observar ballenas y visitas a la isla de Plum. Newburyport, que antaño era una localidad obrera y destartalada, se ha gentrificado y ahora abundan en sus calles las tiendas de ropa, los restaurantes orgánicos y las galerías de arte. A mi alrededor, en torno a la mesa, se sientan representantes de la oficina de vigilancia penitenciaria, de la policía municipal, de diversos programas de intervención con maltratadores y del hospital local. Dunne y su compañera Kate Johnson dirigen la reunión.

He venido a Newburyport porque una cosa es entender en abstracto que la comunicación puede mejorar la eficacia de un sistema y otra bien distinta ver en vivo cómo funciona un Equipo de Alto Riesgo cuyo objetivo es librar a las víctimas del peligro en que se encuentran. Hemos acordado que no identificaría a ninguna de las víctimas de los expedientes en los que está trabajando Dunne, ni a ningún miembro del equipo de asistencia sanitaria sujeto a la normativa de confidencialidad. Si un dato concreto forma parte de un expediente público —de un atestado policial, por ejemplo—, entonces puedo utilizarlo, pero, si no, solo incluiré datos concretos que figuren en múltiples casos. Por ejemplo, hay un caso en el que un maltratador amenazó con romper un CD y rajarle a su mujer el cuello con él.

Parece un detalle muy específico, adscrito a una pareja determinada, pero resulta que no lo es: Dunne se encuentra con esa amenaza concreta bastante a menudo (aunque es de suponer que cada vez será menos frecuente ahora que se ha impuesto el *streaming*. Ya sé que suena un poco ridículo, pero seguramente es cierto: Spotify salva vidas). Así es como hemos convenido en preservar la seguridad de las víctimas y que al mismo tiempo yo pueda ver de primera mano cómo funciona el procedimiento.

Los casos los propone principalmente el equipo de Dunne o la policía, y el equipo vota de cuáles se ocupa. (Los expedientes pueden permanecer abiertos durante años). Según sus cálculos, en torno a un 10% de los casos de violencia machista son de alto riesgo. Estudian al detalle cada caso en busca de cambios en la situación: un embarazo, un intento de marcharse, un maltratador que sale en libertad condicional o bajo fianza, el quebrantamiento de una orden de alejamiento, el desempleo repentino, un mensaje amenazador en Facebook... Analizan los antecedentes y los patrones de conducta del maltratador sirviéndose de los indicadores de riesgo de Campbell. El día anterior, cuando visité su despacho, Dunne me dio una veintena de informes policiales con los nombres tachados para que me hiciera una idea de cómo es su labor cotidiana. Me senté en un sofá en una sala vacía del centro de atención a las víctimas y estuve leyéndolos mientras el sonido de varias máquinas de ruido blanco se dejaba oír a lo largo del pasillo (para que las usuarias del centro dispongan de intimidad cuando hablan con las trabajadoras sociales). El entorno me recordaba a un estudio de yoga, con sus colores apagados y su iluminación suave, pero en ese ambiente apacible el horror de lo que estaba leyendo resultaba aún más estremecedor:

«No tengo muy claro cómo acabé en el suelo de la cocina, pero lo siguiente que recuerdo es que [X] estaba encima de mí intentando estrangularme con ambas manos». «[X] había amenazado con matarme otras veces, decía que me metería en el arcón congelador y que luego llevaría mi cadáver a su barca y me tiraría al mar. O decía que también podía matarme y lanzar mi cuerpo a la fosa séptica». «[X] la empujaba repetidamente contra los tubos de la calefacción y la mantenía allí sujeta». «Decía que iba a destriparla y a colgarla cabeza abajo como a un ciervo para que se desangrara». «Si se me antoja traerme a otra mujer a casa, tú

harás lo que te diga que te hagas con ella. Soy tu amo, tú eres mi esclava. Si no haces lo que te diga y no me tienes contento, te mato». «[X] amenaza frecuentemente con matarla, por ejemplo rompiendo algún CD de los que tiene en el coche y rajándole el cuello con él mientras ella conduce». «La retuvo amenazándola con un rifle (...) y le dijo que iba a "cargársela"».

Previamente, yo había hablado con una mujer a cuyo agresor, su exmarido, el equipo le había puesto un dispositivo de seguimiento por GPS. (Ella pasó más de un año integrada en el Programa de Confidencialidad Domiciliaria de la Mancomunidad de Massachusetts).

—No piensa como una persona que tiene algo que perder —me dijo de su agresor, y yo me acordé de lo que decía James Baldwin en *La próxima vez el fuego*: «La creación más peligrosa de toda sociedad es el hombre que no tiene nada que perder».

El día que asisto a la reunión, Dunne y Johnson tienen catorce casos que debatir. Uno de los primeros problemas que se les plantean tiene que ver con la privacidad de la información médica. Se trata de un caso de intento de estrangulamiento grave por parte del exmarido de la víctima. Tras llamar al centro de atención, la mujer consiguió una orden de alejamiento y entró en la lista de casos de alto riesgo. El agresor, por su parte, quedó en libertad condicional, pero durante la semana anterior a la reunión llamó a la mujer y amenazó con suicidarse. Ella avisó a emergencias y a él lo llevaron al hospital. Posteriormente ingresó en prisión por incumplir los términos de la libertad condicional y allí sigue de momento. El equipo debe acordar qué estrategia seguir cuando salga en libertad. ¿Se le podrá derivar sin su consentimiento a un hospital psiquiátrico? ¿En el hospital observaron su conducta? La representante del hospital, Moe Lord, apenas dice nada, a pesar de que es muy posible que estuviera presente cuando ingresó el agresor y que reconociera su nombre de otras reuniones del equipo de alto riesgo. Las leyes de privacidad le impiden dar datos concretos. Le dice a Dunne que no puede informarles sobre su conducta. Dice que al hospital llegan con cierta frecuencia hombres con tobilleras de seguimiento y que sabe que es muy probable que sean maltratadores en libertad condicional. También ve a mujeres con lesiones sospechosas, pero, a no ser que una paciente le hable expresamente de su situación de maltrato, ni siquiera puede llamar a la policía para avisar del quebrantamiento de una orden de alejamiento. Aun así, asiste a la reunión porque estar al corriente de estos casos le permite intervenir si alguna víctima cuya situación de maltrato se conoce es atendida en las urgencias del hospital. Así al menos puede informar a la víctima sobre los servicios del centro que dirige Dunne y orientarla sobre qué ayuda concreta puede solicitar.

—¿Existe algún mecanismo para llamar a la policía cuando [al agresor] se le da el alta? —le pregunta Dunne a Lord.

—Solo si estamos al tanto de la situación y si él nos da permiso para hablar —contesta Lord.

—Entonces, ¿podría irse sin más? —insiste Dunne refiriéndose al hospital.

Se trata de una coyuntura peligrosa. El agresor ha incumplido su orden de alejamiento y la víctima lo ha denunciado a la policía, lo que es muy probable que tense la situación y enfurezca aún más al maltratador.

Lord asiente con un gesto.

Dunne se sofoca de pura frustración. Mira el dosier que tiene delante y arruga la frente, muy concentrada. Siempre me ha parecido una mujer extraordinariamente serena y firme, incluso en situaciones de estrés.

Un funcionario de vigilancia penitenciaria que asiste a la reunión comenta que la víctima fue a verlo después de llamar a la policía, y resulta que el inspector Wile también conoce al agresor y les habla del historial de acusaciones hechas por otras mujeres (de cuyos casos no puedo hablar aquí). Wile lleva toda la vida viviendo en esta zona. Parece conocer a cada familia de cada pueblecito de los alrededores, y en las reuniones suele aportar información sobre tal o cual familia y sobre los problemas de maltrato o de drogadicción que han tenido a lo largo de los años, o cuenta que fulano se casó con mengana de una familia de dos calles más abajo, y que ahora está viendo cómo los hijos de esas parejas empiezan a meterse en líos. Le gusta especialmente la palabra «zopenco».

—Yo pensaba que podría aplicarse la doctrina Tarasoff —comenta Dunne por último.

Se refiere a la norma que obliga a los profesionales de la salud mental a romper la confidencialidad del secreto profesional cuando alguno de sus pacientes representa un peligro cierto para otras personas. A veces se la denominaba sin más «deber de advertencia».

Lord se queda pensando, asiente con una inclinación de cabeza y dice:

—Si estoy al corriente de la situación.

Es decir, si sabe que un maltratador al que reconoce por los expedientes que trata el equipo puede representar un peligro inminente para la víctima al recibir el alta médica.

—Creo que acabamos de dar con la solución —le dice Dunne—. Si en el futuro surge un caso de peligro grave y desde autoridades penitenciarias solo te llega la información de que hay una orden de alejamiento, no puedes hacer nada. [Pero] si la información que te llega es un poco distinta, como que ha amenazado de muerte a la víctima, entonces se puede aplicar la doctrina Tarasoff.

Lord asiente al considerar esa posibilidad.

El equipo acuerda un plan coordinado para cada caso concreto. A veces, la policía hace visitas domiciliarias o pasa con más frecuencia de la habitual por delante de la casa de determinada familia. Se fijan en los coches que hay en la puerta, o en si las luces están encendidas o apagadas a horas inusuales. Recuerdo la historia de un agente que vio una luz encendida en la ventana de la planta de arriba de una casa que tenía que vigilar. Llamó a la puerta y preguntó a la víctima si iba todo bien. Resultó que el hijo de la mujer se había dejado la luz de la buhardilla encendida. El agente pasó de largo y luego dio media vuelta. Es una táctica muy común entre los maltratadores vigilar cuándo pasa un coche patrulla y aparecer en cuanto la policía ha doblado la esquina, pero en esta parte del país la policía conoce bien esta estratagema gracias al Equipo de Alto Riesgo. Así que el agente dio la vuelta a la manzana, volvió a la casa dos minutos después y se encontró al maltratador allí, saliendo del coche.

Otras veces, pueden ponerle una tobillera electrónica a un maltratador o prohibirle la entrada a «zonas de exclusión» (normalmente, a municipios enteros). Pueden facilitarle a una víctima el acceso a un hogar de transición, ayudarla a pagar los gastos del proceso legal y el abogado, o proporcionarle entrenamiento de seguridad y defensa personal. Pueden cambiar las cerraduras de su casa o darles teléfonos móviles nuevos a la víctima y a sus hijos.

—Si te preocupa el bienestar a largo plazo de una víctima, no te conformas con que no la maten —explica Dunne—. Cuando un agresor va a la cárcel, la seguridad física de la víctima puede estar garantizada, pero su vida puede deshacerse por completo por falta de apoyos. Hay que procurar que la víctima vuelva al estado en que se hallaba antes de que empezara la violencia.

Para Dunne, esto es fundamental. Las víctimas suelen tener problemas crónicos: adicciones, pobreza, desempleo… Dunne no intenta arreglar cada faceta de su vida. Solo trata de librarlas del peligro y colocarlas en una situación a partir de la cual sean capaces de encontrar solución a problemas más sistémicos, como la falta de empleo o la drogadicción. Procurarles, quizá, el espacio emocional, físico y mental que necesitan para solucionar algunas de esas otras cuestiones.

—La clave, cuando se trata de violencia machista —dice Dunne—, es abordar el problema en la fase de delito menor.

Uno de los factores más problemáticos de la violencia de género es impedir que los malos tratos sigan una progresión ascendente. Para impedirlo, los delitos menores o faltas deberían tomarse mucho más en serio de lo que suelen tomarse en la actualidad los casos de violencia en el ámbito de la pareja. Como el caso de Tari Ramírez y Claire Joyce Tempongko en San Francisco. En casos como ese, la violencia extrema se considera un delito menor y se condena al agresor a una pena irrisoria. Recordemos que a Ramírez le cayeron seis meses escasos y que a Donte Lewis lo condenaron solo a cuatro años por secuestrar a su novia y golpearla tan fuerte en la cabeza que perdió el conocimiento y echó espuma por la boca. Y muchos agresores como Ramírez pasan directamente de la falta al asesinato. Para los jueces, la principal dificultad estriba en qué cargos imputar al agresor y qué diligencias puede y debe tomar el tribunal para tratar de poner coto a su conducta violenta.

Una de las herramientas más eficaces que maneja el Equipo de Alto Riesgo es el estatuto 58A de Massachusetts relativo a la evaluación de peligrosidad a la hora de tomar medidas cautelares contra un imputado. Una vista previa corriente evalúa el riesgo de huida del acusado para concederle o no la libertad provisional bajo fianza. El fiscal puede, sin embargo, solicitar un 58A, que permite que el acusado —incluso si no tiene antecedentes de ningún tipo y solo se le imputa un delito menor— sea retenido sin fianza hasta que se celebre el juicio, a condición de que se considere que representa un peligro cierto para un individuo concreto o para la sociedad en general. Esta norma podría haber evitado la puesta en libertad de William Cotter y haber salvado la vida a Dorothy, pero en aquel momento se usaba muy poco en casos de violencia machista y Dunne la desconocía. Por otra parte, los datos concretos de la situación de Cotter estaban dispersos entre distintas agencias. En Massachusetts, se puede retener a un detenido hasta 180 días.

—Entre las primeras diligencias de la instrucción y el momento del juicio pueden darse muchas agresiones —explica Dunne—. Y si tenemos controlado al agresor, no tenemos que salvaguardar a la víctima.

Son pocos los estados que tienen estatutos de evaluación de peligrosidad claros y, en los cursos de formación que imparte, Dunne anima a los trabajadores sociales a buscar algo semejante en la normativa de sus respectivos estados. Muchos no saben que esa posibilidad existe y además es muy posible que se lleven una decepción cuando se informen exhaustivamente sobre la normativa de sus estados respecto a las medidas cautelares de este tipo. En abril de 2018, Pennsylvania se convirtió en el segundo estado en aprobar un estatuto que permite expresamente a los jueces tomar en consideración la peligrosidad de un imputado por violencia machista.[121]

El 58A pertenece a una categoría de medidas cautelares conocida como detención preventiva, y Dunne afirma que en los cursos que imparte por todo el país rara vez se encuentra con trabajadores sociales que dispongan de una herramienta parecida. Casi todos, de hecho, le preguntan cómo pueden conseguir que se apruebe un estatuto de ese tipo en sus jurisdicciones.

—Muchos estados tienen estatutos de detención preventiva, pero están absolutamente infrautilizados —afirma Cherise Fanno Burdeen, presidenta de Pretrial Justice Institute, una asociación que trabaja con administraciones locales para mejorar la implementación de las medidas cautelares penitenciarias—. Las instituciones emplean soluciones alternativas que por desgracia no siempre funcionan, lo que supone que todos los días salen de prisión individuos peligrosos sin ninguna supervisión.

Los estatutos de detención preventiva derivan de la llamada *Bail Reform Act*, la ley federal de 1984 que permite que un imputado sea retenido antes de juicio en caso de que se le considere peligroso para otra persona o para un colectivo. El dictamen de peligrosidad se basa en factores como la

---

121. https://www.governor.pa.gov/governor-wolf-signs-tiernes-law-providing-protections-victims-domestic-violence

naturaleza del delito, las pruebas contra el imputado y sus antecedentes delictivos, entre otros. Este tipo de estatutos se vienen usando sobre todo en casos de tráfico de drogas y bandas organizadas, pero en Massachusetts se ha registrado un fuerte aumento de su utilización en casos de violencia machista.

Si bien nadie hace un seguimiento de cuántas de estas vistas se celebran —ni en Massachusetts ni en el resto del país—, la implementación de los estatutos de detención preventiva y las bases sobre las que se dicta esta medida cautelar difieren ligeramente en cada estado. En cualquier caso, el recurso a la detención preventiva genera controversia en todas partes.

—Desde un punto de vista constitucional no se ve con buenos ojos castigar un comportamiento potencial —explica Ronald S. Sullivan Jr., director del Instituto de Justicia Penal de Harvard—. Se castiga el comportamiento pasado y demostrado. Y aquí estamos reteniendo a personas en prisión porque creemos que van a ser peligrosas en un futuro.

En cambio, Viktoria Kristiansson, asesora legal de AEquitas, hace hincapié en la importancia de las vistas de evaluación de peligrosidad porque, asegura, «proporcionan automáticamente un contexto distinto para que el juez analice las pruebas».

Retener a un maltratador antes de juicio ha ayudado a que muchas víctimas no tengan que recurrir a una casa de acogida. Les da tiempo para encontrar una vivienda alternativa, ahorrar algún dinero, buscar asesoramiento y quizás incluso encontrar empleo.

—Sabemos que la detención, en sí misma, protege a la víctima —afirma Dunne—. De lo que se trata es de romper el ciclo ascendente de violencia.

Mantener a un agresor en prisión antes de juicio permite que la víctima tenga tiempo de reponerse hasta cierto punto y de organizarse antes de que se celebre el juicio, cuando el nivel de peligro vuelve a aumentar. Dunne asegura que esta medida cautelar ha sido esencial para el éxito de su programa de intervención. Y de los maltratadores monitoreados mediante dispositivos electrónicos de cuyos casos se han ocupado, ni uno solo ha reincidido y casi un 60 % estuvieron en detención preventiva gracias a un dictamen emitido por el juez en la vista previa en la que se evaluó su peligrosidad. Aunque nadie ha investigado el grado de utilización del estatuto 58A antes de que se creara el Equipo de Alto Riesgo, Dunne calcula que vio «unos cinco casos en tres años» antes del asesinato de Dorothy.

—Ahora vemos dos al mes.

El último caso del día es el de una inmigrante maltratada por su compañero sentimental. Él está actualmente en prisión por asalto y agresión —lo que pone en peligro su permiso de residencia—, pero la pareja tiene un hijo pequeño que vive fuera de Estados Unidos, con la familia del agresor. La familia ha amenazado con no permitir que la joven vuelva a ver a su hijo si no retira la denuncia por malos tratos y, si el hombre es deportado antes de que ella consiga recuperar a su hijo, es posible que tampoco vuelva a verlo nunca más. O sea, que no puede declarar ante el juez sin arriesgarse a perder a su hijo. Ni siquiera puede, de hecho, dar la impresión de que apoya la labor de la fiscalía. Se trata del tipo de disyuntiva irresoluble en la que suelen encontrarse tanto las víctimas como los fiscales. Aunque no ha sucedido aún, el equipo está convencido de que la chica retirará la denuncia. El sargento Adams expone el historial de la pareja en la declaración de la noche de la detención. No puedo reproducirla aquí, salvo para decir que el hombre había aislado a la joven hasta tal punto que no le permitía usar su móvil para llamar a nadie, salvo a él, y había instalado cámaras dentro de la casa para tenerla vigilada.

Wile sugiere una enmienda a la denuncia que añadirá varios cargos adicionales y dará a la fiscalía, afirma, «algo a lo que agarrarse; si de un solo incidente pueden extraerse ocho o nueve imputaciones, hay más probabilidades de que la mujer no tenga que subir al estrado a testificar y de que él se declare culpable de algunos cargos». La propuesta de Wile se apoya en varios factores. El primero es intentar imputar a un maltratador tantos cargos como sea posible a fin de llegar a algún acuerdo con la fiscalía, incluso más allá de la imputación por violencia machista. ¿Hay posibles delitos relacionados con las drogas? ¿Hay armas ilegales en la casa? Esto mejora las posibilidades de que al menos *algunos* de los cargos se sostengan. El otro factor que entra en juego es lo que se denomina «acusación basada en pruebas». O sea, en evidencias materiales, no en testigos. Si el fiscal presenta pruebas suficientes al juez, no será necesario que la víctima tenga que testificar delante de su agresor. Esas pruebas pueden ser fotografías, declara-

ciones juradas, testimonios de otros testigos, expedientes previos o grabaciones de los servicios de emergencias.

Mediante este procedimiento, la fiscal Stacy Tenney y la familia de
Michelle podrían haber pedido que se procesara a Rocky Mosure con o sin
el testimonio de Michelle, si hubieran encontrado la serpiente. Podrían
haber acompañado la solicitud con una declaración jurada en la que deta-
llaran que Rocky los había amenazado a todos con el arma del abuelo de
Michelle o que había seguido a Michelle cuando iba a llevar a los niños al
colegio o a recogerlos —si es que lo sabían—, o que había secuestrado a sus
hijos como medida de presión. Si hubieran conseguido que Rocky permaneciera en prisión hasta el juicio, habrían descubierto que tenía problemas
con las drogas y que solo trabajaba intermitentemente. Podrían haber sabido todo esto y haber actuado conforme a esos datos y quizás incluso conforme a otros que desconocían, si en 2001 hubiera habido un equipo de
alto riesgo que compartiera información y pintara un cuadro mucho más
completo de la situación eliminando barreras burocráticas.

La acusación basada en pruebas en casos de violencia machista existía
ya cuando Michelle retiró su denuncia. Ellen Pence, la activista de Duluth
(Minnesota) que ideó la rueda de poder y control, ya abogaba por su utilización en los años ochenta, pero la campaña a favor de este procedimiento
no despegó hasta que Casey Gwinn —que por entonces era fiscal en San
Diego— se fijó en sus esfuerzos y comenzó a llevar a juicio un caso tras
otro en su jurisdicción. Gwinn viajó a Duluth para reunirse con Pence, que
le habló de sus actividades en la lucha contra la violencia de género, y
regresó a San Diego justo a tiempo para presentar su primera acusación
basada en pruebas en un caso de violencia machista. El imputado era precisamente un juez, Joe Davis, cuya novia había desaparecido tras retirar la
denuncia. Gwinn presentó cargos, aun así.

Y perdió el caso delante de las cámaras de televisión y la prensa local.
Fue una derrota humillante. El proceso había despertado mucha expecta-
ción en la zona debido a que el acusado era un miembro de la judicatura, y
Gwinn me comentó que se puso en ridículo, que «no sabía lo que hacía».

Pero, tras el juicio, el que entonces era el fiscal del ayuntamiento de San
Diego, John Witt, lo llamó a su despacho y le dijo que, aunque la situación
iba a ser incómoda durante un tiempo para toda su oficina, creía firmemente en lo que había intentado hacer Gwinn.

—Me dijo que siguiera adelante, que descubriera un modo de ganar estos casos —cuenta Gwinn.

Empezó por ordenar que se le remitieran las grabaciones de las llamadas a emergencias en todos los casos de violencia machista que le llegaban, cosa que no había hecho hasta el caso Davis. Y pidió a la policía que hiciera fotografías de todo: del lugar de los hechos, de las víctimas e incluso de los agresores si se ponían agresivos o empezaban a despotricar en el asiento trasero de los coches patrulla. Quería todas las pruebas materiales que pudiera reunir, hasta la última. Comenzó a llamar a los distintos cuerpos de policía para pedirles que recogieran todas las pruebas posibles. Cuando un sargento le dijo que lo que se proponía era absurdo, que nunca conseguiría llevar a juicio y ganar esos casos, Gwinn creó un sistema de notificaciones para mantener informada a la policía de cómo se resolvían los casos en los que intervenía.

Llevó a juicio veintiún casos seguidos, todos ellos de delitos menores de violencia machista. Todo ellos, sin necesidad de que la víctima testificara.

Ganó diecisiete.

Cuando se aprobó la VAWA —la Ley de Violencia contra las Mujeres— en 1994, Gwinn ya había formado a numerosos fiscales de todo el país acerca del procedimiento de acusación basado en pruebas en casos de violencia machista. (Este nombre es en realidad poco apropiado, ya que, técnicamente, todos los juicios se basan en pruebas). Creía firmemente que, si podía enjuiciarse a los asesinos sin la cooperación de la víctima, a los maltratadores también. En 1996 fue elegido fiscal municipal de San Diego y cumplió la promesa que había hecho en campaña de dedicar el 10 % de los recursos de su oficina a crear una unidad específica de violencia de género. Actualmente, jurisdicciones de todo el país recurren a él en busca de formación. Según afirma Gwinn, en la década de 1980 se enjuiciaban menos del 5 % de los casos de violencia machista. En cambio, a finales de los años noventa en algunas jurisdicciones llegaban a juicio el 80 % de dichos casos.[122]

---

122. Fagan, Jeffrey. «The Criminalization of Domestic Violence: Promises and Limits». Ponencia de la Conferencia sobre Investigación y Evaluación de la Justicia Penal de 1995. Enero de 1996. www.ncjrs.gov/pdffiles/crimdom.pdf

Luego, en 2004, surgió la doctrina Crawford.

En el caso *Crawford contra Washington*, el Tribunal Supremo determinó que el contrainterrogatorio de los testigos es preceptivo en un juicio a no ser que estos no puedan comparecer por causa de fuerza mayor (por haber fallecido o hallarse enfermos, por ejemplo). Según el dictamen del tribunal, un acusado tiene el derecho constitucional a carearse con sus acusadores, y las declaraciones de los testigos que no comparecen en el juicio son testimonios de oídas y, por tanto, inadmisibles.[123] Esto significaba que las víctimas que estaban demasiado asustadas para comparecer en el juicio pero que por lo demás se encontraban bien de salud ya no podían autorizar a los fiscales para que utilizaran sus declaraciones.

Después de la doctrina Crawford, sigue quedando cierto resquicio legal para que los tribunales estatales determinen a su discreción si las pruebas son admisibles o no, pero, hablando en términos generales, este dictamen del Tribunal Supremo supuso un importantísimo revés para el movimiento a favor de la imputación basada en pruebas en casos de violencia machista en todo Estados Unidos. En la actualidad, las declaraciones de las víctimas se consideran a menudo inadmisibles en el procedimiento judicial si un testigo se niega a cooperar (como sucede en un 70 % de los casos).[124]

—El principal escollo para el enjuiciamiento basado en pruebas no son las pruebas —explica Gwinn—. No se trata de que sea viable o no ganar estos casos. El problema son las normas y valores culturales. En el fondo de esta cuestión hay misoginia en cantidades ingentes.

Una de las críticas que se le hacen al modelo de Newburyport es que resultaría muy difícil adoptar este tipo de protocolos en ciudades con gran cantidad de población en las que los recursos escasean y las llamadas a la policía por violencia machista son constantes. Mark Gagnon, exjefe de policía de Amesbury, no está de acuerdo.

—Un municipio más grande cuenta con mayores recursos —afirma—. Puede hacerse, solo que a otro nivel.

---

123. http://www.federalevidence.com/pdf/2007/13-SCt/Crawford_v._Washington.pdf

124. Henderson, Brady y Stanek, Tyson. *Domestic Violence: from the Crime Scene to the Courtroom*, Oklahoma Coalition Against Domestic Violence & Sexual Assault, 2008.

Dunne reconoce que entraña ciertas dificultades, pero a su modo de ver la solución estaría en dividir el territorio en jurisdicciones más manejables. Wile y ella han impartido cursos de formación en áreas urbanas de Massachusetts como Framingham, Lynn y Cambridge, donde se han creado equipos de alto riesgo.

—Creo que una de las principales ventajas de este modelo es que no solo cambia las cosas para la víctima, sino para todo el mundo —comenta Mary Gianakis, exdirectora de la asociación Voices Against Violence de Fragminham y jefa del equipo de alto riesgo de esa localidad—. Cambia la manera en que todos los organismos implicados abordan la violencia de género. Y además creo que manda un mensaje muy claro a los agresores. El mensaje de que, como sociedad, no vamos a tolerar este tipo de violencia. Es un mensaje importante, porque cambia la cultura.

Kelly Dunne y Robert Wile han formado ya a miles de personas en todo el país, y numerosos colectivos —de California a Luisiana y de Florida a Illinois— han pedido que les impartan cursos de formación. Campbell se encargó de hacer la investigación, pero afirma que fueron Dubus y Dunne quienes se ocuparon de poner en práctica la teoría.

—Se inspiraron en mi trabajo, y ahora yo me inspiro en el suyo —me comentó Campbell.

El entonces vicepresidente Joseph Biden impulsó el programa de Amesbury en octubre de 2010 al rendir homenaje a Suzanne Dubus en un acto celebrado en la Casa Blanca con motivo del Mes de Concienciación contra la Violencia Machista.

—Tenemos que cambiar lo que hemos estado haciendo hasta ahora y emular estos éxitos —les dijo a los presentes.

Para Dunne, el éxito de su programa de intervención demuestra que un problema aparentemente inabordable puede solucionarse con un coste relativamente bajo mediante la coordinación de servicios, la fluidez de la información y la vigilancia exhaustiva.

—En el caso de Dorothy, buscábamos una alarma de incendios cuando estábamos ya en medio de las llamas —explica—. Y eso no puede hacerse. Hay que tener un sistema ya listo y a punto.

Antes de la creación del equipo en 2005, solo en el municipio de Amesbury había, de media, un asesinato machista al año. Desde que el equipo inició su labor, Dubus y Dunne no han tenido ni un solo homicidio entre los casos de los que se han ocupado. Para Dunne es igual de importante el hecho de que menos de un 10 % de las supervivientes hayan tenido que acudir a casas de acogida. Antes de 2005, esa cifra había superado el 90 %. Por su parte, Dubus considera evidente que es necesario crear un modelo en el que las víctimas estén protegidas, en lugar de verse desterradas.

—Eso es lo indignante —me dijo—. Que es baratísimo hacer lo que hacemos nosotros. Muchísimo más barato que las investigaciones de los asesinatos, los procesos judiciales y las condenas a prisión.

A finales de 2012, la OVW —la Oficina de Violencia contra las Mujeres del Departamento de Justicia, con sede en Washington— destinó medio millón de dólares a implantar el Programa de Alto Riesgo de Amesbury, junto con otro procedente de Maryland: el Programa de Valoración de Letalidad. En un primer momento se barajaron doce áreas urbanas de todo el país para su implantación; entre ellas, Rutland (Vermont), Brooklyn (Nueva York) y Miami (Florida). Finalmente, sin embargo, solo un municipio recibió luz verde de la Oficina de Violencia contra las Mujeres para implantar el programa de Dunne: Cleveland (Ohio).[125]

En el estado de Ohio, hubo 115 homicidios machistas entre el 1 de julio de 2016 y el 30 de junio de 2017.[126] Solo durante 2016 se registraron más de setenta mil incidentes de violencia de género (y en algo más de la mitad de esos casos, se presentó denuncia).[127]

—Setenta mil avisos —decía Tim Boehnlein, del Centro de Atención a las Víctimas del Condado de Cuyahonga, uno de los dos organismos que coordinan el equipo de alto riesgo de Cleveland (el otro es el Centro de Violencia de Género y Protección de Menores)—. Eso supone un montón de gente a la que la violencia machista afecta directamente, muchísimas familias.

El municipio de Cleveland está dividido en cinco distritos policiales. Los tres distritos centrales contaban con agentes dedicados en exclusiva a

---

125. En Brooklyn también se creó un equipo de alto riesgo, pero sin financiación de la OVW. No he conseguido acceso a ningún miembro de dicho equipo.

126. http://www.dispatch.com/news/20171004/115-deaths-in-year-paint-grim-picture-of-domestic-violence-in-ohio

127. Véase el Informe sobre Violencia de Género del fiscal general de Ohio: http://www.ohioattorneygeneral.gov/Law-Enforcement/Services-for-Law-Enforcement/Domestic-Violence-Reports/Domestic-Violence-Reports-2016/2016-Domestic-Violence-Incidents-by-County-and-Age

la violencia de género, pero los distritos primero y quinto —el extremo este y el extremo oeste de la ciudad, respectivamente— no daban abasto para afrontar el número abrumador de avisos por violencia machista que recibían a diario. Fue, por tanto, en esas zonas donde el ayuntamiento centró la actividad del recién creado equipo de alto riesgo, puesto en marcha en octubre de 2016.

Dunne me llamó a casa una tarde, nada más volver de un curso de formación que había impartido en Cleveland.

—Tienes que ir a conocer a una persona —me dijo—. No me preguntes nada. Solo ve.

GRACE, CONTRA LAS CUERDAS

En un piso oscuro y lleno de humo, dominado por mullidos sofás de color marrón chocolate, llora un niño pequeño, casi un bebé. El niño, al que llamaré Joey, está descalzo y tiene el pelo ensortijado. Vuelca una silla metálica de cocina y otro niño, ya mayor, la levanta. El pequeño vuelve a volcarla y salta por encima del respaldo un par de veces. En la cocina hay una tele encendida y, sobre la mesa, un bol de cereales empapados que nadie se come. Enfrente de mí hay un adolescente de piel pálida que permanece extrañamente tranquilo y callado. Mark, lo llamaré. Está acostumbrado al alboroto que arma su hermano pequeño, que es autista. Tiene también otros hermanos con necesidades especiales. El pequeño entra en el cuarto de estar y corre a abrazarse a las rodillas de su madre. Luego coge una tarjeta que ella ha dejado en la mesita baja, a su lado.

—Joey —dice la inspectora de policía sentada junto a la madre—. Joey, no cojas ahora esa tarjeta.

La inspectora Martina Latessa habla con un acento urbano indistinto. Del Bronx, quizá. Un deje de barriada de la costa este. Sin embargo, ha vivido siempre en Cleveland, donde estamos ahora mismo. Joey no le hace caso. No está claro que la entienda. Ella le sonríe.

—Hey —dice—, ¿me oyes, Joey? No cojas la tarjeta.

Joey vuelve dando brincos a la cocina, todavía descalzo, con la tarjeta en la mano. Resbala, cae de culo y se escabulle a un sitio donde no alcanzo a verlo. La inspectora Latessa se pone seria en cuanto el niño sale por la puerta y se vuelve hacia la madre.

—Me han asignado su caso porque pertenezco a la unidad de violencia de género. No soy del distrito cinco [donde está situada la casa]. Soy de la Unidad de Reducción de Homicidios, una brigada especial —dice, dejando que las palabras resuenen en la habitación.

Unidad de Reducción de Homicidios.

La mujer, a la que daré el nombre de Grace, le presta toda su atención. Se tira de las mangas de la enorme sudadera hasta taparse las manos y se encoge en el sofá, con la vista fija en Martina. Sentado junto a ella, Mark se frota las manos entre las rodillas huesudas y observa la expresión de su madre. La palidez se refleja en el rostro de Mark.

—Si me ocupo de su caso —continúa Martina—, es porque corre usted peligro crítico de que la maten, ¿de acuerdo? ¿Me entiende?

Por la cara de Grace empiezan a correr lágrimas.

—¿Tan duro le parece oírlo?

La mujer asiente en silencio.

En la cocina, Joey se pone a chillar. Chillidos crispantes, de los que te rompen el tímpano. Estamos sentados en los sofás blandos, con los muelles desgastados por el uso. En una estantería, allí cerca, una cobaya se remueve en su jaula.

—Voy a necesitar que me deje hacer mi trabajo —le dice Martina—, para que pueda protegerla a usted y a sus hijos, ¿de acuerdo?

Grace se limpia la nariz con la manga y asiente otra vez. Llevaba el pelo recogido en una coleta. Alguien lleva a Joey a una habitación del fondo del piso, donde sus gritos quedan amortiguados, y se hace un paréntesis de silencio. Pero a los pocos segundos Joey vuelve y se pone a saltar otra vez sobre el respaldo de la silla.

—Va a ser duro —dice Martina sin inmutarse, como si no oyera en absoluto a Joey—. Y esto no va a desaparecer. Pero va usted a empezar a recuperar su vida desde hoy mismo, ¿de acuerdo?

Grace sigue asintiendo en silencio.

Martina se vuelve de pronto hacia Mark.

—¿Es tuya?

Yo al principio no la entiendo. Luego veo a qué se refiere: a la cobaya que no para de moverse, nerviosa.

—Sí —murmulla Mark, titubeante.

—Pues tienes que cuidarla mucho —dice Martina, y sonríe al chico señalando la cobaya con su bolígrafo.

Tardo un momento en asimilar este brusco cambio de tema, que sin embargo ha parecido tan natural. Martina es consciente de la carga emocional que reina en la habitación. Acaba de decirle a un chavalín que su madre corre peligro inminente de que la maten, y la madre está llorando.

Para un niño, ver que un adulto —que se supone que tiene que ser dueño de sí mismo y conocer todas las respuestas— rompe a llorar es una de las cosas más aterradoras que puede haber. Martina posee un talento orgánico para percibir la atmósfera de su entorno y moverse entre sus delicados intersticios emocionales. Intenta quitar hierro al asunto, aliviar la tensión. Y si acaban de decirte delante de tu hijo adolescente que probablemente vas a morir asesinada de manera inminente, te viene bien tener unos segundos para reponerte de la impresión.

—Tienes que procurar que tenga siempre comida y agua —prosigue en su tono oficial de «policía que sabe tratar con niños».

Mark sonríe. Se pega las rodillas a la barbilla y apoya la cabeza en ellas, observándola con una mezcla de timidez y asombro.

Entonces Martina vuelve a mirar a Grace y le muestra una fotografía policial.

—¿Es él?

Para comprender lo eficaz que es Martina Latessa en su trabajo, ayuda pensar en un animalito de plástico que tiene encima de la mesa. Por delante tiene cuerpo de rana y, por detrás, de camaleón, y es tan estrafalario que no hay forma de saber a ciencia cierta qué animal es. No se parece a nada que exista en el medio natural. Si lo miras desde cierto ángulo, parece una cosa y, si lo miras desde otro, otra. Cuando lo miras en conjunto, es una cosa única e inclasificable. Es enternecedor, y también gracioso y un poquitín ridículo.

Así de fácil es encontrar una metáfora del mundo que habita Martina.

Es una de las dos inspectoras de la policía de Cleveland dedicadas en exclusiva a los casos de violencia machista que entrañan peligro de muerte. Dicho de otra forma, una agente especial de violencia de género de alto riesgo, aunque el título suene un tanto forzado. Su puesto es de creación reciente, incluso en una zona urbana tan poblada y problemática como Cleveland. Su homólogo, Greg Williams, y ella son posiblemente los únicos inspectores de este tipo que hay en Estados Unidos. Hay muchas localidades que tienen inspectores o agentes especializados en violencia de género, pero no que se dediquen en exclusiva a casos de alto riesgo. Kelly Dunne no pudo confirmarme que Martina y Greg sean los únicos, pero ella tampoco conoce a otros, de modo que la denominación de su puesto es también única.

Martina posee un talento increíble para desempeñar su trabajo. Es seguramente la agente de policía más eficaz que he visto en el terreno de la lucha contra la violencia de género. Cuando se lo digo, exclama «¡Mentira!», pero su rubor la delata. (Al presentarme a sus compañeros de comisaría dice «esta es Rachel Snyder, la que odia a la policía de Cleveland». Más adelante descubriré que mi mejor contraataque es acusarla de ser forofa de los Steelers). Tiene un algo de camaleónico: en apenas unos segundos, es capaz de comunicarle a Grace que se encuentra en peligro de muerte, bromear con Mark como si ese fuera un día cualquiera en la vida de un adolescente y su mascota, y decirle a Joey en broma que se ande con cuidado. La mayoría de la gente —yo incluida—, al encontrarse con un niño autista, se limitaría a ignorarlo. O a preguntar quizá si alguien puede ocuparse de él un rato. Martina, en cambio, le hace partícipe de la situación. Es una forma sutil de decirle a Grace «entiendo lo complicada que es tu vida, y no me asusta». Más tarde, me dirá que supo que el niño era autista en cuanto entró por la puerta.

A mí, la verdad, me parece muy relevante que Martina sea mujer, pero su supervisora, Shamode Wimberly, no está de acuerdo. El sexo no influye en que alguien sea bueno o no en su trabajo, en su opinión. Y Martina parece hacer el trabajo de tres personas. Pero, a mi modo de ver, es muy significativo que sea una mujer que habla mayoritariamente con mujeres; que vaya a hablar con las víctimas a sus casas, o a casa de algún amigo o familiar, en lugar de obligarlas a pasar por el laberinto burocrático de las comisarías de policía, los juzgados y los centros de atención a las víctimas; que haga bromas, que les pregunte por sus vidas en general y que invierta tantas horas como sean necesarias; y que trabaje ella sola, con recursos muy limitados.

Martina se crio en la parte oeste de Cleveland, en el seno de una familia con trece hijos. Tiene tantos sobrinos y sobrinas que ha perdido la cuenta (unos cuarenta, redondeando). El día que la conocí, me contó que la casa de sus padres daba al jardín de atrás de Ariel Castro, el hombre que mantuvo secuestradas a Michelle Knight, Amanda Berry y Gina DeJesus durante una década. Cuando se supo la noticia, nadie se lo creía. Una casa que estaba tan cerca, a tiro de piedra... El barrio era como un pueblecito; todo el mundo conocía a alguien que conocía a aquellas chicas y la historia de su desaparición era un tema de conversación recurrente durante esos años.

Pasamos en coche por delante de la casa donde creció Martina: una casa de dos plantas construida en la posguerra, con revestimiento de madera en la fachada y tejado a dos aguas. Conduce un coche azul oscuro sin distintivos policiales, uno de esos coches potentes, con asientos mullidos, buenos amortiguadores y una radio en el salpicadero que de vez en cuando emite un código policial entre ruido de chisporroteo. Tiene el pelo rizado y lo lleva recogido en una coleta tan prieta como la de una gimnasta olímpica. Aminora un poco la marcha y me indica el jardín de Castro, al otro lado de la calle. La casa ya no está: la demolieron. Martina, que lleva dieciocho años en la policía de Cleveland, ya era inspectora en 2013, cuando encontraron a las tres mujeres.

Cuando ella era pequeña, mataron a su vecino de la casa de al lado, un tal Nick que acostumbraba a comer palomas y tiraba los huesos al jardín de los padres de Martina. No se acuerda de su apellido. Los asesinos resultaron ser el novio de la hermana mayor de Martina y sus amigos. («Cumplieron veinticinco años de prisión. Ya han salido», me contó»). El asesinato la asustó muchísimo. La calle se llenó de policías y ambulancias, y también vino el juez de instrucción. Luego, de pronto, empezaron a marcharse todos y ella se echó a llorar. Contó las casas. La de Nick era la primera de la manzana, y su casa la segunda. Pensó que la próxima vez le tocaría a su familia; que al día siguiente el asesino de Nick iría a matarlos a ella y a sus padres y hermanos. Un inspector de homicidios que la vio llorar se acercó y se sentó en el porche con ella. Le prometió que volvería para asegurarse de que todo iba bien. Martina señala ese día como el momento exacto en que decidió no solo que quería ser policía, sino que quería ser concretamente inspectora de homicidios.

Es un sueño que acaricia desde hace treinta años. Suena a falso, a historia inventada para contársela a una reportera como yo. Pero volví muchas veces a Cleveland y pasé días enteros con ella, y durante ese tiempo se me hizo evidente que Martina tenía muy presente el asesinato de su vecino. A lo largo de estos años se ha informado sobre el caso tratando de descubrir el nombre de aquel inspector de homicidios. Pero en los años ochenta el papeleo policial aún no estaba informatizado, los trámites eran muy distintos y nunca ha encontrado nada. A veces se cruza en el vestíbulo de la comisaría con alguien que conoce —un agente de una unidad especial, un patrullero, un novato que todavía está en prácticas— y vuelve a salir el tema del asesinato de su vecino. Un día me llevó a la brigada de homicidios y al entrar dijo dirigiéndose a la sala en general:

—¿Tenéis ya sitio para mí? Esta es Rachel Snyder, la que odia a la policía de Cleveland.

Es una broma recurrente, las ganas que tiene de que la trasladen a la brigada de homicidios. Un inspector le pregunta si ya ha encontrado ese viejo sumario, el del caso del que habla siempre.

—Qué va —contesta.

Pero algún día, no tardará mucho, lo encontrará. Bajará al sótano y se pondrá a rebuscar entre los expedientes viejos escritos a mano.

Una mañana, antes de una comparecencia en el juzgado, se encuentra con uno de sus antiguos mentores. Ya está jubilado y trabaja de vez en cuando como guardia de seguridad en el juzgado. Le pregunta por sus posibilidades de que la destinen a homicidios, si cree que lo conseguirá la próxima vez que haya una plaza libre.

—¿Por qué quieres ese trabajo? —le pregunta él—. No hay nada que resolver. Ya están todos muertos.

Me cuenta que tiene una camiseta que pone *Mi día empieza cuando el tuyo acaba*. (Meses después le cuento esta anécdota a un policía jubilado de San Diego y me dice: «Sí, ya. Creo que esa camiseta la tenemos todos los policías»).

Lynn Nesbitt, la trabajadora social especializada en violencia machista que tiene su mesa enfrente de la de Martina, dice que no soportan pensar que Martina pueda marcharse. La propia Martina parece tener sentimientos encontrados al respecto. Aunque no lo diga, sospecho que sabe que es única. Se pone colorada cuando le hacen un cumplido y se escabulle recurriendo al sarcasmo. («Mentira y gorda», contesta, por ejemplo. O: «Vete a freír espárragos»). Lleva toda la vida desenvolviéndose en un mundo de hombres y ahora, quizá por primera vez desde que ingresó en la policía, ser mujer es una ventaja. Consigue que las víctimas hablen como nunca las he visto hablar con un hombre. Los inspectores de su unidad son excelentes profesionales, pero tampoco ellos consiguen que las víctimas cooperen como lo hace Martina. Según algunas estadísticas, en casos de violencia machista la cooperación de las víctimas no supera el 20 % en algunas jurisdicciones. Y todavía hay muchos policías en Estados Unidos que siguen creyendo que, si una víctima no quiere cooperar, no tiene sentido redactar un atestado y mucho menos que el fiscal presente cargos.

Martina estudió en un colegio católico, con uniforme y todo. Era una buena chica, pero vivía en un barrio degradado y peligroso. Volvía a casa del colegio sorteando jeringuillas usadas por las aceras. Tenía una idea vaga de lo que eran. Otros chavales le preguntaban si quería fumar marihuana o beber cerveza, o probar tal o cual droga, y ella siempre contestaba que no. No, no, no. Porque desde los nueve años tenía metida entre ceja y ceja la idea de ser inspectora de homicidios, y no se apartó de ella ni un solo día. Así que no probó las drogas. Vivía en un gueto, pero no formaba parte de él. Sus padres discutían, pero nunca llegaron a las manos. Según dice, su padre era quien llevaba los pantalones en la familia, pero su madre era quien le elegía los pantalones que se ponía.

Una tarde, teniendo ella diez u once años, estaba en casa de una señora mayor de su familia cuando llegó el marido y empezó a pegarle a la mujer. Martina se llevó un susto de muerte. Salió corriendo de la casa y se dirigió a la cabina telefónica que había calle abajo. Llamó a su hermano mayor y le dijo lo que estaba pasando.

—Ni se me ocurrió llamar a la policía —dice.

Llegó su hermano y volvieron juntos a la casa, pero el marido se había marchado ya y la mujer dijo que no pasaba nada, que no había sido para tanto y que se olvidaran del asunto.

El otro puntal de la vida de Martina, aparte del trabajo policial, es el deporte. En su último año de instituto, le echaron la culpa de algo que dice que hizo una amiga suya (no quiso contarme qué) y la echaron del equipo de baloncesto. En aquel momento, fue un revés durísimo para ella. Estaba centrada en el baloncesto desde que comenzó la secundaria. Cuenta que, entre los trece hermanos que eran en casa, ella era la que tenía más aptitudes para el deporte, y que todo se le daba bien, del *softball* al golf, pero que el baloncesto era su pasión. Al final, se enteró por una amiga de que había una liga que organizaban los polideportivos municipales de Cleveland. Como tenía talento para el baloncesto, se pasó el último año de bachillerato jugando en esa liga por toda la ciudad y para ella —que era una niña modosita de colegio católico— aquello fue como un curso de inmersión en la vida de barrio. De pronto, trabó amistad con vecinos que llevaban toda la vida viviendo muy cerca de ella, pero con los que hasta entonces no había tenido ningún trato. Se hizo amiga, por ejemplo, de las hermanas Koziol, que eran tan deportistas como ella. Una de las hermanas, Maryanne Koziol, le ofreció trabajo en el polideportivo Cudell entrenando a chavales (el mismo lugar donde años después sería asesinado un niño llamado Tamir Rice).

—Las hermanas Koziol me hicieron más dura —cuenta.

Entrenaba a niños de seis y siete años en la liga de alevines y dirigía el campamento de verano de béisbol infantil. Posteriormente también entrenó a niñas más mayores y adolescentes. Era entrenadora de *softball*, de voleibol, de lo que hiciera falta. Conoció a chavales que sufrían malos tratos, a niños cuyos padres eran drogadictos y a algunos que vivían en hogares de acogida. A críos, en general, atrapados en un ciclo implacable de pobreza y violencia. Oyó por primera vez la jerga callejera y empezó a ver cómo rondaban los camellos del barrio buscando hacer negocio.

—Trabajar con las Koziol me preparó para lo que me encontraría después en la policía —comenta—. ¡Madre mía! Si ellas no me hubieran curtido un poco, no lo habría conseguido nunca.

Una de las hermanas, Sue Koziol, jugaba al fútbol bandera femenino y la animó a probarlo. Martina entró en el equipo sin ningún problema y durante la década siguiente ganó con él once campeonatos nacionales, disputando partidos por todo el país. Después la reclutó el Cleveland Fusion, un equipo de la liga nacional de fútbol americano femenino. Ya no era fútbol bandera, sino la modalidad con placajes. La primera vez que busqué a Martina en Google, encontré un artículo sobre su carrera deportiva en el Fusion, y me enteré entonces de que existía una liga femenina de fútbol americano. (Ahora está retirada, pero todavía entrena a equipos). Lo que aprendió jugando a deportes de equipo —y no en liguillas de aficionados o en partidos improvisados, sino en equipos profesionales o semiprofesionales— ha sido esencial en el desempeño de su trabajo como policía.

—Para jugar a un deporte, alguien tiene que entrenarte —dice.

Estamos hablando en su oficina, amueblada con mesas grises de aspecto industrial y sillas marrones con ruedas que parecen datar de los tiempos de cuando Richard Nixon era presidente. Martina se inclina hacia delante mientras hablamos. Yo ocupo una silla de ruedas medio rota, embutida entre su mesa y la de Williams, que se sienta detrás de ella (y que una vez se sacó el globo ocular y volvió a metérselo para demostrarme que tenía esa habilidad).

—Tienes que aprender a aceptar los consejos de otra persona y sus críticas. Te callas la puta boca y dejas que te enseñen —añade Martina.

Ese es uno de los recursos que emplea con las supervivientes. No trata a las víctimas como si fueran personas débiles o desvalidas. No les pregunta por qué no abandonaron al maltratador, por qué se casaron o por qué se quedaron embarazadas. Les explica la situación en la que están ellas y sus hijos, pero, en definitiva, lo más importante que puede hacer es escucharlas.

—Las víctimas de violencia machista nunca tienen voz. En casa no pueden opinar de nada. Los maltratadores les dicen que se callen, que no hablen —explica—. Así que, cuando me siento a hablar con ellas, se nota que les cuesta contar lo que les ha pasado, como con Grace, que empezó a llorar porque le costaba un montón hablar. Pero a veces sienta muy bien quitarse ese peso de encima. Yo intento darles esa oportunidad.

Tiene encima de la mesa, delante de ella, el camaleón-rana-lagarto, junto con una pila de expedientes en diversas fases de investigación. Los teléfonos de color beis de la oficina son tan antiguos que parecen de finales de los setenta o principios de los ochenta. («Dejamos a la gente en espera, pero no podemos pasar ninguna llamada», me ha dicho antes. «La gente se piensa que somos unos vagos»). Uno de sus compañeros ha traído humus, pero a Martina no le gusta: le parece una comida demasiado «fina». A ella le gustan el refresco Mountain Dew y los cereales, pero durante los días que estuve con ella solo paramos a comer una vez, y únicamente porque yo tenía tanta hambre que sospecho que se me notaba en la cara.

—Si tuviera que decir qué es lo que hace que alguien sea un buen investigador, diría que es la paciencia —comenta Martina, y luego añade, seguramente por deferencia hacia mí—: Ahora voy a soltar una palabrota. Vas a oírme decir una palabrota por primera vez [por enésima vez, más bien], pero a veces los policías y los inspectores tenemos que callarnos la puta boca y limitarnos a escuchar.

En la pared, junto a su mesa, hay colgado un cartel con una cita de Calvin Coolidge: *No esperes levantar a los débiles derribando a los fuertes.* Al lado hay un póster de un jugador de los Cavaliers de Cleveland al que le han puesto la cabeza de Martina con Photoshop. Si te metes con los Cavaliers, Martina se pone hecha una fiera. El póster lo hizo otro inspector, TJ, que hizo uno para cada uno de los compañeros de la oficina. TJ se ofreció en cierta ocasión a enseñarme los expedientes que había llevado durante un año entero; en concreto, durante 2016. Entramos en otra oficina, abrió primero un cajón de un armario archivador y luego otro, y después volvimos a su oficina y me señaló varias cajas que había debajo de una mesa de reuniones. Durante el primer año de trabajo de la unidad, evaluaron mil seiscientos casos, de los que la mitad se consideraron de alto riesgo. Antes de la formación del equipo, calculan que les llegaban unos treinta casos de alto riesgo al mes. Durante su primer mes de funcionamiento —octubre de 2016— tuvieron más de ochenta, lo que los dejó impresionados.[128] Ahora tienen una media de unos cincuenta al mes. En Cleveland hay mucha violencia de todo tipo: pandillas, tráfico de drogas, matonismo... Pero la violencia de Cleveland es sobre todo violencia de género.

---

128. https://www.cleveland.com/metro/index.ssf/2017/12/cleveland_team_tackles_high_risk_domestic_violence_cases_to_improve_safety_reduce_deaths.html

UNA BALA EN LA RECÁMARA

En casa de Grace, Martina le enseña la foto de la ficha policial del hombre. Lynn Nesbitt, la trabajadora social, está sentada junto a Grace. Grace contesta que sí, que es él, su pareja, a quien llamaré Byron. Grace firma el impreso que tiene delante y que Martina incluirá en su informe sobre Byron y ella.

—Me dan náuseas solo de verlo —comenta Grace.

—Tranquila —dice Martina, y guarda el papel en una carpeta que tiene sobre el regazo—, que no va a tener que verlo nunca más. —Saca un impreso en blanco y, haciendo oídos sordos a los gritos constantes de Joey, a la tele y hasta a las lágrimas de Grace, le pide que le cuente su historia.

—¿Todo o solamente...? —pregunta la mujer.

—Todo —contesta Martina.

Martina tiene fama de incluir muchos detalles en sus informes. En el mundo de la lucha contra la violencia de género, un informe policial es el primer paso en una serie de diligencias burocráticas que pueden parecer infinitas e incomprensibles. Pero es un primer paso crucial. Un atestado incompleto puede suponer que una denuncia no acabe en imputación y que un agresor que muestra todos los indicios de ser potencialmente un asesino —Rocky Mosure, sin ir más lejos— quede en libertad. Martina cuenta que, en los cursos de formación que imparte, les insiste constantemente a los patrulleros en que es preferible pasarse de minucioso que quedarse corto. He hablado con fiscales de todo el país que consideran la minuciosidad de los informes policiales el elemento más importante para la instrucción de un caso.

Esa es quizá también la queja que suelo oír más a menudo: que los atestados policiales son ambiguos, imprecisos, poco detallados y que están muy mal redactados. Y, como resultado de ello, los fiscales tienen pocas posibilidades de ganar el caso, y a menudo ni siquiera consiguen que prospere un enjuiciamiento. Pensemos, por ejemplo, en el informe del Instituto de Prevención del Estrangulamiento, que descubrió que los agentes de policía solían quitar importancia a los incidentes de violencia machista porque no sabían identificar las lesiones producidas por estrangulamiento que no eran evidentes a simple vista, como la pérdida de memoria, la ronquera, la micción involuntaria o la rojez de la esclerótica del ojo.[129] Esos atestados apenas aportaban pruebas a los fiscales.

Pienso en lo que podría haber ocurrido si alguien como Martina hubiera acudido a casa de los Mosure —no que hubiera pedido a Michelle que fuera a comisaría, sino que hubiera acudido a su domicilio— y hubiera visto a los niños, y cómo la controlaba. Tal vez esa persona habría conseguido convencer a Michelle de que el sistema la protegería. Es importante ver el entorno en el que viven esas mujeres, me dijo una vez Martina. Hay que ir a sus casas.

—Podría haber tenido aquí a Grace todo el santo día, pero prefería hablar con ella en un sitio donde estuviera cómoda —me dijo—. Eso me da idea de cómo son, de dónde ocurren las cosas. Yo siempre digo que, como inspectora de policía, me daría vergüenza no mover el culo de la silla, no ir a su casa ni hacer yo misma las fotografías. Quiero tener cosas que poder enseñar.

Grace empieza a contarle su historia. Byron y ella llevan varios años conviviendo.[130] Tienen hijos juntos, y ella tiene, además, hijos de una relación anterior. Hace cinco días, Byron llegó del trabajo borracho e irrumpió en la casa preguntando dónde estaba su pistola.

—Debajo de la cama —le dijo ella.

Él salió a sacar del coche unas cosas del trabajo y ella cogió la pistola de debajo de la cama y salió a dársela. Grace cuenta que, al verla, comenzó a hacer el tonto como si fuera a atropellarla con el coche. Ella, que no entendía de qué humor estaba, no sabía si iba en serio o si estaba bromeando. Estaba borracho y era difícil adivinar qué se proponía. Grace, además, esta-

---

129. https://www.ncbi.nlm.nih.gov/pubmed/11604294

130. He omitido algunos detalles que podían revelar la identidad de Byron, Grace y los niños.

ba medio dormida. Así que «levantó la pistola», cuenta, y él «dio un respingo». Martina le pide que aclare cómo sostenía la pistola. ¿Le apuntaba directamente a él? ¿O solo más o menos en su dirección?

—No, hacia arriba, por encima de mi cabeza —contesta Grace.

—¿Qué pasó entonces?

—Que empezó a hacer como que iba a matarme. Así que entré en casa y volví a guardar la pistola debajo de la cama.

Él la siguió y le preguntó dónde había metido el arma. Entonces sonó el timbre, lo que aumentó la confusión y la hostilidad de Byron. Era de noche, en torno a las dos de la madrugada. Era algo que ocurría últimamente: alguien llamaba al timbre de su casa y luego se largaba. Nunca abrían la puerta, pero Grace dice que Byron llevaba un tiempo acusándola de ponerle los cuernos y que utilizó aquellas llamadas al timbre como prueba de su acusación. Ella no sabía quién había llamado a la puerta y esa vez tampoco abrieron, pero aquello había ocurrido varias veces durante las semanas anteriores.

Martina le pregunta si sabe quién era.

—Ni idea.

Byron volvió a sacar la pistola de debajo de la cama. Grace ya se había espabilado y estaba alerta. Joey dormía en el sofá.

—Tiró de una cosa hacia atrás —prosigue Grace haciendo el gesto de amartillar la pistola (no sabe cómo se dice).

—Eso es para meter una bala en la recámara —explica Martina—. Para que esté lista para disparar.

Grace asiente. Su hijo Mark tiene las manos entre las rodillas, con los dedos entrelazados, y los ojos fijos en el suelo. Joey sigue gritando y saltando sobre las sillas que ha conseguido volcar.

—Me tumbó en la cama y me puso la pistola en la sien —continúa Grace. Se sorbe los mocos de vez en cuando, intentando no echarse a llorar, y se limpia la cara con la manga dada de sí de la sudadera—. Yo notaba que la punta se movía. No sé... no sé cómo explicarlo.

—Como cuando pulsas el botón de un boli para que salga la punta, ¿verdad? —dice Martina, y hace una demostración con su bolígrafo.

Grace asiente.

—Me dijo: «Sé que me estás poniendo los cuernos. Soy el único que te ha ayudado y te estás tirando a otro...». Empezó a decir que esa noche íbamos a salir en las noticias.

Martina la interrumpe cada pocos segundos para aclarar alguna cosa. ¿En cuál sien le apoyó la pistola? ¿Cuánto tiempo duró esto? ¿Dónde estaban los niños? ¿Cuánto tiempo estuvo sonando el timbre? ¿Qué decía él? ¿Y ella?

Grace prosigue con su relato. Byron repetía sin parar que iban a salir en las noticias, que ella no le importaba una mierda a nadie más que a él, y ella le oía pero no le escuchaba, porque él seguía encañonándola con la pistola en la sien y ella oía el clic, clic de la pistola, y cuenta que lo único que era capaz de hacer era quedarse muy quieta con los ojos cerrados y rezar.

—¿Qué pedía cuando rezaba? —pregunta Martina.

—Me despedía de mis hijos para mis adentros y les decía que los quería, porque estaba segura de que iba a matarme.

Grace ha empezado a llorar y Lynn le pasa un pañuelo de papel. Mark también llora un poco, pero intenta contenerse, y noto que le cuesta un pelín respirar. Es un hombrecito al borde de la edad adulta, atrapado entre el impulso de salvar a su madre y la necesidad de que ella lo proteja.

Quiero detenerme aquí un momento para hacer hincapié en lo fácil que sería pasar por alto estas cosas y lo importante que es entender de verdad las circunstancias. La valoración de riesgo da una idea del peligro que corre una víctima; es una especie de ecuación matemática de una vida en la que hay infinitas variables. A muchos policías, trabajadores sociales e incluso fiscales jamás se les ocurriría hacer una pregunta tan específica como la de Martina. Ellos preguntan por los hechos concretos, por la secuencia precisa de una agresión, pero es muy posible que no se les ocurra preguntar qué estaba sintiendo o pensando la víctima en ese instante. Por la respuesta de Grace, Martina averigua no solo hasta qué punto es peligroso Byron y lo poco que le importa la vida de su pareja, sino también lo vulnerable que se siente Grace. Creía que iba a morir. A veces la gente dice, equivocadamente, que las víctimas no son conscientes del peligro que corren: no es que no sean conscientes del peligro; lo que ocurre, más bien, es que no saben que lo son. Es una suerte de disonancia cognitiva. Martina pone de relieve, pues, lo que Grace sabe, aunque no sea plenamente consciente de saberlo, y le confirma que puede fiarse de su propia valoración del peligro que corre. Igual que Michelle. Igual que Dorothy.

Aunque Byron no tuviera intención de matarla, añade Grace, estaba borracho y tenía la pistola amartillada, y se le podría haber ido el dedo y haber apretado el gatillo sin querer.

—¿Él la oyó rezar? —pregunta Martina.

—No. —Grace menea la cabeza.

Martina deja que se reponga un poco y le pide a otro niño que está en la habitación del fondo que se lleve a Joey del cuarto de estar y lo vigile.

Después, prosigue Grace, Byron la levantó de la cama tirándole de los pelos y la abofeteó. O puede que la golpeara con el puño. No se acuerda exactamente, pero fueron tres veces. Tres puñetazos o bofetadas. Tiene marcas alrededor del ojo, aunque ya apenas se notan. Estuvo casi una semana sin poder llamar a la policía, porque Byron no trabajó esa semana y no la dejaba salir de casa. La convirtió en una rehén pasiva, como dice Kit Gruelle. Después de aquello, no hacía falta que volviera a ponerle la mano encima. Ya la tenía acobardada.

Grace convivió con él toda esa semana, le obedeció, le escuchó, fingió que todo iba bien, que no pasaba nada, que le perdonaba lo que había hecho. Durante mucho tiempo, su amor por él pudo más que la violencia que ejercía sobre ella, pero esta vez —cuando al día siguiente él le compró flores por primera vez desde que se conocían— la había asustado de verdad. Pasó cinco días haciéndole creer que el amor seguía bastando para que le perdonase (y es posible que ella también quisiera seguir creyéndolo, aunque fuera fugazmente). Fingió que le quería para conservar su propia vida y la de sus hijos. Y en cuanto tuvo una oportunidad, tan pronto como Byron se fue a trabajar, huyó. Cogió a sus hijos y se fue al otro lado de la ciudad. Eso fue ayer. Llamó a la policía en cuanto pudo y mandaron una unidad para que le tomara declaración. El informe acabó en la mesa de Martina esta mañana porque los agentes que atendieron a Grace evaluaron su caso como de muy alto riesgo, y aquí estamos ahora. Grace lleva menos de un día fuera de casa y no sabe qué va a pasar ahora: si va a seguir viviendo o la espera una muerte inminente.

Después de que le pegara, cuenta Grace, ella se desplomó y fingió que se había desmayado. Luego les comenta a Martina y a Lynn Nesbitt, como si fuera un dato sin importancia, que hace unos años sufrió una lesión cerebral. Ya está más o menos bien, pero le da miedo que los golpes de Byron agraven esa lesión anterior y le causen la muerte. Cuenta, no obstante, que él no se dejó engañar por su actuación cuando simuló que se había desmayado, y que la levantó agarrándola por las axilas, la estrelló contra la pared y le dijo: «¿Quieres hacerte la muerta? Muy bien. Si quieres hacerte la muerta, te pego un tiro ahora mismo».

Entonces Joey entra corriendo, se trepa a las rodillas de su madre y le quita del regazo la tarjeta de Martina.

—Joey… ¡Joey, no cojas esa tarjeta! —le dice Martina sonriendo. Abre su carpeta, saca otra tarjeta y se la pasa a Grace.

Martina me cuenta después que lo que de verdad indica la peligrosidad de la situación de Grace es que haya fingido que se desmayó.

—Para mí, eso es muy mala señal —asegura—. ¿Tienes que fingir que has perdido el conocimiento?

Después de un tiroteo indiscriminado, los supervivientes suelen contar que se han hecho los muertos para que no los mataran. En el caso de Sutherland Springs, por ejemplo, una víctima llamada Rosanne Solis le contó a la prensa que se había hecho la muerta y que eso le salvó la vida.[131] Y tras el tiroteo en la discoteca Pulse de Orlando, un joven, Marcus Godden, contó que se tumbó en el suelo y que oía disparos, y se hizo el muerto.[132] En Oregón, en Tobago, en Misisipi, en Noruega, en Inglaterra, las víctimas de este tipo de atentados emplean la misma expresión: hacerse el muerto. En el caso de las víctimas de terrorismo de pareja, es un reflejo instintivo de supervivencia. Se hacen las muertas una y otra vez.

Cuando Grace concluye su relato, Martina vuelve a repasarlo todo minuciosamente, repitiéndoselo a Grace para asegurarse de que lo ha anotado todo bien.

—No quiero ponerla a decir lo que no ha dicho —le comenta a Grace.

¿La primera bofetada se la dio antes o después de encañonarla con la pistola? ¿La empujó primero contra la cama o contra la pared? ¿Fueron bofetadas o puñetazos? ¿Qué pasó después? ¿Le hizo jurar que no llamaría a la policía para denunciarlo y amenazó con llevarse a Joey? Vale. Muy bien. Perfecto. Martina va tomando notas mientras Grace habla.

---

131. https://www.nbcnews.com/storyline/texas-church-shooting/shooti-survivor-could-see-texas-gunman-s-shoes-she-hid-n818231

132. https://www.independent.co.uk/news/world/americas/orlando-attack-survivor-reveals-how-he-played-dead-among-bodies-to-escape-nightclub-killer-a7080196.html

Grace vuelve a mencionar lo de las flores que él le compró al día siguiente. Dice que fue ahí cuando se asustó de verdad. Porque Byron nunca le había comprado flores. No se disculpó, pero le compró esas flores. Esto me recuerda un póster que hay en la oficina de Martina: *La golpeó 150 veces. Solo le compró flores una vez.* Las flores, rosas y blancas, están encima de un ataúd. Byron le dijo que, si le denunciaba a la policía y le detenían, mandaría a una banda del barrio a por ella. Los Zulús. Le debían un favor, dijo.

—Tonto del culo —dice Martina, que conoce bien a los Zulús—. Esos son una pandilla de amiguetes, no como los Heartless Felons. No me preocupan los Zulús, aunque eso no quita que en la banda pueda haber algún imbécil que esté loco.

Grace asiente, aunque no parece muy convencida. Nesbitt le pregunta si la ha visto algún médico (la respuesta es no). Joey va de un lado a otro, corriendo como una lagartija entre el cuarto de estar, la cocina y la habitación del fondo.

—¿Por qué no te lo llevas un ratito? —le dice Martina a Mark.

En cuanto se van, mira de frente a Grace, sentada al borde del sofá.

—Este es el momento más peligroso —le dice—, así que tenemos que darnos prisa y pedir la orden de alejamiento enseguida.

A pesar de que es domingo, la orden se emitirá inmediatamente. Martina le anota su número de móvil, el del teléfono que utiliza para que las víctimas con las que se reúne puedan comunicarse con ella directamente. Le dice a Grace que la llame a cualquier hora del día o de la noche. Yo pasaré unos cuantos días con Martina, en varios viajes a Cleveland, y la acompañaré a visitar a numerosas víctimas. A todas les dice lo mismo: llámeme a cualquier hora del día o de la noche, cualquier día de la semana.

—Bueno, vamos a pararle los pies a Byron —dice Martina—. Estamos en el mismo equipo. Pero esta orden de alejamiento no es a prueba de balas ni de cuchillos. Así que, cuando vea a Byron, tiene que llamar a la policía. Tiene que avisarme. No pasa nada si me llama llorando, ni pasa nada porque me llame y me diga que quiere volver con él. Por más que le quiera, tiene que llamarme cuando sienta la necesidad de hacerlo.

Grace asiente en silencio mientras llora de miedo y de alivio. Jura que esta vez sí va a abandonar a Byron. Lo jura.

Joey entra otra vez corriendo, moviendo la cabeza de un lado a otro.

—¡Joey! ¡¿Qué tal?! —exclama Martina como si fuera su sobrino al que hace tiempo que no ve.

Mark entra derrapando, agarra a su hermano y vuelven a salir. Es como un gag que pasara en un abrir y cerrar de ojos. Un dúo cómico.

Nesbitt toma el relevo y comienza a hacer la valoración de riesgo. ¿Alguna vez ha intentado estrangularla? ¿Le ha pegado estando embarazada? ¿Tiene acceso a armas de fuego? ¿Consume drogas? ¿Está en paro o tiene un empleo precario? ¿Convive con niños que no son hijos biológicos suyos? ¿Ha amenazado con matarla? ¿Y con suicidarse? ¿Ha amenazado con hacer daño a los niños? ¿Alguna vez ha conseguido eludir una detención por violencia machista? ¿Ha intentado usted dejarle después de convivir juntos? ¿Controla todas o gran parte de sus actividades cotidianas? ¿Se muestra continuamente celoso? ¿Cree usted que es capaz de matarla?

Sí, sí, sí, sí, sí. A cada pregunta, sí. A todo, sí. Se va acongojando a medida que responde. Se le crispan las facciones, se enjuga las lágrimas, y yo me la imagino pensando en todas las veces en que no se ha decidido a abandonar a su maltratador, en todas las decisiones que probablemente se culpa de haber tomado, en todas esas ocasiones en que no llamó a la policía. Me la imagino pensando en la cara de sus hijos, y quizá también en el rostro iracundo de Byron, y preguntándose cómo ha llegado a este punto. Ninguna víctima de violencia machista —ya sea hombre o mujer, adulto o menor de edad— se imagina nunca que sea el tipo de persona que pueda verse en una situación así. Sea cual sea la imagen mental que tenemos de una víctima de violencia de género, es una verdad universal que esa imagen no es nunca la que tenemos de nosotras mismas.

Nos imaginamos, como máximo, un puñetazo. Alguien con quien estamos saliendo nos pega un puñetazo y se acabó: nos vamos. Pero no es eso lo que sucede. Es un proceso que evoluciona con el paso del tiempo. Puede que al principio a tu pareja no le guste cómo te maquillas o como te has vestido hoy, porque según él vas demasiado provocativa. Puede que te diga que lo dice por tu bien. Y luego, unos meses después, puede que empiece a gritarte un poquito más que antes. O quizá te tire algo: un tenedor, una silla, un plato. (Conviene tener en cuenta que, si ese plato se estrella contra la pared y se hace pedazos y uno de esos pedazos te produce un corte en la cara, el Tribunal Supremo de Estados Unidos lo considera maltrato «intencionado»).[133] Después, puede que durante unos meses o unas semanas haya momentos buenos y otros no tanto, y es muy posible que en ese tiempo él empiece a decirte que sabe que otros hombres te miran y que se da cuenta de ello. Y puede que a ti hasta te halague. Pero luego puede que empiece a pedirte que te quedes en casa con él y no salgas. Por tu bien, también, por «seguridad». Y esa amiga tuya, esa tan gritona... Él sabe que no le cae bien. Y al poco tiempo, sin saber muy bien cómo, esa amiga desaparece de tu vida. Después, pasados un par de años, él se queda sin trabajo, vuelve a casa de mal humor y te empuja contra la pared. Y tú sabes que en realidad él no es así, qué va. Llevas ya mucho tiempo con él. Y cualquiera estaría disgustado, si hubiera perdido el trabajo. Además, te pidió perdón, ¿no? Parecía arrepentido de todo corazón. Luego, al mes siguiente, es una bofetada, un empujón, otro plato... Pero ni el control ni el maltrato suelen darse de una vez, evidentes como un puñetazo. Van filtrándose poco a poco, con el tiempo, como un gas.

En el caso de los hombres maltratados, que son entre el 15 y el 40 % de las víctimas de maltrato en Estados Unidos (depende del estudio que se consulte)[134], el estigma es aún mayor. Porque los hombres rara vez buscan ayuda. Rara vez llaman a la policía. La misma cultura que les dice a las mujeres que han de mantener la familia intacta, buscar el amor y ser amadas a toda costa, emascula y avergüenza a los hombres que se encuentran en situaciones abusivas y les dice que, si son víctimas, es porque son débiles, porque no son hombres de verdad. Es la misma cultura que les dice que la violencia es aceptable como respuesta a cualquier amenaza externa o a cualquier sufrimiento íntimo, pero las lágrimas no. Es una cultura que limita tanto a la víctima como al agresor, al maltratador y al maltratado.

La situación no mejora tampoco en el caso de los homosexuales de uno y otro sexo. Tampoco suelen acudir a la policía o a los centros de atención a las víctimas, a pesar de que las tasas de violencia son por lo general más elevadas entre parejas LGBTQ que entre parejas heterosexuales, y de que

---

133. https://www.newyorker.com/news/news-desk/the-court-slams-the-door-on-domestic-abusers-owning-guns

134. http://www.saveservices.org/2012/02/cdc-study-more-men-than-women-victims-of-partner-abuse/; https://www.reuters.com/article/us-usa-gays-violence/data-shows-domestic-violence-rape-an-issue-for-gays-idUSBRE90O11W20130125. http://web.csulb.edu/~mfiebert/assault.htm

332 • SIN MARCAS VISIBLES

las personas transgénero y las bisexuales son las que presentan índices de violencia más altos de todos los grupos.[135]

Grace da una puntuación altísima en la valoración de riesgo. A algunas víctimas hay que explicarles lo que significa esto, el peligro en que se encuentran. A Grace no hace falta explicarle nada. Noto por cómo llora y menea la cabeza que sabe perfectamente lo que suponen todos esos síes.

—¿Qué me pasa? —pregunta en voz tan baja que casi es un suspiro—. ¿Por qué me compadezco de él? ¿Por qué me siento mal por hablar de Byron?

—No pasa nada porque siga queriéndole —contesta Nesbitt acercando la mano a la pierna de Grace—. Pero ya hemos intervenido nosotras y vamos a conseguirle a usted y a los niños la ayuda que necesitan.

A continuación, cuenta una historia que tal vez sea cierta o tal vez inventada. Antes, dice Nesbitt, había en su brigada un inspector de policía que tenía intolerancia a la lactosa. Pero, fíjate tú, su comida preferida eran los helados. Le chiflaban los helados, pero cada vez que comía uno, se ponía malo. Qué mala pata. ¿Qué podía hacer? Seguía deseando comer helados, pero sabía que, si lo hacía, se pondría malo. Grace capta enseguida el mensaje.

—Esto va a ser lo más difícil que ha hecho nunca —añade Martina—. Pero también lo más valiente.

Yo pienso entonces que va a echarle una charla a Grace, a arengarla para que se decida a dejar a Byron de una vez por todas. Pero no lo hace. Lo que hace es sacar a relucir el tema de los niños, de las agresiones que han presenciado, y de la responsabilidad que tiene Grace para con ellos.

—El ambiente en el que se crían nuestros hijos tiene un efecto profundo sobre cómo son de mayores —afirma—. Así que es posible que estos niños, que ahora son pequeños, empiecen a hacerles lo mismo a otras personas cuando se hagan adultos.

Grace se enjuga las lágrimas.

—Lo sé, lo sé.

Pero Martina no va a dejarla escapar tan fácilmente.

---

135. Para consultar datos detallados sobre agresiones físicas, violación y acoso en parejas LGBTQ o personas transgénero, véase https://www.ncadv.org/blog/posts/domestic-violence-and-the-lgbtq-community

—El hecho de que haga usted esto es la forma de que ellos vean que esta situación no está bien, que no puede ser, ¿entiende?

Grace asiente.

Más tarde le pregunto a Martina si cree que Grace dejará de veras a Byron y contesta que sí. Cree que a veces puede adivinar cuándo está preparada una mujer para dar ese paso; cuando pasa de ser una víctima a ser una superviviente. Según los estudios sobre violencia de género, las víctimas hacen, de media, siete intentos de dejar a su pareja antes de marcharse de verdad.[136] Este dato no es del todo preciso porque las víctimas se marchan primero emocionalmente, a veces años antes de ser capaces de irse físicamente. Y en cuanto a Grace, parecía claro que, a pesar del miedo que le tenía a Byron y de la tristeza que le causara su ruptura, lo que la impulsaba ante todo era el temor a que sus hijos tuvieran que crecer sin ella. Byron había decantado de una vez por todas el fiel de la balanza.

Martina, en todo caso, prefiere no dejar nada al azar en estos casos. Ha visto a muchas víctimas volver, muchas veces. Así que, cuando Grace acaba de narrar su historia y ella ha guardado ya todas sus notas en la carpeta, cambia de postura en el sofá, la mira fijamente y dice:

—Voy a contarle una historia sobre mi hermana. Una historia real. Puede buscarla en internet, si quiere.

---

136. http://www.thehotline.org/2013/06/10/50-obstacles-to-leaving-1-10

LIBRE, LIBRE

Una de las hermanas mayores de Martina se llamaba Brandi. Brandi vivía a unas horas de Cleveland, en Warren, Ohio. Martina y ella no tenían mucho contacto, pero un día, en el verano de 2015, la hija de Brandi, Bresha, se presentó en casa de Martina y le contó a su tía un montón de historias acerca de los años que llevaba su padre maltratándolas a su madre y a ella. Historias crueles y horripilantes. Había aislado por completo a Brandi, Bresha y sus otros hijos del resto de la familia. Martina reconoció de inmediato la táctica del aislamiento. Y estaba enterada de algunos de estos abusos. Años antes, Brandi había acabado en el hospital, con convulsiones y un ictus, después de recibir una paliza tremenda. Estaba tan grave que un sacerdote le dio la extremaunción. Martina visitó a su hermana en el hospital.

—Tenía todo el costado izquierdo insensible —cuenta— y la pobre ni se acuerda de que fui a verla al hospital.

Después de aquello, Brandi dejó a su marido seis meses y estuvo viviendo con sus hijos en casa de su madre. Pero al final volvió, y Martina y la familia apenas habían vuelto a tener contacto con ella hasta el día en que Bresha llamó a su puerta y dijo que no pensaba volver a casa. Bresha le rogó a Martina que le permitiera quedarse en su casa y le dijo que su padre los mataría a todos si volvía. Martina llamó a los servicios sociales. Avisó a la policía. Consiguió involucrar a un montón de gente.

A Brandi, su marido le había roto costillas y dedos, y le había puesto los ojos morados.[137] Brandi decía que creía que una vez le rompió la nariz, aunque nunca le trataron la fractura. Jonathan era quien controlaba el dinero, la vida social de ambos y su trabajo (trabajaban los dos juntos). Ella no tenía coche propio y nunca había tenido una cuenta bancaria a su nombre. Estaba tan destrozada que no podía pensar por sí sola, no sabía cómo

---

137. https://www.cleveland.com/metro/index.ssf/2017/05/bresha_meadows_cousin_says.html

tomar una decisión ni cómo mantener a salvo a sus hijos. Martina afirmaba que era el peor caso de violencia machista que había visto nunca.

Un año después, Bresha volvió a escaparse.

—Ya era mayorcita y vino a verme a casa —le cuenta Martina a Grace—. Y me fijé en que tenía marcas de cortes. Tenía catorce años.

Martina cuenta que su sobrina tenía tendencias suicidas y que hubo que hospitalizarla. Bresha le decía a todo el mundo que prefería morir a volver a casa con su padre.

—El veintiocho de julio —prosigue Martina—, cogió la pistola de su padre y le mató a tiros mientras dormía.

Ese día, Martina se levantó temprano, sacó a sus perritos (*Sammy, Barkley y Bosco*) y vio que tenía un montón de mensajes y llamadas perdidas. Eran las 5:36 de la madrugada. Es lógico que ella, que escribe tantos informes policiales, recuerde con exactitud ese detalle. Comprendió enseguida que había pasado algo malo, pero no quiso saber qué exactamente. Su familia se estaba recuperando todavía de la sobredosis accidental que había sufrido uno de sus sobrinos; el chico le estaba dejando a Martina un mensaje en el buzón de voz cuando, de pronto, se interrumpió. Resultó que se había desmayado tras tomar drogas y que se atragantó con su propio vómito y murió. Para Martina fue un golpe durísimo. Estaba muy unida a su sobrino, que además dejaba tres hijos pequeños. Al parecer, en su familia todo el mundo recurría a Martina cuando tenía un problema.

Llevó a los perros a casa y entonces vio llegar el coche de su hermana. Aquello era señal de que había pasado algo horrible, y Martina sintió que se le encogían las tripas de angustia. Su hermana le dio la noticia. Bresha había matado a su padre a tiros.

Martina recuerda que se tambaleó y estuvo a punto de caer hacia atrás.

Unos minutos después de recibir la noticia, sonó su teléfono. Era Bresha.

—No digas nada —le dijo a su sobrina, sabedora de que cualquier cosa que dijera podía ser usada en el juicio—. Ni una palabra, ni una. Ni siquiera digas mi nombre. No hables hasta que llegue yo.

Martina cogió el coche y se fue pitando a Warren. Cuando llegó a comisaría, la historia ya había salido en las noticias. Se difundió rápidamente por Ohio y antes de que acabara el día medios tan importantes como el *New York Times* o el *Daily Mail* inglés se hicieron eco de ella. Poco después salió en el *Huffington Post* y hasta en la revista *People*.

Es una historia tan potente que queda suspendida como una especie de vapor en el cuarto de estar de Grace. Grace no aparta los ojos de la cara pecosa de Martina. Por fin, Martina rompe el silencio.

—Así que, que sus hijos vean todo esto... Cuando le digo que estas cosas afectan a los niños, que tiene que salir de esa casa... Tiene que llevarlos a un entorno seguro. Si usted no puedes hacerlo, intervendré yo.

Grace promete que lo hará.

—Llevo años aguantando esto. No puedo más.

Dice que en parte no ha abandonado a Byron porque le daban miedo las casas de acogida y no tenía dónde ir. Ahora se aloja en casa de un exnovio suyo, que vive en el piso de arriba.

—Que ni el dinero ni la comida la hagan dar marcha atrás —le dice Martina, y le promete que si hace falta pueden ayudarla—. Si me llama y me dice que ha cambiado de idea, y espero que lo haga, intentaré convencerla de que no, pero, para que lo sepa, haré mi trabajo y tendré que llamar al servicio de protección de menores.

Grace sonríe a medias, por primera vez. Le dice a Martina que está segura al cien por cien, totalmente. Esta vez no va a volver con Byron.

La historia de la sobrina y la hermana de Martina salía a relucir la mitad de las veces que hablaba con ella. Martina la tiene tan presente como el homicidio de su vecino de al lado y como el aire que nos rodea. Me contó que los fiscales querían procesar a Bresha como si fuera mayor de edad, y que ella sabía que eso acabaría con la vida de su sobrina si llegaba a suceder.

—Sería otra joven negra atrapada en el sistema —me dijo.

Le prometió a su hermana que haría todo lo que pudiera por Bresha, todo lo que estuviera en su mano, pero le dijo también que ella, Brandi, tenía que hacer lo que le dijera. Recurrió a la página GoFundMe para recaudar fondos con los que cubrir las minutas de los abogados. Habló con la prensa y explicó cómo habían sucedido las cosas allí donde pudo. El *hashtag*

#FreeBreshaNow se convirtió no solo en un símbolo del racismo del sistema judicial y de la policía, sino en lema del movimiento Black Lives Matter. Hubo manifestaciones durante meses delante del juzgado de Cleveland y en otras ciudades de todo el país.

La hermana de Jonathan, Talema Lawrence, dijo en una entrevista con Vice News que Bresha había matado a su padre mientras dormía, cuando estaba indefenso, lo que la convertía en una asesina. Pero la familia de Jonathan afirmó también que la niña necesitaba atención psicológica para resolver sus «problemas» y asimilar lo que había hecho. Se empeñaban en afirmar que la violencia machista no tenía «nada que ver» con el asesinato, dado que Bresha no había matado a su padre en medio de una pelea. Los trabajadores sociales especializados en violencia de género conocen bien ese escenario: la víctima que mata a su agresor mientras este duerme. El sueño es uno de esos raros momentos en los que el agresor no puedo contraatacar. Es entonces cuando algunas mujeres maltratadas que por fin han reunido valor para defenderse matan a sus agresores. (Otras los matan en defensa propia, durante una agresión). Hoy en día, muchas mujeres en todo el país languidecen en las cárceles porque los tribunales que las juzgaron rechazaron como eximente sus historiales como víctimas de violencia machista.

Las pruebas del maltrato de Jonathan eran indiscutibles. En 2011, tras la paliza por la que acabó en el hospital, Brandi consiguió una orden de alejamiento. Habló de las amenazas de Jonathan de matarla a ella y a los niños si intentaba dejarle, de las palizas, el aislamiento y el control al que la había sometido durante años. Dijo que estaba tan obsesionado con que le engañaba, tan paranoico, que tenía que despertarle de madrugada para preguntarle si podía ir al baño. Cuando le concedieron la orden de alejamiento, se fue a vivir con sus tres hijos a casa de sus padres, que entonces vivían en Parma, Ohio. Esos seis meses fueron la única época en la que Martina pudo tener contacto asiduo con ella.

Al final, Jonathan la convenció de que iba a cambiar. Y ella renunció a la orden de alejamiento. Martina recuerda que su madre no paraba de llorar cuando Brandi volvió con él.

—Acabábamos de enterarnos de las cosas horribles que le hacía. Y yo le decía a mi madre: «Mamá, Brandi va a volver diez veces más» —me contó Martina—. Porque siempre vuelven.

Martina sabía que no podía obligar a su hermana a separarse de Jonathan. Brandi no vivía en su jurisdicción, donde Martina podría haber tomado ciertas medidas para protegerla, y en su zona la policía local no tenía una unidad especializada en violencia machista, ni un solo agente dedicado a ese tema.[138] (Había, eso sí, un trabajador social especializado en el juzgado). Martina habló con la comisaría de Warren, les contó quién era y quién era su hermana, y les puso en antecedentes. Consiguió que le prometieran que harían lo que pudieran, que pasarían por delante de la casa a menudo y que harían notar su presencia. Martina no confiaba mucho en esta promesa, pero sentía que no podía hacer mucho más hasta que Brandi tomara la decisión de marcharse definitivamente. Todos los expertos en violencia machista con los que ha hablado consideran que ese es el paso crucial: la víctima tiene que decidir cuándo no puede más.

—Así que, durante los dos años siguientes, estuvimos llamando a la policía para que nos dieran noticias —cuenta Martina—. Pero preguntaban a Brandi delante de él. Y ella no decía nada.

Ese es el resultado de llevar toda una vida sometida a malos tratos: que tu cerebro se orienta única y exclusivamente hacia la supervivencia. Un cerebro que reacciona a ataques constantes envía constantes señales de peligro: niveles altos de cortisol, adrenalina y otras hormonas del estrés que producen toda una serie de trastornos físicos y mentales. La disociación cognitiva es uno de los problemas más habituales, pero las víctimas de violencia machista crónica también pueden presentar una amplia gama de trastornos a largo plazo, tanto emocionales como físicos. Pueden padecer deterioro cognitivo prolongado, problemas de memoria, trastornos del sueño, falta de atención o irritabilidad. Algunos investigadores vinculan numerosas dolencias físicas, como la fibromialgia y los trastornos digestivos graves, a traumas sin resolver. En su libro *The Body Keeps the Score*, Bessel van der Kolk escribe: *El cometido principal del cerebro es asegurar nuestra supervivencia, incluso en las condiciones más horribles (...) El terror aumenta la necesidad de apego, aunque la fuente de consuelo sea también la que nos produce ese*

---

138. En 2016, el municipio de Warren (Ohio) tenía una población de algo menos de 40.000 habitantes (https://www.census.gov/quickfacts/fact/table/warrencityohio/PST045217#PST045217). Como dato de referencia, Amesbury (Massachusetts), la localidad en la que inspector Robert Wile se dedica en exclusiva a casos de violencia de género, tiene menos de la mitad de población: 16.000 habitantes (https://factfinder.census.gov/faces/tableservices/jsf/pages/productview.xhtml?src=cf), según los últimos datos censales.

terror. Van der Kolk cree que, si bien hoy en día se presta especial atención al síndrome de estrés postraumático en militares, las víctimas de traumas en general —como las de la violencia machista— constituyen «la mayor amenaza para nuestro bienestar nacional».[139]

Los incidentes de violencia de género, me dijo Martina, no son como otras llamadas que recibe la policía. En otras situaciones, atiendes la llamada, efectúas una detención, redactas tu informe y más o menos das por zanjado el asunto.

—Cuando estás trabajando en un coche patrulla, vas de pesadilla en pesadilla —cuenta—. Con la violencia machista no pasa lo mismo. Yo atiendo menos casos, pero también me involucro mucho más.

No es infrecuente que Martina vea tan a menudo a una víctima que acaben tuteándose. Los casos son extremadamente complicados desde el punto de vista emocional para las víctimas, y suelen entrañar problemas económicos y de drogadicción. Martina debe tenerlo todo en cuenta cuando aconseja a una víctima o se reúne con un fiscal para tratar un caso. A veces, son las propias víctimas las que le ponen trabas. Había una chica joven, de dieciocho años, a la que fuimos a visitar un día. Había dado una puntuación de siete en la valoración de riesgo. (El equipo de Cleveland modificó las veinte preguntas del protocolo de Campbell para adaptarlas a su territorio, y sus evaluaciones tienen once preguntas en total). No era una puntuación muy alta, pero Martina sabe lo importante que es abordar la violencia cuando la víctima es muy joven. Los trabajadores sociales especializados en violencia machista llevan años alertando de que el ciclo del maltrato se inicia en la primera juventud, durante los años de adolescencia e incluso en la pubertad. Y allí teníamos a una chica casi adolescente diciéndole a una inspectora de policía que no quería denunciar. Martina quería hablar con ella cara a cara, aunque no pudiera convencerla de que cambiara de opinión. De hecho, su objetivo prioritario no era conseguir que la chica denunciara a su agresor. Era mucho más simple: quería que le oyera decir al menos a una persona adulta que el maltrato no es normal.

La chica estudiaba aún en el instituto y vivía con su madre. El hermano de su novio estaba allí cuando fuimos a verla a su casa. La chica le había dejado una nota de voz a Martina unas horas antes diciéndole que la deja-

---

139. Bessel van der Kolk, *The Body Keeps the Score*. Penguin, Nueva York, 2014, pp. 46, 61, 135 y 350.

ra en paz y que no se metiera donde no la llamaban. Martina la llamó de todos modos y le dijo que iba a pasarse por su casa aunque ella no quisiera denunciar.

—Si [tu novio] te hace algo —le dijo Martina al poco tiempo de llegar a su casa—, la que va a quedar mal soy yo, ¿vale?

—Vale —contestó la chica.

Tenía un arañazo grande en el cuello. Dijo que se lo había hecho en una pelea con una chica del instituto.

—¿Le tienes miedo? —le preguntó Martina.

—Qué va —contestó—. Solo a veces, cuando nos peleamos. Pero es normal. Con mi padre me pasaba lo mismo.

Martina dejó de escribir y miró a la chica.

—Eso *no* es normal. No me digas eso —dijo—. No es normal. Escúchame. Si tienes miedo, no pasa nada. *Tienes* que tenerlo: eres muy joven. Quédate con mi tarjeta y me llamas si ese hombre te toca un pelo.

Martina se volvió entonces al hermano, que se estaba paseando por la habitación.

—Es tu hermano. ¿Se puede saber qué os pasa, chicos?

—A mí, nada —contestó el chico—. Y yo también tengo mis problemas.

—Pero él está muy loco, ¿no? —insistió Martina. No llegó a poner los ojos en blanco y cara de fastidio, pero casi.

—Todo el mundo está muy loco —replicó él—. La cosa es cómo lo manejas.

La madre de la chica estaba en el cuarto de baño, arreglándose para ir a trabajar. Estábamos de pie junto a la mesa de la cocina, al lado de un cuarto de estar completamente vacío, sin un solo mueble.

—No puede uno ir por ahí pegando a la gente —le dijo Martina—. ¿Verdad que no?

—Claro. Lo que usted diga —contestó el chico.

Pero, claro está, no parecía en absoluto de acuerdo.

Al final, el tribunal, cediendo tal vez a la presión popular, procesó a Bresha como menor de edad. Pasó un año en un centro de internamiento para menores del que salió en febrero de 2018. Si mantiene un buen comportamiento, sus antecedentes penales se eliminarán cuando cumpla veintiún años. Pero, para Martina, la historia no acaba ahí.

—Sufrió malos tratos durante sus primeros catorce años de vida y ha estado dos años encarcelada, así que libre, libre, no es —dice.

Habla con su sobrina una vez por semana, más o menos. Y su hermana Brandi está aprendiendo poco a poco a desenvolverse por sí sola en el mundo. Martina le ha enseñado algunas nociones de contabilidad para que se administre el dinero y le compró un coche para que pudiera ir a ver a su hija, que estaba recluida en un centro de internamiento a varias horas de su casa. Para Martina, es una preocupación existencial básica procurar que Bresha no acabe siendo víctima de otra relación de maltrato cuando sea adulta. Pero eso solo el tiempo lo dirá.

Gracias a Brandi y a Bresha, Martina ha vivido en carne propia la dinámica emocional y psicológica de un acto criminal. Está, por tanto, en una posición privilegiada para interpretar estos casos. No es una policía más que se sienta a decirle a una ciudadana de a pie lo que tiene que hacer y finge que todo es fácil y que a ella todo eso la trae sin cuidado personalmente. Está implicada en esta lucha en todos los frentes posibles: en lo público, en lo privado, en lo profesional y en lo personal. Se sienta en la sala del juzgado y lo ve todo. Ve a diario distintas versiones de Brandi, Bresha y Jonathan. No solo el crimen y el castigo, sino los terribles estragos de la violencia: el saber *si* podrás rehacer tu vida y *cómo*, *si* podrás convencer a tus hijos de que no cometan los mismos errores que tú y *cómo* lo conseguirás. La manifestación ancestral del terror físico y emocional.

Antes de marcharnos de casa de Grace, Martina dedica unos minutos a trazar un plan de seguridad. Hablan de horarios y del trabajo de Grace. De si puede modificar sus horarios o cambiar de ruta para ir a trabajar o entrar y salir por alguna puerta segura, para que Byron no pueda controlar tan fácilmente sus movimientos. Llama a Mark y le dice que, si ve a Byron cuando vaya o vuelva del colegio, que se acerque corriendo a la casa más cercana y llame a la policía.

—Huye de él como de la peste. Abre cualquier puerta y métete dentro. Llama a la policía. Grita. Métete en el coche de alguien. Me da igual. Pero no quiero que te agarre y que luego se lo diga a tu madre, y no es por asustarte, Mark. Pero entonces tendremos un problema gordo.

Joey sale de un salto de la cocina y se tira al suelo del cuarto de estar.

—¡Joey! ¿Qué pasa? —dice Martina con una sonrisa enorme.

Él no le hace caso. Vuelve a treparse a su madre.

—Byron va a matarla —le dice Martina a Grace—. Se lo digo desde ya. Este es el momento más crucial. Tiene usted que darse cuenta de que todo esto ha llegado a su fin, ¿de acuerdo? Usted era su saco de boxeo, la diana a la que apuntaba con esa pistola.

Grace le limpia la cara a Joey con un pañuelo de papel. A Mark, las palabras de Martina no parecen sorprenderle. Sabe bien lo violento que es su padrastro.

Martina le da a Grace un bono de autobús para que vaya al juzgado, porque no tiene coche. Le hace grabar el número de emergencias en los contactos de su móvil para que no tenga que pararse a buscarlo y marcarlo. Y le recuerda que va de camino hacia la libertad, que ya ha empezado a recuperar su vida.

—Deje de pensar en las cosas que ha hecho mal. Fíjese solo en las buenas —le aconseja—. Llamó a la policía. Aceptó hablar conmigo. Me ha dejado hacer fotos. Hemos pedido la orden de alejamiento y van a dárnosla.

Cuando nos marchamos, Grace está sonriendo y haciéndole promesas a Martina y Joey ha vuelto a la cocina y está usando el respaldo de una silla como trampolín.

Antes de irse, Martina se para en la puerta mosquitera y se vuelve para mirar a Grace. Pregunta por los agentes que vinieron a verla cuando Grace llamó a la policía, los que atendieron la llamada.

—¿Fueron amables?

—Uy, sí, muy amables —contesta Grace.

—Bien.

Martina le pregunta lo mismo a todas las mujeres a las que atiende. ¿Se portó bien con ellas la policía? ¿Hicieron su trabajo? ¿Fueron amables? Nadie le exige que lo pregunte, pero ella lo hace. Es muy consciente de que la policía de Cleveland tiene un largo historial de corrupción y racismo. El asesinato de Tamir Rice puso al cuerpo en el ojo del huracán más que cualquier otro incidente de su historia reciente.

—Lo más difícil es denunciar a alguien a la policía —me dice después—. Todo el mundo tiene un mal día, pero para mí es importante saber cómo ve la gente a la policía. Y para la policía también debería ser importante qué opina la gente.

—¿Qué tal se siente ahora? —le pregunta a Grace.

—No lo sé muy bien. De todo un poco: feliz, triste, asustada...

Cuando Byron comparece ante el juez, le condenan a llevar un dispositivo de seguimiento por GPS. Y afronta numerosas imputaciones; entre ellas, agresión, secuestro, maltrato a menores e intimidación.

Más tarde, mientras nos estamos comiendo una pizza, Martina recibe una llamada de Grace. Byron le ha robado la tarjeta de crédito y ha hecho un montón de compras. Martina le explica lo que tiene que hacer: llamar a la empresa de la tarjeta, pedir una nueva, cancelar la antigua y guardar registro de todo. Dice que lo incluirá en su informe. Es el tipo de cosa que quizá escape al ámbito de su trabajo, pero ella atiende esas llamadas de todos modos.

—Si yo tengo que ocuparme de tu caso, es que tienes un problema muy grave —me dice cuando cuelga—. Pero trato de ser la inspectora que me hubiera gustado que tuviera mi hermana.

Más de un año después, una tarde de invierno, hablo con Martina por teléfono. Grace aguantó bastante tiempo, meses, mucho más de lo que esperaba Martina. Pero luego, como había predicho, retiró la denuncia. En lugar de ir a la cárcel, Byron salió en libertad provisional. ¿Y Grace? La última vez que Martina tuvo noticias suyas, había vuelto con él. Antes de colgar, hace un último vaticinio:

—Seguro que volveré a saber de ella.

CUERPOS SOMBRA

Washington está en completa quietud cuando rodeo el recinto del juzgado principal buscando la única entrada que me han dicho que estaría abierta. Son más de las diez de la noche de un sábado, dos semanas antes de Navidad. Se espera que nieve y, como suele ocurrir en la capital, han cubierto las aceras con una capa de sal exageradamente gruesa que cruje bajo mis pies y cuyo eco reverbera, siniestro, en medio del extraño silencio del centro de la ciudad. He visitado a menudo el juzgado de día, cuando es un hervidero de actividad, lleno de abogados, residentes y turistas que, queriendo ir a la National Gallery, se equivocan de salida entre Pennsylvania Avenue y la calle Cuatro. Pocas cosas hay tan lúgubres como un edificio administrativo de una gran ciudad en plena noche, un fin de semana. Y encima no encuentro la entrada.

Rodeo toda la manzana que ocupa el juzgado y luego vuelvo sobre mis pasos. El edificio, alto y cuadrangular, con estrechas ventanas encastradas, está revestido de tersa piedra arenisca de Indiana. Por fin veo a un guardia apostado detrás de la entrada principal, semioculto por la oscuridad y el marco de la puerta.

—La he visto pasar antes —dice en tono guasón, y se presenta como «el hombre de las palomitas». Proveedor de tentempiés para los infortunados que tienen que estar aquí a estas horas de la noche. Efectivamente, huele ligeramente a palomitas—. Espere un segundín —me dice mientras marca la extensión de un despacho de las plantas de arriba.

Washington es un sitio extraño para vivir. Tiene una fama desmesurada teniendo en cuenta que es, relativamente, una ciudad muy pequeña (176 kilómetros cuadrados, un tercio más pequeña que Boston, aunque ambas tienen en torno a 700.000 habitantes). Cuando la gente de otras partes habla de ella, una de dos: o es estirada y aburrida (si quien habla es de Los

Ángeles o de Nueva York) o está llena de personajes envilecidos y corruptos (esto, viniendo de gente de casi cualquier sitio). Yo suelo decir que se parece mucho a Los Ángeles, otra urbe que para los forasteros está asociada inamoviblemente a una imagen determinada. Pero la realidad es que en ambas ciudades puedes crearte una vida completamente ajena a esa imagen estereotipada. Aparte de una vez que, cuando llevaba a mi hija al cole, nos pararon para que pasara la comitiva presidencial, hay muy pocas cosas que me recuerden a diario que vivo en la capital del país. Para mí, el rasgo más destacado de Washington es la absoluta dicotomía de la que hace gala a menudo. Porque el gobierno nacional del que es la sede puede tener algo que ver o nada con el contexto poblacional en el que opera. La situación en tiempos de la presidencia de Trump ilustra esa paradoja a la perfección: un gobierno de mayoría conservadora, y una ciudadanía compuesta por la gente políticamente más liberal de la nación.[140] Las políticas del gobierno municipal son tan progresistas que un amigo mío que trabaja en el ayuntamiento me comentó una vez en broma que prácticamente somos una ciudad socialista.

Para mí, esto significa que Washington es la ciudad perfecta para observar la macropolítica y la micropolítica; es decir, cómo funcionan las medidas públicas a gran escala y cómo afectan las políticas locales al ciudadano común y corriente. Aquí, en esta pequeña área urbana en la que todos los problemas de una ciudad —escasez de viviendas a un precio asequible, delincuencia, pobreza, violencia y gentrificación— compiten por recursos extremadamente limitados, el ayuntamiento incorpora muchos de los programas públicos más innovadores que se han puesto en marcha en Estados Unidos. Washington, como un número creciente de municipios de todo el país, ha adoptado la filosofía de la coordinación y la comunicación entre servicios públicos por la que expertas como Ellen Pence, Kelly Dunne y Kit Gruelle llevan décadas abogando, y ha tratado de aplicarla al campo de la lucha contra la violencia machista en todo su término municipal. Por eso me encuentro en el juzgado esta noche de invierno, para observar el funcionamiento de la bisagra sobre la que descansa todo ese mecanismo: la llamada «línea de respuesta».

---

140. En Washington, los republicanos no han ganado nunca las elecciones. En las elecciones de 2016, Hillary Clinton obtuvo el 91 % de los votos en el distrito federal. En San Francisco, otro bastión progresista, obtuvo el 84 %. https://www.nytimes.com/elections/results/president

El hombre de las palomitas me da luz verde, cuelga y me indica el camino a los ascensores. Nada más abrirse las puertas en la cuarta planta, me pierdo en una serie de pasillos simétricos idénticos, hasta que, pasado un rato, oigo una voz solitaria al otro lado de una esquina:

—¿Hola?

Es una mujer que, me cuenta, lleva aquí casi diez horas y está a punto de marcharse.

—No te preocupes —me dice—. Todo el mundo se pierde.

El servicio DC Safe gestiona la línea de respuesta, que funciona veinticuatro horas al día, los siete días de la semana. El personal está compuesto por treinta trabajadores sociales y, además de los que contestan a las llamadas, hay siempre otros dos de retén en casa. Todas las órdenes de protección que gestionan aquí son de índole civil. A diferencia de los equipos de alto riesgo y de los grupos de respuesta coordinada más grandes, se centran en el corto plazo —días, normalmente—, a fin de trasladar a las víctimas a un lugar seguro donde puedan tomar decisiones a más largo plazo con la cabeza despejada. La policía suele ser la que llama desde el lugar donde se ha producido un incidente de violencia machista, en cualquiera de los ocho distritos policiales de la ciudad. Los trabajadores sociales formulan entonces un plan de actuación inmediata adaptado a la víctima y, normalmente, vuelven a llamar a la policía a los pocos minutos de efectuarse la detención del maltratador para debatir la viabilidad del plan. Esto significa que la línea de respuesta inmediata es una rueda con un número ilimitado de radios. Los trabajadores sociales tienen acceso a los archivos para averiguar, en coordinación con los agentes, si hay alguna orden de alejamiento o de detención en vigor, o bien otros casos pendientes. Pero también ayudan a las víctimas de mil maneras distintas, con pequeños detalles pero de gran importancia. El servicio DC Safe ha suscrito acuerdos de colaboración y contratos con organismos y empresas de toda la ciudad: casas de acogida, desde luego, pero también cerrajerías, supermercados, servicios de atención a las víctimas, hoteles y bufetes de abogados. Cuando un agente de policía llama a la línea de respuesta, el trabajador social que atiende el aviso puede buscar plaza en una casa de acogida para un par de noches, o conseguir una bolsa de pañales y leche de fórmula para una víctima que haya tenido que huir de su casa, o ponerla en contacto con una enfermera forense de un hospital local especializada en lesiones típicas de violencia machista, o proporcionarle una tarjeta regalo de un supermercado si su agresor controla todo su dinero, o pagarle un taxi para que pueda trasladarse a un lugar seguro. Los trabajadores sociales orientan y acompañan a las usuarias en la tramitación de las órdenes de alejamiento, así como en la solicitud de una vivienda de transición o una residencia estable y en la búsqueda de asistencia legal gratuita.

Y no solo eso: también hay trabajadores sociales de DC Safe que acompañan a la policía siempre que es posible. Acuden al lugar donde se ha producido un episodio de violencia machista con agentes especializados para dar respuesta inmediata a las necesidades de la víctima. Numerosas administraciones están integrando a trabajadores sociales especializados en violencia de género en los cuerpos de policía locales (en Nueva York, estaba previsto que los hubiera en todas las comisarías de los cinco distritos para 2019), y en algunos ayuntamientos, como el de Cleveland, esta medida está en vigor desde hace años. DC Safe es un servicio único en el sentido de que pretende que no solo haya trabajadores sociales especializados en todas las comisarías de Washington, sino que además acompañen a la policía cuando acude a una llamada por violencia machista. El objetivo es conseguir que haya un trabajador social en cada turno de patrulla, aunque de momento no hay personal suficiente para hacerlo posible. La noche en que acompañé a un coche patrulla del distrito nordeste, había un trabajador social en otra unidad —de otra comisaría—, pero no llegamos a coincidir.

Natalia Otero —cofundadora de DC Safe junto a Elizabeth Olds— me contó que, en medio de una crisis, las víctimas no están en situación de tomar las decisiones informadas que a menudo son necesarias para garantizar su seguridad. Víctimas y agresores llegan a los servicios de violencia de género a través de la policía y de los centros de emergencias, por supuesto, pero también a través de las urgencias hospitalarias, las secretarías de los colegios o de compañeros de trabajo y sacerdotes. Así pues, el reto al que se enfrentaba Otero era cómo conseguir que las víctimas superaran las trabas que las mantenían atrapadas y pudieran tomar decisiones informadas con todas las garantías posibles. En los atestados policiales abundan las víctimas que huyen con lo puesto; a menudo, sin zapatos, ropa de abrigo o documentación. Una mujer a la que entrevisté una vez en San Diego había pasado un fin de semana prisionera en su casa; su novio y ella se acercaron por fin a una tienda abierta veinticuatro horas y, cuando él estaba aparcando otra vez delante de su casa, ella abrió la puerta del coche y corrió hacia un coche que salía marcha atrás de una casa vecina. No tenía dinero, ni documentación, ni teléfono. En aquel momento, solo pensaba en una cosa: en escapar. No pensó adónde iría ni cómo, ni a quién podía pedir ayuda. Solo tenía en la cabeza una palabra: *escapar*. Las víctimas se centran en cuestiones de detalle porque los temas importantes son a menudo demasiado complejos de afrontar en momentos de caos y angustia. Otero me dijo que la mayor diferencia que ve cuando una víctima tiene cubiertas sus necesidades cotidianas durante un día o dos o una semana es «su nivel de competencia; están en una situación mucho más favorable para tomar decisiones a largo plazo».

Otero y yo quedamos para hablar en un restaurante de Penn Quarter al que se tarda solo unos minutos en llegar a pie desde el juzgado. DC Safe colabora con tantas entidades públicas y privadas y tiene tantas necesidades presupuestarias y tantos planes y programas en marcha que Otero no para quieta ni un momento. Me cuenta que se enteró muy pronto de la existencia de los equipos de alto riesgo y del protocolo de evaluación de Campbell. Llevaba años trabajando en el campo de la violencia machista, aunque tenía formación empresarial. Cuando se graduó en gestión y dirección de empresas en la Universidad de Georgetown, se planteaba el problema de la violencia de género no tanto como una cuestión social, sino como una oportunidad de negocio, un mercado con demandas sin suplir. En Washington se hacían treinta mil llamadas por violencia machista al año, y la ciudad carecía de recursos específicos para clasificar y atender esas llamadas.

—Necesitábamos una oficina de información centralizada, un organismo que sirviera como punto de acceso a todos los servicios de emergencias de la ciudad —me explicó.

Y quería que estuviera en el juzgado para tener acceso inmediato a los archivos, los fiscales y los jueces. La línea de respuesta se puso en marcha en 2011 y actualmente DC Safe atiende más de ocho mil casos al año.

Quiero creer que todo esto —los servicios de respuesta inmediata locales como el plan DC Safe, los equipos de alto riesgo, la cooperación entre trabajadores sociales y policía, la intervención con maltratadores— está contribuyendo a cambiar las cosas. Quiero creer que estamos mejorando en la atención a las víctimas y en el tratamiento de los agresores; que estamos cobrando conciencia de las mil formas distintas y devastadoras en que la violencia machista afecta a las familias y al tejido social. Y quiero creer que todo esto es una llamada a la acción que resuena en todo el país. Sin embargo, mientras escribo estas líneas, no puedo menos que recordar que visité un juzgado fantasmal a medianoche a escasas seis manzanas del Capitolio de Estados Unidos, donde hacía pocas semanas, en septiembre de 2018, el Congreso había rechazado el refrendo y actualización de la Ley de Violencia contra las Mujeres, a la que concedió únicamente una prórroga presupuestaria de tres meses, esta vez sin un solo apoyo del Partido Republicano (a diferencia de lo que ocurrió en el momento de su aprobación, cuando contó con el apoyo de republicanos y demócratas).[141] Y hoy mismo he recibido un correo electrónico y un mensaje de Facebook alertándome de la publicación de un nuevo informe de la asociación Violence Policy Center que afirma que los asesinatos machistas han aumentado un 11 % desde 2014.[142] Dicho informe —conviene tenerlo en cuenta— aborda únicamente el asesinato individual, no los tiroteos masivos, ni los familicidios, ni cualquier otra modalidad de homicidio múltiple. Además, cinco días después de que se publicara el informe, el entonces presidente Donald Trump compareció en la explanada de la Casa Blanca tras un dictamen polémico del Tribunal Supremo y declaró que «estamos en un momento que a los chicos jóvenes americanos les da mucho miedo, porque pueden declararte culpable de algo de lo que quizá no lo seas». Dijo esto el 2 de octubre, cuando desde hacía dos días se estaba celebrado el Mes de Concienciación contra la Violencia de Género, del que no hizo en cambio ninguna mención.

Hay también otros síntomas desalentadores. En Cleveland hubo un caso especialmente sonado, el de un exjuez, Lance Mason, con antecedentes por violencia machista, que mató a su exmujer, una maestra muy querida llamada Aisha Fraser. No fue en el distrito en el que trabaja Martina, sino en Shaker Heights, pero la noticia hizo que me preguntara cómo podemos

---

141. https://www.congress.gov/bill/115th-congress/house-bill/6545/cosponsors. En 1994, cuando se aprobó, la propuesta de ley contaba con quince copatrocinadores republicanos: https://www.congress.gov/bill/103rd-congress/senate-bill/11/cosponsors

142. http://vpc.org/studies/wmmw2018.pdf

tener esperanzas de que la acción de una sola persona cambie algo. Luego, el lunes 19 de noviembre de 2018, hubo otro tiroteo indiscriminado en Chicago, en el hospital Mercy, y casi todos los medios de comunicación obviaron el hecho de que la masacre comenzó siendo un asesinato machista. Hubo tres víctimas mortales en el hospital, pero el objetivo del asesino era la doctora Tamara O'Neal, su exnovia. El titular de un artículo del *Huffington Post* firmado por Melissa Jeltsen plasmaba con acierto esta realidad: «Tamara O'Neal, casi borrada de la historia de su asesinato».[143]

Hay otros indicadores que también me preocupan; sobre todo, los que no se ven a simple vista. Una misoginia insidiosa que se está infiltrando en ámbitos que hasta ahora parecían apoyar resueltamente la igualdad de hombres y mujeres. En el Congreso, por ejemplo. O en la Casa Blanca, ocupada por un presidente —Donald Trump— que se creía con derecho a «agarrarlas por el coño». O, por último, en el Tribunal Supremo. A menudo —con más frecuencia de la que me gustaría— me asalta el recuerdo de unas palabras de Kit Gruelle sobre la situación política actual en Estados Unidos: «Estamos retrocediendo a velocidad de vértigo».

Otro motivo de profunda preocupación tiene que ver con el uso de las armas de fuego y la violencia que generan. A pesar de que la legislación federal otorga a los estados y a las jurisdicciones locales el derecho a confiscar las armas de fuego de los individuos condenados por maltrato, incluidos los acosadores, hay pruebas sobradas de que incluso en eso estamos fracasando. Entre 2010 y 2016, prácticamente se duplicó el número de armas de fuego fabricadas en Estados Unidos: de 5,5 millones a 10,9. Y la inmensa mayoría de esas armas permanecieron en suelo estadounidense.[144] Sin duda no es coincidencia que los estados con mayor número de armas de fuego per cápita sean también los que tienen las tasas más altas de asesinatos machistas; es decir, Carolina del Sur, Tennessee, Nevada, Luisiana, Alaska, Arkansas, Montana y Misuri.[145] En un estudio que realizó para su

---

143. https://www.huffingtonpost.com/entry/tamara-oneal-chicago-shooting-domestic-violence_us_5bf576a6e4b0771fb6b4ceef

144. https://www.npr.org/2016/01/05/462017461/guns-in-america-by-the-numbers

145. Diez, Carolina *et al.*, «State Intimate Partner Violence-Related Firearms Laws and Intimate Partner Homicide Rates in the United States, 1991– 2015», *Annals of Internal Medicine* 167, n.º 8 (octubre de 2017): 536–543. http://annals.org/aim/fullarticle/2654047/state-intimate-partner-violence-related-firearm-laws-intimate-partner-homicide. Véase también: http://annals.org/data/Journals/AIM/936539/M162849ff4_Appendix_Figure_Status_of_state_IPV-related_restraining_order_firearm_relinquishment.jpeg

libro de 2007 *Why Do They Kill*, David Adams preguntaba a catorce hombres que estaban en la cárcel por haber matado a sus parejas si lo hubieran hecho de no haber tenido a mano un arma de fuego. Suele argumentarse que, si alguien quiere matar, encuentra la manera de hacerlo. Pero once de esos hombres respondieron que no: no habrían matado a sus parejas si no hubieran dispuesto de un arma de fuego.[146] En un estudio publicado en octubre de 2018, April Zeoli analizó la situación en los estados en los que se exige a cualquier persona contra la que se dicta una orden de alejamiento que entregue sus armas de fuego, y descubrió una bajada del 12 % en los homicidios machistas. Sin embargo, solo quince estados exigen que se entreguen las armas en tales casos.[147] Zeoli descubrió que en California, cuya legislación es más restrictiva y cualquiera que haya sido condenado por conducta violenta (incluidas las agresiones que se dan en parejas de hecho y parejas sentimentales no convivientes, lo que en California se denomina «cerrar el vacío legal» en torno a las parejas de novios), ha de entregar sus armas de fuego, se produjo un descenso nada menos que del 23 % en los asesinatos machistas.[148] Cincuenta mujeres estadounidenses mueren a tiros *cada mes*, asesinadas por sus parejas, y muchas más —aunque su número concreto se desconozca— son amenazadas, controladas y acalladas gracias a esas mismas armas. (Luego están las que son asesinadas por otros medios: apuñaladas, estranguladas, arrojadas desde coches en marcha, envenenadas…). Estados Unidos es el país desarrollado más peligroso del mundo para las mujeres en lo que se refiere a las lesiones por arma de fuego.[149] No se trata de una cuestión partidista, de pugna entre progresistas y conservadores, aunque entiendo que mucha gente lo vea así. Para mí, es un imperativo moral.

---

146. https://www.emergedv.com/legislative-testimony-by-david-adams.html

147. https://everytownresearch.org/guns-domestic-violence/#foot_note_. California, Carolina del Norte, Colorado, Connecticut, Hawái, Iowa, Illinois, Massachusetts, Maryland, Minnesota, New Hampshire, Nueva York, Tennessee, Washington y Wisconsin.

148. Zeoli, April M. *et al.*, «Analysis of the Strength of Legal Firearms Restrictions for Perpetrators of Domestic Violence and their Impact on Intimate Partner Homicide», *American Journal of Epidemiology* (octubre de 2018). Nota: el estudio de Zeoli habla de «restricciones más amplias», referidas a cualquiera que haya sido condenado por una agresión, no solo por violencia machista. En el marco de la legislación estatal, esto abarca una gama mucho más amplia de conductas delictivas y, por tanto, se les exige que entreguen sus armas de fuego incluso a quienes no han sido condenados específicamente por violencia de género, sino por cualquier delito de lesiones.

149. https://everytownresearch.org/guns-domestic-violence/#foot_note_12

¿Por qué nos importan más las armas que nuestros ciudadanos?

No puedo sino repetir la conclusión a la que llegó aquella enfermera jubilada que hacía punto mientras participaba en las reuniones del equipo de trabajo de Montana que analiza los casos de violencia machista con resultado de muerte. *Deshaceos de las putas armas.*

Al mismo tiempo, creo que hay motivos para la esperanza. Miro a mi alrededor —a mis amigos varones, a mis compañeros de trabajo, a mis hermanos, a los maridos de mis amigas— y veo aliados por todas partes. Veo hombres que se preocupan, que hablan de una inseguridad que yo y muchas mujeres sentimos, que se niegan rotundamente a dejarse influir por esa misoginia cobarde que se va dejando sentir por todo el país y también en el resto del mundo. Veo concienciación respecto a este tema entre la gente LGBTQ que conozco, entre mujeres y minorías, y la veo también en mis alumnos de la universidad. Todos ellos son mucho más conscientes de este tema que nosotros hace veinte años.

Y hay también otros indicios esperanzadores, y son numerosos. Se han desarrollado aplicaciones para teléfonos móviles que pueden ayudar a víctimas en situación de peligro o a adolescentes y universitarias en peligro, o que sirven para encontrar opciones de alojamiento para una noche, o recursos para intervenir en una situación de violencia machista. Hay decenas de ellas, de hecho, y Campbell está participando en el desarrollo de algunas.[150] Al mismo tiempo que se estaba formando el equipo de alto riesgo de San Diego, Casey Gwinn, exfiscal de esa localidad, comenzó a crear sus centros de justicia familiar transformativa. Estos centros reúnen en una sola ubicación a todas las instancias implicadas en el proceso, desde trabajadores sociales a abogados y policías, de modo que las víctimas no tengan que repetir una y otra vez su historia. Hay una sola oficina de gestión para las usuarias, en la que pueden ayudarlas a cumplimentar y presentar una solicitud de orden de protección, por ejemplo. O donde pueden tener acceso a servicios sociales para sus hijos menores, a cursos de formación laboral, o a atestados policiales. Este plan era tan innovador que la administración

---

150. Para más información sobre este tipo de aplicaciones, véase el listado elaborado por la National Network to End Domestic Violence: https://www.techsafety.org/appsafetycenter

Bush destinó veinte millones de dólares a implantarlo en otros lugares y actualmente hay más de 130 centros de este tipo en Estados Unidos y en otros veinticinco países.[151]

La iniciativa más reciente de Gwinn es Camp Hope, un campamento de verano con sedes en distintas partes del país para niños procedentes de hogares violentos y cuyo objetivo es romper el ciclo de la violencia.

El trabajo de Campbell todavía está ayudando a que se hagan avances. El programa creado en Maryland por el agente de policía Dave Sargent, elogiado en todo el país, redujo el protocolo de valoración de riesgo de Campbell a tres preguntas esenciales que podía hacer un agente de policía en el lugar de los hechos para intentar determinar rápidamente la peligrosidad de la situación: 1) ¿Ha usado [el agresor] un arma para agredirla o amenazarla?; 2) ¿Ha amenazado con matarla a usted o a sus hijos?; 3) ¿Cree usted que podría intentar matarla?[152] Si la víctima contesta afirmativamente a estas tres preguntas, se le hacen ocho más y se da aviso a la línea de atención telefónica a víctimas de violencia de género, que a su vez contacta con las víctimas en el acto. El tiempo es crucial. Sargent sabía que a menudo las muertes por violencia machista tienen su origen en incidentes que desencadenan de repente un asesinato. La prensa local, los informes policiales y los sumarios de instrucción están repletos de declaraciones de homicidas que aseguran que «no querían que ella muriera». Sargent llamó a su protocolo Programa de Valoración de Letalidad, aunque se lo conoce también como el modelo Maryland. Actualmente lo utilizan los servicios de emergencia en más de treinta estados y en Washington capital.[153]

Hay también otras señales que indican que se están produciendo cambios socioculturales profundos, estructurales, en cuanto a como abordamos este tipo específico de violencia. En Estados Unidos, por ejemplo, en la

---

151. Quienes critican este tipo de gestión se escudan en que estas oficinas son muy caras de mantener, poco prácticas en zonas rurales y nada atractivas para las víctimas, a las que suele intimidar la burocracia. Tampoco existe un modelo nacional para estos centros. Sus fundadores prefieren, de hecho, que las administraciones interesadas en crearlos los adapten a las necesidades locales. Muchas de estas oficinas no están dirigidas específicamente por centros de atención a las víctimas, lo que, según algunos, hace que la voz y las necesidades de las víctimas no ocupen un lugar central en su actividad. Las cifras que menciono más arriba proceden de la correspondencia privada que mantuve con Casey Gwinn en octubre de 2018.

152. https://mnadv.org/_mnadvWeb/wp-content/uploads/2017/07/Train-the-Trainer-PowerPoint.ppt.pdf

153. https://lethalityassessmentprogram.org/what-we-do/training-and-technical-assistance

actualidad hay más de doscientos juzgados dedicados en exclusiva a la violencia de género (Nueva York y California están a la cabeza en cuanto a su número). Estos juzgados tienen cada vez más en consideración la dinámica psicológica propia de la violencia machista —por qué las víctimas se retractan o no comparecen en el juzgado, por ejemplo— y la utilidad de contar con trabajadores sociales expertos en violencia contra las mujeres que trabajen in situ en el juzgado y en las oficinas de los fiscales.[154] Aun así, más del 40% de estos juzgados siguen sin ordenar sistemáticamente a los imputados que asistan a cursos de intervención con maltratadores.

No hay duda de que hemos avanzado mucho en el tratamiento de la violencia de género como lo que es: un grave problema de salud pública. Suele atribuirse a la aprobación de la Ley de Violencia contra las Mujeres por sí sola el mérito de haber reducido la violencia machista en un 64% entre 1993 —antes de su aprobación— y 2012.[155] No obstante, Lynn Rosenthal, exconsejera de la Casa Blanca sobre violencia de género, advierte de que no debe hacerse demasiado hincapié en este éxito.

—La probabilidad de que a una chica de diecinueve años su pareja la muela a patadas sigue siendo básicamente la misma que cuando empezamos —afirma.

El acoso está actualmente tipificado como delito en más de cuarenta estados.[156] El intento de estrangulamiento, en cuarenta y cinco.[157] El movimiento para que las víctimas no tengan que refugiarse en casas de acogida y puedan permanecer en sus lugares habituales de residencia está ganando impulso.

Rosenthal acababa de hacer una gira por institutos de todo Estados Unidos bajo el lema *La juventud lidera* cuando quedamos para comer y hablar sobre estos temas. El objetivo de la gira, me explicó, era tratar de identificar cuáles son las mejores prácticas para abordar la violencia machista entre parejas de adolescentes. Un informe publicado en 2017 por el

---

154. Labriola, Melissa *et al.*, «A National Portrait of Domestic Violence Courts», U.S. Department of Justice. Center for Court Innovation. Febrero de 2010. https://www.ncjrs.gov/pdffiles1/nij/grants/229659.pdf

155. Rosenthal, Lynn, «The Violence Against Women Act, 23 Years Later». 13/9/2017. https://medium.com/@bidenfoundation/https-medium-com-bidenfoundation-vawa-23-years-later-4a7c1866a834

156. Datos compilados por la autora y su asistente, con apoyo técnico de AEquitas.com

157. Datos compilados por el Instituto de Prevención del Estrangulamiento.

Centro de Control de Enfermedades afirmaba que más de ocho millones de mujeres habían sufrido violaciones o agresiones machistas por parte de su pareja antes de cumplir los dieciocho años. En el caso de los varones, esa cifra se reducía a la mitad.[158] Los expertos en el tema afirman que la edad adecuada para empezar a tratar la violencia machista en el seno de la pareja comienza en torno a los once o doce años. Rosenthal me contó que sus conversaciones con alumnos de secundaria la conmovían por la manera en que la gente joven —sobre todo, los varones— hablaba de temas de violencia sexual y machista.

—Esos chavales tienen una relación muy distinta entre sí y con las mujeres —afirmaba, comparándolos con las generaciones anteriores—. Se hacen muchas preguntas al respecto. Y no van a permitir que sus compañeros cometan actos de violencia sexual sin enfrentarse a ellos de alguna forma.

Comimos en un restaurante de Washington llamado Busboys and Poets cuyo propietario, Andy Shallal, es uno de los activistas más destacados de una ciudad repleta de activistas muy conocidos. En la pantalla que había detrás de Rosenthal aparecía su antiguo jefe, Barack Obama, dando un discurso en Sudáfrica. Rosenthal me dijo en ese momento algo que me sorprendió, algo en lo que yo no había caído hasta que me lo dijo.

—En ciertos sentidos, los hombres han sido los grandes beneficiarios del movimiento de las mujeres —comentó—. Fíjate en lo distinta que es [hoy en día] la relación de muchos hombres con sus hijos. Van a las funciones escolares, hablan con los niños… En mi barrio, son ellos los que suelen llevar a los niños a la guardería o al colegio. Fíjate en lo involucrados que están los padres en la crianza de sus hijos. No es una situación ideal, y las mujeres seguimos llevando toda la carga en muchos aspectos, pero ha habido un cambio.

Pensándolo desde la perspectiva actual, no deja de ser asombroso que una cuestión como la violencia familiar, con consecuencias sociales tan profundas, se haya considerado alguna vez un asunto privado. La violencia familiar no es un fenómeno aislado. Tiene numerosas ramificaciones y

158. Smith, Sharon G. *et al.*, «The National Intimate Partner and Sexual Violence Survey», 2010–2012 State Report, National Center for Injury Prevention and Control, Division of Violence Prevention. Centers for Disease Control. Atlanta (Georgia), abril de 2017. https://www.cdc.gov/violenceprevention/pdf/NISVS-StateReportBook.pdf

afecta a multitud de problemas que afrontamos como sociedad, en el campo de la educación, la sanidad, el tratamiento de la pobreza y la drogadicción, la salud mental, los tiroteos indiscriminados, la indigencia y el desempleo. Teniendo en cuenta la cantidad de asuntos con los que se entrelaza, las soluciones que ideemos para el futuro han de tener en cuenta todas esas ramificaciones. No podemos intentar dar solución a la indigencia sin tener en cuenta que muchas familias se ven abocadas al desahucio como consecuencia de la violencia machista. No podemos abordar con éxito el problema de la desigualdad educativa o de la pobreza sin reconocer que la violencia contra las mujeres es a menudo una de las causas esenciales de dichos problemas. Pienso en el presupuesto relativamente insignificante que destinamos al cumplimiento de la Ley de Violencia contra las Mujeres comparado con otros gastos estatales, y me acuerdo de la solución que proponía Rosenthal: «invertir en todas partes». Con ello venía a decir que no se trata de invertir recursos infinitos, sino de reconocer mediante las medidas que se adoptan la complejidad de las consecuencias de la violencia de género y de los problemas sociales que genera.

En su opinión, el movimiento #MeToo es señal de que se están haciendo progresos. No apareció sin más de la noche a la mañana, me cuenta. Este momento de nuestras vidas, de hecho, le recuerda la época del juicio a O. J. Simpson, cuando se dio de pronto un debate a escala nacional sobre la violencia machista. Ese debate generó cambios: cambios importantes, sustanciales y revolucionarios, muchos de los cuales aparecen en este libro.

—El movimiento #MeToo surgió después de años en los que se estuvo preparando el terreno para que pudiera darse. Había mucha gente que tenía este debate y de pronto se dieron las condiciones para que pasase —afirma.

David Adams también ve una oportunidad única en este momento histórico.

—Es desalentador —me dijo hace poco refiriéndose a la época que estamos viviendo—, pero creo al mismo tiempo que la gente joven se está poniendo las pilas. Y cada vez hay más gente que se moviliza; sobre todo, mujeres y minorías.

Mientras me documentaba para escribir este libro, me sorprendió la frecuencia con que me encontraba con cambios aparentemente muy pequeños que acababan decantando el fiel de la balanza entre la vida y la muerte, entre una buena decisión y una mala. Una bolsa de pañales y dinero para hacer la compra; una orden de protección o alejamiento plastificada, en vez de un simple papel; una cita en el juzgado por la tarde, en vez de a primera hora de la mañana; ir al domicilio de una víctima en lugar de esperar a que ella vaya a comisaría; dar literalmente un paso atrás en una discusión en vez de un paso adelante... Si tuviera que reducir el mundo cambiante del tratamiento de la violencia machista a una sola idea que diera un vuelco a la situación, sería la comunicación. La comunicación entre distintas administraciones, desde luego, pero también entre distintas ideologías políticas y programas partidistas, y entre personas, organismos y disciplinas. Muchos de los cambios que vi cuando viajé por Estados Unidos tenían ese único fundamento. Los equipos de alto riesgo, los centros de justicia familiar, los programas para jóvenes, los cursos de intervención con maltratadores y las iniciativas judiciales, las juntas de revisión de casos con resultado de muerte, los protocolos policiales y muchos otros planes de actuación que estaban ya en funcionamiento compartían ese recurso, que además es totalmente gratuito: el hablar unos con otros.

La noche que visito la línea de respuesta de Washington, hay una mujer a la que llamaré Naomi atendiendo el teléfono.[159] Como muchos de sus compañeros, trabaja cuatro noches a la semana, en turnos de diez horas. Y como muchas personas que trabajan en este campo en todo el país, Naomi sufrió la violencia machista de niña. Cuando era pequeña, su madre y ella tuvieron que refugiarse muchas veces en casas de acogida. Cuando se hizo mayor, comenzó a trabajar como voluntaria en una casa de acogida en la que había vivido anteriormente con su madre. Algunos trabajadores sociales todavía se acordaban de ella, de cuando era niña.

Esta noche se sienta en un cubículo de la sede de DC Safe. A un lado, en la pared, hay una fila de libros sobre violencia machista: *Next Time She'll Be Dead*, de Ann Jones; *Loving to Survive*, de Dee L.R. Graham; *When Love Hurts*, de Lundy Bancroft [edición española: *¿Por qué se comporta así? Comprender la mente del hombre controlador y agresivo*]. La primera llamada que entra es de un agente de policía que ha acudido al domicilio de una

---

159. Los trabajadores sociales que atendían el servicio no querían que sus nombres aparecieran publicados, por miedo a las posibles represalias de los maltratadores.

mujer cuyo nieto llegó a casa drogado, cogió una silla del comedor y la estuvo estrellando contra el suelo hasta romperla. No es la primera vez que la mujer tiene problemas con su nieto. El agente le da a Naomi la fecha de nacimiento, el número de contacto y el nombre de la abuela y el nieto, y luego le hace un resumen del incidente. Naomi (o quien esté de guardia) introduce toda esta información en una base de datos. Si surge algún caso de alto riesgo, lo señalará en su sistema informático para que los trabajadores sociales hagan el seguimiento oportuno al día siguiente. La conversación con el agente de policía solo dura un par de minutos (si se trata de incidentes de poca importancia, los agentes pueden esperar hasta el final de su turno para llamar a la línea de respuesta). Unos minutos después, Naomi llama a la abuela —Irma, la llamaremos— y se presenta.

—La llamo para saber si le interesaría solicitar una orden de protección —le dice.

Irma contesta que intentó pedir una orden de alejamiento hace seis meses, pero que le dijeron que, a no ser que su nieto se pusiera violento, no cumplía los requisitos.

—Me gustaría que buscara ayuda —añade—. A lo mejor con una orden de desalojo por el problema que tiene… No sé cómo se hace eso.

Naomi dice que, dado que la situación parece ir agravándose, es muy posible que esta vez sí le concedan la orden de protección, y que DC Safe puede ayudarla a solicitarla. Pero tendrá que personarse en la oficina el lunes por la mañana. En Washington hay dos juzgados especializados en violencia de género cuyos jueces van rotando anualmente.

—Yo intentaba darle una oportunidad —dice Irma—, para averiguar por qué está tan enfadado.

—Pues parece que no está funcionando —contesta Naomi.

—No, no. Tendré que dar un paso más.

—Si dictan orden de desalojo, tendrá que desalojar la casa —le informa Naomi—. También puede usted solicitar que haga algún tipo de terapia para tratar su problema con el alcohol o las drogas, o solo terapia psicológica en general. Teniendo en cuenta las circunstancias, seguro que el juez lo autorizará.

Naomi le explica dónde debe presentarse el lunes y qué tiene que decir cuando llegue. Y añade que lleve un libro para leer y un tentempié porque seguramente tendrá que esperar varias horas.

—La fiscalía va a preguntarle si quiere usted colaborar con ellos para presentar cargos —explica Naomi—. Tiene usted que procurar tener el teléfono encendido y con el volumen subido al máximo. La llamarán solo una vez y no van a dejar un mensaje ni nada por el estilo. Llamarán entre las ocho y las doce de la mañana.

En Washington existe una modalidad de orden de protección que permite que el maltratador permanezca en contacto con la víctima si comparten la custodia de los hijos, e incluso a veces que sigan viviendo juntos. Esta orden —llamada HATS por sus siglas en inglés— tiene como fin proteger a la víctima del acoso, la agresión, las amenazas y el hostigamiento, pero permite que el maltratador y la víctima permanezcan en la misma casa. Tiene desventajas evidentes, pero en una ciudad como Washington, donde la escasez de viviendas sociales es seguramente el principal escollo con el que se encuentran los servicios sociales,[160] puede contribuir a trazar, en palabras de Naomi, «una línea en la arena que diga "me lo estoy tomando en serio, esto es un aviso"». A menudo, las víctimas no quieren que su agresor desaloje la casa. Pueden necesitar apoyo económico y logístico en el cuidado de los hijos.

—Las usuarias de estos servicios suelen decir: «Tenemos hijos juntos, pagamos a medias las facturas y no puedo ponerle en la calle». Con esta modalidad de orden, están más dispuestas a denunciar.

Las llamadas se suceden continuamente con el paso de los minutos y las horas. La mayoría de ellas implican un grado de violencia relativamente bajo, como el incidente de la abuela y su nieto. El timbre del teléfono se oye, sofocado, entre los cubículos de la oficina. Las noches en la sede de la línea de respuesta son mucho más tranquilas y apacibles de lo que esperaba. Pensaba que habría numerosos operadores atendiendo llamadas, todos a la vez. Pero no, solo está esta mujer en su cubículo, atendiendo un solo teléfono. Naomi viste un jersey de cuello vuelto rojo que hace resaltar sus ojos verdes. Sobre la mesa, al lado del ordenador, hay varios libros de texto. Si tiene tiempo y no hay mucho lío, repasa alguna de las asignaturas que estudia de día. Aspira a ser psicóloga algún día.

---

160. En la última década se han perdido en Washington miles de viviendas sociales, y en 2020 expirarán los subsidios de otras 13.700. A finales de 2017, el ayuntamiento creó un fondo de diez millones de dólares para ayudar a compensar la pérdida masiva de viviendas sociales en años recientes. https://www. washingtonpost.com/local/dc-establishes-10-million-fund-to-preserve-disappearing-affordable-housing/2017/11/26/242893ea-cbb7-11e7-aa96-54417592cf72_story.html?utm_term=.9e85c5cf2eda

Entra una llamada de una usuaria que está actualmente en una casa de acogida. La calefacción de la casa funciona, pero está programada a quince grados y el cajetín del termostato está cerrado con llave. Luego entra otra llamada de una mujer con una orden de protección en vigor que avisa de que su exnovio le ha quitado las llaves del coche que tiene alquilado y se lo ha llevado. En el mismo llavero estaban también las llaves de su casa, y es el único juego que tiene. Naomi da aviso para que le cambien la cerradura esa misma noche y luego llama a un operario de mantenimiento para que se ocupe del termostato de la casa de acogida.[161]

Casi al alba, llama un policía desde uno de los distritos ricos del noroeste de la ciudad. Una mujer ha sufrido un intento de estrangulamiento, pero su vida no corre peligro y se encuentra estable. La víctima y su pareja han roto hace poco y han tenido una discusión. El agresor ha sido detenido. El agente comenta que le ha ofrecido a la mujer la posibilidad de que le hicieran un examen forense (en el Washington Hospital Center hay una enfermera forense de guardia) y que ella le ha dicho que no hacía falta. Naomi le hace varias preguntas sobre la víctima. ¿Cómo se ha comportado? ¿Qué recordaba de los hechos? El policía dice que la agresión duró solo un par de segundos; que la mujer había estado bebiendo, y que él no ha reparado en marcas visibles en el cuello. La mujer tampoco tenía la voz ronca.

A continuación, Naomi llama a otra trabajadora social que está de guardia esta noche para consultarle si deberían intervenir con más decisión para conseguir que la mujer se deje examinar por la enfermera forense. Tras debatirlo unos minutos, llegan a la conclusión de que no se trata de una situación de alto riesgo. Dado que el agresor está detenido, la vida de la mujer no corre peligro de momento. Ha prometido pasarse por el juzgado el lunes por la mañana para solicitar una orden de protección.

Me sorprende lo banal que es todo esto. Estos actos de violencia relativamente insignificantes. Los policías llaman y hablan con Naomi con el mismo desapasionamiento que un teleoperador. Pasó esto y luego aquello. Y luego exponen el siguiente suceso. La línea de respuesta es solo una parte del protocolo de actuación. Dicho de otra manera, ya ni siquiera hay una barrera que derribar entre organismos con distintas culturas. Todo se ha

---

161. La mujer tiene que aportar pruebas documentales de que es la propietaria del inmueble o la titular del contrato de alquiler.

vuelto rutinario: pura cuestión de procedimiento. Esa rutina es quizá su mayor éxito.

He pasado tantos años investigando sobre los casos de alto riesgo, sobre hombres que mataron a su mujer y a sus hijos, sobre los equipos de revisión que se ocupan de casos en los que ya no se puede hacer nada por salvar a los involucrados, sobre las familias, los expertos y el personal policial que trabajó con Michelle y Dorothy y mil víctimas más que no sobrevivieron; he pasado tanto tiempo inmersa en esa oscuridad, que casi no me di cuenta de la importancia que revestía esa noche con Naomi. Es lo que me dijo Kelly Dunne años atrás y lo que tardé tanto tiempo en entender: que, para atajar la violencia machista, lo más eficaz es intervenir en la fase en la que todavía es un delito menor, antes de que el problema se agrave. Vistas con perspectiva, esas llamadas a Naomi, una tras otra, de policías y usuarias, eran una señal extraordinaria de que hemos avanzado.

Naomi se fue a casa temprano y se llevó un teléfono móvil para seguir trabajando hasta que acabara su turno. Tenía que enfrentarse a la nevada. Washington está preparada para muchas cosas —atentados terroristas, enfrentamientos políticos, cierres administrativos—, pero no para la nieve. Son casi las tres de la madrugada cuando salgo del juzgado. El mismo silencio retumbante, el mismo crujido bajo mis pies. Mientras espero el taxi que he pedido, se me ocurre que Naomi no solo es un símbolo de progreso por lo que hace. Es un símbolo de progreso por el lugar del que proviene; ella también es una superviviente, sí, pero es una superviviente que ha encontrado la manera de romper el ciclo a su manera pequeña y discreta. Una persona herida que ayuda a sanar a los demás. Ahora hay sitio en el sistema para ella, como lo hay para Jimmy. Y puede que algún día lo haya también para Donte, como lo hubo para Victoria, la mujer a la que conocí unos años atrás en la prisión de San Bruno, cuyo padre planeaba matarla en un restaurante. Casi todas las personas que he conocido dentro del ámbito de la intervención contra la violencia machista tienen historias de maltrato, ya sea como víctimas, como agresores o como testigos. Hamish Sinclair y David Adams tenían padres maltratadores. A Suzanne Dubus la violaron una noche de invierno dos hombres. Jacquelyn Campbell tenía a su alumna muerta, Annie; Martina Latessa, a su hermana Brandi. Jimmy y Donte tenían a los hombres que fueron antaño. Detrás de cada uno de ellos había una sombra de otro cuerpo, una historia horrenda, pero todos ellos eran ahora pioneros: estaban cambiando el relato futuro.

Aquello me trajo un recuerdo. Una noche, hace unos años, estaba con Dunne en su despacho, casi de noche. Era verano y hacía rato que había pasado la hora de la cena. Dunne siempre había sido muy franca conmigo a la hora de hablar de su trabajo. Yo la había visto poner varias veces en sus clases la grabación del servicio de emergencias de la noche en que murió Dorothy, y siempre se centraba en lo que ponía de manifiesto el caso: en cómo la historia de Dorothy se correspondía a la perfección con el protocolo de Campbell. Eran idénticos. Y no solo porque en el caso de Dorothy estaban presentes todos los indicadores de riesgo y las señales de escalada de la violencia, sino también por otras cosas muy comunes en casos de violencia extrema: el amor a primera vista, la juventud de Dorothy, los celos enfermizos de William. Esos mismos indicadores podían encontrarse en el caso de Michelle y Rocky. Dunne nunca se emocionaba en sus clases. Era meticulosa e impasible, la imagen perfecta de la abogada que estuvo a punto de ser.

Esa noche en concreto, me mostró una cosa que había escrito en una hojita de mensaje rosa el día que conoció a Dorothy. Una nota que guarda como oro en paño: *Caso muy peligroso.* Dubus me había hablado de esa nota, y yo había leído sobre ella en los periódicos locales. Quería verla. No se lo dije a Dunne, pero la muerte de Dorothy también me obsesionaba. Hace años, cuando escribí sobre ella para *The New Yorker*, solía comprarme un bocadillo para comer, aparcaba en la calle Green, frente a la casa de Dorothy, y me lo comía sentada dentro del coche. No sé por qué lo hacía, en realidad. Allí ya no queda ningún vestigio de su vida ni de su muerte, pero era una calle tranquila, idílica. A veces me parecía sentir el olor del mar. Había un triciclo descolorido entre la hierba, como un objeto de atrezo. Era una época en la que, entre entrevistas e investigaciones, tenía tiempo de reflexionar. Quizás Dorothy se hubiera convertido también para mí en un cuerpo sombra. Cuando tratamos problemas sociales, los periodistas escribimos casi siempre sobre los vivos, y hablamos con políticos y activistas que también están vivitos y coleando. Pero sospecho que, tratándose de violencia machista, a menudo con quien de verdad nos comunicamos, en nuestro fuero interno, es con las muertas.

Sentada en su despacho aquella noche, le pregunté a Dunne qué le diría a Dorothy si resucitara y entrara en su despacho.

Ella hizo amago de responder. Luego algo la detuvo, como si hubiera chocado físicamente con un muro invisible. Se levantó de un salto y se escondió detrás de unas cajoneras. La oí sollozar y respirar entrecortadamente.

—Nadie me había preguntado eso hasta ahora —dijo.

Yo me quedé sentada, en silencio.

Dunne volvió a su mesa y se secó los ojos. Luego me miró y musitó:

—Le diría que lo siento.

NOTA DE LA AUTORA

Durante los últimos meses del proceso de escritura y documentación de este libro, mi madrastra entró en cuidados paliativos. Le habían diagnosticado cáncer colorrectal en el verano de 2015 y falleció en septiembre de 2017. Unas tres semanas antes de su muerte, yo estaba sentada junto a su cama, en la casa que compartía con mi padre, cuando me contó que había sufrido malos tratos durante su infancia y su primer matrimonio. (Del maltrato que sufrió siendo niña no fue responsable su madre, que la crio sola después de que su padre las abandonara.) Mi padre y ella llevaban treinta y ocho años casados, y hacía casi ocho años que yo estaba investigando la violencia machista en Estados Unidos. Me quedé completamente anonadada.

No habíamos tenido un trato muy estrecho durante años, pero últimamente estábamos más unidas. ¿Por qué no me lo había contado? ¿Acaso no le había dado yo suficiente confianza para que se sintiera a gusto hablando de ello? Había muchísimas preguntas que quería hacerle, pero ella, sabiamente, me disuadió. No quería hablar del tema y, a decir verdad, para entonces yo ya sabía mucho más que la mayoría de la gente sobre la violencia de género, de modo que podía hacerme una idea aproximada de cuáles eran esos recuerdos de los que prefería no hablar. Ella sabía que se estaba muriendo y no le apetecía pensar en los capítulos más tristes de su vida. Estaba completamente centrada en mi padre, en la aflicción que iba a causarnos su muerte y en la pena de no ver crecer a sus nietos.

¿Qué cabía deducir de nuestra forma de afrontar los malos tratos como sociedad y de la vergüenza y el estigma que todavía entrañan, si alguien a quien yo conocía desde hacía treinta y ocho años había podido ocultarme esa vivencia? Cuando falleció, mi padre y yo lloramos juntos en la cocina. Era la segunda vez que yo veía llorar a mi padre en circunstancias parecidas, por haber perdido a su esposa prematuramente a causa del cáncer. Esta vez, sin embargo, yo era una mujer adulta y entendía mucho mejor las cosas: entendía por lo que había pasado ella y por lo que estaba pasando él. Ese día y durante las semanas siguientes, mi padre me pidió perdón «por no ser más fuerte» cada vez que se derrumbaba y se echaba a llorar. Acababa de perder a su segunda esposa a causa de un cáncer y aun así no se sentía con derecho a llorar en público. ¿Por qué? Le dije que llorar le hacía más fuerte a mis ojos, como hombre, como marido y como padre, y que no debía tener miedo de sentir toda la gama de las emociones humanas. Ojalá pudiera decirles lo mismo a todos los hombres del mundo.

Es por ese motivo, por esos dos instantes, el que compartí con mi madrastra y el que compartí con mi padre, por lo que le dedico a ella este libro. Doy gracias por haber podido decirle que iba a dedicárselo antes de que falleciera.

EPÍLOGO

Las vistas de Chicago desde la ventana del cuarto de estar de mi amiga eran espectaculares. Se veía desde allí la Reserva Natural de North Pond, un humedal de seis hectáreas de superficie, cruzado por una ruta de senderismo, en el que recalan más de doscientas especies de aves y especies migratorias, como los halcones peregrinos y los majestuosos búhos reales. Desde aquella ventana, alcanzaba a ver familias de ánades reales y barnaclas canadienses nadando por la laguna. Cada vez que venía de visita, con independencia de la época del año que fuese, Michelle y yo salíamos a caminar dando la vuelta completa a la laguna, y ella me señalaba las tortugas que se escondían entre la espesa vegetación acuática, o veíamos a las ardillas cruzar a la carrera la senda de corteza de pino. De cuando en cuando, una garza real se posaba en las largas ramas de una pacana. Más allá de North Pond se extendían la autopista de Lake Shore Drive y, a continuación, las arenas doradas de la playa de Fullerton Avenue y el lago Michigan. Con sus casi 500 kilómetros de longitud y 160 de anchura, el lago Michigan semeja casi un océano. Son esas vistas las que se me vienen a la cabeza cuando pienso en mi amiga Michelle, como hago con frecuencia cada día, recordando la desgracia que se abatió sobre ella de repente, una mañana, con una sola llamada telefónica. Perdió su casa y su ciudad; perdió su vida cotidiana, un trabajo estable y aquellas vistas. Y perdió también a su hermano y su cuñada.

Su hermano, Jason, trabajaba en el Departamento de Estado, y su cuñada, Lola, en el Departamento de Comercio: trabajos importantes que les hacían viajar por todo el mundo. Yo no los conocía tan íntimamente como a Michelle, de la que era amiga desde hacía veinte años. Nuestra amistad había ido forjándose en el transcurso de largos paseos, en los que hablábamos de temas trascendentales, como cómo llevar una vida que tuviera sentido, o cómo mantener un espíritu abierto y afectuoso en un mundo plagado de males. Yo admiraba a Michelle por su sabiduría —trabajaba como terapeuta autónoma en Chicago y sus servicios eran muy solicitados—.

Era, de hecho, una de las escasísimas personas con las que podía hablar literalmente durante horas.

Michelle tenía dos sobrinas a las que quería mucho, hijas de Jason y Lola, que en verano iban a verla a Chicago y se quedaban en su casa un mes o más. Las niñas salían a pasear con su tía, que era genial y superdivertida, e iban a campamentos urbanos. A veces, durante esos veranos, Michelle las llevaba a casa de nuestros amigos comunes y los mayores charlábamos tomándonos un vino mientras los niños jugaban a su aire. En aquel entonces, todo nuestro grupo de amigos, que se había formado tras acabar los estudios de licenciatura, vivía en Chicago. Después, uno tras otro, nos fuimos marchando. Yo fui la primera en irme, primero a Camboya y luego a Washington, donde, con el paso del tiempo, acabamos viviendo casi todos: Anna y Mike, Don y Soleak... Todos, menos Michelle y uno o dos más. Seguimos siendo amigos ya casados y con hijos, y a pesar de que nos mudábamos de acá para allá y cambiábamos de trabajo. Criamos a nuestros hijos como si fueran primos. Michelle venía a visitarnos, y le suplicábamos que se mudara. Toda la gente guay de Chicago se viene a vivir a Washington, le decíamos. Yo a veces le enumeraba los motivos por los que debía mudarse: «¡Porque la gente que vive en la capital necesita más terapia que los de Chicago! ¡Porque Washington es prácticamente un barrio de las afueras de Nueva York! ¡Y porque aquí estamos nosotros!».

Pasado un tiempo, Jason y su mujer, Lola, que habían vivido en distintos lugares de todo el mundo, se establecieron en Washington, en el mismo barrio que mi marido de entonces y yo. Su hija mayor entró en la misma clase que mi hija y se hicieron amigas, sin saber que había un vínculo entre sus padres. «Os conocéis desde hace mucho tiempo, tanto que ni os acordáis», le dije a mi hija cuando, tras llevar semanas hablando de su nueva amiga, por fin caí en la cuenta de quién era. ¡Increíble! ¡Michelle era la tía de su nueva amiga! Michelle, a la que los hijos de toda nuestra pandilla querían tanto. ¡Qué pequeño era el mundo! La mañana que Jason vino por primera vez a casa a recoger a su hija, que se había quedado a dormir, le dije: «No te lo vas a creer. Tu hermana es una de mis mejores amigas». «¡Tú eres Rachel!», contestó sonriendo. «¡La Rachel de Michelle!» Definitivamente, tendríamos que decirle a Michelle que ya sí que no tenía excusa para no mudarse a Washington. Era como si el universo se lo estuviera pidiendo a gritos.

En 2017, Jason y Lola empezaron a tener problemas conyugales. Yo desconocía la naturaleza concreta de esos problemas. No era amiga de la pareja, más allá de sorprenderme por el curioso solapamiento de nuestras vidas y de las de nuestras hijas. En cierto momento, Michelle pensó que yo podía echar una mano a Lola durante el proceso de divorcio, sirviéndole de caja de resonancia, dado que yo también acababa de divorciarme. Michelle nos puso en contacto y quedé varias veces con Lola para tomar algo. Su ira era palpable. Era una ira que yo conocía bien, una ira que parece decir: «Estoy harta, no puedo más, me marcho». En aquel momento, Lola estaba empezando a enfrentarse a los trámites burocráticos del divorcio, que te mantienen ocupada una larga temporada. Yo acababa de salir de ese proceso. Lola me contó algunas intimidades que me recordaron mucho a lo que yo había vivido (un marido que no quiere divorciarse; una esposa que le supera profesionalmente). Pero, aunque me identificara con ella, no quería entrometerme en una situación que ya era de por sí incómoda; a fin de cuentas, yo era amiga íntima de la hermana del hombre al que ella intentaba dejar. Me parecía todo muy complicado, así que intenté mantener las distancias, y mi relación con Jason y Lola se mantuvo circunscrita a las actividades de nuestras hijas, a las quedadas para que jugaran o durmieran unas en casa de otras, o a asuntos relacionados con el colegio. Cuando Michelle venía a Washington, se alojaba en mi casa y sus dos sobrinas venían a dormir y nos lo pasábamos en grande todas en pijama, viendo películas por la noche y comiendo tortitas por la mañana.

El 7 de junio de 2019, al bajarme de un avión, escuché una nota de voz que me había enviado Michelle, muy alterada. Yo estaba en plena gira de presentación de *Sin marcas visibles*, y la gente que hacía cola para que le firmara el libro me contaba sus vivencias. Una mujer me contó que a su hija la habían matado hacía apenas unos meses. Otra, llorando, me preguntó si podía ayudarla a recuperar a sus hijos. Aquella mañana de junio, mientras me hallaba en el puente aéreo del aeropuerto de Washington, a la espera de recoger mi equipaje, oí a Michelle decirme que estaba pasando algo grave en casa de su hermano y que no sabía qué era, que si podía llamarla, que era urgente. No escuché el mensaje entero. La llamé enseguida. Contestó en el acto. Su voz que parecía salirle de las entrañas, me era al mismo tiempo conocida y ajena, como una versión de Michelle desconocida para mí hasta ese momento.

—Ha pasado algo en casa de Jason —me dijo.

Le pregunté qué.

—Lola está herida. Y puede que Jason también. No lo sé.

Hablaba entrecortadamente, entre jadeos frenéticos, y lo repetía todo dos veces. No paraba de llamar al número de su hermano y al de Lola, y ninguno respondía. Había recibido una sola llamada de Jason un rato antes, diciéndole que Lola y él habían «fallado a las niñas» —a sus hijas— y que por favor cuidara de ellas. Su hermano le había pedido, además, que fuera a Washington lo antes posible. Luego, colgó. Michelle no había podido hablar con él desde entonces. Me había llamado desde el aeropuerto de O'Hare, donde intentaba conseguir una plaza en el siguiente vuelo a Washington.

Salí corriendo del puente aéreo. Crucé a la carrera el aeropuerto. Llamé a mi exmarido, que vivía a escasas manzanas de Jason y Lola, y le pedí que fuera a ver si estaban bien. Cuando llegó, había allí un equipo de fuerzas especiales. Paul, mi ex, me puso al teléfono con el jefe del equipo, al que le di los datos de contacto de Michelle, el nombre de las niñas y el del colegio al que iban. Anotó la información. Cuando llegué del aeropuerto, la policía había precintado la casa y una ambulancia se había llevado a Jason o a Lola (no sabíamos a cuál de los dos) al hospital. Como las niñas estaban aún en el colegio, planificamos la logística: cómo recogerlas y dónde llevarlas y por cuánto tiempo. Tenía que ser Michelle quien les diera la noticia, pero ¿cuál era esa noticia? En cierto momento me acordé de su perro. Se lo había llevado una vecina. Esa misma tarde era la graduación de mi hija y de su hija mayor, que acababan quinto curso. Las chicas llevaban varias semanas ensayando la ceremonia. ¿Esperamos a que acabe la graduación para decírselo? ¿Nos la saltamos? Llamé a la directora. Las hijas de Jason y Lola se habían ido con su niñera, a casa de una amiga de su madre. Michelle llegó a primera hora de la tarde y se fue derecha a verlas.

Los demás nos fuimos reuniendo en mi casa, paulatinamente. Primero, mi exmarido y mi hija; luego, la antigua pandilla de Chicago, ahora establecida en Washington. Después llegaron Michelle, su madre y su prima, que era psicóloga especializada en traumas infantiles, y algunos otros amigos y amigas. Nos quedamos sentados, esperando, llenos de esa energía nerviosa que se siente al no tener noticias y saber que algo malo está pasando. Éramos conscientes de que nos enfrentábamos a una desgracia y necesitábamos hacer algo, pero no había nada que hacer. De vez en cuando venía un inspector de policía y hablaba con Michelle y su madre en el despacho de casa. A alguien se le ocurrió encargar comida. Puede que fuera a mí. Hacía varias semanas que no estaba en casa y sentía una necesidad urgente de hacer limpieza a pesar de que la casa estaba llena de gente: cualquier cosa con tal de poner algo de orden en aquel caos.

La noche anterior, en la presentación del libro en Cleveland, había tenido como interlocutora a la inspectora de policía Martina Latessa, especializada en temas de violencia de género. Desde entonces, Michelle, que apenas dos semanas antes había venido a Washington para el lanzamiento de mi libro, había pasado a vivir en carne propia una experiencia que yo había oído narrar a multitud de mujeres —porque casi siempre eran mujeres— en esos actos públicos. Era la historia de una vida, de una familia, de un grupo humano que se rompe. La paradoja se nos hizo evidente a todos desde el primer momento, pero ninguno se atrevió a hablar de ello, al menos al principio. En una de las paradas de mi gira de presentación, una de las asistentes se puso de pie en el salón de actos, delante de doscientas personas, y dijo que no podía volver a casa, que no podía abandonar aquel salón de actos por miedo a que la mataran ese mismo día. Preguntó qué debía hacer. Su vida corría peligro inmediato. Yo solicité la ayuda de los asistentes, pregunté qué recursos públicos había en la zona y si había alguien en la sala que pudiera hablar con ella en aquel mismo momento. De pronto, todas esas historias, todo ese terror y ese sufrimiento, habían llegado hasta el corazón mismo de mi casa y de mi vida y —lo que era quizá más importante— de la vida de mi hija y mi querida amiga, y de dos niñas inocentes cuyo mundo había cambiado para siempre. Aún hoy, cuando lo recuerdo, me cuesta hablar de ello.

Pasaron muchas horas sin que supiéramos qué había ocurrido exactamente, y transcurrirían semanas antes de que empezáramos a juntar todas las piezas del rompecabezas. A primera hora de la tarde supimos que Lola había muerto. A última hora, nos informaron de que Jason también. Así es como lo expresa Michelle ahora: «Mi hermano se quitó la vida, tras quitársela a su esposa». Esta forma de enunciarlo es muy importante para ella, porque plasma de algún modo la desesperación y el dolor de su hermano y al mismo tiempo reconoce el horror de lo que hizo. Sin duda los familiares y amigos de Lola lo expresarán de otro modo, y estoy convencida de que debemos permitir que cada uno encuentre su manera propia de enunciar el hecho. Dolor, desde luego, no falta en ninguno de los dos campos.

Michelle abandonó su vida anterior el 7 de junio, y ya nunca volvió a casa. Imaginaos la situación. Mientras escribo esto, está a punto de cerrar definitivamente el piso que tenía en Chicago, con sus vistas a la reserva natural de North Pond. Pasó el verano con la mochila que trajo consigo en el avión aquel día de junio, antes de que supiéramos la gravedad de lo sucedido. Dormía en mi cuarto de invitados y yo le prestaba mis zapatos y mi ropa, que le quedaba grande. Cuando abandonó Chicago aquel día, esperaba, claro está, pasar fuera solo un par de días y sin embargo era como si, en un abrir y cerrar de ojos, el universo la hubiera arrastrado a otro lugar completamente distinto. No solo a un nuevo paisaje, que es lo de menos, sino a una vida totalmente nueva, en la que tenía que empezar de cero, como madre soltera, y teniendo que bregar con una burocracia que la mantendrá atrapada en sus redes una larga temporada. También ha tenido que reconstruir su vida profesional. Si algo de bueno hay en todo esto es que su tribu de siempre, todos sus amigos, estamos aquí, arropándola. Y sabemos, somos conscientes, de lo afortunadas que son las niñas por contar con ella y por haber podido quedarse en el lugar que conocían y al que estaban vinculadas por lazos afectivos, con su tía, a la que conocían y querían. Y sin embargo…
Sin embargo…

Esta es la historia de un asesinato machista y de sus víctimas directas, sí, pero también de un huracán que atraviesa las vidas de todos aquellos que sobreviven: familiares, amigos, compañeros de trabajo, vecinos, la sociedad entera. Antes del 7 de junio de 2019, gocé de un privilegio del que ni siquiera era consciente: informar sobre la violencia de género desde fuera. Entre las primeras personas en las que pensé cuando supe lo de Jason y Lola estaban Sally Sjaastad y Sarah Mosure. Las dos se enteraron de lo que había pasado —no sé cómo y me escribieron por correo electrónico. Lloré al leer sus mensajes. De todas las personas maravillosas que me rodeaban —desde amigos a expertas como Jackie Campbell y Kelly Dunne—, era con ellas, con Sally y Sarah, con quien más deseaba hablar. Eran ellas quienes mejor sabían cómo me sentía. Pasado un tiempo, hablé con ambas y esas conversaciones contribuyeron a que empezara a restañarse esa herida dentro de mí. *Sé perfectamente el aturdimiento, la pena, la rabia y el dolor literal que tenéis que estar sintiendo tu amiga y tú*, me escribió Sara. *Se me rompe el corazón cuando pienso en ti, en tu amiga y esas niñas inocentes.* Apenas acerté a expresarle con palabras mi gratitud.

Michelle vive ahora cerca de mí. Esa tía tan genial y divertida se ha convertido en madre adoptiva de sus sobrinas. Pasamos el verano en estado de shock. A veces, miro a Michelle —¿he dicho ya que es guapísima? Es morena, alta, delgada y elegante, e irradia calma a su alrededor— y me dan ganas de abrazarla y decirle que no puedo creérmelo; que no me entra en la cabeza que haya pasado esto. La gente que la ha conocido recientemente, desde abogados a padres del barrio, se asombra por la serenidad y la fluidez con que está afrontando esta situación tan horrible, como si fuera una gota de agua que resbala por un cristal. Firme y serena, su única preocupación inmediata son las niñas que ahora tiene a su cargo, a las que quiere como ha querido siempre: totalmente y sin vacilar, con la pasión de una madre.

«La violencia de género, lejos de ser un problema doméstico, es un problema de salud pública de la mayor gravedad». Estas palabras que escribí hace años para el prólogo del libro me parecen ahora mucho más evidentes que entonces. El mensaje de que la violencia machista nos afecta a todos se vuelve más apremiante, más crucial, cada día que pasa. Durante las semanas previas a la publicación de este libro, se hizo público que en Estados Unidos los homicidios por violencia machista no habían dejado de aumentar desde 2015 y habían experimentado un incremento del 33 % desde 2017.[162]

Las cifras también van en aumento en otros países. Canadá, donde la violencia machista había disminuido en la pasada década, parece estar sufriendo un «pico» de sucesos de este tipo. Un inspector de la policía de Calgary declaró recientemente a un medio local que se trataba de una «epidemia».[163] En Sudáfrica, donde la violencia de género se ha convertido en una crisis nacional, una mujer es asesinada cada tres horas, una tasa que se calcula cinco veces mayor que la de Europa Occidental.[164] Mientras escribo estas líneas están teniendo lugar en Francia diversos congresos en los que participan agentes de policía, trabajadores sociales y asociaciones contra la violencia machista a fin de combatir la tasa creciente de feminicidios en el país. Según el *New York Times*, en 2019 en Francia se llegó al centenar de muertes por violencia machista en un período de tiempo mucho más corto que en años anteriores, lo que era un *síntoma muy preocupante*.[165]

Entre 2011 y 2018, casi se cuadruplicó el número de feminicidios en Turquía.[166] Según las estimaciones de Naciones Unidas, en Rusia mueren asesinadas 12.000 mujeres al año.[167] En Brasil, donde los datos son difíciles de confirmar y es casi seguro que son inferiores a las cifras reales, los femi-

---

162. Laura M. Holson, «Murders by Intimate Partners Are on the Rise, Study Finds», *New York Times*, 12 de abril de 2019, https://www.nytimes.com/2019/04/12/us/domestic-violence-victims.html. Véase asimismo: Khalida Sarwari, «Domestic Violence Homicides Appear to Be on the Rise. Are Guns the Reason?», News@Northeastern, 8 de abril de 2019, https://news.northeastern.edu/2019/04/08/domestic-violence-homicides-appear-be-on-the-rise-a-northeastern-university-study-suggests-that-guns-are-the-reason/

163. Anne Kingston, «We Are the Dead», 17 de septiembre de 2019, *Maclean's*, https://www.macleans.ca/news/canada/we-are-the-dead/

164. «South Africa's Staggering Domestic Violence Levels Pose a Challenge», France24, 9 de abril de 2019, https://www.france24.com/en/video/20190903-south-africa-staggering-domestic-violence-levels-pose-challenge

165. Laure Fourquet, «As Deaths Mount, France Tries to Get Serious about Domestic Violence», *New York Times*, 3 de septiembre de 2019, https://www.nytimes.com/2019/09/03/world/europe/france-domestic-violence.html

166. Alisha Haridasani Gupta, «Across the Globe, a "Serious Backlash Against Women's Rights"», *New York Times*, 4, de diciembre de 2019, https://www.nytimes.com/2019/12/04/us/domestic-violence-international.html?searchResultPosition=2

167. Christina Asquith, «At Least 12,000 People Killed by Domestic Violence Every Year? Russia's Not Even Sure», *PRI's The World*, 10 de marzo de 2017, https://www.pri.org/stories/2017-03-10/least-12000-people-killed-domestic-violence-every-year-russias-not-even-sure

nicidios han aumentado un 4% desde 2018.[168] En España, los niveles de violencia de género y sexual son tan alarmantes que la tarde del 20 de septiembre de 2019 las activistas se echaron a la calle en doscientas cincuenta ciudades de todo el país para protestar por la inacción de la clase política. Denominaron *emergencia feminista* a estas manifestaciones.[169] Hay muchas otras emergencias feministas de las que podríamos hablar. En China, rara vez se concede a las mujeres órdenes de alejamiento contra sus maltratadores, pese a que en 2016 el gobierno aprobó a bombo y platillo una ley contra la violencia de género.[170] Los gobiernos conservadores de Hungría, Polonia y Croacia llevan una década recortando la financiación de los organismos que se ocupan de temas relacionados con las mujeres y aprobando medidas que suponen un retroceso en las políticas de igualdad.[171] Más de mil millones de mujeres carecen de protección jurídica contra la violencia machista en todo el mundo.[172]

En *Sin marcas visibles* expongo casos acaecidos en Estados Unidos, pero la curva ascendente de terrorismo íntimo y muertes por violencia de género es la misma con independencia del país del que se trate. Las conductas agresivas, los roles de género, la coerción, la reacción psicológica de las víctimas y —quizá lo que es más importante— los indicadores de riesgo se repiten una y otra vez, en todo el mundo. Confío en que este libro contribuya a promover un debate internacional a gran escala, amplio y exhaustivo. Quiero que el mayor número posible de personas se sumen a la tarea de ahondar en nuestro conocimiento de este fenómeno y en nuestra coordinación para ponerle coto, mejorar nuestras políticas sistémicas, cambiar el discurso cultural y establecer una hoja de ruta que nos sirva para avanzar

---

168. The Brazilian Report, «Femicide Hits All-Time High in Brazil», *Think Brazil*, 1 de octubre de 2019, https://www.wilsoncenter.org/blog-post/femicide-hits-all-time-high-brazil

169. Sam Jones, «"Feminist Emergency" Declared in Spain after Summer of Violence», *The Guardian*, 20 de septiembre de 2019, https://www.theguardian.com/world/2019/sep/20/mass-protests-in-spain-after-19-women-murdered-by-partners

170. Gupta, «Across the Globe, a "Serious Backlash Against Women's Rights"».

171. Andrea Krizsan y Conny Roggeband, «Towards a Conceptual Framework for Struggles over Democracy in Backsliding States: Gender Equality Policy in Central Eastern Europe», *Politics and Governance* 6, n.º 3 (2018): 90–100, https://www.researchgate.net/publication/327657292_Towards_a_Conceptual_Framework_for_Struggles_over_Democracy_in_Backsliding_States_Gender_Equality_Policy_in_Central_Eastern_Europe

172. Gupta, «Across the Globe, a "Serious Backlash Against Women's Rights"».

hacia la solución del problema. De hecho, quisiera que este libro quedara obsoleto cuanto antes. Un libro por sí solo no puede hacer gran cosa, y reconozco que algunos de los puntos a debate que propongo en *Sin marcas visibles* tienen que darse junto a otros debates también urgentes; quizá los más acuciantes sean la masificación de las cárceles y las estrategias de intervención en casos relacionados con menores.

No creo que podamos solventar el problema mediante detenciones y encarcelamientos. Como señalo en estas páginas, una persona que sale de la cárcel no suele ser *menos* violenta que cuando ingresó en prisión. Creo que cualquier debate verdaderamente constructivo sobre la violencia de género y sus consecuencias ha de ir acompañado del debate sobre la reforma del sistema penitenciario. Un punto importante de ese debate debería ser cómo encontrar formas nuevas y mejores de implementar la justicia restaurativa. Hace poco me preguntaba por qué no tenemos una línea telefónica de ayuda a maltratadores, igual que la tenemos para las víctimas de una catástrofe, o para los alcohólicos que están a punto de tomarse una copa. ¿Por qué no se incentiva a quienes se gradúan en cursos de intervención en casos de violencia de género? ¿Cómo habría cambiado la vida de Donte Lewis si hubiera contado con una persona que pudiera echarle una mano?

Creo, además, que debemos mejorar nuestra forma de abordar el origen de la violencia machista mediante cursos y programas dirigidos a los jóvenes. Hay campamentos de verano en todo Estados Unidos que ayudan a niños víctimas de violencia de género, pero siempre a posteriori, cuando las situaciones de violencia ya se han producido. En algunos colegios existen programas de prevención de la violencia de género, pero no podemos encomendar sin más esa labor a los centros escolares, que ya sufren escasez de recursos y cuyos maestros tienen, en general, una carga de trabajo excesiva. El cambio sistémico ha de abordarse de raíz. ¿Y cómo van a aprender nuestros jóvenes qué son los celos patológicos cuando los medios más populares presentan el acoso envolviéndolo en romanticismo; cuando películas como *Crepúsculo*, por poner un ejemplo, retratan el amor con la imagen de un hombre que vigila a una mujer mientras ella duerme?

Yo creía que mi tarea al escribir este libro consistía, en parte, en ofrecer una visión de la violencia de género tal y como se da en la actualidad, sin hablar de cómo esperamos, creemos o deseamos que sean las cosas. No quería conscientemente que el libro tuviera carácter prescriptivo, en parte porque mi labor como periodista es relatar los hechos, no cambiarlos. Pero, tras escribirlo, estoy convencida de que debemos intentarlo todo, poner a prueba todas las iniciativas posibles sin dejar ninguna fuera del tapete, porque este problema es tan enorme y la vida de las personas tan frágil que no podemos permitirnos perder ni más tiempo ni, por supuesto, más vidas.

La excelente acogida que ha tenido el libro no solo me ha sorprendido, sino que me ha animado a seguir abordando este tema y a contar aún más testimonios para alimentar el debate en torno a esta cuestión. Este libro aparecerá pronto traducido en diversos países del mundo, y en numerosas zonas de Estados Unidos se ha convertido en objeto de discusión en clubes de lectura, así como en lectura obligada para funcionarios de las fuerzas de seguridad, jueces, abogados y técnicos en intervención social. Para mí, el objetivo de *Sin marcas visibles* era muy sencillo: llamar la atención de la opinión pública sobre el problema de la violencia de género. Un libro muy elemental que podría, quizá, desestabilizar el planteamiento generalizado sobre la cuestión. Un planteamiento que —creo que en eso todos estaremos de acuerdo— consistía principalmente, desde hace muchísimo tiempo, en ignorar el problema. No escribí este libro pensando en los expertos en el tema, aunque me haya emocionado la cantidad de ellos que lo han leído y que se han puesto en contacto conmigo. Lo escribí para dar voz a las víctimas, a los agresores y a los activistas que trabajan en primera línea. Pero, sobre todo, lo escribí para los legos, para quienes no saben nada de este tema y lo dan todo por sentado: para la mujer que se cuestiona la propia naturaleza de su sufrimiento; para el hombre que cree que este es un problema exclusivamente de las mujeres; para la juventud LGBTQ que se siente invisibilizada. Y para gente como yo, que tiene ideas preconcebidas sin saber que las tiene. Supongo, por tanto, que lo escribí para la persona que era entonces, antes de aprender lo que sé ahora.

Octubre de 2019

AGRADECIMIENTOS

Sea lo que sea lo que requiera una obra periodística, quizá el elemento primordial sea el tiempo. Cuando estás contando la historia de otras personas y esa historia versa sobre lo peor que les ha pasado nunca, la cantidad de tiempo a invertir puede ser extraordinaria. Por ello estoy profundamente agradecida a las familias de Rocky Mosure y Michelle Monson por su tiempo, su confianza y su fe. Mentiría si dijera que no lloré en ocasiones con ellos. Gracias, pues, de todo corazón a Sally Sjaastad, Paul Monson, Sarah y Gordon Mosure, Alyssa Monson y Melanie Monson. También quiero dar las gracias a quienes me brindaron su tiempo no una o dos veces, sino muchas, en algunos casos durante años: a Jimmy Espinoza, Donte Lewis, Hamish Sinclair, David Adams, Neil Websdale, Kit Gruelle, Sunny Schwartz, Reggie Daniels, Leo Bruenn, Ruth Morgan, Peg Hacksylo, Natalia Otero, Martina Latessa, Jacquelyn Campbell, Lee Johnson, Suzanne Dubus, Kelly Dunne, Robert Wile, Casey Gwinn, Gael Strack, Sylvia Vella, Joan Bascone, James Gilligan, Joan McCracken, Gary Gregson, William Kidd, Lou Johns, Maureen Curtis y Lynn Rosenthal. Gracias también a Nikki Allinson, que comprobó la exactitud de las cifras que menciono, y especialmente a Matthew Dale, que no llegó a ver terminado este libro pero cuyo trabajo infatigable a favor de las víctimas se deja sentir en cada una de sus páginas.

Por su apoyo generoso, mi más sincero agradecimiento a la Comisión de Arte y Humanidades de Washington, a la Facultad de Artes y Ciencias de la Universidad Americana y, en particular, a la Escuela de Periodismo de Columbia y a la Fundación Neiman de la Universidad de Harvard por concederme el Premio Lukas a una obra en proceso de elaboración. Esas cuatro instituciones han hecho posible lo que a menudo me parecía imposible.

Para mí, la separación entre familia y amigos ha sido siempre muy porosa, de ahí que tenga que dar las gracias, como siempre, a: Ann Maxwell,

David Corey, Andre Dubus III, Fontaine Dubus, David Keplinger, Stephanie Grant, Danielle Evans, Donald Rutledge, Soleak Sim, Lance Lee, Zac Fisher, Lisen Stromberg, Ted Conover, Masha Gessen, Kate Woodsome, Elizabeth Flock, Julie Gibson, Yasmina Kulauzovic, Michelle Rieff, Tap y Mia Jordanwood, Lisa Eaves, Elizabeth Becker, Jen Budoff, Tom Heineman, Sarah Pollock, Katherine Ann Rowlands, Alison Brower, Marianne Leone, Chris Cooper, Richard Snyder y Joshua Snyder.

En Bloomsbury he encontrado al equipo más ameno y creativo con el que he tenido el placer de trabajar. Sara Mercurio, Jenna Dutton, Nicole Jarvis, Valentina Rice, Marie Coolman, Frank Bumbalo, Katya Mezhibovskaya, Cindy Loh y Ellis Levine se esforzaron en todo momento por hacerme ver que la voz del autor era lo primordial en su trabajo. Agradezco en especial a mis editores, Callie Garnett y Anton Mueller, cuya sabiduría y buen hacer impregnan cada página de este libro.

He tenido la inmensa suerte de contar con el apoyo intelectual y creativo de mis compañeros de la Universidad Americana de Washington, que son toda una fuente de inspiración. Un millón de gracias a Peter Starr, David Pike, Kate Wilson, Patty Park, Kyle Dargan, Dolen Perkins-Valdez, Richard McCann y Despina Kakoudaki. Gracias también a Alan Burdick, Carla Blumenkranz, Dorothy Wickenden y Lauretta Charlton, mis editores de *New Yorker*, que tuvieron la paciencia de trabajar conmigo cuando no estaba en absoluto segura de que lo que quería comunicar pudiera cobrar forma para el mundo exterior.

Puedo decir sin temor a exagerar que este libro no sería lo que es sin la ayuda infatigable de mi asistente de documentación, Molly McGinnis, que a veces me preguntaba: «Hoy qué me toca ser: documentalista de apoyo o editora mandona?». Quédense con su nombre: Molly tiene un gran futuro por delante.

Susan Ramer, ¡qué suerte tengo de que seas mi agente desde hace veintitrés años! El tiempo habla por sí solo: de no ser por ti, no habría podido escribir este libro. Gracias por creer en mis palabras y por tu afán infatigable de sacar siempre lo mejor de mí. En cada página de lo que escribo está inscrita tu huella invisible.

Y, por último, gracias a Jazz: en ti puede encontrarse todo lo que amo y valoro en este mundo.

Ecosistema digital

Floqq
Complementa tu
lectura con un curso
o webinar y sigue
aprendiendo.
Floqq.com

Amabook
Accede a la compra de
todas nuestras novedades en
diferentes formatos: papel,
digital, audiolibro
y/o suscripción.
www.amabook.com

Redes sociales
Sigue toda nuestra
actividad. Facebook,
Twitter, YouTube,
Instagram.

EDICIONES URANO